新型高职高专教育教材

普通话水平测试培训教程

(第 2 次修订本)

主编 罗惜春

北京交通大学出版社
·北京·

内 容 简 介

本书是依据2004年国家普通话培训测试中心编制的《普通话水平测试实施纲要》的要求，为各级各类学校特别是职业院校的普通话教学和水平测试而编写的。全书主要内容包括绪论、普通话水平测试概说、现代汉语语音知识、朗读训练、说话训练和应试综合训练等，重点介绍普通话基础知识和普通话水平测试及其训练。每一章都突出了理论与实践的有机结合、学以致用，既包含了普通话水平测试的要求，又照顾了不同地域的学生学习普通话的特点。全书以普通话理论为指导，强化技能训练，突出口语技能训练，体现了职业教育的特点；以提高学生学习普通话水平为目的，从实际能力训练的要求出发，围绕技能训练点，设计大量富有针对性的训练题，注重讲练结合，力求精讲多练，对提高学生的普通话水平和口语交际能力有很大帮助。

本书适合作为各级各类学校普通话课程的教材，也可作为学生练习普通话和参加普通话水平测试的应考资料。

版权所有，侵权必究。

图书在版编目（CIP）数据

普通话水平测试培训教程／罗惜春主编． — 北京：北京交通大学出版社，2011.5（2023.10重印）

（新型高职高专教育教材）

ISBN 978-7-5121-0552-2

Ⅰ.①普… Ⅱ.①罗… Ⅲ.①普通话-水平考试-高等职业教育-教材 Ⅳ.①H102

中国版本图书馆CIP数据核字（2011）第079868号

责任编辑：刘海丽
出版发行：北京交通大学出版社　　　　电话：010-51686414
　　　　　北京市海淀区高梁桥斜街44号　邮编：10044
印　刷　者：北京鑫海金澳胶印有限公司
经　　销：全国新华书店
开　　本：185×260　　印张：16.75　　字数：418千字
版　　次：2020年7月第1版第2次修订　2023年10月第16次印刷
书　　号：ISBN 978-7-5121-0552-2/H·232
印　　数：58 201 ～ 64 200册　　定价：48.00元

本书如有质量问题，请向北京交通大学出版社质监组反映。对您的意见和批评，我们表示欢迎和感谢。
投诉电话：010-51686043，51686008；传真：010-62225406；E-mail：press@bjtu.edu.cn。

前　言

党的十八大以来，职业教育教学改革不断深化，以习近平新时代中国特色社会主义思想为指导，构建了德智体美劳全面发展的人才培养体系。社会对人才的需求也越来越注重学生的全面素质，具有较强的口头表达能力就是职业院校学生的必备素质。有针对性地对职业院校学生进行口头表达能力训练，是当前提高职业院校学生就业能力十分重要而紧迫的任务。为促进学生的全面发展，提高学生的语言素养，特编写本教材。

本教材充分体现以人为本、学以致用的编写理念，以学生语言学习的实际水平和可接受能力为起点，以语文素养、人文素质和职业素质培养为基础，以口语应用能力训练为主线，以适应职业岗位为目标，促使学生掌握普通话的基本知识，准确、自如地用普通话与人交流，表达自己的思想，具备适应职业岗位要求的口语交际能力，养成自觉学习和运用普通话的良好习惯，为职业生涯的发展奠定基础。

本教材的创新之处主要表现在四个方面。

1. 集教学、练习、应考为一体，关照学生的就业需要、个性需求和发展需要。
2. 体现职教特色，贴近学生、贴近生活、贴近社会，注重培养学生的语言运用能力。
3. 探索创建科学的利教便学的教材体系，在说练结合的学习过程中提高口语表达能力。
4. 利用配套教学资源的授课视频有效融入课程思政，让学生体会普通话的规范清晰、便捷优美，感受中国语言文字的魅力，从而热爱祖国的语言文字，增强文化自信。

与同类教材比较，它具有以下三个方面的优势。

1. 实现了将传统教学方式与新媒体技术的良好"嫁接"，为教与学都提供了新颖而广阔的路径，满足了高职院校有效开展混合式学习模式的需求，实现了教学方式的升级换代。
2. 将传统纸质教材与依托互联网的数字教学资源深度融合，使教学资源更加丰富、生动、立体，为教师的深入教学、学生的拓展学习提供了便利。
3. 注重因材施教，注重知识性与趣味性的统一，以提高学生的普通话水平，提高普通话的教学质量为根本目的，注重实用性、基础性，力求满足各地区职业院校学生的需要。

本书由湖南化工职业技术学院罗惜春任主编，参加编写和统稿的还有柳州职业技术学院黄鹏超、合肥职业技术学院束庆玲、湖南劳动人事职业学院方婷婷、湖南有色职业技术学院李明星、湖南铁道职业技术学院贾建红、湖南汽车工程职业学院谭小琴等。在编写过程中参考了许多专家学者的有关论著，吸收了很多优秀同行的研究成果，在此深表感谢！

由于编者的水平有限，本书出现的漏、误之处，敬请专家、同行及读者批评指正。

编　者

2020 年 6 月

目 录

第一章　绪论 ··· 1
　第一节　普通话的含义及形成 ··· 1
　第二节　推广普通话的重要意义 ·· 2
　第三节　普通话与方言 ·· 3
　第四节　如何学好普通话 ··· 5

第二章　普通话水平测试概说 ··· 7
　第一节　开展普通话水平测试的意义 ··· 7
　第二节　普通话水平测试的性质和等级标准 ·· 7
　第三节　普通话水平测试的内容和要求 ·· 8
　第四节　普通话水平测试样卷 ··· 11
　第五节　计算机辅助普通话水平测试流程 ·· 12

第三章　现代汉语语音知识 ··· 15
　第一节　语音概说 ·· 15
　第二节　声母 ·· 16
　第三节　韵母 ·· 25
　第四节　声调 ·· 39
　第五节　音变 ·· 46
　第六节　字词应试练习 ·· 55

第四章　朗读训练 ·· 81
　第一节　朗读艺术创造的外部技巧 ··· 81
　第二节　朗读艺术创造的内部技巧 ··· 90
　第三节　不同文体的朗读 ··· 98
　第四节　短文应试 ··· 100

第五章　说话训练 ·· 106
　第一节　命题说话测试概论 ·· 106
　第二节　说话的语音基础训练 ··· 110
　第三节　说话的渐进训练 ··· 113
　第四节　命题说话例文 ·· 116

第六章　应试综合训练 ··· 121
　第一节　国家样卷练习 ·· 121

I

第二节　其他省市普通话水平测试试卷 …………………………………………… 123

附录 ………………………………………………………………………………………… 126
　附录A　中华人民共和国国家通用语言文字法 …………………………………… 126
　附录B　关于开展普通话水平测试工作的决定 …………………………………… 129
　附录C　普通话水平测试用必读轻声词语 ………………………………………… 133
　附录D　普通话水平测试用儿化词语表 …………………………………………… 138
　附录E　词语读音汇总 ……………………………………………………………… 142
　附录F　普通话朗读作品六十篇 …………………………………………………… 190
　附录G　汉语拼音方案 ……………………………………………………………… 238
　附录H　普通话异读词审音表 ……………………………………………………… 241
　附录I　常见多音字表 ……………………………………………………………… 252

参考文献 …………………………………………………………………………………… 260

第一章 绪 论

第一节 普通话的含义及形成

一、什么是普通话

普通话是我国规范的现代汉语共同语，是国家推广的各民族、各地区的全国通用语言，也是中国的国语。1956年2月，国务院在《关于推广普通话的指示》中明确普通话的定义是："以北京语音为标准音，以北方话为基础方言，以典范的现代白话文著作为语法规范的现代汉民族共同语。"

普通话的定义是从语音、词汇、语法三个方面提出了普通话的标准。

（一）语音标准

"以北京语音为标准音"，指的是以北京话的语音系统为标准。北京自元代以来一直是中国政治、经济、文化的中心，从明清时期以北京语音为标准音的"官话"到"五四运动"之后的"国语运动"，极大地促进了北京语音的传播，确立了北京语音为"国音"的地位。北京语音为标准音并不是把北京话的一切读法全部照搬，北京话也有许多土音，普通话并不等于北京话。例如：侵（qǐn）略（北京方言），侵（qīn）略（普通话）；告诉（gào song）（北京方言），告诉（gào su）（普通话）。为了统一读音，从1956年开始，国家对北京方言的字音进行了多次审订，制定了普通话的标准读音。因此，普通话的语音标准，当前应该以1985年公布的《普通话异读词审音表》以及1996年版的《现代汉语词典》为规范。

（二）词汇标准

"以北方话为基础语音"，指的是以北方词汇为标准词汇。普通话是在北方方言的基础上形成和发展起来的，北方话的词汇是构成普通话词汇的基础。但北方话词汇不等于普通话词汇，北方话词语中也有许多北方各地的土语。例如：北方不少地区将"玉米"称为"棒子"，将"馒头"称为"馍馍"，北京人把"傍晚"说成"晚半晌"。所以，不能把所有北方话的词汇都作为普通话的词汇，其中有一定选择。

（三）语法标准

"以典范的现代白话文著作为语法规范"，这个标准包括四个方面意思："典范"就是排除不典范的现代白话文著作；"白话文"就是排除文言文；"现代白话文"就是排除"五四运动"以前的早期白话文；"著作"就是指普通话的书面形式，它建立在口语基础上，但又不等于一般的口语，而是经过加工、提炼的语言。

二、汉民族共同语的形成

现代汉民族共同语是在其基础方言的基础上经过经济、政治、文化高度集中的过程中逐步形成的。它经历了一个长期的发展过程。

在中国古代就有各地通用的语言。早在春秋时期就有民族共同语称为"雅言"，主要流行于黄河流域。《诗经》的语言就是"雅言",孔子讲学用的也是"雅言",而不是鲁国方言,可以说孔子是推广民族共同语的先驱。秦朝时推行"书同文"等文化政策,使民族共同语的传播有了政治上的保障。汉代的民族共同语称为"通语"或"凡语"、"凡通语"、"通名"。西汉扬雄编著的《方言》就是用"通语"来解释各地的方言的,这是我国第一部方言著作。隋唐时期对诗韵的追求又进一步促进了汉民族共同语的发展。

金元明清时,北京成为全国的政治、经济、文化中心,"通语"也就以北京语音为标准音了。"五四运动"后白话文的传播和北京语音的推广逐步结合起来。"白话文运动"使白话取代了文言在书面语中的地位。这时书面上和口头上初步统一的、规范的现代汉民族共同语基本形成。民国时汉民族共同语称为"国语",新中国成立后,汉民族共同语称为"普通话"。1982年普通话写进《中华人民共和国宪法》:"国家推广全国通用的普通话。"从此普通话具有了明确的法律地位,成为全民族通用语。

第二节　推广普通话的重要意义

一、推广普通话的意义

语言文字是国家主权和尊严的象征。语言文字是信息的重要载体,是国家统一和团结的纽带。每个统一、文明的国家都非常重视语言和文字的规范化工作。

我国是一个多民族、多方言的国家,推广普及普通话有利于增进各民族、各地区的交流,维护国家统一,增强中华民族凝聚力。随着改革开放和社会主义市场经济的发展,社会对普通话的需求日益迫切,推广普及普通话,营造良好的语言环境,有利于促进人员交流、商品流通和建立统一的市场。推广普及普通活有利于贯彻教育面向现代化、面向世界、面向未来的战略方针,有利于弘扬祖国优秀传统文化和爱国主义精神,加强社会主义精神文明建设。推广普通话是信息社会发展的需要。随着信息化时代的到来,信息处理、传输手段不断发展,人类社会即将进入人机对话、口语机译的时代,掌握标准的普通话就成为适应办公现代化、高效率工作的必备条件。

为了大力推广普通话,国家将每年9月的第三周定为全国普通话宣传周,让更多的人自觉地认识到作为中国人应当说普通话。1997年12月在北京召开的全国语言文字工作会议,确定了跨世纪的语言文字工作的主要任务与奋斗目标。

(1) 跨世纪语言文字工作的主要任务是:① 坚持普通话的法定地位,大力推广普通话;② 坚持汉字简化的方向,努力推进全社会用字规范化;③ 加大中文信息处理的宏观管理力度,逐步实现中文信息技术产品的优化统一;④ 继续推行《汉语拼音方案》,扩大使用范围。

(2) 跨世纪语言文字工作的奋斗目标是:① 2010年以前,制定并完善与《中华人民共和国语言文字法》相配套的一系列法规,普通话在全国范围内初步普及,交际中的方言隔阂基本消除;② 21世纪中叶以前,语言文字规范标准和各项管理制度更加完善,普通话在全国范围内普及,交际中没有方言隔阂,语言文字规范化、标准化水平显著提高,中文信息技术产品在语言文字规范标准方面实现较高水平的优化统一。

展望我国的语言文字发展前景,我们坚信,经过半个世纪的努力,我国国民的语言素质将会大幅度提高,形成良好的语言文字环境,语言文字也将更好地为社会主义政治、经济、文化服务。

推广普通话是时代、未来、社会对我们每个公民的要求，说好普通话不仅是个人文化素质和文明素质的综合反映，也是促进交流、扩大交往，寻求自我发展的重要条件之一。因此，学好普通话，是构建和谐社会，提高全民素质的具体行动。

二、推广普通话的重要举措

推广普通话50多年来，党和政府一直非常重视推广普通话工作。1955年，"全国文字改革会议"和"现代汉语规范问题学术会议"在北京召开。这两个会议确定了现代汉民族共同语的名称、定义和标准，将其正式定名为"普通话"，意思是"普通""共通""普遍通用"的语言，同时从语音、词汇、语法三方面确定了普通话的内涵，即"以北京语音为标准音，以北方话为基础方言，以典范的现代白话文著作为语法规范的现代汉民族共同语。"

普通话已于1982年写入《中华人民共和国宪法》："国家推行全国通用的普通话。"从此，普通话具有了明确的法律地位，成为全国通用的语言。1992年，《国家语言文字工作十年规划和"八五"计划纲要》明确指出："推广普通话是新时期语言文字工作的首要任务，必须大力推行，积极普及，逐步提高。""大力推行，积极普及，逐步提高"成为现阶段推广普通话工作的方针。普通话开始在学校、机关、广播等宣传媒体中使用。国务院于1992年下发文件要求广播、电视、电影、话剧和学校使用普通话应该规范、标准或比较规范、标准；要求公务员和"窗口"行业从业人员首先坚持在工作中使用普通话，保证工作质量，提高工作效率，并且在坚持使用普通话的过程中逐步提高规范程度。1994年，国家语委制定了《普通话水平测试标准》和《普通话水平测试大纲》，对普通话进行量化测试。阐明了测试的目的和要求，明确了测试的对象和方法，指出："掌握并使用一定水平的普通话是各行各业人员，特别是教师、播音员、节目主持人、演员等专业人员必备的职业素质。因此，有必要在一定范围内对某些岗位的人员进行普通话水平测试，并逐步实行持等级证上岗制度。"开展普通话水平测试是我国推广普通话工作的重要组成部分，是使普通话推广工作进一步科学化、规范化、制度化的重要举措。2001年1月1日起施行《国家通用语言文字法》，进一步明确了普通话作为国家通用语言的地位，使普通话推广工作掀起了一个热潮。

第三节　普通话与方言

一、普通话与方言的关系

现代汉语是现代汉民族的语言，它包括普通话和多种方言。普通话是现代汉民族共同语，是建立在北方方言的基础上的。汉语方言是汉民族共同语在地方的变体。普通话为中国不同地区、不同民族人们之间的交际提供了方便。我国地域广阔，人口众多，即使都使用汉语言，各地区说的话也不一样，这就是方言。方言俗称地方话，是汉语在不同地域的分支，只通行于某一特定的区域。所以方言与普通话之间既有联系，又有差异。

人生下来并没有语言，语言是在成长的过程中逐步获得的。因此，所谓的普通话水平，实际上是通过语言学习而掌握的普通话的程度。人们学习普通话有两种情形：第一种情形是生下来所习得的就是普通话，这种情形是近几十年随着普通话的推广才出现的；第二种情形是，生下来所习得的是汉语的某种方言或汉语之外的语言，在某一人生阶段才开始学习普通话，这在当前仍然是较普遍的现象。如果把普通话称为"目标语言"的话，人们学习普通话的过程，就是从零起点（第一种情形）或以某种方言、某种语言为起点（第二种情形）向"目标语言"不断进发的过程。在这个过程中人们使用的语言称为"中介语"。理论上说"中介语"可以和"目标语言"重合，但是在实际中任何人的普通话都是有缺陷的，即使是最优秀的语言学习者，其"中介语"也只能无限地逼近"目标语言"，而不能达到与"目标语言"重合的程度。所以，人们通过学习掌握的或者说参加测试的就是这种"中介语"。

"中介语"的发展是有阶段性的，各个发展阶段会形成一个必然的系列，阶段的进程可以加快，但顺序不能颠倒。"中介语"在任一阶段都可能出现"板结（也就是相对停滞）"，"板结"之后的"中介语"就可能成为学习者的终生水平，要打破这一"板结"，就需要较强的力量，所以说学习普通话的过程其实是和几十年的方言习惯"较劲"，但多年的语言习惯并非如此容易就能彻底改变，循序渐进、持之以恒不失为学习普通话的好方法。

当然，推行普通话，并不是要消灭方言，而是为各民族的交流提供通用语言，使沟通变得容易，使交流成为正常；只是要求服务行业从业人员在该说普通话的场合必须说普通话。公民在正式场合和公共交际场合也应该讲普通话，在非正式场合和非公共交际场合是没有限制的。

普通话和方言之间的差异表现在语音、词汇、语法三个方面，其中语音方面的差异最明显，因此，学习普通话首先要从语音入手，攻克最难的语音关。本书也主要是从语音方面进行介绍的。

二、方言的分类

我国地域辽阔，人口众多，使用的方言繁多且复杂。语言学家根据汉语方言的不同特征，划分了七大方言区：北方方言、吴方言、湘方言、赣方言、客家方言、粤方言、闽方言。各方言区概况如表 1-1 所示。

表 1-1　各方言区概况

方言区	主要分布区域	代表话	人口比例/%
北方方言	东北、华北、西北、西南和江淮一带	北京话	73
吴方言	上海、江苏省东南部、浙江省大部分地区	上海话	7.2
湘方言	湖南、广东北部	长沙话	3.2
赣方言	江西大部	南昌话	3.3
客家方言	广东、广西、福建、台湾、江西、湖南、四川	梅州话	3.6
粤方言	广东、广西、香港、澳门	广州话	4
闽方言	福建和海南的大部分地区、广州潮汕地区、台湾大部分地区	闽北：福州话 闽南：厦门话	5.7

（一）北方方言

北方方言是现代汉民族共同语的基础方言，主要分布在东北、华北、西北、西南和江淮一带，以北京话为代表。分布地域最广，使用人口最多，占汉族人口的73%。

（二）吴方言

吴方言主要分布在上海、江苏省东南部、浙江省大部分地区，以上海话为代表，使用人口占汉族人口的7.2%。

（三）湘方言

湘方言主要分布在湖南、广东北部，以长沙话为代表，使用人口占汉族人口的3.2%。

（四）赣方言

赣方言主要分布在江西大部，以南昌话为代表，使用人口占汉族人口的3.3%。

（五）客家方言

客家方言主要分布在广东、广西、福建、台湾、江西、湖南、四川等，以梅州话为代表，使用人口占汉族人口的3.6%。

（六）粤方言

粤方言主要分布在广东、广西、香港、澳门，以广州话为代表，使用人口占汉族人口的4%。

（七）闽方言

闽方言主要分布在福建和海南的大部分地区、广州潮汕地区、台湾大部分地区，另外还分布在雷州半岛部分地区、浙江温州的部分地区、广西的部分地区，闽方言分两个次方言：闽南方言和闽北方言，闽南方言的代表话是厦门话，闽北方言的代表话是福州话。闽方言使用人口占汉族人口的5.7%。

第四节　如何学好普通话

在社会对人才要求越来越高的今天，讲一口标准的普通话已经成为用人单位选用人才的一个指标，特别是服务行业对普通话的要求就更高。方言在人际交往中会影响交流，如有些地方将"刘"与"牛"不分、将"女人"说成"米人"等，这样就让人听不懂。为了适应社会各行各业的要求，增强自己的社交能力，当代大学生需要学说普通话。

学好普通话，首先要超越学习普通话的两大障碍，即思想障碍和语言习惯障碍。

思想障碍就是心理上对普通话的恐惧，普通话并不难学，难的是对心理状态的调整和改善。许多同学在学习普通话时害怕自己生硬别扭的发音而被人笑话，或是畏惧长时间训练的困难，这些心理障碍常常使学习进步缓慢。针对这种情况，需要及时调节心理状态，放下心理包袱，大胆地开口讲普通话。任何学习都有一个从拙笨到熟练的过程，学习普通话也不例外，要尽早达到熟练程度，只有下苦功夫克服困难，战胜畏惧心理，才能成为学习中的胜利者。反之，如果在学习中过分顾及面子，不敢坦然面对自己的发音缺陷，更不能以顽强的意志和艰苦的努力去克服它，改善它，一味地退避畏缩，其结果就是自己付出了时间和精力却收效甚微，而且容易造成心理上的阴影，加重今后学习和生活的负担。总之，调整心理状态，克服心理障碍，是学好普通话的重要前提。

要消除思想障碍，需要从以下三方面努力。

第一，学好普通话要有自信心。自信是成功的前提，坚信自己有能力有条件，一定能够学好普通话，具体做法是给自己制定学习目标，为了实现自己的目标，需要做生活中的有心人，每天可以跟着电视、广播学习，向周围讲普通话的老师、同学学习，并持之以恒。

第二，学好普通话要有勇气开口。自己讲了十几年的家乡话，突然要改口讲普通话，而且自己的普通话很不标准，南腔北调的会被人笑话。这时就需要有勇气，不怕被别人笑话，"走自己的路，让别人去说吧！"只有克服了被人笑话的心理障碍，才能勇敢地用普通话跟别人交流。

第三，学好普通话还要有点谋略。自己暗地里学了一段时间的普通话以后，什么时候开口讲普通话需要用点心思，要选择最佳的时机，如在转换环境的时候（如转学、开学、见习、实习的时候）开始讲普通话，离开熟悉的环境，在一个全新的环境里开始讲普通话，大家容易接受。

除了解除思想上的障碍，还要攻克语音习惯障碍。学习普通话一般分为三个学习阶段，每个学习阶段的学习时间均为1～3个月。

（1）第一个学习阶段：即"非交际练习期"，也称"暗自练习期"。这个阶段是自己在暗自讲练普通话，可以采取以下方式进行练习。

① 买本现代汉语大辞典，经常请教词典，纠正读音。

② 用普通话自言自语，每天抽一定的时间朗读课文或是做笔记写作业时，用普通话边说边写。

③ 心说默练，给自己定一个练习的任务，强迫自己用普通话静思默想，在看电视、听广播时模仿说普通话。

④ 找一位朋友一起学普通话，互相纠正，相互学习。

⑤ 上课时用普通话。

⑥ 多说绕口令，让自己的舌头逐渐灵活起来。

（2）第二个学习阶段：即"交际练习期"或是"公开练习期"。这个阶段就要主动用普通话进行交际，为自己创造一个有利于学习普通话的微观的语言环境。自觉寻找各种可以接触普通话的机会，不断促使自己自觉地运用普通话进行阅读，这样做会有力地促进普通话口语表达。每天逐渐减少说家乡话的时间，直至为零。

（3）第三个学习阶段：即"正音练习期"或是"巩固提高期"。这个阶段既是第二个阶段的延续，又是巩固提高的阶段。要提高讲普通话的质量和纯度，可以通过录音机录音来帮助检查语病，校正字音；也可以让普通话水平高的同学或老师给自己指正；还可以听广播、看电视时找出与自己的发音不同的字音，逐一纠正。努力找出方言中和普通话的差异，如有些地区的方言调值和普通话的调值有很大的差别，有规律有针对性地进行发音训练，找出普通话和方言的对应规律来巧学巧记，可以收到事半而功倍的效果。还可以把容易读错的音记下来，分批分组来纠正，如南方一些方言区的人分不清z、c、s和zh、ch、sh，北方有些地区分不清an、en、in、un和ang、eng、ing、ong。要牢记容易读混的音，掌握发音部位，对于局部个别的发音要反复练习直至完全纠正为止。

总之，学习普通话是一种长期而艰苦的活动，只有全身心地投入进去，做到"心到"、"耳到"、"口到"，经过一段时间的刻苦学习才能取得良好的效果。

第二章　普通话水平测试概说

第一节　开展普通话水平测试的意义

推广普通话有利于维护国家主权和民族尊严，有利于国家统一和民族团结，有利于社会主义物质文明建设和精神文明建设。大力推广、积极普及普通话，对于增强中华民族凝聚力，促进各民族、各地区经济文化交流以及教育的普及和全民族文化素质的提高，具有深远的现实意义。随着信息技术的高速发展和我国国际地位的提高，汉语将成为国际强势语言。大力推广普通话代表着全中国人民的根本利益，是中华民族伟大复兴事业的一项基础工程。每个公民都应该增强国家和民族语言意识，说好普通话。

2000年10月31日，第九届全国人民代表大会常务委员会第十八次会议通过的《中华人民共和国国家通用语言文字法》第十九条规定："凡以普通话作为工作语言的岗位，其工作人员应当具备说普通话的能力。以普通话作为工作语言的播音员、节目主持人和影视话剧演员、教师、国家机关工作人员的普通话水平，应当分别达到国家规定的等级标准；对尚未达到国家规定的普通话等级标准的，分别情况进行培训。"

普通话水平测试是推广普通话工作的重要组成部分，是使推广普通话工作逐步走向制度化、科学化、规范化的重要举措。开展测试的目的不仅仅是评定应试人普通话水平等级，更重要的是促进普通话的普及，并在普及的基础上逐步提高全社会的普通话水平。普通话水平测试工作的健康开展必将对社会语言生活，对我国政治、经济、文化、教育、科学事业的发展，以及对现代化建设产生深远的影响。

第二节　普通话水平测试的性质和等级标准

普通话水平测试（PUTONGHUA SHUIPING CESHI，缩写为PSC）是测查应试人的普通话规范程度、熟练程度，认定其普通话水平等级，属于标准参照性考试。普通话水平测试的内容包括普通话语音、词汇和语法，以口试方式进行，试题范围是国家测试机构编制的《普通话水平测试用普通话词语表》、《普通话水平测试用普通话与方言词语对照表》、《普通话水平测试用普通话与方言常见语法差异对照表》、《普通话水平测试用朗读作品》以及《普通话水平测试用话题》。

国家语言文字工作委员会颁布的《普通话水平测试等级标准》把普通话水平划分为三个级别：一级是标准级或称高级，二级是中级，三级是初级。每个级别内划分甲、乙两个等次，具体标准如下。

（1）一级甲等：朗读和自由交谈时，语音标准，词汇、语法正确无误，语调自然，表达流畅。测试总失分率在3%以内。

（2）一级乙等：朗读和自由交谈时，语音标准，词汇、语法正确无误，语调自然，表达流畅，偶然有字音、字调失误。测试总失分率在8%以内。

（3）二级甲等：朗读和自由交谈时，声韵调发音基本标准，语调自然，表达流畅。少数难点音（平翘舌音、前后鼻尾音、边鼻音等）有时出现失误。词汇、语法极少有误。测试总失分率在13%以内。

（4）二级乙等：朗读和自由交谈时，个别调值不准，声韵母发音有不到位现象。难点音（平翘舌音、前后鼻尾音、边鼻音、fu-hu、z-zh-i、送气不送气、i-ü 不分、保留浊塞音、浊塞擦音、丢介音、复韵母单音化等）失误较多。方言语调不明显，有使用方言词、方言语法的情况。测试总失分率在20%以内。

（5）三级甲等：朗读和自由交谈时，声韵调发音失误较多，难点音超出常见范围，声调调值多不准。方言语调较明显，词汇、语法有失误。测试总失分率在30%以内。

（6）三级乙等：朗读和自由交谈时，声韵调发音失误多，方言特征突出，方言语调明显。词汇、语法失误较多。外地人听其谈话有听不懂的情况，测试总失分率在40%以内。

进行普通话水平测试必须坚持统一的标准。《普通话水平测试等级标准》就是确定应试人普通话水平等级的依据。

测试机构根据应试人的测试成绩确定其普通话水平等级。由省级语言文字工作部门颁发相应的普通话水平测试等级证书，该证书全国通用。

第三节　普通话水平测试的内容和要求

根据《普通话水平测试大纲》的规定，普通话水平测试的内容包括四个部分：读单音节字词、读多音节词语、朗读短文、命题说话。测试采取口试的形式进行，既有有文字凭借内容的检测，又有无文字凭借内容的检测。

普通话水平测试的试卷包括4个组成部分，满分为100分。

一、读单音节字词（100个音节，共10分）

（一）目的

测查应试人声母、韵母、声调读音的标准程度。

（二）要求

（1）100个音节中，70%选自《普通话水平测试用普通话词语表》中的表一，30%选自表二。

（2）100个音节中，每个声母出现一般不少于3次，方言里缺少的或容易混淆的声母酌量增加1～2次；每个韵母的出现一般不少于2次，方言里缺少的或容易混淆的韵母酌量增加1～2次。

（3）字音声母或韵母相同的要隔开排列。不使相邻的音节出现双声或叠韵的情况。

（三）评分

（1）语音错误，每个音节扣0.1分。

（2）语音缺陷，每个音节扣0.05分。

(3) 限时 3.5 分钟。超时 1 分钟以内，扣 0.5 分；超时 1 分钟以上（含 1 分钟），扣 1 分。

读音有缺陷只在读单音节词和读多音节词语两项记评。读音有缺陷在读单音节字词项内主要是指声母的发音部位不准确，但还不是把普通话里的某一类声母读成另一类声母，比如舌面前音 j、q、x，读得太接近 z、c、s，或者是把普通话里的某一类声母的正确发音部位用较接近的部位代替，比如把舌面前音 j、q、x，读成舌叶音，或者读翘舌音声母时舌尖接触或接近上腭的位置过于靠后或靠前，但还没有完全错读为舌尖前音等；韵母读音的缺陷多表现为合口呼、撮口呼的韵母圆唇度明显不够，语感差，或者开口呼的韵母开口度明显不够，听感性质明显不符，或者复韵母舌位动程明显不够等；声调读音的缺陷指调形、调势基本正确，但调值明显偏低或偏高，特别是四声的相对高点或低点明显不一致的。这类缺陷成系统的、读单音节字词和读多音节词语两项有同样问题的，分别都会被扣分。读多音节词语中儿化韵读音明显不合要求的会列入缺陷扣分。

二、读多音节词语（100 个音节，共 20 分）

（一）目的

测查应试人声母、韵母、声调和上声变调、轻声、儿化读音的标准程度。

（二）要求

（1）50 个多音节中，70% 选自《普通话水平测试用普通话词语表》中的表一，30% 选自表二。

（2）50 个多音节可视为 100 个单音节，声母、韵母的出现次数大体上与单音节字词相同。此外，上声和上声相连的词语不少于 2 次，上声和其他声调相连不少于 4 次；轻声不少于 3 次；儿化韵不少于 4 次（ar、ur、ier、üer）。

（3）词语的排列要避免同一测试项的集中出现。

（三）评分

(1) 语音错误，每个音节扣 0.2 分。

(2) 语音缺陷，每个音节扣 0.1 分。

(3) 限时 2.5 分钟。超时 1 分钟以内，扣 0.5 分；超时 1 分钟以上（含 1 分钟），扣 1 分。

三、朗读短文（1 篇，400 个音节，限时 4 分钟，共 30 分）

（一）目的

测查应试人使用普通话朗读书面作品的水平。在测查声母、韵母、声调读音标准程度的同时，重点测查连读音变、停连、语调（语气）以及流畅程度。

（二）要求

(1) 短文从《普通话水平测试用朗读作品》中选取。

(2) 评分以朗读作品的前 400 个音节（不含标点符号和括注的音节）为限。

（三）评分

(1) 每错 1 个音节，扣 0.1 分；漏读、增读或改读 1 个音节，扣 0.1 分。

(2) 声母或韵母的系统性语音缺陷，视程度扣 0.5 分、1 分。

(3) 语调偏误，视程度扣 0.5 分、1 分、2 分（有些省、市视程度扣 1 分、2 分）。

(4) 停连不当，视程度扣 0.5 分、1 分、2 分（有些省、市一次停、连不当不扣分，

2～3次扣0.5分，4～5次扣1分，6次以上扣2分）。

（5）朗读不流畅（包括回读），视程度扣0.5分、1分、2分。

（6）限时4分钟，超时30秒以上扣1分。

说明：朗读材料（1～60）各篇的字数略有出入，为了做到评分一致，测试中对应试人选读材料的前400个音节（每篇第400个音节之后均有标志）的失误作累积计算；但语调、语速的考察应贯穿全篇。从测试的要求来看，应把提供应试人做练习的60篇作品作为一个整体，应试前通过练习全面掌握。

四、命题说话（限时3分钟，共40分）

（一）目的

测查应试人在无文字凭借的情况下，说普通话的能力和所能达到的规范程度和自然流畅程度。

（二）要求

（1）说话话题从《普通话水平测试用话题》（1～30）中选取，由应试人从给定的两个话题中选定1个话题，连续说一段话。

（2）应试人为单项说话，说话时间为3分钟。如发现应试人有明显背稿、离题、说话难以继续等表现时，主试人应及时提示或引导（计算机测试不作提示或引导）。

（三）评分

（1）语音标准程度，共25分，分为6档。

一档：语音标准或极少有失误，扣分为0分、1分、2分。

二档：语音错误在10次以下，有方言但不明显，扣分为3分、4分。

三档：语音错误在10次以下，方言较明显；或语音错误在10～15次之间，有方言但不明显，扣分为5分、6分。

四档：语音错误在10～15次之间，方言比较明显，扣分为7分、8分。

五档：语音错误超过15次，方言明显，扣分为9分、10分、11分。

六档：语音错误多，方言重，扣分为12分、13分、14分。

语音面貌确定为二档（或二档以下）即使总积分在97分以上，也不能进入一级甲等；语音面貌确定为五档的，即使总分在87分以上，也不能进入二级甲等；有以上情况的，都应在级内降等评定。

（2）词汇语法规范程度，共10分，分为3档。

一档：词汇、语法规范，扣分为0分。

二档：词汇、语法偶有不规范的情况，扣分为1分、2分。

三档：词汇、语法屡有不规范的情况，扣分为3分、4分。

（3）自然流畅程度，共5分，分为3档。

一档：语言自然流畅，扣分为0分。

二档：语言基本流畅，口语化较差，有背稿子的表现，扣分为0.5分、1分。

三档：语言不连贯，语调生硬，扣分为2分、3分。

（4）说话时间不足3分钟，视程度扣1～6分。说话不满30秒（含30秒），扣40分。

（5）离题，内容雷同，视程度扣4分、5分、6分。

（6）无效话语（重复相同或大体相同的内容），酌情扣1～6分。

第四节 普通话水平测试样卷

样 卷 一

1. 读单音节字（100个音节，共10分，限时3.5分钟）

墙	换	戳	告	蹄	庄	陕	控	娃	段
锥	百	瞥	逆	添	壤	究	群	法	残
揩	厅	末	厅	裂	宣	耳	瞎	瘦	温
揍	硼	晚	察	吞	持	比	昧	孙	日
脖	总	徐	粗	随	奉	汝	劝	黑	定
皆	谬	夺	享	杂	捞	滑	死	德	坏
此	瞧	女	冻	鸟	及	奶	罐	砂	扯
逛	粉	狼	抄	锦	绳	窘	驻	撅	或
揉	家	悦	连	新	牙	藕	蕴	贴	吾
永	迸	篇	尝	坎	鳌	筛	本	绫	勉

2. 读多音节词语（100个音节，共20分，限时2.5分钟）

贵宾	奶粉	刀背儿	一律	状况	爆炸	存款	盎然	选举	柴火
加入	封锁	咏叹调	放松	热闹	逃走	亏损	军事	影子	权利
玩耍	怀念	铺盖	奇怪	钢铁	小偷儿	将来	主人翁	进化	聪明
运行	无穷	偶尔	扇面儿	政治	传播	培育	恰当	牛皮	咖啡
谬论	唱歌儿	词汇	虐待	综合	战略	创新	眯缝	利用

3. 朗读短文（400个音节，共30分，限时4分钟）

请朗读第××号短文（略）。

4. 命题说话（共40分，不得少于3分钟）

请选择话题"难忘的旅行"或"我喜爱的书刊"说一段话（3分钟）。

样 卷 二

1. 读单音节字（100个音节，共10分，限时3.5分钟）

昼	八	迷	先	毡	皮	幕	美	彻	飞
鸣	破	捶	风	豆	蹲	霞	掉	桃	定
宫	铁	翁	念	劳	天	旬	沟	狼	口
靴	娘	嫩	机	蕊	家	跪	绝	趣	全
瓜	穷	屡	知	狂	正	裘	中	恒	社
槐	事	轰	竹	掠	茶	肩	常	概	虫
皇	水	君	人	伙	自	滑	早	绢	足

炒	次	渴	酸	勤	鱼	筛	院	腔	爱
鳖	袖	滨	竖	搏	刷	瞟	帆	彩	愤
司	滕	寸	峦	岸	勒	歪	尔	熊	妥

2. 读多音节词语（100个音节，共20分，限时2.5分钟）

取得	阳台	儿童	夹缝儿	混淆	衰落	分析	防御
沙丘	管理	此外	便宜	光环	塑料	扭转	加油
队伍	挖潜	女士	科学	手指	策略	抢劫	森林
侨眷	模特儿	港口	没准儿	干净	日用	紧张	炽热
群众	名牌儿	沉醉	快乐	窗户	财富	应当	生字
奔跑	晚上	卑劣	包装	洒脱	现代化	委员会	轻描淡写

3. 朗读短文（400个音节，共30分，限时4分钟）（略）

4. 命题说话（不得少于3分钟，共40分，从备选话题中抽签选定说话题目）

例如：（1）我的成长之路（2）难忘的旅行（两个题目中选择其一并进行3分钟说话）

第五节　计算机辅助普通话水平测试流程

普通话水平测试是一种口语测试，全部测试内容均以口头方式进行。普通话水平测试不是口才的评定，而是对应试人掌握和运用普通话所达到的规范程度的测查和评定。

（1）应试人须持两证（身份证、准考证），按指定时间到达指定地点候测室等候。

（2）应试人按照工作人员指令进入备测室领取试卷准备测试，准备时间为十分钟。

（3）测试一律采用口试，要求应试人音量适中，节奏适当，吐字清晰，进入测试室后，请按下列程序完成内容。

（一）佩戴耳机

（1）应试人就座后戴上耳机（麦克风应在脸颊左侧），并将麦克风置于距离嘴巴2~3厘米的位置。

（2）戴好耳机后单击"下一步"按钮。

（二）应试人登录

（1）屏幕出现登录界面后，考生填入自己的准考证号。准考证号的前几位系统会自动显示，考生只需填写最后四位数字。输入后，单击"进入"按钮登录。

（2）如果输入有误，单击"修改"按钮重新输入。

（三）核对信息

（1）考生登录成功后，考试机屏幕上会显示考生个人信息，应试人请仔细核对所显示信息是否与自己相符。

（2）核对无误后，请单击"确认"按钮继续。

（3）核对时若发现错误，请单击"返回"按钮重新登录。

计算机辅助普通话水平测试流程如图2-1所示。

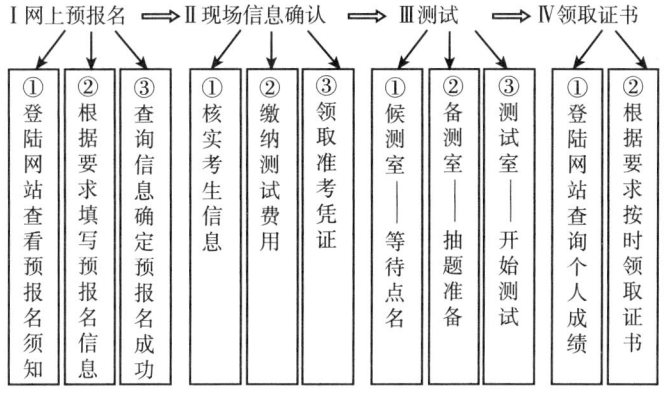

图 2-1 计算机辅助普通话水平测试流程图

（四）应试人试音

（1）进入试音页面后，考生会听到系统的提示语，提示语结束后，请以适中的音量和语速朗读页面呈现的句子，进行试音。

（2）如试音顺利，系统会出现"试音结束"的对话框。请单击"确认"按钮，进入下一程序。

（3）若试音失败，请提高朗读音量并根据系统提示重新进行试音。

（五）开始测试

第一项 读单音节字词

（1）请应试人横向依次朗读单字。

（2）100个单字以黑色字体和蓝色字体隔行显示，以便于应试人识别，应试人应逐行朗读，避免漏字、漏行。

（3）该项测试结束，应试人可单击屏幕右下方"下一题"按钮，进入下一项测试。

第二项 读多音节词语

（1）请应试人横向依次朗读词语，避免漏读。

（2）该项测试结束，应试人可单击屏幕右下方"下一题"按钮，进入下一项测试。

第三项 朗读短文

（1）请应试人注意语音清晰、语义连贯，防止添字、漏字、改字。

（2）该项测试结束，应试人可单击屏幕右下方"下一题"按钮，进入下一项测试。

第四项 命题说话

（1）该项测试开始后，应试人应先说所选的话题。如：我说的话题是"我喜欢的节日"。应试人的说话内容不得同时包括试卷提供的两个话题。

（2）命题说话必须说满3分钟，应试人应根据屏幕下方的时间提示条把握时间。

（3）命题说话部分满三分钟后，该项测试自动结束，不需要点击"提交试卷"按钮，系统会自动提交试卷。

（六）结束考试

（1）试卷提交后，请应试人单击屏幕中央的"确定"按钮，结束测试。

（2）应试人摘下耳机放在桌上，经工作人员确认后请及时离开测试室。

（七）特别提示

（1）普通话水平测试共有4个测试项，前三个测试项开始时都有一段语言提示，语言提示结束会发出"嘟"的结束提示音，这时，应试人才可以开始测试。命题说话测试项没有"嘟"的结束提示音，语言提示后直接开始。

（2）测试过程中，应试人应做到吐字清晰，语速适中，音量与试音时保持一致。

（3）测试过程中，应试人应根据屏幕下方时间提示条的提示，注意掌握时间。

（4）如某项测试结束，应试人可单击屏幕右下方"下一题"按钮，进入下一项测试。如某项测试规定的时间用完，系统会自动进入下一项试题。

（5）测试过程中，应试人不能说该测试项之外的其他内容，以免影响评分。

（6）测试过程中，如有问题，应试人应举手示意，请工作人员予以解决。

四、测试完毕，请立即按指定路线退场，不得在考场附近喧哗。

测试完成后方可离开测试现场，30个工作日后可进行成绩查询，并得到相应的普通话水平等级证书，请持有效身份证明文件领证。如果没有达到相应的普通话水平等级，在本次测试日期之后满三个月后可以进行下一次测试（根据各省市的不同情况和不同规定，各省市普通话测试中心有所调整），相关信息可咨询当地测试中心。

第三章　现代汉语语音知识

第一节　语音概说

语音是由人的发音器官发出来的能够表示一定意义的声音，语言的交际作用就是通过语音来实现的。使用语言进行交际，是人类有别于其他动物的标志。

语音具有生理性质、物理性质和社会性质。

一、语音的生理性质

语音是人的生理器官活动的产物，所以可以从生理的观点来考察语音的性质。

人的发音器官可以分为三大组成部分：一是呼吸器官，包括产生气流的肺脏和输送气流的器官等；二是喉头和声带，声带由两片富有弹性的肌肉构成，颤动时能发出响亮的乐音；三是口腔和鼻腔，在发音时起共鸣的作用，使声音充分地传播出来，口腔也是语音各种音色的主要制造厂，能造出各种语音。

二、语音的物理性质

语音同其他声音一样，是一种物理现象。物体振动发出气流而形成音波，传到耳内，刺激了听觉神经，使人听到了声音。从客观上说，声音是物体振动而产生的音波；从主观上说，是听觉器官所产生的感觉。

声音有音高、音强、音长、音色四种要素。

（1）音高是声音的高低，取决于发声体在一定时间里振动的次数。次数越多，声音越高，次数越少，声音越低。人们发音的高低受声带的影响和控制。声带短、薄或被拉紧时，同一单位时间内振动的次数多，所以声音就高；声带长、厚或被放松时，同一单位时间内振动的次数少，所以声音就低。

（2）音强是声音的大小，是由一定时间里音波振动幅度的大小决定的。声音的大小同说话时用力的大小有关。

（3）音长是声音的长短，是由音波存在的时间决定的。语音的长短是指发某个音的发音动作延续的时间。

（4）音色是声音的特性，是由音波颤动的形式造成的。每个人或各种乐器发出来的不同声音就是音色的区别。

分析语音就可以从以上四个方面来考察。普通话里一个字音的不同声调，主要是音高的变化造成的，如"昌"（chāng）"长"（cháng）"厂"（chǎng）"畅"（chàng），听的人就会明显听到音高的变化。普通话的轻声，是由音强造成的，如"打算""窗户""桌子""妈妈"中后一个音节由于读时用力小，就成了轻声。音长在普通话里可以用来表达不同的语气，如"啊"音，较短时表示应答或惊讶，较长时则表示沉吟或迟疑。普通话里各种不同的声母和韵母，都是属于音色的区别，如说"a"时口腔大开、嘴唇不圆，说"ü"时口腔开度很小，嘴唇拢圆，这样就造成了不同的音色。

对音高、音强、音长、音色这四个方面，在观察、分析的时候，既要弄清楚它们的区别，也要注意它们的联系。因为在实际语言中，这四种语音现象都不是孤立存在的，而是相互影响的。例如，重读的音要加大音量，是"音强"现象；但又要说得稍长一些，那就是"音长"现象了；同时，重读的音也要说得高一些，又影响了"音高"；而这一切，又不能不说没有影响到"音色"的变化。

三、语音的社会性质

语音不同于一般声音，在社会交际中它必须代表一定的意义。所以，语音的社会性质是语音的本质特点，是语音区别于其他声音的重要标志。

语音是一种社会现象。分析语音，就不能离开使用这种语音的民族的社会习惯。因为一定的语音只有同一定的词语结合起来才有了表意功能，而这种表意功能则是人类社会赋予它的，是使用这种语言的人在社会上约定俗成的，与声音的生理、物理特征没有必然的联系。

语音是一个单位一个单位发出来的，每一个最容易分辨出来的语音单位就是一个音节。一般来说，一个汉字就是一个音节。

对音节的结构还可以进行分析，一直到不能再分了，便得到了音素。音素是语音的最小单位。例如，"一吐为快"是4个音节，一个音节写成一个汉字，每个音节里都有一个比较响亮的中心："一"只有1个音素（y, i 只是隔音作用，不是音素），"吐"包括2个因素（t、u），"为"包括3个因素（w、e、i），"快"包括四个因素（k、u、a、i）。普通话共有32个音素（10个元音音素，22个辅音音素），21个辅音声母和1个零声母，39个韵母，4个声调。普通话常用音节有400多个，配上声调（不包括儿化音节）约有1 250多个。

下面来具体学习普通话声母、韵母、声调、音变等基本内容。

第二节　声　　母

一、声母的分类

声母是一个音节开头的辅音。普通话中共有22个辅音，其中 ng 不作声母，所以只有21个辅音声母。从生理物理声学平面分析，辅音一般有"成阻→持阻→除阻"三个发音阶段。声母的发音是由发音部位和发音方法决定的。发音部位是辅音发音时发音器官形成阻碍的部分，主要部位有上下唇、上下齿背、上齿龈、硬腭的前部、软腭、舌尖和舌根等（见图3-1）。辅音发音时，气流通过口腔时受到发音器官形成的各种阻碍作用，气流必须克服这些阻碍才能发音。发音方法是指辅音发音时构成和克服阻碍气流的方式，也就是发音器官的某部位是如何阻碍气流、气流又是怎样破除阻碍的。因而各个辅音的发音情况也不相同。

声母的分类有两个标准：一是根据声母的发音部位分类，一是根据声母的发音方法分类。

（一）根据发音部位分类

根据发音部位，普通话的声母可以分成7类。

1. 双唇音：b、p、m

这三个声母有一个共同点，都是由上下唇紧闭构成阻碍而发出音来。它们的发音部位都是上下唇，所以叫双唇音。

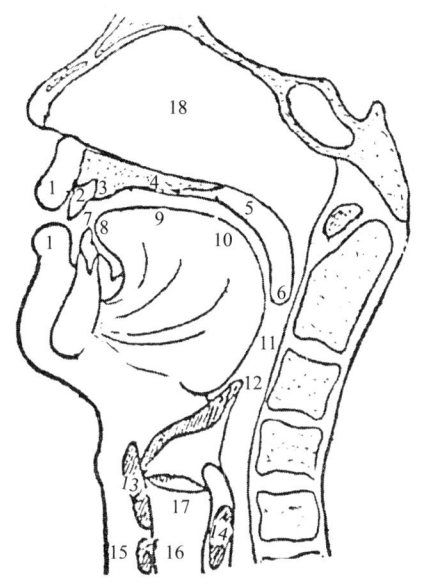

图 3－1　发音部位示意图

1—上下唇；2—上齿；3—齿龈；4—硬腭；5—软腭；6—小舌；7—舌尖；8—舌叶；9—舌尖前；10—舌尖后；11—咽头；12—会厌；13—甲状软骨；14—环状软骨（后板）；15—环状软骨（前弓）；16—气管；17—声带；18—鼻腔

b：双唇紧闭，然后突然打开，气流爆发而出，但冲出的气流比较微弱，声带不颤动，如：

巴（bā）、波（bō）、笔（bǐ）、布（bù）

辨别（biàn bié）、摆布（bǎi bù）、本部（běn bù）、不必（bú bì）、卑鄙（bēi bǐ）

P：与发 b 大体相同，只是双唇打开时，冲出一股较强的气流，如：

趴（pā）、破（pò）、皮（pí）、普（pǔ）

乒乓（pīng pāng）、批判（pī pàn）、澎湃（péng pài）、爬坡（pá pō）、匹配（pǐ pèi）

m：双唇紧闭，软腭下垂，气流由鼻腔流出，声带颤动，如：

马（mǎ）、墨（mò）、米（mǐ）、木（mù）

美满（měi mǎn）、埋没（mái mò）、牧民（mù mín）、渺茫（miǎo máng）、磨灭（mó miè）

2. 唇齿音：f

f 的发音部位是上齿和下唇，所以叫唇齿音。《汉语拼音方案》中的 v 也是唇齿音，但与 f 不同，它是浊音。

f：上齿挨着下唇内缘，气流从窄缝里摩擦而出，声带不颤动，如：

法（fǎ）、佛（fó）、福（fú）、飞（fēi）、否（fǒu）

奋发（fèn fā）、丰富（fēng fù）、肺腑（fèi fǔ）、发放（fā fàng）、非凡（fēi fán）

3. 舌尖前音：z、c、s

这三个声母都是由舌尖和上齿背构成阻碍而发出音来的。它们的发音部位都是舌尖和上齿背，所以叫舌尖前音；由于发音时舌头是平的，所以又叫平舌音。

z：舌尖前伸，抵住上齿背，然后气流冲开一条窄缝，摩擦而出，声带不颤动，如：

杂（zá）、泽（zé）、字（zì）、足（zú）

自尊（zì zūn）、最早（zuì zǎo）、总则（zǒng zé）、宗教（zōng jiào）、祖宗（zǔ zōng）

c：与发 z 大体相同，只是阻碍解除时有一股较强的气流冲出，如：

擦（cā）、侧（cè）、瓷（cí）、粗（cū）

层次（céng cì）、猜测（cāi cè）、草丛（cǎo cóng）、苍翠（cāng cuì）、参差（cēn cī）

s：舌头靠近上齿背，构成窄缝，气流摩擦而出，声带不颤动，如：

洒（sǎ）、色（sè）、丝（sī）、苏（sū）

思索（sī suǒ）、色素（sè sù）、四散（sì sàn）、松散（sōng sǎn）、洒扫（sǎ sǎo）

4. 舌尖中音：d、t、n、l

这四个声母都是由舌尖和上齿龈构成阻碍而发出音来的。它们的发音部位都是舌尖和上齿龈，所以叫舌尖中音，简称为舌尖音。

d：舌尖抵住上齿龈，然后突然放开，气流爆发而出，但冲出的气流较微弱，声带不颤动，如：

大（dà）、德（dé）、底（dǐ）、读（dú）

担当（dān dāng）、电灯（diàn dēng）、搭档（dā dàng）、到达（dào dá）、奠定（diàn dìng）

t：跟发 d 时大体一样，只是阻碍解除时冲出一股较强的气流，如：

塔（tǎ）、特（tè）、踢（tī）、图（tú）

铁蹄（tiě tí）、团体（tuán tǐ）、淘汰（táo tài）、图腾（tú téng）、梯田（tī tián）

n：舌尖抵住上齿龈，软腭下垂，开放鼻腔通道，气流从鼻腔出来，声带颤动，如：

拿（ná）、讷（nè）、你（nǐ）、奴（nú）、女（nǚ）

奶娘（nǎi niáng）、泥泞（ní nìng）、袅娜（niǎo nuó）、拿捏（ná niē）、恼怒（nǎo nù）

l：舌尖抵住上齿龈，软腭上升，关闭鼻腔通道，气流从舌头两边出来，声带颤动，如：

拉（lā）、乐（lè）、李（lǐ）、路（lù）、吕（lǚ）

理论（lǐ lùn）、琉璃（liú lí）、勒令（lè lìng）、榴莲（liú lián）、冷落（lěng luò）

5. 舌尖后音：zh、ch、sh、r

这四个声母都是由舌尖和上齿龈后部（上齿龈和硬腭交界处）构成阻碍而发出音来的。它们的发音部位都是舌尖和上齿龈后部，所以叫舌尖后音；因为发音时舌尖翘起，又叫翘舌音。

zh：舌尖翘起抵住上齿龈后部，然后气流冲开一条窄缝，摩擦而出，声带不颤动，如：

炸（zhà）、折（zhé）、纸（zhǐ）、猪（zhū）

转折（zhuǎn zhé）、正直（zhèng zhí）、主张（zhǔ zhāng）、庄重（zhuāng zhòng）

ch：跟发 zh 大体相同，只是阻碍解除时有一股较强的气流冲出，如：

查（chá）、撤（chè）、吃（chī）、除（chú）

城池（chéng chí）、戳穿（chuō chuān）、蟾蜍（chán chú）、长城（cháng chéng）、抽查（chōu chá）

sh：舌尖翘起靠近上齿龈后部，形成窄缝，气流摩擦而出，声带不颤动，如：

傻（shǎ）、舌（shé）、市（shì）、书（shū）

双手（shuāng shǒu）、审视（shěn shì）、手术（shǒu shù）、少数（shǎo shù）、设施（shè shī）

r：跟发 sh 大体相同，只是声带颤动，如：

热（rè）、日（rì）、如（rú）、忍（rěn）、蕊（ruǐ）

柔软（róu ruǎn）、仍然（réng rán）、如若（rú ruò）、容忍（róng rěn）、闰日（rùn rì）

6. 舌面音：j、q、x

这三个声母的音都是由舌面前部和硬腭构成阻碍而发出来的。它们的发音部位是舌面和硬腭，所以叫舌面音。

j：舌面前部紧贴硬腭，然后气流冲开一条窄缝，摩擦而出，声带不颤动，如：

基（jī）、聚（jù）、解（jiě）、绝（jué）

焦距（jiāo jù）、进军（jìn jūn）、加紧（jiā jǐn）、经济（jīng jì）、窘境（jiǒng jìng）

q：跟发 j 一样，只是阻碍解除时有一股较强的气流冲出，如：

掐（qiā）、切（qiē）、奇（qí）、趣（qù）

恰巧（qià qiǎo）、欠缺（qiàn quē）、铅球（qiān qiú）、乞求（qǐ qiú）、妻妾（qī qiè）

x：舌面前部靠近硬腭，形成一条窄缝，气流摩擦而出，声带不颤动，如：

写（xiě）、霞（xiá）、西（xī）、徐（xú）

学习（xué xí）、信心（xìn xīn）、鲜血（xiān xuè）、相信（xiāng xìn）、嬉戏（xī xì）

7. 舌根音：g、k、h

这三个声母的音都是由舌根和软腭构成阻碍而发出来的，所以叫舌根音。

g：舌根抵住软腭，然后突然放开，气流爆发而出，但冲出的气流较弱，声带不颤动，如：

嘎（gǎ）、歌（gē）、孤（gū）、贵（guì）

规格（guī gé）、巩固（gǒng gù）、梗概（gěng gài）、骨骼（gǔ gé）、灌溉（guàn

gài)

k：跟发 g 时大体相同，只是阻碍解除时冲出一股较强的气流，如：

卡（kǎ）、科（kē）、苦（kǔ）、快（kuài）

开垦（kāi kěn）、困苦（kùn kǔ）、慷慨（kāng kǎi）、苛刻（kē kè）、空旷（kōng kuàng）

h：舌根靠近软腭，形成窄缝，气流从缝隙中摩擦而出，声带不颤动，如：

哈（hā）、何（hé）、呼（hū）、或（huò）

红花（hóng huā）、航海（háng hǎi）、混合（hùn hé）、浩瀚（hào hàn）、辉煌（huī huáng）

ng：在普通话中不作声母，但它是辅音。发 ng 时，舌根抵住软腭，让气流从鼻腔流出，同时声带颤动。它的发音部位也是舌根和软腭，所以也属于舌根音。

8. 零声母：a、o、e、i、u、ü

汉语中少数音节没有声母，如"安"（an）、"欧"（ou）、"恩"（en）。它们一起头就是元音 a、o、e，这样的音节叫做零声母音节。同样，以元音 i、u、ü 起头的韵母自成音节时，它们也是零声母音节，只是要在前面分别加上 y、w，如"烟"（ian—yan）、"弯"（uan—wan）、"阴"（in—yin）、"乌"（u—wu）、"晕"（ün—yun）。如前所说，y 和 w 并不是辅音，所以不能看作声母，它们只是起隔音作用的字母。

上面根据声母的发音部位把 21 个声母分成 7 类。另外还可以根据发音方法给声母分类。所谓发音方法，包括阻碍的构成和突破的方式、气流的强弱、声带是否颤动 3 个方面。

（二）根据发音方法分类

根据声母的发音方法，可将辅音声母分为 5 类。

1. 塞音：b、p、d、t、g、k

发音时发音部位完全闭塞，阻住气流，除阻时突然打开闭合部位，使气流爆发而成。

2. 擦音：f、s、sh、r、x、h

发音时发音部位不完全阻塞，形成一条窄缝，除阻时气流从窄缝中间挤出，摩擦成音。

3. 塞擦音：z、c、zh、ch、j、q

发音时发音部位完全闭塞，除阻时气流先把阻碍部位冲出一条窄缝，然后从窄缝中间挤出，摩擦成音。

4. 鼻音：m、n（ng）

发音时发音部位完全闭塞，软腭下降，除阻时打开鼻腔通道，气流振动声带，从鼻腔透出成音。

5. 边音：l

发音时，舌尖抵住上齿龈，软腭上升，阻塞鼻腔通道，除阻时让气流从舌头两边透出成音。

除了上述两种分类外，声母还可以根据发音时声带是否颤动，将辅音声母分为清音和浊音两类。声母发音时,声带颤动的,叫做浊音(m、n、l、r、ng),其余声母发音时声带不颤动,叫做清音(b、p、f、d、t、g、k、h、j、q、x、zh、ch、sh、z、c、s);还可以根据发音时气流强弱的不同,分为送气音和不送气音。声母发音时,冲出的气流较强的,叫做送气音(p、t、k、q、ch、c),声母发音时,冲出的气流较弱的,叫做不送气音(b、d、g、j、zh、z)。

根据上述发音部位和方法,可以列出普通话的21个辅音声母发音部位和发音方法总表,如表3-1所示。

表3-1 普通话21个辅音声母发音部位和发音方法总表

发音方法		发音部位	双唇音	唇齿音	舌尖中音	舌根音	舌面音	舌尖前音	舌尖后音
塞音	清音	不送气	b		d	g			
		送气	p		t	k			
塞擦音	清音	不送气					j	z	zh
		送气					q	c	ch
擦音	清音			f		h	x	s	sh
	浊音								r
鼻音	浊音		m		n	(ng)			
边音	浊音				l				

二、声母的辨正

普通话是以北京语音为标准音的,它的发音标准只有一个,而各个方言的声韵系统与普通话不尽相同,学好普通话的关键是解决好方言发音与普通话发音的差别。从声母系统来看,各地方言与普通话有出入的地方主要有:舌尖前音z、c、s和舌尖后音zh、ch、sh不分;鼻音n与边音l不分;唇齿音f与舌根音h不分;舌面音j、q、x与舌尖前音z、c、s不分等。

(一)分清舌尖前音z、c、s和舌尖后音zh、ch、sh

南方人学习普通话声母,发不好舌尖后音zh、ch、sh,因为方言中没有这组音,很多时候被误读成舌尖前音z、c、s,如读"战歌 zhàn gē—赞歌 zàn gē"、"春装 chūn zhuāng—村庄 cūn zhuāng"、"深林 shēn lín—森林 sēn lín"这三组词语时,分不清它们的读音有什么区别,要解决这个问题,首先要认真练习zh、ch、sh声母的发音,准确掌握它们的发音部位,并在发音时将舌尖后缩,舌根后移,嘴角微展。在普通话中zh、ch、sh声母字要多于z、c、s声母字。

1. z、c、s和zh、ch、sh的辨音

(1) z—zh:

资源 zī yuán——支援 zhī yuán　　　阻力 zǔ lì——主力 zhǔ lì

暂时 zàn shí——战时 zhàn shí　　　早稻 zǎo dào——找到 zhǎo dào

栽花 zāi huā——摘花 zhāi huā　　　造就 zào jiù——照旧 zhào jiù

(2) c—ch:

春装 chūn zhuāng——村庄 cūn zhuāng　　推辞 tuī cí——推迟 tuī chí
木材 mù cái——木柴 mù chái　　　　丛生 cóng shēng——重生 chóng shēng
粗布 cū bù——初步 chū bù　　　　　不曾 bù céng——不成 bù chéng
（3）s—sh：
近似 jìn sì——近视 jìn shì　　　　　三角 sān jiǎo——山脚 shān jiǎo
塞子 sāi zi——筛子 shāi zi　　　　　司长 sī zhǎng——师长 shī zhǎng
桑叶 sāng yè——商业 shāng yè　　搜集 sōu jí——收集 shōu jí

2. 读准下列词语

尊重 zūn zhòng	沼泽 zhǎo zé	世俗 shì sú	痤疮 cuó chuāng
春蚕 chūn cán	种植 zhòng zhí	追踪 zhuī zōng	碎石 suì shí
深邃 shēn suì	磁场 cí chǎng	船舱 chuán cāng	宗旨 zōng zhǐ
著作 zhù zuò	宿舍 sù shè	收缩 shōu suō	采茶 cǎi chá

3. 绕口令练习

（1）宿舍前面有三十三棵桑树，宿舍后面有四十四棵枣树。我的小侄子分不清桑树和枣树，把三十三棵桑树叫枣树，把四十四棵枣树叫桑树。

（2）长长虫围着砖堆转三转，短长虫在里面钻砖堆蹿十蹿；长长虫转完了三转钻砖堆，短长虫蹿完了十蹿再围着砖堆转十转。

（3）司小四要拿四十四斤四两西红柿换史小世十四斤四两蚕丝；史小世说我十四斤四两蚕丝可以织绸织缎又抽丝。

（4）山腰住的三哥三嫂子借给山下三小子三斗三升酸枣子。

（5）师部司令部指示：四团十连石连长带四十人在十日四时四十四分按时到达师部司令部，师长召开誓师大会。

（6）石狮寺前有四十四个石狮子，寺前树上结了四十四个涩柿子，四十四个石狮子不吃四十四个涩柿子，四十四个涩柿子倒吃四十四个石狮子。

（二）分清鼻音n与边音l

普通话的鼻音n与边音l不分的现象在我国各地（四川、湖北、湖南、福建、江西、南京等）的表现不一样，有的是有l无n，有的是有n无l。鼻音n与边音l是一对在口腔中的发音部位相同的浊辅音，即都是舌尖抵住上齿龈时发出的音；其发音方法也基本近似。由于发音时气流通道的不同，在很多方言中读音易相混，如把"老人 lǎo rén"读成"恼 nǎo rén"，把"连长 lián zhǎng"读成"年长 nián zhǎng"。在普通话中，l的声母字要多于n的声母字。

1. n和l的辨音

（1）鼻音n的训练：

| 南宁 nán níng | 牛奶 niú nǎi | 难耐 nán nài | 呢喃 ní nán |
| 年内 nián nèi | 拿捏 ná niē | 扭扭捏捏 niǔ niǔ niē niē | |

（2）边音l的训练：

| 伦理 lún lǐ | 冷落 lěng luò | 流泪 liú lèi | 老龄 lǎo líng |
| 力量 lì liàng | 裸露 luǒ lù | 哩哩啦啦 lī lī lā lā | |

（3）n与l对比：

南天 nán tiān——蓝天 lán tiān　　　　水牛 shuǐ niú——水流 shuǐ liú

无奈 wú nài——无赖 wú lài　　　　　浓重 nóng zhòng——隆重 lóng zhòng

女客 nǚ kè——旅客 lǚ kè　　　　　　留念 liú niàn——留恋 liú liàn

2．读准下列词语

奴隶 nú lì	岭南 lǐng nán	脑力 nǎo lì	遛鸟 liù niǎo
哪里 nǎ lǐ	理念 lǐ niàn	能量 néng liàng	临难 lín nàn
男篮 nán lán	列宁 liè níng	烂泥 làn ní	年龄 nián líng
流脑 liú nǎo	尼龙 ní lóng	凌虐 líng nüè	农历 nóng lì

3．绕口令练习

（1）楼前有四辆两轮车，你爱拉哪两辆就拉哪两辆。

（2）牛郎恋刘娘，刘娘念牛郎，牛郎年年恋刘娘，刘娘年年念牛郎，郎恋娘来娘念郎，念娘恋娘，念郎恋郎，念恋娘郎。

（3）吕教练在男篮训练刘楠，蓝教练在女篮训练吕楠。

（4）老脑筋可以改造成新脑筋，新脑筋不学习就会变成老脑筋。

（5）老龙恼怒闹老农，老农恼怒闹老龙，农怒龙恼农更怒，龙恼农怒龙怕农。

（三）分清唇齿音f与舌根音h

我国四川、湖南、湖北、广东、江西等地的方言声母系统中没有唇齿音f声母，人们在说普通话时用舌根音h声母代替它，如把"理发lǐ fà"读成"lǐ huà"、"佛宝fó bǎo"读成"huó bǎo"，要分清唇齿音f与舌根音h就必须先掌握这两个辅音的发音方法。这两个音都是清擦音，区别是在发音时阻碍部位的不同，唇齿音f的除阻部位是"唇齿"，舌根音h除阻部位是"舌根"。相比较而言，普通话中h的声母字要多于f的声母字。

1．f和h的辨音

（1）唇齿音f的训练：

防范 fáng fàn	风帆 fēng fān	福分 fú fèn
复方 fù fāng	翻番 fān fān	仿佛 fǎng fú

（2）舌根音h的训练：

黄河 huáng hé	后悔 hòu huǐ	豪华 háo huá
花卉 huā huì	黄昏 huáng hūn	绘画 huì huà

（3）f与h对比：

飞鱼 fēi yú——黑鱼 hēi yú　　　　奋战 fèn zhàn——混战 hùn zhàn

空幻 kōng huàn——空泛 kōng fàn　　幅度 fú dù——弧度 hú dù

富丽 fù lì——互利 hù lì　　　　　　开发 kāi fā——开花 kāi huā

2．读准下列词语

凤凰 fèng huáng	护肤 hù fū	祸福 huò fú	繁华 fán huá
划分 huà fēn	洪峰 hóng fēng	返回 fǎn huí	混纺 hùn fǎng
分红 fēn hóng	孵化 fū huà	防护 fáng hù	互访 hù fǎng
横幅 héng fú	丰厚 fēng hòu	海风 hǎi fēng	荒废 huāng fèi

3. 绕口令练习

（1）抱着灰鸡上飞机，飞机起飞，灰鸡要飞。

（2）粉红墙上画凤凰，红凤凰，粉凤凰，粉红凤凰，花凤凰。

（3）黑化肥发灰，灰化肥发黑，黑化肥发灰会挥发，灰化肥挥发会发黑。

（4）学会了理发不一定会理化，因为理化不同于理发。

（5）奋发商店卖混纺，有红混纺，黄混纺，粉红混纺，花混纺，纷繁的混纺让大娘着了慌。仿佛进了混纺的大世界，眼也花，手也忙，吩咐女儿快快来，赶快帮我挑混纺。

（6）一班有个黄贺，二班有个王克，黄贺、王克二人搞创作，黄贺搞木刻，王克写诗歌。黄贺帮助王克写诗歌，王克帮助黄贺搞木刻。由于二人搞协作，黄贺完成了木刻，王克写好了诗歌。

（四）分清舌尖后、浊、塞擦音 r 和舌尖中、浊、边音 l

在上海方言中没有 r 的音，而在江苏、江西、浙江、湖南、山东个别地区，r、l 不分。r 和 l 两个浊音的相混主要是发音部位掌握不准，由于找不准 r 的发音部位，舌尖又不习惯向上翘，因此，舌尖靠前落到了发舌尖中音 l 的部位，在音节里就形成 ru、lu 不分的现象了。在普通话中，l 声母字要多于 r 声母字。

1. r 和 l 的辨音

（1）r 的训练：

让人 ràng rén　仍然 réng rán　融入 róng rù　容忍 róng rěn　荣辱 róng rǔ　濡染 rú rǎn

（2）l 的训练：

琉璃 liú lí　利率 lì lǜ　另类 lìng lèi　靓丽 liàng lì　轮流 lún liú　料理 liào lǐ

（3）r 和 l 对比：

褥子 rù zi——路子 lù zi　　　　　仍旧 réng jiù——棱角 léng jiǎo

侮辱 wǔ rǔ——粗鲁 cū lǔ　　　　 出入 chū rù——暴露 bào lù

如果 rú guǒ——炉火 lú huǒ　　　 天然 tiān rán——天蓝 tiān lán

2. 读准下列词语

蹂躏 róu lìn	乳酪 rǔ lào	腊肉 là ròu	缭绕 liáo rào
羸弱 léi ruò	凛然 lǐn rán	扰乱 rǎo luàn	锐利 ruì lì
利润 lì rùn	热烈 rè liè	燃料 rán liào	冷热 lěng rè
熔炉 róng lú	落日 luò rì	录入 lù rù	立论 lì lùn

3. 朗读下面的诗，注意字的读音

白日依山尽，黄河入海流，欲穷千里目，更上一层楼。（唐　王之涣）

（五）分清舌面音 j、q、x 与舌尖前音 z、c、s

声母 j、q、x 跟 i、ü 或以 i、ü 起头的韵母相拼，叫团音；声母 z、c、s 跟 i、ü 或以 i、ü 起头的韵母相拼，叫尖音。其实在普通话中声母 z、c、s 不能与 i、ü 或以 i、ü 起头的韵母相拼，也就是说只有声母 j、q、x 可以与 i、ü 或以 i、ü 起头的韵母相拼。

1. j、q、x 和 z、c、s 的辨音

（1）j、q、x 的训练：

交接 jiāo jiē　　家具 jiā jù　　坚决 jiān jué　　讲解 jiǎng jiě　　洁净 jié jìng　　积极 jī jí
情趣 qíng qù　　恰巧 qià qiǎo　　弃权 qì quán　　亲戚 qīn qī　　确切 què qiè　　窃取 qiè qǔ　　崎岖 qí qū
喜讯 xǐ xùn　　详细 xiáng xì　　行星 xíng xīng　　歆羡 xīn xiàn　　小溪 xiǎo xī　　学校 xué xiào

（2）z、c、s 的训练：

资源 zī yuán　　　阻力 zǔ lì　　　造就 zào jiù　　　推辞 tuī cí　　　粗布 cū bù
近似 jìn sì　　　桑叶 sāng yè　　　搜集 sōu jí　　　不曾 bù céng　　　木材 mù cái

2. 读准下列词语

接待 jiē dài　　　钢枪 gāng qiāng　　　线条 xiàn tiáo　　　国际 guó jì
趣味 qù wèi　　　秀美 xiù měi　　　将来 jiāng lái　　　凑巧 còu qiǎo
谈笑 tán xiào　　　美酒 měi jiǔ　　　千秋 qiān qiū　　　象征 xiàng zhēng
虚心 xū xīn　　　急件 jí jiàn　　　捷径 jié jìng　　　欠缺 qiàn quē

3. 朗读下面的诗，注意字的读音

枯藤老树昏鸦，小桥流水人家，古道西风瘦马。夕阳西下，断肠人在天涯。（元　马致远）

（六）零声母

不用辅音充当声母的字称为零声母字。普通话中的零声母字在一些方言里被读成辅音声母字，如"安、昂、爱、欧、袄"等读成声母字。在有些方言中在零声母字还被加上了m、n之类的声母。如闻（wén）读成"门"（mén）、"恩"读成"ngen"等。

1. 零声母字对比辨音

爱人 ài rén——耐人 nài rén　　　　海岸 hǎi'àn——海难 hǎi nàn
傲气 ào qì——闹气 nào qì　　　　疑心 yí xīn——离心 lí xīn
文风 wén fēng——门风 mén fēng　　　　余味 yú wèi——愚昧 yú mèi
每晚 měi wǎn——美满 měi mǎn　　　　五味 wǔ wèi——妩媚 wǔ mèi

2. 读准下列词语

癌症 ái zhèng　　　谙熟 ān shú　　　翱翔 áo xiáng　　　呕吐 ǒu tù
厄运 è yùn　　　恩情 ēn qíng　　　耳垂 ěr chuí　　　鸭绒 yā róng
沿用 yán yòng　　　钥匙 yào shi　　　诬陷 wū xiàn　　　谣言 yáo yán
幽雅 yōu yǎ　　　唯物 wéi wù　　　莴苣 wō jù　　　阿谀 ē yú

3. 朗读下面的诗，注意字的读音

黑云压城城欲摧，甲光向日金鳞开。角声满天秋色里，塞上燕脂凝夜紫。半卷红旗临易水，霜重鼓寒声不起。报君黄金台上意，提携玉龙为君死。（李贺 雁门太守行）

第三节　韵　母

一、韵母的分类

按照汉语音韵学传统的字音分析方法，把一个音节分成前后两段，即分析成声和韵两段，前段称为声母，后段称为韵母。普通话中共有 39 个韵母，韵母由元音或元音加辅音构成。大多数韵母可以自成音节，即零声母音节。

韵母按结构分，可以分为单元音韵母、复元音韵母和鼻韵母。由一个元音构成的韵母叫

"单元音韵母";有的韵母不止一个元音,这类韵母叫复元音韵母;还有的一些韵母在元音后面还附着辅音"n"或"ng",这类韵母叫做鼻韵母。

按照韵母开头的元音发音口形,又可分为开口呼、齐齿呼、合口呼、撮口呼四类。

(一)按韵母结构分分类

1. 单元音韵母

普通话中有10个单元音韵母。根据发音时舌头起作用的部位和方式的不同分为舌面元音、舌尖元音和卷舌元音3个小类。

(1)舌面元音韵母:发音时舌面起主要作用。普通话中有7个舌面元音a、o、e、ê、i、u、ü。

(2)舌尖元音韵母:发音时舌尖起主要作用。普通话中有2个舌尖元音-i(在z c s后)、-i(在zh ch sh后)。

(3)卷舌元音韵母:发音时舌尖向硬腭卷起。普通话中有1个卷舌元音er。r表示卷舌动作的符号,而不是表示辅音,因此er虽然用两个字母标写,但仍是单元音。

2. 复元音韵母

普通话中有13个复元音韵母。单元音韵母发音时口形始终不变,而复元音韵母发音时不仅口形变化,而且几个元音有主次,不是两三个单元音简单地相连,而是由一个元音的舌位向另一个元音舌位滑动。复元音韵母根据发音时主要元音位置的不同分为前响复韵母、后响复韵母和中响复韵母3个小类。

(1)前响复韵母:发音时前一元音响亮而清晰,后一元音短而轻。普通话中有4个前响复韵母ai、ei、ao、ou。

(2)后响复韵母:发音时前一元音短而轻,后一元音响亮而清晰。普通话中有5个后响复韵母ia、ie、ua、uo、üe。

(3)中响复韵母:由3个元音结合在一起组成,中间的一个是主要元音,发音时中间的元音响亮而清晰。普通话中有4个中响复韵母iao、iou、uai、uei。

3. 鼻韵母

普通话中有16个鼻韵母。鼻韵母是由一个或两个元音和鼻辅音n或ng组成的。鼻韵母分为前鼻韵母和后鼻韵母。

(1)前鼻韵母:韵尾为鼻辅音n的韵母。普通话中有8个前鼻韵母an、en、ian、in、uan、uen、üan、ün。

(2)后鼻韵母:韵尾为鼻辅音ng的韵母。普通话中有8个后鼻韵母ang、eng、iang、ing、uang、ueng、ong、iong。

(二)按韵母开头的元音发音口型分类

这是我国传统音韵学对韵母的一种分类方法,也称为"四呼",把韵母开头的元音发音按唇形和舌位的不同分为开口呼、齐齿呼、合口呼、撮口呼。

(1)开口呼:韵母不是i、u、ü和不以i、u、ü起头的韵母。

(2)齐齿呼:i或以i起头的韵母。

(3)合口呼:u或以u起头的韵母。

(4)撮口呼:ü或以ü起头的韵母。

《普通话韵母总表》对普通话39个韵母的各个分类作了清楚的表述,如表3-2所示。

表 3-2 普通话韵母总表

	开口呼	齐口呼	合口呼	撮口呼
单韵母	-i	i	u	ü
	a	ia	ua	
	o		uo	
	e			
	ê	ie		üe
	er			
复韵母	ai		uai	
	ei		uei	
	ao	iao		
	ou	iou		
鼻韵母	an	ian	uan	üan
	en	in	uen	ün
	ang	iang	uang	
	eng	ing	ueng	
			ong	iong

二、韵母的发音

根据普通话韵母结构的分类,将各韵母的具体发音描述如下。

(一) 单元音韵母的发音

1. 舌面元音:a、o、e、ê、i、u、ü

舌面元音的发音不同主要是由不同的口形及舌位造成的,舌位的高低、舌位的前后和唇形的圆展都可以形成不同音色的元音。一个元音的舌位高低、前后及唇形的圆展度一般用"元音舌位图"来表示(见图 3-2)。

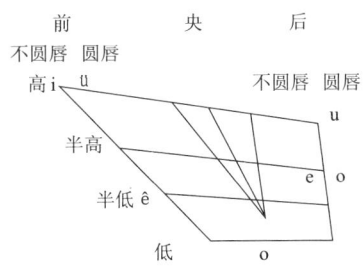

图 3-2 舌面元音的舌位图

现将舌面元音的发音方法逐个介绍如下。

(1) a 舌面、央、低、不圆唇元音(舌面元音、央元音、低元音、不圆唇元音的简称,以下类推),发音时,口腔大开,舌位低,舌头居中,唇形不圆,如:

法(fā)、马(mǎ)、踏(tà)、拔(bá)、厦(shà)

沙发(shā fā)、大坝(dà bà)、发达(fā dá)、拉萨(lā sà)、打蜡(dǎ là)

(2) o 舌面、后、半高、圆唇元音,发音时,口腔半闭,舌位半高,舌头后缩,唇拢圆,如:

迫(pò)、波(bō)、佛(fó)、叵(pǒ)、摩(mó)

薄膜(bó mó)、磨墨(mó mò)、伯伯(bó bo)、默默(mò mò)、泼墨(pō mò)

(3) e 舌面、后、半高、不圆唇元音,发音状况大体像 o,但双唇要自然展开成扁形,如:

哥(gē)、渴(kě)、哲(zhé)、设(shè)、德(dé)

合格(hé gé)、特色(tè sè)、苛刻(kē kè)、可乐(kě lè)、折射(zhé shè)

(4) ê 舌面、前、半低、不圆唇元音,发音时,口半开,舌位半低,舌头前伸使舌尖抵住下齿背,唇形不圆。在普通话中,ê 很少单独使用,只有"欸"这个字念 ê(零声母)。ê 经常出现在 i、ü 的后面,在 i、ü 后面时,书写要省去符号"^"。

(5) i 舌面、前、高、不圆唇元音,发音时,口腔开度很小,舌位高、舌头前伸抵住下齿背,唇形呈扁平状,如:

比(bǐ)、皮(pí)、觅(mì)、你(nǐ)、滴(dī)

喜气(xǐ qì)、集体(jí tǐ)、利益(lì yì)、嬉戏(xī xì)、比拟(bǐ nǐ)

(6) u 舌面、后、高、圆唇元音,发音时,口腔开度很小,舌头后缩,使舌面后接近软腭,唇拢圆,如:

补(bǔ)、铺(pū)、木(mù)、福(fú)、努(nǔ)

图书(tú shū)、互助(hù zhù)、朴素(pǔ sù)、服务(fú wù)、住宿(zhù sù)

(7) ü 舌面、前、高、圆唇元音,发音状况和 i 基本相同,但唇形拢圆,如:

女(nǚ)、律(lǜ)、举(jǔ)、驱(qū)、叙(xù)

语句(yǔ jù)、须臾(xū yú)、区域(qū yù)、序曲(xù qǔ)、旅居(lǚ jū)

2. 舌尖元音:-i(前)、-i(后)

这个韵母不能自成音节,只出现在声母 z、c、s、zh、ch、sh、r 之后。

若 -i 出现在 z、c、s 之后,则发音时,口略开,舌尖前伸靠近上齿背,嘴唇向两边展开,如:

字(zì)、词(cí)、丝(sī)、紫(zǐ)、慈(cí)

自私(zì sī)、此次(cǐ cì)、子嗣(zǐ sì)、字词(zì cí)、刺字(cì zì)

若 -i 出现在 zh、ch、sh、r 之后,则发音时,口略开,舌尖上翘靠近硬腭前部,嘴唇向两边展开,如:

纸(zhǐ)、持(chí)、使(shǐ)、至(zhì)、师(shī)

知识(zhī shi)、支持(zhī chí)、制止(zhì zhǐ)、值日(zhí rì)、实施(shí shī)

3. 卷舌元音:er

er 是个带有卷舌色彩的央元音,只能自成音节,不和任何声母相拼。发音时,口腔半开,开口度比ê略小,舌位居中,舌头稍后缩,唇形不圆。在发e的同时,舌尖向硬腭轻轻卷起,不是先发e,然后卷舌,而是发e的同时舌尖卷起;r在er中不代表辅音,只是表示卷舌动作的符号,所以er虽然用两个字母标写,但仍是单元音韵母,如:

儿(ér)、耳(ěr)、二(èr)、而(ér)、尔(ěr)

(二)复元音韵母的发音

1. 前响复韵母:ai、ei、ao、ou

ai、ei、ao、ou的共同特点是前一个元音清晰响亮,发前面的元音后立刻滑向后面的元音,后一个元音轻而短,只表示舌位滑动的方向,在结构上,是韵腹与韵尾的组合。

(1)ai发音时,先发a,这里的a舌位靠前,念得长而响亮,然后舌位向i移动,不到i的高度。i只表示舌位移动的方向,音短而模糊,如:

来(lái)、该(gāi)、买(mǎi)、逮(dǎi)、胎(tāi)

白菜(bái cài)、海带(hǎi dài)、爱戴(ài dài)、开采(kāi cǎi)、拍卖(pāi mài)

(2)ei发音时,先发e,比单念e时舌位靠前一点,然后舌位升高,向i的方向滑动,如:

杯(bēi)、眉(méi)、培(péi)、内(nèi)、蕾(lěi)

配备(pèi bèi)、北美(běi měi)、蓓蕾(bèi lěi)、妹妹(mèi mei)、肥美(féi měi)

(3)ao发音时,先发a,这里的a舌位靠后,是个后元音,发得响亮,接着向u(汉语拼音写作-o,实际发音接近u)的方向滑动升高,如:

宝(bǎo)、泡(pào)、猫(māo)、到(dào)、靠(kào)

高潮(gāo cháo)、报道(bào dào)、吵闹(chǎo nào)、烧烤(shāo kǎo)、早操(zǎo cāo)

(4)ou发音时,先发o,这里的o比单元音o的舌位略高、略前,接着向u滑动,舌位不到u即停止发音,如:

某(mǒu)、都(dōu)、头(tóu)、楼(lóu)、厚(hòu)

收购(shōu gòu)、漏斗(lòu dǒu)、丑陋(chǒu lòu)、口头(kǒu tóu)、守候(shǒu hòu)

2. 后响复韵母:ia、ie、ua、uo、üe

ia、ie、ua、uo、üe的共同特点是前面的元音轻短,只表示舌位从那里开始滑动,后面的一个元音清晰响亮,后者在韵母中处在韵腹地位,因此舌位移动的终点是确定的。

在这5个后响复韵母中,开头的元音因素i-、u-、ü-都是高元音,由于处在韵头位置,发音不太响亮,比较短促。在结构上,它们是韵头与韵腹的组合。

后响复韵母在自成音节时,韵头i、u、ü改写成y、w、yu。

(1)ia发音时,先发i,发得轻短,很快滑向a,a发得长而响亮,如:

家(jiā)、洽(qià)、霞(xiá)、嫁(jià)、吓(xià)

假牙(jiǎ yá)、压价(yā jià)、恰恰(qià qià)、下架(xià jià)、掐架(qiā jià)

(2) ie 发音时，先发 i，发得轻短，很快滑向 ê，ê 发得长而响亮，如：
憋（biē）、蝶（dié）、蔑（miè）、捏（niē）、杰（jié）
结业（jié yè）、贴切（tiē qiè）、铁鞋（tiě xié）、趔趄（liè qie）、谢谢（xiè xie）

(3) ua 发音时，先发 u，发得轻短，很快滑向 a，a 发得长而响，唇形由最圆逐步展到不圆，如：
夸（kuā）、蛙（wā）、瓦（wǎ）、抓（zhuā）、卦（guà）
挂花（guà huā）、娃娃（wá wa）、哗哗（huā huā）、耍滑（shuǎ huá）、画刷（huà shuā）

(4) uo 发音时，先发 u，发得轻短，舌位很快降到 o，o 长而响亮，发音过程中，保持圆唇，开头最圆，结尾圆唇度略减，如：
多（duō）、妥（tuǒ）、糯（nuò）、国（guó）、火（huǒ）
过错（guò cuò）、活捉（huó zhuō）、阔绰（kuò chuò）、硕果（shuò guǒ）、陀螺（tuó luó）

(5) üe 发音时，先发高元音 ü，发得轻短，舌位很快降到 ê，ê 长而响亮，唇形由圆到不圆，如：
曰（yuē）、决（jué）、确（què）、薛（xuē）、掠（lüè）
雀跃（què yuè）、约略（yuē lüè）、绝学（jué xué）、雪靴（xuě xuē）、缺月（quē yuè）

3. 中响复韵母：iao、iou、uai、uei

iao、iou、uai、uei 的共同特点是前一个元音轻短，后面的元音含混，音值不太固定，只表示舌位滑动的方向，中间的主要元音清晰响亮。在主要元音之前是韵头，在主要元音之后是韵尾，它们是韵头、韵腹、韵尾的组合。

中响复韵母在自成音节时，韵头 i、u 改写成 y、w。复韵母 iou、uei 前面加声母的时候，要省写成 iu、ui。

(1) iao 发音时，先发 i，紧接着发 ao，使 3 个元音结合成一个整体，发音过程中，舌位先降后升，由前到后，曲折幅度大，如：
标（biāo）、庙（miào）、钓（diào）、窕（tiáo）、袅（niǎo）
巧妙（qiǎo miào）、小鸟（xiǎo niǎo）、教条（jiào tiáo）、疗效（liáo xiào）、苗条（miáo tiáo）

(2) iou 发音时，先发 i，紧接着发 ou，紧密结合成一个复韵母，发音过程中，舌位先降后升，由前到后，曲折幅度较大，如：
妞（niū）、六（liù）、酒（jiǔ）、裘（qiú）、秀（xiù）
优秀（yōu xiù）、久留（jiǔ liú）、牛油（niú yóu）、悠久（yōu jiǔ）、绣球（xiù qiú）

(3) uai 发音时，先发 u，紧接着发 ai，使 3 个元音结合成一个整体，发音过程中，舌位先降后升，由后到前，曲折幅度大，如：

淮（huái）、筷（kuài）、帅（shuài）、怪（guài）、歪（wāi）

外快（wài kuài）、摔坏（shuāi huài）、乖乖（guāi guāi）、怀揣（huái chuāi）

（4）uei 发音时，先发 u，紧接着发 ei，紧密结合成一个整体，发音过程中，舌位先降后升，由后到前，曲折幅度较大，如：

腿（tuǐ）、慧（huì）、椎（zhuī）、睡（shuì）、围（wéi）

归队（guī duì）、追随（zhuī suí）、荟萃（huì cuì）、推诿（tuī wěi）、水位（shuǐ wèi）

（三）鼻韵母的发音

1. 前鼻韵母：an、en、in、ün、ian、uan、üan、uen

前鼻韵母是韵尾是鼻辅音-n 的韵母，韵尾-n 的发音同声母 n 基本相同，只是-n 的部位比声母 n 靠后，一般是舌面前部接触硬腭。

in、ün、ian、uan、üan、uen 自成音节时，写成 yin、yun、yan、wan、yuan、wen，uen 前面加声母的时候，要省写成 un。

（1）an 发音时，先发 a，然后舌尖向上齿龈移动，最后抵住上齿龈发鼻音 n，口形开合度由大渐小，舌位动程较大，如：

班（bān）、蛋（dàn）、反（fǎn）、禅（chán）、善（shàn）

感叹（gǎn tàn）、灿烂（càn làn）、展览（zhǎn lǎn）、淡然（dàn rán）、谈判（tán pàn）

（2）en 发音时，先发 e，然后舌尖向上齿龈移动，抵住上齿龈发鼻音 n，口形开合度由大渐小，舌位动程较小，如：

肯（kěn）、盆（pén）、珍（zhēn）、嫩（nèn）、晨（chén）

认真（rèn zhēn）、根本（gēn běn）、深沉（shēn chén）、振奋（zhèn fèn）、人参（rén shēn）

（3）in 发音时，先发 i，然后舌尖向上齿龈移动，抵住上齿龈发鼻音 n，口形开合度始终很小，几乎没有变化，舌位动程很小，如：

宾（bīn）、品（pǐn）、您（nín）、金（jīn）、琴（qín）

拼音（pīn yīn）、信心（xìn xīn）、亲近（qīn jìn）、殷勤（yīn qín）、引进（yǐn jìn）

（4）ün 发音时，先发 ü，然后舌尖向上齿龈移动，抵住上齿龈发鼻音 n，ün 与 in 的发音状况相似，只是唇形变化不同，ün 唇形从 ü 开始逐步展开，而 in 始终展唇，如：

君（jūn）、裙（qún）、迅（xùn）、韵（yùn）、允（yǔn）

均匀（jūn yún）、军训（jūn xùn）、芸芸（yún yún）、循循（xún xún）、逡巡（qūn xún）

（5）ian 发音时，先发 i，i 轻短，接着发 an，i 与 an 结合得很紧密，如：

辨（biàn）、篇（piān）、田（tián）、潜（qián）、间（jiān）

前线（qián xiàn）、检验（jiǎn yàn）、先天（xiān tiān）、偏见（piān jiàn）、前天（qián tiān）

（6）uan 发音时，先发 u，紧接着发 an，u 与 an 结合成一个整体，如：
暖（nuǎn）、卵（luǎn）、官（guān）、赚（zhuàn）、欢（huān）
贯穿（guàn chuān）、婉转（wǎn zhuǎn）、酸软（suān ruǎn）、专款（zhuān kuǎn）、乱窜（luàn cuàn）

（7）üan 发音时，先发 ü，紧接着发 an，ü 与 an 结合成一个整体，如：
眷（juàn）、犬（quǎn）、旋（xuán）、圆（yuán）、宣（xuān）
轩辕（xuān yuán）、全权（quán quán）、源泉（yuán quán）、涓涓（juān juān）、渊源（yuān yuán）

（8）uen 发音时，先发 u，紧接着发 en，u 与 en 结合成一个整体，如：
稳（wěn）、豚（tún）、顿（dùn）、顺（shùn）、准（zhǔn）
春笋（chūn sǔn）、温存（wēn cún）、馄饨（hún tun）、论文（lùn wén）、昆仑（kūn lún）

2. 后鼻韵母：ang、eng、ing、ong、iang、iong、uang、ueng
后鼻韵母是韵尾是鼻辅音-ng 的韵母，韵尾-ng 在普通话中不作声母，只能用作韵尾。
ing、iang、uang、ueng、iong 自成音节时，写成 ying、yang、wang、weng、yong。
（1）ang 发音时，先发 a，舌头逐渐后缩，舌根抵住软腭，发后鼻音 ng，气流从鼻腔通过，开口度由大渐小，舌位动程较大，如：
庞（páng）、芳（fāng）、糖（táng）、朗（lǎng）、畅（chàng）
厂房（chǎng fáng）、沧桑（cāng sāng）、帮忙（bāng máng）、当场（dāng chǎng）、苍茫（cāng máng）

（2）eng 发音时，先发 e，舌体后缩，舌根向软腭移动，抵住软腭，发后鼻音 ng，气流从鼻腔通过，口形开合度由大渐小，舌位动程较小，如：
萌（méng）、声（shēng）、蹦（bèng）、梦（mèng）、捧（pěng）
更正（gēng zhèng）、生冷（shēng lěng）、丰盛（fēng shèng）、承蒙（chéng méng）、升腾（shēng téng）

（3）ing 发音时，先发 i，舌头后缩，舌根抵住软腭，发后鼻音 ng，气流从鼻腔通过，口腔没有明显变化，如：
秉（bǐng）、名（míng）、庭（tíng）、幸（xìng）、景（jǐng）
定型（dìng xíng）、命令（mìng lìng）、叮咛（dīng níng）、精英（jīng yīng）、清净（qīng jìng）

（4）ong 发音时，先发 o，这里的 o 比单元音 o 的舌位略高，舌头后缩，舌根抬高抵住软腭，发后鼻音 ng，气流从鼻腔通过，唇形始终拢圆，如：
懂（dǒng）、童（tóng）、忠（zhōng）、荣（róng）、龙（lóng）
共同（gòng tóng）、隆重（lóng zhòng）、农工（nóng gōng）、轰动（hōng dòng）、通融（tōng róng）

（5）iang 发音时，先发 i，接着发 ang，使二者结合成一个整体，如：
酿（niàng）、良（liáng）、奖（jiǎng）、香（xiāng）、阳（yáng）
亮相（liàng xiàng）、想象（xiǎng xiàng）、洋相（yáng xiàng）、两样（liǎng yàng）、强项（qiáng xiàng）

（6）iong 发音时，先发 i，接着发 ong，二者结合成一个整体，如：
窘（jiǒng）、琼（qióng）、雄（xióng）、永（yǒng）、雍（yōng）
汹涌（xiōng yǒng）、炯炯（jiǒng jiǒng）、穷凶（qióng xiōng）、熊熊（xióng xióng）

（7）uang 发音时，先发 u，接着发 ang，由 u 和 ang 紧密结合而成，如：
广（guǎng）、皇（huáng）、壮（zhuàng）、窗（chuāng）、旺（wàng）
状况（zhuàng kuàng）、双簧（shuāng huáng）、狂妄（kuáng wàng）、装潢（zhuāng huáng）、矿床（kuàng chuáng）

（8）ueng 发音时，先发 u，接着发 eng，由 u 和 eng 紧密结合而成。
ueng 自成音节，不拼声母，写作 weng，如：
翁（wēng）、瓮（wèng）、嗡（wēng）

三、韵母辩正

从韵母系统来看，各地方言与普通话有出入的主要有单元音韵母 i 和 ü 不分、o 和 e 不分；前鼻韵母 an、en、in 和后鼻韵母 ang、eng、ing 不分；后鼻韵母 eng 和 ong 不分；单韵母 u 和复韵母 ou 不分；单韵母 o 和复韵母 ai 不分；复韵母 iu（iou）、ui（uei）韵头的丢失等。

（一）单元音韵母 i 和 ü

闽方言、客家方言和西南一些地区的方言没有单元音 ü，这些地方的人常常把普通话里的 ü 读成 i。i 和 ü 都是舌面前高元音，它们的区别在于唇形，发音时，i 不圆唇，ü 要圆唇。不习惯发 ü 的人，可用唇形变化的方法来练习，先发 i 的音，舌位保持不变，慢慢把嘴唇拢圆，就能发出 ü 的音了。

1. i 和 ü 的对比辨音

名义 míng yì——名誉 míng yù　　　　前面 qián miàn——全面 quán miàn
季节 jì jié——拒绝 jù jué　　　　　　盐分 yán fèn——缘分 yuán fèn
生育 shēng yù——生意 shēng yì　　　于是 yú shì——仪式 yí shì

2. 读准 i 和 ü

继续 jì xù　　纪律 jì lǜ　　谜语 mí yǔ　　体育 tǐ yù　　例句 lì jù
崎岖 qí qū　　利率 lì lǜ　　曲艺 qǔ yì　　预计 yù jì　　比喻 bǐ yù

3. 绕口令练习

这天天下雨，体育局穿绿雨衣的女小吕，去找穿绿运动衣的女老李。穿绿雨衣的女小吕，没找到穿绿运动衣的女老李，穿绿运动衣的女老李，也没见着穿绿雨衣的女小吕。

（二）单元音韵母 e 和 o

北方有些方言会把韵母 o 念成 e，如"坡、破、摸"的韵母读成 e；西南有些方言会把韵母 e 念成 o，如"哥、和、颗、喝"的韵母读成 o。o 和 e 发音情况大致相同，区别在于发 o 音时唇形圆，发 e 时唇形不圆，可以用唇形变化的方法来练习，掌握这两个韵母的发音。

另外，普通话的韵母 o 只跟 b、p、m、f 拼合，而韵母 e 却相反，不能和这四个声母拼合（"什么"的"么"字除外）。学习时，掌握这个规律也有利于区别这两个音。

1. 读准 e 和 o

破格 pò gé 波折 bō zhé 磨合 mó hé 隔膜 gé mó 薄荷 bò he
胳膊 gē bo 折磨 zhé mó 刻薄 kè bó 叵测 pǒ cè 墨盒 mò hé

2. 绕口令训练

打南坡走过来个老婆婆，俩手托着俩笸箩。左边笸箩里装的菠萝，右边笸箩里装的萝卜。你说说，是左边笸箩里的菠萝多，还是右边笸箩里的萝卜多？说的对，送给你一笸箩菠萝；说的不对，罚你替老婆婆把两笸箩菠萝和萝卜送到大北坡。

（三）鼻音韵尾 -n 和 -ng

很多方言的发音分不清"陈旧"和"成就"、"人民"和"人名"、"弹琴"和"谈情"，这是由于前鼻音韵尾 -n 和后鼻音韵尾 -ng 相混所致。例如，上海话中一般把 eng 和 ing 的韵尾读成 n，南京话不能区分 an 和 ang，而宁夏话会把 en、in、uen、ün 的韵尾读成后鼻音韵尾 ng。

辨别这两类鼻韵母的发音，关键在于发好韵尾 n 和 ng。发韵尾 n 时，舌尖轻轻抵住上齿龈，由舌尖和上齿背构成阻碍；发韵尾 ng 时，舌根向上抬起，后缩抵住软腭，由舌根和软腭构成阻碍。此外，前鼻韵母的韵腹元音的舌位偏前，后鼻韵母的韵腹元音的舌位一般偏后，掌握这个规律对发准鼻韵母都是有帮助的。

学会分辨前后鼻音的发音之后，还必须记住哪些音节是前鼻音，哪些音节是后鼻音，可利用汉字的声旁来帮助记忆，如"青"的韵尾是 ng，那么以"青"作声旁的字（清、请、情、晴、精、睛等）韵尾大多数都是 ng。"分"的韵尾是 n，以"分"做声旁的字（份、粉、纷、氛、盆、芬等）的韵尾多为 n。这样只要记住一些代表字，就可以类推出一大批字来。

1. 前后鼻韵母的对比发音

烂漫 làn màn——浪漫 làng màn   开饭 kāi fàn——开放 kāi fàng
清真 qīng zhēn——清蒸 qīng zhēng 人参 rén shēn——人生 rén shēng
亲近 qīn jìn——清静 qīng jìng   信服 xìn fú——幸福 xìng fú
春天 chūn tiān——冲天 chōng tiān 伦敦 lún dūn——隆冬 lóng dōng

2. 读准前后鼻音

杠杆 gàng gǎn   汤碗 tāng wǎn   深层 shēn céng   真正 zhēn zhèng
奔腾 bēn téng   进行 jìn xíng   平民 píng mín   阴影 yīn yǐng

清新 qīng xīn　　　　心灵 xīn líng　　　　运用 yùn yòng　　　　甜香 tián xiāng
万望 wàn wàng　　　通讯 tōng xùn　　　艳阳 yàn yáng　　　滚筒 gǔn tǒng

3. 诗歌和绕口令训练

（1）an 和 ang：

三娘在山上放三只山羊，三只山羊翻过山梁，三娘翻过山梁去找三只山羊，三只山羊躲在杉树旁，三娘到杉树旁才找到三只山羊。

（2）en 和 eng：

老彭拿着一个盆，路过老陈住的棚，盆碰棚，棚碰盆，棚倒盆碎棚压盆，老陈要赔老彭的盆，老彭不要老陈来赔盆，老陈陪着老彭去补盆，老彭帮着老陈来修棚。

（3）in 和 ing：

小金到北京看风景，小京到天津买纱巾。看风景，用眼睛，还带一个望远镜；买纱巾，带现金，到了天津把商店进。买纱巾，用现金，看风景，用眼睛，巾、金、睛、景要分清。

（4）un 和 ong：

说你会炖我的炖冻豆腐，来炖我的炖冻豆腐，不会炖我的炖冻豆腐，别胡炖乱炖假充会炖看炖坏了我的炖冻豆腐。

（5）eng 和 ing：

高高山上一条藤，藤条头上挂铜铃。风吹藤动铜铃动，风停藤停铜铃停。

（6）en 和 ing：

桌上放个盆，盆里有个瓶，砰砰啪啪，啪啪砰砰，不知是瓶碰盆，还是盆碰瓶。

（7）后鼻音训练：

天上看，满天星，地下看，有个坑；坑里看，有盘冰。坑外长着一老松，松上落着一只鹰，松下坐着一老僧，僧前放着一部经，经前点着一盏灯，墙上钉着一根钉，钉上挂着一张弓。说刮风，就刮风，刮得男女老少难把眼睛睁。刮散了天上的星，刮平了地上的坑，刮化了坑里的冰，刮倒了坑外的松，刮飞了松上的鹰，刮走了松下的僧，刮乱了僧前的经，刮灭了经前的灯，刮掉了墙上的钉，刮翻了钉上的弓。这是一个星散、坑平、冰化、灯倒、鹰飞、僧走、经乱、灯灭、钉掉、弓翻的绕口令。

（四）后鼻韵母 eng 和 ong

不少方言区的人把"风"（fēng）读成"fōng"，读这两个音节时，要注意 eng 为不圆唇音，ong 为圆唇音。另外要记住一条声韵拼合规律，即鼻韵母"ong"不能和唇音声母 b、p、m、f 相拼构成音节，因此，凡遇到唇音声母相拼的字，一律读成"eng"就对了。例如"崩、朋、猛、风"等字，韵母只能是 eng。

1. eng 和 ong 的对比辨音

更正 gēng zhèng——公众 gōng zhòng　　　登峰 dēng fēng——东风 dōngfēng
恒星 héng xīng——红星 hóng xīng　　　征用 zhēng yòng——中用 zhōng yòng
正视 zhèng shì——重视 zhòng shì　　　征程 zhēng chéng——中丞 zhōng chéng

2. 读准 eng 和 ong

耕种 gēng zhòng　　忠诚 zhōng chéng　　郑重 zhèng zhòng　　灯笼 dēng long
疼痛 téng tòng　　　争宠 zhēng chǒng　　终生 zhōng shēng　　称颂 chēng sòng

3. 绕口令训练

（1）eng：

丝瓜藤，绕丝绳，丝绳绕上丝瓜藤。藤长绳长绳藤绕，绳长藤伸绳绕藤。

（2）ong：

桐木桶，桶有洞，补洞用桐不用铜。用铜补洞补不住，用桐补桶桶无洞。

（3）eng 和 ong：

刮着大风放风筝，风吹风筝挣断绳。

风筝断绳风筝松，断绳风筝随风送。

风不停，筝不停，风停风筝自不行。

青龙洞中龙做梦，青龙做梦出龙洞，做了千年万载梦，龙洞困龙在深洞。

自从来了新愚公，愚公捅开青龙洞，青龙洞中涌出龙，龙去农田做农工。

（五）复韵母避免韵头 i 和 u 的丢失

有些方言区的人学说普通话时往往会丢失韵头 i 或 u，如湖北方言中把"家、敲"读成"gā、kāo"；有些不但丢失了韵头，甚至连声母都改变了，如西南方言的人往往把"对"（duì）读成"dèi"，吴方言的人常常把"推"（tuī）读成"tēi"，把"春笋"（chūn sǔn）读成"cēn sěn"。u 韵头的丢失，原因比较简单，主要是为了发音便利，而 i 韵头的有无则比较复杂，除了与 u 韵头丢失同样的原因外，还有一部分字没有韵头是由于语音演变不同造成的。辨正时，应该注意学好有韵头的韵母的发音，弄清字音的韵母有无 i 或 u 韵头。还应注意将本方言与普通话的读音进行比较，找出对应规律，然后可以系统地纠正。例如，普通话唇音声母（b、p、m、f）和声母 n、l 是跟 ei 韵母拼合的，其他声母则和 uei 韵母拼合，只有个别字例外，这条规律可以防止丢失韵头 u。

1. 读准下列字音

摔掉 shuāi diào——筛掉 shāi diào　　踝骨 huái gǔ——骸骨 hái gǔ

损坏 sǔn huài——损害 sǔn hài　　　奇怪 qí guài——乞丐 qǐ gài

黑色 hēi sè——灰色 huī sè　　　　不给 bù gěi——不轨 bù guǐ

电话 diàn huà——淡化 dàn huà　　天上 tiān shàng——摊上 tān shàng

2. 绕口令练习

（1）ia 和 ua：

天空飘着一片霞，水上游来一群鸭。霞是五彩霞，鸭是麻花鸭，麻花鸭游进五彩霞，五彩霞网住麻花鸭。乐坏了鸭，拍碎了霞，分不清是鸭还是霞。

（2）un（uen）和 en：

门背后有根闷棍开门别闷闷棍。

（3）ian 和 üan：

男演员、女演员，同台演戏说方言。男演员说吴方言，女演员说闽南言。男演员演飞行员，女演员演研究员。研究员、飞行员；吴方言、闽南言。你说男女演员演得全不全?

（4）ui 和 ei：

黑肥混灰肥，灰肥混黑肥。黑肥混灰肥，黑肥灰又黑；灰肥混黑肥，灰肥黑又灰。黑肥混灰肥，肥比黑肥灰；灰肥混黑肥，肥比灰肥黑。

四、容易读错声母、韵母的词语

哀悼 āi dào	蛏子 chēn zi	琥珀 hǔ pò
姘居 pīn jū	船舶 chuán bó	褫夺 chǐ duó
戛然 jiá rán	剖析 pōu xī	粗糙 cū cāo
尺蠖 chǐ huò	饯别 jiàn bié	蹊跷 qī qiāo
胆怯 dǎn qiè	炽热 chì rè	疖子 jiē zi
角色 jué sè	脐带 qí dài	雕塑 diāo sù
檄文 xí wén	私囊 sī náng	孑孓 jié jué
结束 jié shù	荨麻 qián má	防疫 fáng yì
雪橇 xuě qiāo	粳米 jīng mǐ	掮客 qián kè
悬腕 xuán wàn	歼灭 jiān miè	椽子 chuán zi
颧骨 quán gǔ	埋怨 mán yuàn	船埠 chuán bù
腈纶 jīng lún	妊娠 rèn shēn	晌午 shǎng wǔ
邋遢 lā tā	蹂躏 róu lìn	纤维 xiān wéi
愚氓 yú méng	大氅 dà chǎng	髋骨 kuān gǔ
偌大 ruò dà	安瓿 ān bù	癫痫 diān xián
内踝 nè huái	杉篙 shā gāo	谙练 àn liàn
跌宕 diē dàng	颞骨 niè gǔ	疝气 shàn qì
似的 shì de	白癣 bái xuǎn	恫吓 dòng hè
蘖枝 niè zhī	贲门 bēn mén	侗族 dòng zú
啮齿 niè chǐ	猞猁 shē lì	鼻衄 bí nǜ
讣告 fù gào	牛蒡 niú bàng	社稷 shè jì
编纂 biān zuǎn	付讫 fù qì	牛腩 niú nǎn
神龛 shén kān	濒临 bīn lín	疱疹 pào zhěn
市侩 shì kuài	觇标 chān biāo	沙瓤 shā ráng
盥洗 guàn xǐ	捧哏 pěng gén	嗜好 shì hào
乳臭 rǔ xiù	蟾蜍 chán chú	囫囵 hú lún
纰漏 pī lòu	暂时 zàn shí	秫秸 shú jie
思忖 sī cǔn	眼睑 yǎn jiǎn	模样 mú yàng
玉玺 yù xǐ	澄清 téng qīng	榫眼 sǔn yǎn
谒见 yè jiàn	薏米 yì mǐ	特赦 tè shè
炭疽 tàn jū	衣钵 yī bō	绦虫 tāo chóng
肄业 yì yè	侦缉 zhēn jī	痈疽 yōng jū
延髓 yán suǐ	臀部 tún bù	莜麦 yóu mài
肆虐 sì nüè	猥亵 wěi xiè	褶皱 zhě zhòu
水泵 shuǐ bèng	发酵 fā jiào	涡流 wō liú
砧板 zhēn bǎn	香椿 xiāng chūn	墒情 shāng qíng
斡旋 wò xuán	箴言 zhēn yán	献媚 xiàn mèi
舢板 shān bǎn	污秽 wū huì	柞蚕 zuò cán

龋齿 qǔ chǐ	佐证 zuǒ zhèng	租赁 zū lìn
下颌 xià hé	诠释 quán shì	媲美 pì měi
铣床 xǐ chuáng	蜷曲 quán qū	砒霜 pī shuāng
自刎 zì wěn	吸吮 xī shǔn	镪水 qiāng shuǐ
抨击 pēng jī	作揖 zuò yī	锡纸 xī zhǐ
犄角 jī jiǎo	弩弓 nǔ gōng	辎重 zī zhòng
乌拉草 wù la cǎo	积攒 jī zǎn	句读 jù dòu
奴婢 nú bì	赘婿 zhuì xù	晤面 wù miàn
跻身 jī shēn	装殓 zhuāng liàn	荟萃 huì cuì
碾砣 niǎn tuó	撰著 zhuàn zhù	污垢 wū gòu
黄芪 huáng qí	匿迹 nì jì	贮藏 zhù cáng
倭寇 wō kòu	寰宇 huán yǔ	蛲虫 náo chóng
紊乱 wěn luàn	奶酪 nǎi lào	肘腋 zhǒu yè
文牍 wén dú	枸杞 gǒu qǐ	临摹 lín mó
痔瘘 zhì lòu	围歼 wéi jiān	咖喱 gā lí
老茧 lǎo jiǎn	桎梏 zhì gù	涎水 xián shuǐ
蜚声 fēi shēng	谰言 lán yán	甄别 zhēn bié
网兜 wǎng dōu	扉页 fēi yè	岿然 kuī rán
蛰伏 zhé fú	外债 wài zhài	阿胶 ē jiāo
糠秕 kāng bǐ	笊篱 zhào lí	唾弃 tuò qì
肚脐 dù qí	咯血 kǎ xiě	笃信 dǔ xìn
酵母 jiào mǔ	渣滓 zhā zǐ	蜕变 tuì biàn
抽噎 chōu yè	缄默 jiān mò	造诣 zào yì
稗子 bài zi	推崇 tuī chóng	苍术 cāng zhú
豢养 huàn yǎng	驮子 duò zi	造孽 zào niè
头颅 tóu lú	鹁鸪 bó gū	荏苒 rěn rǎn
糟粕 zāo pò	铁锨 tiě xiān	星宿 xīng xiù
惬意 qiè yì	秩序 zhì xù	戏谑 xì xuè
熨斗 yùn dǒu	箍紧 gū jǐn	饲料 sì liào
瑕疵 xiá cī	贿赂 huì lù	殷红 yān hóng
跳蚤 tiào zǎo	商榷 shāng què	巷道 hàng dào
桅樯 wéi qiáng	信笺 xìn jiān	园圃 yuán pǔ
调羹 tiáo gēng	坨子 tuó zi	老鸹 lǎo guā
潸然 shān rán	尉迟 yù chí	豆豉 dòu chǐ
粗犷 cū guǎng	拓本 tà běn	字模 zì mú
整饬 zhěng chì	膏肓 gāo huāng	恸哭 tòng kū
轧钢 zhá gāng	木铎 mù duó	豇豆 jiāng dòu
瓜蔓 gua wàn	押解 yā jiè	迫击炮 pǎi jī pào
隽永 juàn yǒng	鸟窠 niǎo kē	白术 bái zhú

恪守 kè shǒu　　　束缚 shù fù　　　　　　弄堂 lòng táng
婀娜 ē nuó　　　　虎跑寺 hǔ páo sì　　　搁浅 gē qiǎn
解剖 jiě pōu　　　拄杖 zhǔ zhàng　　　　禅让 shàn ràng
蛊惑 gǔ huò　　　呱呱坠地 gū gū zhuì dì
讹传 é chuán　　　否极泰来 pǐ jí tài lái

第四节　声　　调

一、声调的性质及其作用

（一）声调的性质

普通话的音节，除了声母和韵母之外，还有一个贯穿整个音节的声调。声调是一个音节高低升降变化的标志，如 tōng、tóng、tǒng、tòng 的差异，就在于高低升降变化的不同。声调，主要是通过音高表现出来的，而这种音高有时是复合的，从一个音移动到另一个音，移动的方式是滑的，而不是跳的，而且声调也跟时间、音质、音强也有关系，但那不是构成声调的主要因素。

（二）声调的作用

在汉语的语音系统里，一个汉字就是一个音节，所以声调也叫字调，它起到表意的作用，如"通、瞳、桶、痛"的意义不同，就是声调的不同造成的。所以说相同的声母、韵母组合在一起，可以因为声调的不同而表示不同的意思，如鼓励（gǔ lì）、孤立（gū lì），艰巨（jiān jù）、检举（jiǎn jǔ），菜花（cài huā）、才华（cái huá），登记（dēng jì）、等级（děng jí），假装（jiǎ zhuāng）、嫁妆（jià zhuāng）等。声调有时候还能区别词性，如好（hǎo）是形容词、好（hào）是动词、背（bèi）是名词、背（bēi）是动词、磨（mó）是动词、磨（mò）是名词等。

汉语跟世界上许多语言相比有一个重要的特点——有声调。声调反映着普通话或任何一种方言语音的基本特征。由于声调是能区别意义的音高变化，而音高性质具有超音段特征等，所以这给普通话的学习带来一定的困难。只有在掌握对应规律的基础上加强训练，才能熟练地掌握普通话的声调。

二、调值和调类

（一）调值

调值是声调的实际读法。调值产生于音节高低、升降、曲直、长短的具体变化形式。

常用的确定调值的方法是赵元任设计的"五度标记法"。具体是用一条垂直的参照线作为坐标，把这条线分成四格五点，自下而上分别对应低音、半低音、中音、半高音、高音五段，用1、2、3、4、5五度表示，然后在竖线左边画上声调的音高变化曲线，这样就可以形象地反映音节的调值。"五度标记法"如图3-3所示。

（二）调类与四声

调类是指声调的分类，就是将一种方言中声调单念时调值相同的音节归纳在一起形成的类别。因此一种语言（或方言）有多少个调值，也就有多少种调类。调类和调值之间的关系：调值是声调的"实"，调类是声调的"名"。如用普通话读所有的汉字，可以读出四种不同的声调，因而普通话就有4个调类：阴平、阳平、上声、去声，简称四声。这四声人们

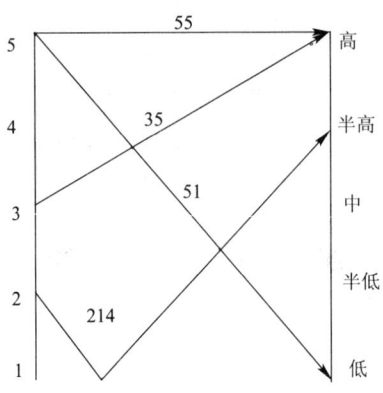

图 3-3 "五度标记法"示意图

也习惯按顺序称为第一声、第二声、第三声、第四声。特定调类与特定调值之间的对应在不同的方言中有不同的表现。调类相同并不意味着调值相同，调值相同也不意味着调类相同。

（三）调号与标调法

调号就是标记声调的符号。《汉语拼音方案》规定声调通常用四种符号来表示，即用"‾"表示阴平，用"╱"表示阳平，用"∨"表示上声，用"╲"表示去声。由于调号只能标在一个字母之上，在一个音节中主要元音是最重要的部分，调号尽可能标在音节的主要元音上。

汉语六个主要元音中，发音最响亮的是 ɑ，依次下去是 o、e、i、u、ü。一个音节有 ɑ，调号就标在 ɑ 上，如 mā（妈）；没有 ɑ，就标在 o 或 e 上，如 dòu（豆）、lèi（类）；带有 iu、ui 的音节，就标在后一个元音上，如 liú shuǐ（流水），调号如标在 i 上，i 上一点就要省去。下面的顺口溜可以帮助记住标调的方法：ɑ 母出现莫放过，没有 ɑ 母找 o、e、i、u 并排标在后，i 上标调把点抹，单个韵母头上画，这样标调不会错。普通话语音里还有一个轻声，轻声音节都不标调号，如"行李"的"李"li。

三、普通话调值

普通话声调有四种具体不同的读法。

（一）第一声　高平调　阴平

发音时声带绷到最紧，始终保持发高音，大体上没有升降的变化，音长在四声中属次短，由 5 度到 5 度，也称 55 调。

单音节：阴（yīn）、猫（māo）、知（zhī）、虽（suī）、科（kē）、香（xiāng）、酣（hān）、乖（guāi）

双音节：西安（xī'ān）、播音（bō yīn）、拥军（yōng jūn）、工商（gōng shāng）、征婚（zhēng hūn）

多音节：星期天（xīng qī tiān）、公积金（gōng jī jīn）、冬瓜汤（dōng guā tāng）、珍惜光阴（zhēn xī guāng yīn）、居安思危（jū'ān sī wēi）

（二）第二声　中升调　阳平

发音时声带从不松不紧开始逐渐绷紧，声音由中度起音向上扬起，音长在四声中属次长，即由 3 度到 5 度，也称 35 调。

单音节：阳（yáng）、敌（dí）、神（shén）、床（chuáng）、斜（xié）、房（fáng）、白（bái）、刨（páo）

双音节：石油（shí yóu）、模型（mó xíng）、结余（jié yú）、合格（hé gé）、题材（tí cái）

多音节：颐和园（Yí hé yuán）、儿童节（ér tóng jié）、园林局（yuán lín jú）、文如其人（wén rú qí rén）、洁白无瑕（jié bái wú xiá）

（三）第三声　降升调　上声

发音开始时声带由略微紧张，立刻松弛下来并稍微延长后迅速绷紧。在发音过程中，声音主要在低音段1～2度之间，由半低音2度降到低音1度，低音1度持续时间稍长；再往上升至半高音4度，形成一个曲折的调型，音长在四声中属最长，也称214调。

单音节：喊（hǎn）、沈（shěn）、甲（jiǎ）、险（xiǎn）、止（zhǐ）、瓦（wǎ）、允（yǔn）

双音节：领导（lǐng dǎo）、北海（běi hǎi）、抚养（fǔ yǎng）、索取（suǒ qǔ）、鼓掌（gǔ zhǎng）

多音节：展览馆（zhǎn lǎn guǎn）、孔乙己（Kǒng yǐ jǐ）、蒙古语（Měng gǔ yǔ）、岂有此理（qǐ yǒu cǐ lǐ）、老有所养（lǎo yǒu suǒ yǎng）

（四）第四声　全降调　去声

发音开始时声带绷紧，结束时完全松弛，即从最高降到最低，音长在四声中属于最低短，声调由5度到1度，也称51调。

单音节：去（qù）、沁（qìn）、败（bài）、帽（mào）、料（liào）、汉（hàn）、费（fèi）、破（pò）

双音节：纪念（jì niàn）、政策（zhèng cè）、示范（shì fàn）、建造（jiàn zào）、借鉴（jiè jiàn）

多音节：备忘录（bèi wàng lù）、运动会（yùn dòng huì）、烈士墓（liè shì mù）、变幻莫测（biàn huàn mò cè）、对症下药（duì zhèng xià yào）

提示：

普通话四个声调的发音过程中容易出现的问题在于：阴平调值不够高，阳平拐弯上不去，上升硬拐弯，去声下不来。记忆普通话的四声有如下口诀：第一声是阴平，起音高高一路平；第二声是阳平，由中到高往上升；第三声是上声，先降然后再扬起；第四声是去声，高处降到最底层。

普通话的四个基本声调，如表3-3所示。

表3-3　普通话的四个基本声调表

调类	调值	调号	例　　字	例　　词
阴平	高平调55	－	家（jiā）、猜（cāi）、抛（pāo）、居（jū）	端庄（duān zhuāng）、芭蕉（bā jiāo）
阳平	高升调35	／	勤（qín）、肥（féi）、楼（lóu）、涵（hán）	和谐（hé xié）、红旗（hóng qí）
上声	降升调214	∨	髓（suǐ）、美（měi）、拐（guǎi）、左（zuǒ）	隐忍（yǐn rěn）、导演（dǎo yǎn）
去声	全降调51	＼	顾（gù）、败（bài）、庆（qìng）、刻（kè）	祝愿（zhù yuàn）、议论（yì lùn）

四、普通话的声调辩正

普通话四声阴平、阳平、上声、去声实际上是由古汉语的平、上、去、入四声演变而来的。为了显示普通话四声与古汉语四声的对应关系,才保留了阴平、阳平、上声、去声这样的调类名称。方言声调与普通话声调有许多差别,这些差别一方面表现在调值上;另一方面表现在调类上。因此,普通话声调的辩正必须从调值和调类两方面入手。

普通话的调值与方言的调值存在着许多差别。例如,各方言几乎都有阴平这个调类,但调值就很不相同,如北方方言的汉口话和普通话调类完全相同,可是调值却不完全一致,汉口话的阴平和普通话的阴平都属于高平调;汉口话的阳平是降升调,而普通话的阳平是中升调;汉口话的去声是中升调,而普通话的去声是全降调。因此学习普通话的声调,首先必须读准普通话四声的调值。

从调类上看,普通话有四个基本调类,而有的方言中只有3个调类(如河北滦县话),有的方言有多达10个调类(如广西的玉林话),一般来说,以4个调类或5个调类的居多。

方言跟普通话之间各类声调所包含的字不尽相同。学习普通话出现的方言语调、怪腔怪调都同没有掌握普通话声调有直接关系。首先应明确本地方言的调值、调类,然后比照着本地方言和普通话声调的对应关系,读准普通话的四个声调的调值。其次应记忆方言中与普通话不同声调的字。尽管声调数目不一样,但方言与方言之间、方言与普通话之间在声调方面存在着一定的对应关系。因此,要学好普通话,辩正方言与普通话之间声调的差别是非常重要的。

五、普通话声调综合训练

(一) 词语练习

1. 阴平+阴平

| 中央 zhōng yāng | 刊登 kān dēng | 拼音 pīn yīn | 分工 fēn gōng | 精装 jīng zhuāng |
| 春天 chūn tiān | 参差 cēn cī | 功勋 gōng xūn | 参观 cān guān | 新编 xīn biān |

2. 阴平+阳平

| 编辑 biān jí | 单元 dān yuán | 宣传 xuān chuán | 中国 zhōng guó | 音节 yīn jié |
| 奔驰 bēn chí | 新娘 xīn niáng | 哀求 āi qiú | 批评 pī píng | 观摩 guān mó |

3. 阴平+上声

| 参考 cān kǎo | 欣赏 xīn shǎng | 颠倒 diān dǎo | 风景 fēng jǐng | 音响 yīn xiǎng |
| 家属 jiā shǔ | 推理 tuī lǐ | 包裹 bāo guǒ | 钢笔 gāng bǐ | 真理 zhēn lǐ |

4. 阴平+去声

| 甘肃 gān sù | 机械 jī xiè | 心脏 xīn zàng | 冬至 dōng zhì | 吃饭 chī fàn |
| 光线 guāng xiàn | 京剧 jīng jù | 侵略 qīn lüè | 悲剧 bēi jù | 师范 shī fàn |

5. 阳平+阳平

| 陶瓷 táo cí | 联盟 lián méng | 红旗 hóng qí | 和平 hé píng | 原则 yuán zé |
| 调皮 tiáo pí | 循环 xún huán | 白描 bái miáo | 怀疑 huái yí | 黎明 lí míng |

6. 阳平+阴平

| 崇高 chóng gāo | 佛经 fó jīng | 骑兵 qí bīng | 长征 cháng zhēng | 行星 xíng xīng |
| 圆规 yuán guī | 传说 chuán shuō | 活期 huó qī | 国歌 guó gē | 船舱 chuán cāng |

7. 阳平 + 上声
营养 yíng yǎng　　谜语 mí yǔ　　　南北 nán běi　　文选 wén xuǎn　　狭窄 xiá zhǎi
毛笔 máo bǐ　　　传统 chuán tǒng　完美 wán měi　　防守 fáng shǒu　团长 tuán zhǎng

8. 阳平 + 去声
名胜 míng shèng　劳动 láo dòng　　革命 gé mìng　　原料 yuán liào　乘客 chéng kè
函授 hán shòu　　答案 dá'àn　　　学术 xué shù　　胡同 hú tòng　　豪放 háo fàng

9. 上声 + 阴平
北方 běi fāng　　警钟 jǐng zhōng　马鞍 mǎ'ān　　　酒精 jiǔ jīng　　体操 tǐ cāo
指针 zhǐ zhēn　　垦荒 kěn huāng　港湾 gǎng wān　　小说 xiǎo shuō　雨衣 yǔ yī

10. 上声 + 阳平
古文 gǔ wén　　　祖国 zǔ guó　　　冷藏 lěng cáng　旅行 lǚ xíng　　坦白 tǎn bái
朗读 lǎng dú　　　体裁 tǐ cái　　　本能 běn néng　整洁 zhěng jié　党员 dǎng yuán

11. 上声 + 上声
简短 jiǎn duǎn　　婉转 wǎn zhuǎn　保守 bǎo shǒu　　总统 zǒng tǒng　讲演 jiǎng yǎn
举手 jǔ shǒu　　　本领 běn lǐng　　辗转 zhǎn zhuǎn　改选 gǎi xuǎn　古典 gǔ diǎn

12. 上声 + 去声
感谢 gǎn xiè　　　纽扣 niǔ kòu　　统治 tǒng zhì　　诡辩 guǐ biàn　宝藏 bǎo zàng
果断 guǒ duàn　　假设 jiǎ shè　　巩固 gǒng gù　　挑战 tiǎo zhàn　努力 nǔ lì

13. 去声 + 阴平
特征 tè zhēng　　辣椒 là jiāo　　药方 yào fāng　　细胞 xì bāo　　陆军 lù jūn
治安 zhì'ān　　　豆浆 dòu jiāng　教师 jiào shī　　告别 gào bié　　气功 qì gōng

14. 去声 + 阳声
种植 zhòng zhí　教材 jiào cái　　季节 jì jié　　　课堂 kè táng　　价格 jià gé
皱纹 zhòu wén　　事实 shì shí　　报答 bào dá　　　跳棋 tiào qí　　辟谣 pì yáo

15. 去声 + 上声
上海 shàng hǎi　地理 dì lǐ　　　蜡染 là rǎn　　　字典 zì diǎn　　戏曲 xì qǔ
稻草 dào cǎo　　派遣 pài qiǎn　面粉 miàn fěn　　电影 diàn yǐng　办法 bàn fǎ

16. 去声 + 去声
地震 dì zhèn　　贡献 gòng xiàn　建设 jiàn shè　　命令 mìng lìng　世界 shì jiè
浪费 làng fèi　　注意 zhù yì　　互助 hù zhù　　　竞赛 jìng sài　汉字 hàn zì

（二）成语练习

1. 阴平 + 阴平 + 阴平 + 阴平
贪天之功 tān tiān zhī gōng　　　　忧心忡忡 yōu xīn chōng chōng
声东击西 shēng dōng jī xī　　　　春天花开 chūn tiān huā kāi

2. 阳平 + 阳平 + 阳平 + 阳平
名存实亡 míng cún shí wáng　　　含糊其辞 hán hú qí cí
豪情昂扬 háo qíng' áng yáng　　　儿童文学 ér tóng wén xué

3. 上声 + 上声 + 上声 + 上声
尺有所短 chǐ yǒu suǒ duǎn　　　　打井饮水 dǎ jǐng yǐn shuǐ

辗转往返 zhǎn zhuǎn wǎng fǎn

稳妥处理 wěn tuǒ chǔ lǐ

4. 去声+去声+去声+去声

爱护备至 ài hù bèi zhì

见利忘义 jiàn lì wàng yì

胜利闭幕 shèng lì bì mù

日夜奋战 rì yè fèn zhàn

5. 阴平+阳平+上声+去声（四声顺序）

千锤百炼 qiān chuí bǎi liàn

光明磊落 guāng míng lěi luò

心直口快 xīn zhí kǒu kuài

飞禽走兽 fēi qín zǒu shòu

身强体壮 shēn qiáng tǐ zhuàng

风调雨顺 fēng tiáo yǔ shùn

英明果断 yīng míng guǒ duàn

花红柳绿 huā hóng liǔ lǜ

6. 去声+上声+阳平+阴平（四声逆序）

一马平川 yì mǎ píng chuān

妙手回春 miào shǒu huí chūn

墨守成规 mò shǒu chéng guī

刻骨铭心 kè gǔ míng xīn

耀武扬威 yào wǔ yáng wēi

破釜沉舟 pò fǔ chén zhōu

7. 四声混合四音节词语发音练习

波澜壮阔 bō lán zhuàng kuò

暴风骤雨 bào fēng zhòu yǔ

排山倒海 pái shān dǎo hǎi

名不虚传 míng bù xū chuán

满园春色 mǎn yuán chūn sè

事必躬亲 shì bì gōng qīn

（三）诗歌练习

声 声 慢

李清照

寻寻觅觅，冷冷清清，凄凄惨惨戚戚。乍暖还寒时候，最难将息。三杯两盏淡酒，怎敌它晚来风急。雁过也，正伤心，却是旧时相识。满地黄花堆积，憔悴损，如今有谁堪摘？守着窗儿，独自怎生得黑！梧桐更兼细雨，到黄昏点点滴滴。这次第，怎一个愁字了得！

（四）绕口令练习

1. 山上五棵树，架上五壶醋，林中五只鹿，箱里五条裤，伐了山上树，搬下架上醋，射死林中鹿，取出箱中裤。

2. 时事是事实，事实要真实，时时要真实，实际是事实，字字要实际，事事要真实。

3. 妈妈骑马，马慢妈妈骂马。妞妞骑牛，牛慢妞妞拧牛。

（五）辨音练习

辨 音 口 诀

学好声韵辨四声，阴阳上去要分明；
部位方法须找准，开齐合撮属口形；
双唇班报必百波，舌间当地斗点丁；
舌根高狗工耕故，舌面积结教坚精；
翘舌主争真志照，平舌资则早在增；
擦音发翻飞分复，送气查此产彻称；
合口呼午枯胡古，开口河坡歌安争；

嘴撮需学寻徐稳，齐齿衣优摇业英；
前鼻恩因烟弯尾，不难达到纯和清。

（六）容易读错声调的词语

白桦 bái huà	鲍鱼 bào yú	半拉 bàn lǎ
笨拙 bèn zhuō	驳斥 bó chì	笔筒 bǐ tǒng
庇荫 bì yìn	摈除 bìn chú	蝙蝠 biān fú
编辑 biān jí	摈弃 bìn qì	病菌 bìng jūn
不禁 bù jīn	不遂 bù suí	单于 chán yú
谄媚 chǎn mèi	成绩 chéng jì	乘车 chéng chē
称职 chèn zhí	船坞 chuán wù	床铺 chuáng pù
创伤 chuāng shāng	处理 chǔ lǐ	藏掖 cáng yē
参与 cān yù	雌蕊 cí ruǐ	挫折 cuò zhé
从容 cóng róng	痤疮 cuó chuāng	答复 dá fù
答应 dā yìng	当做 dàng zuò	提防 dī fáng
档案 dàng'àn	灯泡 dēng pào	堆积 duī jī
扼要 è yào	帆船 fān chuán	复杂 fù zá
符合 fú hé	梵文 fàn wén	风靡 fēng mǐ
斐然 fěi rán	孵化 fū huà	干支 gān zhī
感慨 gǎn kǎi	高涨 gāo zhàng	根茎 gēn jīng
公顷 gōng qǐng	供给 gōng gěi	瑰宝 guī bǎo
骨头 gǔ tou	怪癖 guài pǐ	蝈蝈 guō guo
勾当 gòu dàng	骨髓 gǔ suǐ	哈达 hǎ dá
号召 hào zhào	寒噤 hán jìn	花蕾 huā lěi
华山 huà shān	黄鹂 huáng lí	磺胺 huáng'àn
胡同 hú tòng	后裔 hòu yì	横财 hèng cái
几乎 jī hū	汲取 jí qǔ	嫉恨 jí hèn
脊梁 jǐ liang	夹板 jiā bǎn	夹克 jiā kè
间断 jiàn duàn	痉挛 jìng luán	拘泥 jū nì
矩形 jǔ xíng	可憎 kě zēng	镂刻 lòu kè
漯河 Luò hé	立即 lì jí	猫腰 máo yāo
泯灭 mǐn miè	内涝 nèi lào	内疚 nèi jiù
牛鞅 niú yàng	咆哮 páo xiào	毗邻 pí lín
蟠桃 pán táo	滂沱 páng tuó	炮制 páo zhì
澎湃 péng pài	平仄 píng zè	匹配 pǐ pèi
气氛 qì fēn	曲折 qū zhé	祈求 qí qiú
迄今 qì jīn	潜伏 qián fú	悄然 qiǎo rán
亲昵 qīn nì	侵蚀 qīn shí	祛除 qū chú
绕道 rào dào	褥疮 rù chuāng	狩猎 shòu liè
瘙痒 sào yǎng	太监 tài jiàn	桅杆 wéi gān

委靡 wěi mǐ	屋脊 wū jǐ	芜杂 wú zá
侮蔑 wǔ miè	肖像 xiào xiàng	腥臊 xīng sāo
炫耀 xuàn yào	穴位 xué wèi	驯顺 xùn shùn
殉职 xùn zhí	渲染 xuàn rǎn	压轴 yā zhòu
筵席 yán xí	眼眶 yǎn kuàng	与会 yù huì
友谊 yǒu yì	倚仗 yǐ zhàng	蚱蜢 zhà měng
召开 zhào kāi	照片 zhào piàn	脂肪 zhī fáng
质量 zhì liàng	诤友 zhèng yǒu	挣命 zhèng mìng
重荷 zhòng hè	卓越 zhuó yuè	只身 zhī shēn
载体 zài tǐ	棕榈 zōng lú	

第五节 音　变

用普通话说话、朗读都是一个一个音节连续地进行的，这些音节连续发出来时，音素或声调就可能互相影响，产生语音变化，这种语音变化就称为音变，如快读时，"什么"（shén me）读成 shém，"我们"（wǒ men）读成 wǒm；"很好"单念时都是上声，但连在一起念时却变成 hén hǎo，听起来好像是"痕好"，这是因为"很"由上声变成阳平了。从这里可以看到学习普通话只读准每个音节的声、韵、调还不够，还必须注意语音的变化。

下面对轻声、儿化、变调等普通话的几种主要音变现象作简要的介绍。

一、轻声

普通话的每一个音节都有它的声调，可是在词或句子里，有的音节常常失去原有的声调而读成又轻又短的调子。这种又轻又短的调子就是轻声，如"户"原来是去声，而在"窗户"这个词中失去了原来的声调，读得比窗轻得多，成为一个轻声音节。普通话里读轻声的字大都有它原来的声调，在词句中总是轻读的轻声字很少，而且单说时也往往有非轻声的读法。例如，"子"在词中基本上都是念轻声，可是单念时仍要念成上声。因此，轻声不能看做一种独立的调类，只能看作连读时产生的一种音变现象。

（一）轻声的作用

（1）轻声对某些词或短语有区别词义的作用，如：

地方 dì fang（与中央相对的各级行政区划的统称）　　地方 dì fāng（指某一区域）

是非 shì fei（口舌、纠纷）　　是非 shì fēi（正确和错误）

东西 dōng xi（物件）　　东西 dōng xī（指方向的东和西）

兄弟 xiōng di（指弟弟）　　兄弟 xiōng dì（指哥哥和弟弟）

大意 dà yi（疏忽）　　大意 dà yì（主要意思）

（2）轻声对某些词有区别词义和词性的作用，如：

对头 duì tou（仇敌、对手）名词　　对头 duì tóu（正确、合适）形容词

利害 lì hai（剧烈、凶猛）形容词　　利害 lì hài（利益和损害）名词

另外，还有一部分双音节词第二个音节习惯上都读轻声，并没有区别词义或词性的作用，只是一种地域性约定俗成的语言习惯，如：

包涵　　白天　　巴结　　粮食　　骆驼　　石榴

商量　　窗户　　阔气　　明白　　柴火　　包袱

（二）轻声的发音特点

轻声是普通话语音面貌的重要特点之一。

轻声音节在听感上显得轻短模糊，有人认为音强起很大作用，其实轻声的性质与音长、音色和音高都有关系。

轻声音节的音色或多或少都要发生变化：主要元音舌位趋向中央，如"棉花"；韵母有时消失，如"豆腐"；韵母单音化，如"奶奶"；声母浊化，如"爸爸"；送气音变为不送气音，如"糊涂"；塞擦音变为擦音。

要让轻声的色彩好就得注意以下两点。

（1）要有"堵塞感"，如"棉花"、"奶奶"、"眉毛"，念轻声音节很像南方人读入声字的感觉，有一种强烈的"堵塞感"。

（2）要有"符点感"，如"棉花"，假如这个词语读一秒钟，并不是"棉"读半秒"花"读半秒，而是"棉"读3/4秒"花"只要读1/4秒就行了。念轻声音节就像是音乐节拍中的"符点"感觉，只要在读词语行将结束时稍带一下就可。

（三）轻声的规律

轻声词语的范围主要依据习惯，很难找出固定的规律。但是有一部分轻声词却是有规律的，它们数量很少，但出现频率却很高。

（1）词缀"子、头、们"，如被子、袖子、石头、后头、他们、咱们。

（2）叠音名词，如妈妈、星星、奶奶、狒狒。

（3）动词尝试态，如看看、唱唱、走走。

（4）方位词，如太阳下、碗里、那边、树上。

（5）动词后的趋向词，如近来、出去、唱起来。

（6）助词"的、地、得、着、了、过"，如高兴地、遛得快、他的、坐着、说了、去过。

（7）语气词"啊、吧、吗、呢"，如好啊、对啊、不是吧、你呢。

（8）量词"个"，如一个。

普通话语音里还有一部分词习惯上常读轻声，如萝卜、玻璃、先生、明白、聪明等，但是没有固定的规律，只能通过练习逐步掌握。

（四）辨音练习

地道 dì dao（真正的；纯粹的；实在的）
地道 dì dào（地下坑道）

东西 dōng xi（泛指各样事物）
东西 dōng xī（① 东边和西边；② 从东到西）

反正 fǎn zheng（副词）
反正 fǎn zhèng（敌方的军队或人员投到己方）

合计 hé ji（盘算、商量）
合计 hé jì（合在一起计算）

花费 huā fei（消耗的钱）
花费 huā fèi（因使用而消耗掉）

惊醒 jīng xing（睡眠时容易醒来）
惊醒 jīng xǐng（受惊动而醒来）

拉手 lā shou（名词，门上的东西）
拉手 lā shǒu（握手）

女人 nǚ ren（妻子）
女人 nǚ rén（成年女性）

精神 jīng shen（表现出来的活力；活跃）
精神 jīng shén（指人的意识、思维活动和一般心理状态）

口音 kǒu yin（说话的声音，方音）
口音 kǒu yīn（发音时软腭上升，阻住鼻腔的通道，气流专从口腔出来）

人家 rén jia（代词，指自己或别人）
人家 rén jiā（住户；家庭）

特务 tè wu（参加国内或国外的反动组织，经过特殊训练，从事刺探情报、颠覆、破坏等活动的人）
特务 tè wù（在军队中担任警卫、通信、运输等特殊任务）

二、儿化

儿化现象是北京语音的特点之一，它与普通话的语音面貌关系密切。

（一）儿化的性质

儿化音中"儿"没有音节的独立性，它已经"化"到前一个音节中了，与前一个音节融合为一个音节了。如果把"花儿"作为两个音节来读，即使读得再快，也不能使"花"的韵母儿化。儿化必须从韵母的开头（i、ü 作韵头时儿化从韵腹开始）就开始加上卷舌的动作，带上卷舌色彩。

韵母儿化，大致有两种情况。一种是虽然儿化了，但原韵母不变，只是在发音该韵母的同时加上卷舌动作就可以了，如"鲜花儿"、"在哪儿"虽然儿化了，但韵母还是 a，只不过使它增添了卷舌的色彩。另一种是儿化后，原韵母发生了变化，如"开门儿"（kāi ménr）中的"门"（mén），儿化后，它的韵尾 n 丢失，实际读成了 kāi mér。

由于儿化，有的韵母发生了变化，这样，有些音节本来是不同音的，却变成同音的了，如"真"和"汁"是两个不同音的字，儿化之后，成了"真儿"和"汁儿"，读音就相同了。

（二）儿化的作用

北京话里的儿化词很多。许多儿化现象跟词的词汇意义、语法意义有密切的关系。儿化词的主要作用有以下几种。

（1）在有些词里有确定词性的作用，如：

盖（动词）　　　　　盖儿（名词）
画（动词）　　　　　画儿（名词）
尖（形容词）　　　　尖儿（名词）
错（形容词）　　　　错儿（名词）
破烂（形容词）　　　破烂儿（名词）

（2）在有些词里有区别词义的作用，如：

白面（吃的面粉）　　　白面儿（毒品）
眼（五官之一）　　　　眼儿（洞）
信（相信、书信）　　　信儿（消息）
头（脑袋）　　　　　　头儿（上司）

此外，在有些词里儿化词还带有"小"、"喜爱"、"亲切"等感情色彩，如：

小角门儿　小曲儿　头发丝儿　脸蛋儿

（三）儿化的规律

各韵母儿化有不同的规律，大致可以分成以下六类。

（1）韵腹或韵尾是 a、o、e、ê、u 的韵母儿化，在原韵母之后加上卷舌动作，如：

哪儿　一下儿　香瓜儿　山坡儿　小伙儿

（2）韵尾是 i（ai、ei、uei、uai）的韵母儿化，失落韵尾，变成主要元音加上卷舌动作，如：

一会儿　刀背儿　一块儿　香味儿

（3）前鼻音的韵母儿化，失落韵尾 n，有些是主要元音加上卷舌动作，有些是主要元音后加上 er，如：

脸蛋儿　包干儿　冰棍儿　差点儿　好玩儿　愣神儿　红裙儿　一个劲儿

（4）后鼻音的韵尾儿化，韵尾同前面的主要元音合成鼻化元音，同时加上卷舌动作，如：

小葱儿　人影儿　花瓶儿　透亮儿　胡同儿　小瓮儿　肩膀儿　花样儿

（5）i、ü 两韵的儿化，在原韵母之后加上 er 音，i、ü 仍保留，如：

玩意儿　眼皮儿　警笛儿　金鱼儿　小雨儿　有趣儿

（6）-i（在 z、c、s 后）、-i（在 zh、ch、sh 后）两韵母儿化，变成-ier，如：

橘汁儿　败家子儿　树枝儿　棋子儿

以上的六种情况也可以根据韵母在儿化过程中的情况大致归并成四类：第一类就是原韵母不变，直接加卷舌动作，前述的第一种就属于此类；第二类就是原韵母中的韵尾失落，在主要元音上加卷舌动作，前述的第二种情况和第三种情况的一部分属于此类；第三类就是更换主要元音，并加卷舌动作，前述的第四种和第六种属于此类；第四类就是在原韵母后面加 e 和卷舌动作，前述的第五种和第三种中的一部分属于此类。

儿化的基本性质是卷舌作用。韵母的发音动作如果同卷舌动作不冲突，儿化时就只要在韵尾上附加卷舌动作就行了；如果同卷舌动作有冲突，就要在卷舌的同时变更原来韵母的音色。

（7）辨音练习：

① 进了门儿，倒杯水儿，喝了两口运运气儿。顺手拿起小唱本儿，唱一曲儿又一曲儿，练完了嗓子练嘴皮儿。绕口令儿，练字音儿，还有快板儿对口词儿，越说越唱我越带劲儿。

② 有个小孩儿叫小兰儿，口袋儿里装着几个小钱儿，又打醋，又买盐儿，还买了一个小饭碗儿。小饭碗儿，真好玩儿，红花儿绿叶儿镶金边儿，中间儿还有个小红点儿。

三、变调

由于临近音节声调的影响，有些音节的声调往往要发生变化。这种声调变化现象叫变调。普通话里的四个声调，当受到临近音节声调影响的时候，或多或少都有些变化。其中阴平、阳平、去声的变化并不明显，变化最显著的

是上声以及一些具体词语，如："一、不"的变调、上上连读发生的变调以及"啊"的音变。

（一）"一"和"不"的变调

1. "一"的变调

"一"在单念或在词句末时念原调（阴平），如：

不管三七二十一　全国第一　高低不一　统一

（1）"一"在阴平、阳平、上声前面时，变为去声。

在阴平前：一般　一边　一天　一生
　　　　　一瞥　一心　一端　一些

在阳平前：一头　一直　一行　一时
　　　　　一连　一齐　一团　一条

在上声前：一统　一手　一体　一起
　　　　　一总　一早　一举　一己

（2）"一"在去声前面，变为阳平，如：

　　　　　一道　一半　一并　一定　一度
　　　　　一律　一再　一贯　一切　一致

（3）"一"夹在重叠动词中间念轻声，如：

　　　　　想一想　试一试　瞧一瞧　敲一敲

2. "不"的变调

"不"在单念或在句末时念原调（去声），"不"在阴平、阳平、上声前面时也念去声。

在阴平前：不安　不单　不堪　不听
　　　　　不公　不屈　不惜　不禁

在阳平前：不成　不曾　不迭　不凡
　　　　　不符　不及　不才　不然

在上声前：不齿　不好　不等　不法
　　　　　不轨　不久　不朽　不许

（1）"不"在去声前面时变为阳平，如：

　　　　　不外　不幸　不论　不愧　不但
　　　　　不孝　不逊　不懈　不适　不日

（2）"不"夹在词语中间时读轻声，如：

　　　　　好不好　去不去　洗不洗　用不着

3. 辨音练习

（1）一举一动、一心一意、一草一木、一前一后。

（2）一万个零抵不上一个一，一万次空想抵不上一次实干。

（3）勇气长一寸，困难缩一尺；勇气退一分，困难长一寸。

（4）谁若游戏人生，他就一事无成；谁不能主宰自己，永远是一个奴隶。

（5）不管不顾、不干不净、不明不白、不慌不忙。

（6）不登高山，不见平地；不经锻炼，不会坚强。

（7）不下水，一辈子也不会游泳；不扬帆，一辈子也不会操船。

（8）不怕苦，不怕死，不为名，不为利；不计较工作条件好坏，不计较报酬多少。

（二）轻声词中上声的变调

轻声词中第一上声音节的调值有两种，一种为"半上调值211+轻声"、一种为"阳平调值35+轻声"。

随着普通话水平测试的不断普及，人们对普通话水平要求也越来越高。可是人们一般碰到轻声词中上声音节的音变，总是感到非常茫然，如"婶子"中的"婶"的调值变读为211，于是就认为"晌午"的"晌"也应变读为211，其实并非如此，诸如此类的困惑困扰着许多人。

那么上声音节出现在轻声词中时，第一上声音节究竟该如何变调，它是否同上声在阴平、阳平、上声、去声前的变调一样？

1. 上声+非上声

轻声词中"上声+非上声"结构，上声音节的变调比较简单，原则上遵照上声在非上声前的变调规律，调值由原来的214变为211，读作"半上调值211+轻声"，如：

尺寸　打量　脊梁　妥当　使唤

在《普通话水平测试大纲》收录的121条词语中，只有"倒腾"一词读作"阳平调值35+轻声"格式。

2. 上声+上声

轻声词中"上声+上声"结构，第一上声音节的调值有两种：一种为"半上调值211+轻声"，如稿子、耳朵、姐姐、马虎；一种调值为"阳平调值35+轻声"，如晌午、小姐、想法、哪里、走走。

那么，究竟何时读作"半上调值211+轻声"，何时读作"阳平调值35+轻声"，其实它的变调有一定的规律性。

（1）读作"半上调值211+轻声"格式的有以下两类。

① 名词后缀。"上声+上声"结构的轻声词，后一上声音节为名词后缀时，第一上声音节的调值由原来的214变为211，读作"半上调值211+轻声"。《普通话水平测试大纲》中收录了68个名词后缀上上相连轻声词，其中67个如此，仅有"法子"一词例外，"法子"中的"法"的调值由原来的214变为35，读作"阳平调值35+轻声"，如表3-4所示。

表3-4　名词后缀上上相连轻声词

"半上调值211+轻声"共计67个							"阳平调值35+轻声"共计1个
本子	领子	影子	场子	李子	起子	饮子	
尺子	脑子	底子	厂子	里子	卡子	引子	
点子	曲子	爪子	掸子	篓子	色子	崽子	
胆子	嗓子	矮子	幌子	楠子	黍子	褶子	
斧子	嫂子	靶子	剪子	攮子	榫子	疹子	
稿子	傻子	板子	茧子	捻子	帖子	肘子	法子
谷子	婶子	膀子	卷子	碾子	筒子	主子	
管子	毯子	饼子	坎子	纽子	网子		
鬼子	小子	跛子	口子	痞子	苇子		
饺子	椅子	铲子	款子	谱子	冐子		

② 带有重叠结构的名词。两个相同的音节重叠的"上声+上声"的轻声词构成名词时，第一上声音节的调值由原来的214变为211，读作"半上调值211+轻声"。《普通话水平测试大纲》中收录了5个名词重叠上上相连轻声词，如：

姐姐　姥姥　奶奶　嫂嫂　婶婶

另收录了一个由两个重叠形容词、一个由两个重叠动词构成的名词，如：

痒痒　捻捻转儿

（2）读作"阳平调值35+轻声"格式的有以下两类。

① 动词重叠。"上声+上声"的轻声词，两音节为动词重叠时，第一上声音节的调值由原来的214变为35，读作"阳平调值35+轻声"。《普通话水平测试大纲》中收录了8个动词重叠上上相连轻声词，如：

躺躺　躲躲　改改　跑跑　想想　写写　找找　走走

② 一般双音节词。"上声+上声"的轻声词，两音节结构为非动词重叠时，第一上声音节基本上由原来的214变为35，读作"阳平调值35+轻声"。《普通话水平测试大纲》中收录了14个一般双音节上上相连轻声词，其中12个词如此，如：

把手　哪里　晌午　打手　打点　找补

小姐　点补　把揽　指甲　讲法　想法

其中，"指甲"一词属于两可状态，既可读作"阳平调值35+轻声"，又可读作"半上调值211+轻声"；另有"马虎、耳朵"读作"半上调值211+轻声"。

在《现代汉语词典》中还有一些一般双音节轻声词，亦读作"阳平调值35+轻声"，如：

裹脚（旧时妇女裹脚用的长布条）

小水（中医指尿）

起火（带着苇子秆的花炮，点着后能升得很高）

子口（瓶、罐、箱、匣等器物上跟盖儿相密合的部分）

此外，还有一些两个以上上声音节相连的多音节轻声词语，如"两口子、狗腿子、小伙子、笔杆子、小老婆、跑码头等"，基本读作"阳平调值35+半上调值211+轻声"。另有三条词语"小拇指、手指头、打主意"，既可读作"阳平调值35+半上调值211+轻声"，又可读作"半上调值211+阳平调值35+轻声"。

掌握了轻声词中第一上声音节的变调规律，在实际生活中就可以按照规律来读字音了，如碰到"嘴里、口里、捣鼓"等词，就可读作"阳平调值35+轻声"，碰到"宝宝、伟伟、磊磊"等词，就可读作"半上调值211+轻声"了。

（三）非轻声中上声的变调

上声在阴平、阳平、上声、去声、轻声前会产生变调，它的变调有一定的规律性。

（1）上声在非上声（即阴平、阳平、去声）前调值变为211，如"比赛"中的"比"，原调值为214，现变为211。

在阴平前：首都　北京　始终　普通
　　　　　　老师　小说　展开　产生

在阳平前：祖国　海洋　语言　旅行
　　　　　　改良　古文　拱门　赶忙

在去声前：感谢　岗哨　翡翠　晚饭
　　　　　朗诵　准确　解放　法定

（2）上声在上声前，前一上声音节的调值变为35，如"广场"中的"广"，原调值为214，现变为35，如：

　　领导　勇敢　水果　选举　采取
　　场景　美好　野草　理想　胆敢

（3）三个上声连读时，前两个上声都变得近乎阳平，最后一个上声不变，如：

展览馆　洗脸水　虎骨酒　勇敢者
水手长　演讲者　手写体　始祖鸟
小组长　冷处理　假脸谱　管理组

（4）四个以上的上声字连在一起，先按语音停顿分成双音节或三音节，然后按照上述原则来处理，如：

永远友好 yǒngyuǎn yǒuhǎo-yóngyuǎn yóuhǎo
请你往里走 qǐngnǐ wǎnglǐzǒu-qíngnǐ wánglǐzǒu

在拼写音节时，第三声一律标原调，只是在读时才按变调情况来读。

（四）"啊"的音变

用在句子末尾的语气词"啊"，因为受到前一个音节末尾因素的影响，读音常常发生变化。

语气词"啊"在语流中的读音是大家在"朗读"和"说话"中容易出错的地方。它关系到"方言语调"和"语音面貌"这两个大问题。

这里说的"啊"是语气词，不是叹词。叹词往往在句首（如：啊！伟大的祖国），而语气词"啊"大都在句末，少数在句中（如：妈妈啊妈妈）。语气词除了"啊"还有"的、了、么、呢、吧"等，它们给句子以不同的语气色彩。

文学作品的作者，有不少是不熟悉普通话语音的，把语气词"啊"不按音变规律随意地写成"呀、哇、哪"等，这样就给朗读的人造成困难。

语气词"啊"在语流中几乎没有机会念成"a"的，它总是要音变，总是跟它前头的那个音节的尾音拼连产生音变。这种音变是有规律的，变化规律如表3-5所示。

表3-5　"啊"的音变规律

序号	"啊"前面音节末尾的音素	"啊"的音变	汉字写法	举　　例
1	a、o、e、ê、i、ü	ya	啊、呀	红花啊（呀）爬坡啊（呀）唱歌啊（呀）好学啊（呀）大衣啊（呀）下雨啊（呀）
2	u（包括ao、iao）	wa	啊、哇	别哭啊（哇）好巧啊（哇）快走啊（哇）加油啊（哇）
3	n	na	啊、哪	上班啊（哪）冒烟啊（哪）
4	ng	nga	啊	好香啊　真行啊　快长啊　老翁啊
5	-i（后）、er	ra	啊	同志啊　好吃啊　老二啊　开门儿啊
6	-i（前）	[zA]	啊	孩子啊　几次啊　工资啊　有刺啊

读准下面句子里"啊"的变音。

1. 前面音节末尾音素是 a、o（ao、iao 除外）、e、ê、i、ü

获奖的原来是他啊（tā ya）！

赶快回家啊（jiā ya）！

今天写了这么多啊（duō ya）？

这件衣服是她的啊（de ya）！

他们家真节约啊（yuē ya）！

应该奖励你啊（nǐ ya）！

明天又会下雨啊（yǔ ya）？

2. 前面音节末尾音素是 u（包括 ao、iao）

您老人家真幸福啊（fú wa）！

在家要好好看书啊（shū wa）！

桂林的山真秀啊（xiù wa）！

老师对我们真好啊（hǎo wa）！

她的手真巧啊（qiǎo wa）！

3. 前面音节末尾音素是 n

这块丑石，多占地面啊（miàn na）！

雪大路滑，当心啊（xīn na）！

他的枪法真准啊（zhǔn na）！

他真是个好心人啊（rén na）！

4. 前面音节末尾音素是 ng

唱啊唱（chàng nga chàng），嘤嘤有韵。

这是怎样一个妄想啊（xiǎng nga）！

多好听啊（tīng nga）！

这东西怎么用啊（yòng nga）！

5. 前面音节末尾音素是-i（后）、er

是啊（shì ra），我们有自己的祖国，小鸟也有它的归宿。

没办法治啊（zhì ra）！

他今年四十二啊（èr ra）！

多好玩儿啊（wánr ra）！

6. 前面音节末尾音素是-i（前）

多美的字啊（zì [zA]）！

这是第几次啊（cì [zA]）？

那是什么公司啊（sī [zA]）？

（五）辨音练习

（1）找出下面短文中属于上声的字，并按照变调规律准确朗读。

三 只 老 鼠

三只老鼠一同去偷油吃。到了油缸边一看，油缸里的油只有底下一点点，可是缸身太高，谁也喝不到。于是它们想出办法，一个咬着另一个的尾巴，吊下去喝。第一只喝饱了，上来，再吊第二只下去喝……并且发誓，谁也不许存半点私心。

第一只老鼠最先吊下去喝，它在下面想："油只有这么一点点，今天总算我幸运，可以喝一个饱。"

第二只老鼠在中间想："下面的油是有限的，假如让它喝完了，我还有什么可喝的呢？还是放了它，自己跳下去喝吧！"

第三只老鼠在上面想："油很少，等它俩喝饱，还有我的份吗？不如早点放了它们，自己跳下去喝吧！"

于是，第二只放了第一只的尾巴，第三只放了第二只的尾巴，都自管自抢先跳下去。

结果它们都落在油缸里，永远逃不出来了。

（2）下面是一篇对话，其中"啊"的音变涵盖了以上六种情况，大家可以按照上述办法练习语气词"啊"的音变。

甲：谁啊（ya）？

乙：我啊（ya）！

甲：你怎么不进来啊（ya）？

乙：开不开门儿啊（ra）！

甲：你干嘛不带钥匙啊（ra）？

乙：没找着啊（wa）！

甲：你这个人真粗心啊（na）！这是第几次啦？

乙：才第三次啊（[zɑ]）！

甲：今天你怎么回来得这么晚啊（na）？

乙：准备晚会节目啊（wa）！

甲：你们班搞了些什么节目啊（wa）？

乙：有快板儿啊（ra）、朗诵啊（nga）、男女声小合唱啊（nga）、民乐小合奏啊（wa）、独幕剧啊（ya）……

甲：嚯，这么多啊（ya）！

乙：你们班准备得怎么样啊（nga）？

甲：不行啊（nga）！差得太远了，看来我们得赶快加把劲儿才行啊（nga）！

乙：是啊（ra）！是得赶快点儿啊（ra），听说晚会可能提前到这个月举行啊（nga）！

甲：啊！这个月啊（ya）？

第六节　字词应试练习

方言区的人学习普通话的难点各不相同，但练习普通话的基础相同，可以通过逐一练习的方法，发现自己的问题所在，巩固自己的语音基础。

一、声母练习

（一）双唇音：b、p、m

bìbào	bēibāo	bānbù	bàobiǎo	bàibié	bǎibèi
壁报	背包	颁布	报表	拜别	百倍

pīngpāng	pīpíng	piānpáng	píngpàn	péngpài	piānpō
乒乓	批评	偏旁	评判	彭湃	偏颇
mìmì	měimǎn	mángmù	mǎimài	míngmèi	miǎománg
秘密	美满	盲目	买卖	明媚	渺茫

（二）唇齿音：f

fāfèn	fāngfǎ	fēngfù	fǎnfù	fēifán	fēnfu
发奋	方法	丰富	反复	非凡	吩咐

（三）舌尖前音：z、c、s

zìzūn	zǒngzé	zuòzuò	zǒuzú	zōngzú	zàizào
自尊	总则	做作	走卒	宗族	再造
cāngcù	cǎocóng	cāicè	cūcāo	cēncī	cóngcǐ
仓促	草丛	猜测	粗糙	参差	从此
sōngsǎn	sīsuǒ	suǒsuì	sùsòng	sōusuǒ	sǎsǎo
松散	思索	琐碎	诉讼	搜索	洒扫

（四）舌尖中音：d、t、n、l

dǒudòng	děngdài	dádào	dāndiào	diǎndī	diāndǎo
抖动	等待	达到	单调	点滴	颠倒
tántiào	tàntǎo	tūntǔ	tāntú	tǎntè	tāotiè
弹跳	探讨	吞吐	贪图	忐忑	饕餮
nánnǚ	néngnai	nǎonù	niúnǎi	niǔniē	nǎiniáng
男女	能耐	恼怒	牛奶	扭捏	奶娘
lìliàng	lěngluò	liáoliàng	lǎoliàn	línlí	lìlái
力量	冷落	嘹亮	老练	淋漓	历来

（五）舌尖后音：zh、ch、sh、r

zhīzhù	zhànzhēng	zhuàngzhì	zhuózhuàng	zhǔzhāng	zhuīzhú
支柱	战争	壮志	茁壮	主张	追逐
cháchǔ	chánchú	chuānchā	chángchéng	chíchěng	chāochǎn
查处	蟾蜍	穿插	长城	驰骋	超产
shāshāng	shǎngshí	shèshǒu	shānshuǐ	shǎoshù	shēngshū
杀伤	赏识	射手	山水	少数	生疏
róuruò	rěnrǎn	róurèn	réngrán	rěnràng	róngrǔ
软弱	荏苒	柔韧	仍然	忍让	荣辱

（六）舌面音：j、q、x

jījīn	jiājù	jiājiǎng	jìjié	jiānjué	jùnjié
基金	加剧	嘉奖	季节	坚决	俊杰
qíquán	qiàqiǎo	qīnqiè	quèqiáo	qiūqiān	qǐngqiú
齐全	恰巧	亲切	鹊桥	秋千	请求
xiànxiàng	xióngxīn	xūxīn	xuéxí	xiūxī	xìngqù
现象	雄心	虚心	学习	休息	兴趣

（七）舌根音：g、k、h

guānggù	guǐguài	gǎigé	gǔgàn	gǒnggù	guìguān
光顾	鬼怪	改革	骨干	巩固	桂冠

kēkè	kāikěn	kèkǔ	kuākǒu	kuānkuò	kěkào
苛刻	开垦	刻苦	夸口	宽阔	可靠
huīhuò	huǐhuài	huīhuáng	huānhū	hánghǎi	huánghé
挥霍	毁坏	辉煌	欢呼	航海	黄河

（八）零声母

1. a、o、e 起头的零声母音节

ǎixiǎo	ānquán	ángyáng	àomì	àiqíng	àndàn
矮小	安全	昂扬	奥秘	爱情	黯淡
ōugē	Ōuzhōu	ǒuyù	ǒufěn	ǒutù	òuqì
讴歌	欧洲	偶遇	藕粉	呕吐	怄气
ézhà	èlàng	ěxīn	ēnqíng	ěrliào	érqiě
讹诈	恶浪	恶心	恩情	饵料	而且

2. i、u、ü 起头的零声母音节

yíhuò	yángé	yǐndǎo	yōnglǎn	yángguāng	yīnliàng
疑惑	严格	引导	慵懒	阳光	音量
wǔshù	wànlì	wēifēng	xīnwén	wēnhé	wěidà
武术	腕力	威风	新闻	温和	伟大
yúlè	yuánquán	yùndòng	tiàoyuè	yǔsī	yúfū
娱乐	源泉	运动	跳跃	雨丝	渔夫

（九）思考与练习

（1）按声母表的顺序，用呼读音读准并背诵全部声母。

（2）朗读下列声母，要求一次念准。

b—d　P—q　f—t　r—l　c—ch

h—f　n—l　m—n　z—zh

d—q　b—p　j—z　s—sh

（3）有人把 j、q、x 发成了 z、c、s，说说他混淆了什么？

（4）分别说出下列词语的两个音节的声母。

颁布　富强　批判　美好　薄膜

马达　墨盒　洒水　转载　繁华

嫩绿　努力　距离　拘泥　歌曲

稀奇　渣滓　穿刺　胡诌　符咒

（5）读下面一段话，找出其中的零声母的字。

海是动的，山是静的。海是活泼的，山是呆板的。昼长人静的时候，天气又热，凝望着青山，一片黑郁郁的连绵不动，如同病牛一般。而海呢，你看她没有一刻静止！从天边微波粼粼的直卷到岸边，触着礁石，更欣欣然地溅跃了起来，开出灿然万朵的银花！

（6）读一读下列词语，并比较各组声母。

支援—资源　木柴—木材　商业—桑叶　主力—阻力

新春—新村　标志—标记　长度—强度　尝试—蚕丝

时间—席间　式子—戏子　焦急—交织　粗布—初步

声母可以通过常用字来进行类推,如下所示

zh 声 母

丈—zhàng　丈、仗、杖
专—zhuān　专、砖
　　zhuǎn　转(转身、转达)
　　zhuàn　转(转动)、传(传记)、啭
支—zhī　支、枝、肢
止—zhǐ　止、芷、址、趾
中—zhōng　中(中央)、忠、钟、盅、衷
　　zhǒng　种(种子)、肿
　　zhòng　中(打中、中暑)、种(种植)、仲
长—zhāng　张
　　zhǎng　长(生长)、涨(涨潮)
　　zhàng　胀、帐、涨
主—zhǔ　主、拄
　　zhù　住、注、炷、柱、驻、蛀
正—zhēng　正(正月)、怔(怔忪)、征、症(症结)
　　zhěng　整
　　zhèng　正、证、政、症(症状)
占—zhān　沾、毡、粘(粘贴)
　　zhàn　占(占据)、战、站
　　zhēn　砧
只—zhī　只(两只手、只身)、织
　　zhí　职
　　zhǐ　(只有)
　　zhì　帜
召—zhāo　招、昭
　　zhǎo　沼
　　zhào　召(号召)、诏、照
执—zhí　执
　　zhì　赘、挚、鸷
　　zhé　蛰
至—zhí　侄
　　zhì　至、郅、致、窒、蛭
贞—zhēn　贞、侦、祯、桢
朱—zhū　朱、诛、侏、洙、荣、珠、铢、蛛
争—zhēng　争、挣(挣扎)、峥、狰、铮、睁、筝
　　zhèng　诤、挣(挣脱)

志—zhì　志、痣
折—zhē　折（折腾）
　　zhé　折（折磨）、哲、蜇
　　zhè　浙
者—zhě　者、赭
　　zhū　诸、猪、潴
　　zhǔ　渚、煮
　　zhù　著、箸
直—zhí　直、值、植、殖
　　zhì　置
知—zhī　知、蜘
　　zhì　智
珍—zhēn　珍
　　zhěn　诊、疹
真—zhēn　真
　　zhěn　缜
　　zhèn　镇
振—zhèn　振、赈、震
章—zhāng　章、漳、彰、獐、嫜、璋、樟、蟑
　　zhàng　障、嶂、幛、瘴
啄—zhuō　涿
　　zhuó　诼、啄、琢（雕琢）
　　zuó　琢（琢磨）

z 声母

子—zī　孜
　　zǐ　子、仔（仔细）、籽
匝—zā　匝
　　zá　砸
宗—zōng　宗、综（综合）、棕、踪、鬃
　　zòng　粽
卒—zú　卒
　　zuì　醉
责—zé　责、啧、
兹—zī　兹、滋、孳
祖—zū　租
　　zǔ　诅、阻、组、祖、俎
资—zī　咨、姿、资、趑
　　zì　恣

造—zào 造

尊—zūn 尊、遵、樽

曾—zēng 曾（姓）、憎、增、缯
　　zèng 赠

攒—zǎn 攒、趱
　　zàn 赞

澡—zǎo 澡、藻
　　zào 噪、燥、躁

ch 声 母

叉—chā 叉（鱼叉）、杈
　　chà 杈（树杈）、衩（衣衩）
　　chāi 钗

斥—chì 斥
　　chè 坼
　　chāi 拆

出—chū 出
　　chǔ 础
　　chù 绌、黜

池—chí 池、弛、驰

产—chǎn 产、浐、铲

场—cháng 肠
　　chǎng 场（会场）
　　chàng 畅

成—chéng 成、诚、城、盛（盛东西）

抄—chāo 抄、吵（吵吵）、钞
　　chǎo 吵（吵架）、炒

辰—chén 辰、宸、晨
　　chún 唇

呈—chéng 呈、程、酲
　　chěng 逞

昌—chāng 昌、阊、菖、猖、鲳
　　chàng 倡、唱

垂—chuí 垂、陲、捶、棰、锤

啜—chuò 啜、辍、惙

春—chūn 春、椿
　　chǔn 蠢

除—chú 除、滁、蜍

绸—chóu 惆（惆怅）、绸、稠

谗—chān 搀

　　chán 谗、馋

朝—cháo 朝（朝前）、潮、嘲

揣—chuāi 揣（揣在怀里）

　　chuǎi 揣（揣测）

　　chuài 揣（挣揣）

筹—chóu 俦、畴、筹、踌

厨—chú 厨、橱、蹰

c 声 母

才—cái 才、材、财

寸—cūn 村

　　cǔn 忖

　　cùn 寸

仓—cāng 仓、沧、苍、舱、伧（伧又念 chen "寒伧"）

从—cóng 苁、枞

　　cóng 从（服从）、丛

此—cī 疵

　　cǐ 此

采—cǎi 采（采茶）、彩、睬、踩

　　cài 菜

参—cān 参（参观）

　　cǎn 惨

　　cēn 参（参差）

挫—cuò 挫、锉

曹—cáo 曹、漕、嘈、槽、螬

崔—cuī 崔、催、摧

　　cuǐ 璀

窜—cuān 撺、蹿

　　cuàn 窜

搓—cī 差（参差，"差"又念 chā "差别"，chà "差不多"，chāi "出差"）

　　cuō 搓、磋

慈—cí 慈、鹚、糍

粹—cù 猝

　　cuì 淬、悴、萃、啐、瘁、粹、翠

蔡—cā 擦、嚓

　　cài 蔡（察念 chá）

醋—cù 醋

　　cuò 措、错

sh 声母

山—shān　山、舢
　　shàn　讪、汕、疝

少—shā　沙（沙土）、莎、纱、痧、砂、裟、鲨
　　shǎo　少（少数）
　　shào　少（少年）（娑念 suō）

市—shì　市、柿、铈

申—shēn　申、伸、呻、绅、砷
　　shén　神
　　shěn　审、谉、婶

生—shēng　生、牲、笙、甥
　　shèng　胜（胜利）

召—sháo　（红苕）、韶
　　shào　召（姓）、邵（姓）、劭、绍

式—shì　式、试、拭、轼、弑

师—shī　师、狮、狮
　　shāi　筛

抒—shū　抒、纾、舒

诗—shī　诗
　　shí　时、埘、鲥
　　shì　侍、恃（寺念 sì）

叔—shū　叔、淑、菽

尚—shàng　赏
　　shǎng　裳（徜念 cháng"徜徉"）

受—shòu　受、授、绶

舍—shá　啥
　　shē　猞
　　shě　舍（舍己救人）
　　shè　舍（宿舍）

刷—shuā　刷
　　shuà　刷（刷白）
　　shuàn　涮

珊—shān　删、姗、珊、栅（栅极）、蹒（蹒跚）（册念 cè，栅又念 zhà "栅栏"）

扇—shān　扇（动词）、煽
　　shàn　扇（扇子）

捎—shāo　捎、梢、稍（稍微）、筲、艄、鞘
　　shào　哨、潲

孰—shú　孰、塾、熟

率—shuāi 摔
　　shuài 率(率领)、蟀(蟋蟀)(率又念lǜ"效率")
善—shàn 善、缮、膳、蟮、鳝
暑—shǔ 暑、署、薯、曙

s 声 母

四—sì 四、泗、驷
司—sī 司
　　sì 伺、饲、嗣
孙—sūn 孙、荪、狲
松—sōng 忪、松、淞
　　sòng 颂
思—sāi 腮、鳃
　　sī 思、锶
叟—sǎo 嫂
　　sōu 溲、搜、嗖、馊、飕、螋、艘(瘦念shòu)
素—sù 素、愫、嗉
唆—suān 酸
　　suō 唆、梭
桑—sāng 桑
　　sǎng 搡、嗓、颡
遂—suí 遂(半身不遂)
　　suì 遂(遂心)、隧、燧、邃
散—sā 撒(撒手)
　　sǎ 撒(撒种)
　　sǎn 散(散文)、馓
　　sàn 散(散会)
斯—sī 斯、厮、澌、撕、嘶
锁—suǒ 唢、琐、锁

n

乃—nǎi 乃、奶
奈—nài 奈
　　nà 捺
内—nèi 内
　　nè 讷
　　nà 呐、纳、衲、钠
宁—níng 宁、拧、咛、狞、柠
　　nìng 宁(宁可)、泞

尼—ní 尼、泥、呢（呢子）
奴—nú 奴、孥、驽
　　nǔ 努
　　nù 怒
农—nóng 农、浓、脓
那—nǎ 哪
　　nà 那
　　nuó 娜（婀娜）
纽—niū 妞
　　niǔ 扭、纽、钮
念—niǎn 捻
　　niàn 念
南—nán 南、喃、楠
诺—nuò 诺
　　nì 匿
懦—nuò 懦、糯
脑—nǎo 恼、瑙、脑

l

力—lì 力、荔、历、沥
　　li 劣
　　lèi 肋
　　lè 勒（勒令）
立—lì 立、粒、笠
　　lā 拉、垃、啦
里—lí 厘、狸
　　lǐ 里、理、鲤
　　liàng 量
利—lí 梨、犁、蜊
　　lì 利、俐、痢
离—lí 离、璃、篱
仑—lūn 抡
　　lún 伦、沦、轮
　　lùn 论
兰—lán 兰、拦、栏
　　làn 烂
览—lǎn 览、揽、缆、榄
蓝—lán 蓝、篮
　　làn 滥

龙—lóng 龙、咙、聋、笼
　　　lǒng 陇、拢、垄
隆—lóng 隆、窿
卢—lú 卢、泸、庐、芦、炉、颅
　　lǘ 驴
录—lù 录、禄、碌
　　lǜ 绿、氯
路—lù 路、鹭、露
令—líng 伶、玲、铃、羚、聆、蛉、零、龄
　　　lǐng 岭、领
　　　lìng 令
　　　lěng 冷
　　　lín 邻
　　　lián 怜
菱—líng 菱、凌、陵
　　　léng 棱
老—lǎo 老、姥
劳—lāo 捞
　　láo 劳、痨
　　lào 涝
列—liě 咧
　　liè 烈、列、裂
　　lì 例
吕—lǚ 吕、侣、铝
良—liáng 良、粮
　　　láng 郎、廊、狼、琅、榔、螂
　　　lǎng 朗
　　　làng 浪
两—liǎng 两、俩（伎俩）
　　　liàng 辆
　　　liǎ 俩
凉—liáng 凉
　　　liàng 谅、晾
　　　lüè 掠
连—lián 连、莲
　　　liàn 链
炼—liàn 炼、练
恋—liàn 恋
　　luán 孪、鸾、峦、滦

脸—liǎn 脸、敛
　　liàn 殓
廉—lián 廉、濂、镰
林—lín 林、淋、琳、霖
　　lán 婪
鳞—lín 鳞、嶙、璘、辚、潾
罗—luó 罗、逻、萝、锣、箩
洛—luò 洛、落、络、骆
　　lào 烙、酪
　　lüè 略
娄—lóu 娄、喽、楼
　　lǒu 搂、篓
　　lǚ 缕、屡
剌—lǎ 喇
　　là 剌、辣、瘌
　　lài 赖、癞、籁
腊—là 腊、蜡
　　liè 猎
流—liú 流、琉、硫
留—liū 溜
　　liú 留、馏、榴、瘤
累—lèi 累
　　luó 骡、螺
雷—léi 雷、镭
　　lěi 蕾、蕾
　　lèi 擂

h

火—huǒ 火、伙
户—hù 户、沪、护、戽
乎—hū 乎、呼、滹
虎—hǔ 虎、唬、琥
忽—hū 忽、惚、唿
胡—hú 胡、湖、葫、猢、瑚、糊、蝴
化—huā 花、哗
　　huá 华、哗（喧哗）、铧
　　huà 化、华（姓）、桦
　　huò 货
话—huà 话

huó 活
灰—huī 灰、恢、诙
回—huí 回、茴、蛔
　　huái 徊
会—huì 会、绘、烩、桧（秦桧）
挥—huī 挥、辉
　　hūn 荤
　　hún 浑
悔—huǐ 悔
　　huì 海、晦
红—hóng 红、虹、鸿
洪—hōng 哄（哄动）、烘
　　hóng 洪
　　hǒng 哄（哄骗）
　　hòng 哄（起哄）
怀—huái 怀
　　huài 坏
　　huán 还（还钱）、环
奂—huàn 涣、换、唤、焕、痪
昏—hūn 昏、阍、婚
混—hún 馄
　　hùn 混
荒—huāng 荒、慌
　　huǎng 谎
皇—huáng 皇、凰、湟、惶、徨、煌、蝗
晃—huǎng 晃、恍、幌
　　huàng 晃（摇晃）
黄—huáng 黄、璜、潢、磺、蟥、簧

f

凡—fān 帆
　　fán 凡、矾、钒
反—fǎn 反、返
　　fàn 饭、贩
番—fān 番、蕃、藩、翻
方—fāng 方、芳、坊（牌坊）
　　fáng 防、妨、坊（油坊）、房、肪
　　fǎng 访、仿、纺、舫
　　fàng 放

夫—fū　夫、肤、麸
　　　fú　芙、扶、呋

父—fǔ　斧、釜
　　　fù　父

付—fú　符
　　　fǔ　府、腑、俯、腐
　　　fù　付、附
　　　fu　咐

弗—fú　弗、拂、佛、氟
　　　fó　佛
　　　fèi　沸、狒、费

伏—fú　伏、茯、袱

甫—fū　敷
　　　fǔ　甫、辅
　　　fù　傅、缚

孚—fū　孵
　　　fú　孚、俘、浮

复—fù　复、腹、蝮、馥、覆

福—fú　福、幅、辐、蝠
　　　fù　富、副

分—fēn　分、芬、吩、纷
　　　fěn　粉
　　　fèn　份、忿

乏—fá　乏
　　　fàn　泛

发—fā　发
　　　fèi　废

伐—fá　伐、阀、筏

风—fēng　风枫、疯
　　　fěng　讽

非—fēi　非、菲、啡、绯、扉、霏、蜚
　　　fěi　诽、匪、斐、翡
　　　fèi　痱

丰—fēng　丰、峰、烽、锋、蜂

二、韵母练习

(一)单韵母：a、o、e、i、u、ü、-i（前）、-i（后）、er

a—舌面、央、降、不圆唇韵母

máhuā	chànà	nǎpà	fādá	háma	dǎbǎ
麻花	刹那	哪怕	发达	蛤蟆	打靶

o—舌面、后、半升、圆唇韵母

| mòmò | mómò | bómó | mópò | bóbó | pōmò |
| 默默 | 磨墨 | 薄膜 | 磨破 | 勃勃 | 泼墨 |

e—舌面、后、半升、不圆唇韵母

| kělè | chēzhé | hèsè | hégé | kēkè | kěgē |
| 可乐 | 车辙 | 褐色 | 合格 | 苛刻 | 可歌 |

i—舌面、前、升、不圆唇韵母

| qì xī | bǐ lì | dǐ xì | jí qí | pí qi | qī xī |
| 气息 | 比例 | 底细 | 及其 | 脾气 | 栖息 |

u—舌面、后、升、圆唇韵母

| pǔsù | tūwù | zhǔfu | tǔ lù | tūchū | gūkǔ |
| 朴素 | 突兀 | 嘱咐 | 吐露 | 突出 | 孤苦 |

ü—舌面、前、升、圆唇韵母

| qǔ jù | xùqǔ | yǔ jù | jù jū | nǚxu | qū jū |
| 曲剧 | 序曲 | 语句 | 聚居 | 女婿 | 屈居 |

-i—舌尖、前、升、不圆唇韵母

| zì sì | cì sǐ | zì sī | cǐ cì | zì cí | zǐ sì |
| 恣肆 | 刺死 | 自私 | 此次 | 字词 | 子嗣 |

-i—舌尖、后、升、不圆唇韵母

| chīshí | shízhǐ | zhīchí | shí rì | chízhì | shízhì |
| 吃食 | 食指 | 支持 | 时日 | 迟滞 | 实质 |

er—舌面、央、不圆唇、卷舌韵母

| ěrhǎi | érqiě | értóng | ěrmù | èrbǎi | érmiáo |
| 洱海 | 而且 | 儿童 | 耳目 | 二百 | 鸸鹋 |

(二) 复韵母

1. 前响复韵母：ai、ei、ao、ou

爱戴	买卖	白菜	海带
蓓蕾	配备	肥美	北纬
报道	高超	毫毛	早操
丑陋	叩头	收购	抖擞

2. 中响复韵母：iao、iou、uai、uei

小妖	缥缈	巧妙	娇小
有救	优秀	求救	绣球
怪怪	外快	怀揣	摔坏
追随	归队	水位	回味

3. 后响复韵母：aie、ua、uo、üe

加压	恰恰	加价	假牙
铁屑	歇业	结业	贴切
娃娃	耍滑	挂花	花袜
说过	哆嗦	骆驼	堕落

| 雀跃 | 约略 | 雪月 | 决绝 |

（三）鼻韵母

1. 前鼻韵母：an、en、in、un、ün、ian、uan、üan、uen

斑斓	汗衫	谈判	展览
深沉	振奋	本人	愤恨
林荫	辛勤	拼音	引进
军运	逡巡	军训	芸芸
奸险	垫肩	前嫌	变迁
贯穿	专断	还款	婉转
全权	源泉	渊源	姻缘
昆仑	馄饨	温顺	春笋

2. 后鼻韵母：ang、eng、ong、ing、iang、iong、uang、ueng

厂方	放荡	帮忙	当场
更正	丰盛	风筝	风声
从戎	崆峒	隆重	轰动
经营	叮咛	蜻蜓	名伶
江洋	向量	想象	两样
汹涌	泂泂	炯炯	茕茕
装潢	矿床	状况	双簧
蕹菜	蓊郁	渔翁	水瓮

（四）思考与练习

（1）读准并默写所有单韵母、复韵母和鼻韵母。

（2）反复朗读、比较下面各组韵母的发音。

a—o	o—u	i—ü	ü—ue—ê
a—ei	ai—ia	ei—ie	ou—uo
ê—ai	e—ou	ie—üe	iao—iou
an—ang	en—eng	in—ing	in—ün
uan—üan	ang—uang	ong—iong	uen—ueng

（3）有人把 ü、ün、üan 发成了 i、in、ian，说明他混淆了什么？

（4）为下列词语注音并准确朗读。

栽培	赛跑	招考	归队	耐劳
排队	投考	手雷	摇摆	怀抱
销毁	假托	捷报	学费	惊奇
绝对	教授	道别	累赘	傀儡
班长	战争	翻身	灯笼	生产
清明	诚恳	运动	清醒	遵循
还愿	攻城	春天	黄连	功臣

（5）读下面一段话，注意文中的前后鼻韵母，要求读得准确流利。

邓三姆半夜三更提着马灯，踏着田埂上了马路，进城去找兽医程申生。为了抢救队里的牲口，她不怕天黑路远，风狂雨猛，也不怕腰酸腿疼，只管迈开大步，走了一程又一程。她刚登上了小山峰，迎面扑来一阵冷风，吹灭了马灯，刮跑了塑料斗篷。邓三姐就凭着她为人民服务的热忱，和寒冷作战。太阳升起的时候，邓三姐已经顺利进了城，找到了程申生，治好了牲口，胜利地完成了任务。

（6）读一读下列词语，并比较各组韵母。

毒手——兜售　　头像——图像　　过河——过活
合并——火并　　肚子——豆子　　合力——活力
走私——祖师　　客卿——廓清　　禾场——货场

韵母可以通过常用字来进行类推，如下所示。

en 韵 母

门—mēn　闷（闷热）
　　　mén　门、们（图们江）、扪
　　　mèn　闷（闷闷不乐）、焖
　　　men　们（我们）

刃—rěn　忍
　　　rèn　刃、仞、纫、韧、轫

分—pén　盆
　　　fēn　分（分析）、芬、吩、纷、氛
　　　fén　汾、焚
　　　fěn　粉
　　　fèn　分（养分）、份、忿

壬—rén　壬、任（姓）
　　　rěn　荏
　　　rèn　任（任务）、饪、妊、衽

本—běn　本、苯
　　　bèn　笨

申—shēn　申、伸、呻、绅、砷
　　　shén　神
　　　shěn　审、谂、婶

珍—zhēn　珍
　　　zhěn　诊、疹
　　　chèn　趁

贞—zhēn　贞、侦、祯、桢

艮—gēn　根、跟
　　　gèn　艮、茛
　　　kěn　垦、恳

hén 痕
hěn 很、狠
hèn 恨

辰—chén 辰、宸、晨
zhèn 振、震

枕—zhěn 枕
chén 忱
shěn 沈

肯—kěn 肯、啃

参—cēn 参（参差）
shēn 参（人参）
shèn 渗

贲—bēn 贲
pēn 喷（喷泉）
pèn 喷（喷香）
fèn 愤

甚—zhēn 真
shěn 缜
zhèn 镇
chēn 嗔
zhèn 慎

eng

风—fēng 风、枫、疯
fěng 讽

正—zhēng 正（正月）、怔（怔松）、征、症（症结）
zhěng 整
zhèng 正、证、政、症（症状）
chéng 惩

生—shēng 生、牲、甥、笙
shèng 胜

成—chéng 成、诚、城、盛（盛东西）
shèng 盛（盛会）

争—zhēng 争、挣（挣扎）、峥、狰、睁、铮、筝
zhèng 诤、挣（挣脱）

丞—zhēng 蒸
zhěng 拯
chéng 丞

亨—pēng 烹

　　　　hēng　　亨、哼
更—gēng　　更（更正）
　　　gěng　　埂、绠、哽、梗、鲠
　　　gèng　　更（更加）
呈—chéng　　呈、程、酲
　　　chěng　　逞
庚—gēng　　庚、赓
奉—pěng　　捧
　　　fèng　　奉、俸
朋—bēng　　崩、绷（绷带）
　　　běng　　绷（绷着脸）
　　　bèng　　蹦
　　　péng　　朋、棚、硼、鹏
孟—měng　　勐、猛、锰、蜢、艋
　　　mèng　　孟
峰—péng　　蓬、篷
　　　fēng　　峰、烽、锋、蜂
　　　féng　　逢、缝（缝衣）
　　　fèng　　缝（门缝）
乘—chéng　　乘
　　　shèng　　乘（史乘）、剩、嵊
曾—zēng　　曾（姓）、憎、增、缯
　　　zèng　　赠
　　　céng　　曾（曾经）、嶒
　　　céng　　蹭
　　　sēng　　僧
彭—pēng　　嘭
　　　péng　　彭、澎、膨
塄—léng　　塄
　　　lèng　　愣、楞
登—dēng　　登、蹬（蹬水车）
　　　dèng　　凳、澄（澄清）、磴、镫、瞪
　　　chéng　　澄（澄澈）
誊—téng　　誊、腾、滕、藤
蒙—mēng　　蒙（蒙骗）
　　　méng　　蒙（蒙蔽）、濛、檬、曚（曚昽）、朦（朦胧）、艨
　　　měng　　蒙（蒙古族）、蠓

in

心—qìn 沁
　　xīn 心芯（灯芯）
　　xìn 芯（芯子）
今—jīn 今、衿、矜
　　jìn 妗
　　qīn 衾
　　qín 琴、芩
　　yín 吟
斤—jīn 斤
　　jìn 近、靳
　　qín 芹
　　xīn 忻、昕、欣、新、薪
民—mín 民、岷
　　mǐn 抿
因—yīn 因、洇、茵、姻、氤、铟
阴—yīn 阴
　　yìn 荫
尽—jǐn 尽（尽管）
　　jìn 尽（尽力）、浕、烬
辛—xīn 辛、莘（莘庄）、锌
　　shēn 莘（莘莘学子）
林—bīn 彬
　　lín 林、淋、琳、霖
侵—jìn 浸
　　qīn 侵
　　qǐn 寝
宾—bīn 宾、傧、滨、缤、槟、镔
　　bìn 摈、殡、鬓
　　pín 嫔
堇—jǐn 谨、馑、瑾、槿
　　qín 勤
　　yín 鄞
禽—qín 禽、擒、噙
禁—jīn 襟
　　jìn 禁、喋
嶙—lín 邻（隣）、鄰、遴、嶙、璘、辚、磷、鳞、麟

ing

丁—dīng 丁、仃、疔、盯、钉（钉子）、酊（碘酊）
　　dǐng 顶、酊（酩酊）
　　dìng 订、钉（钉扣子）
　　tīng 厅、汀
并—bǐng 饼、屏（屏除）
　　bìng 并、摒（摒挡）
　　píng 瓶、屏（屏风）（拼、姘念 pīn）
宁—níng 宁（安宁）、拧（拧绳子）、咛、狞、柠
　　nǐng 拧（拧螺钉）
　　nìng 宁（宁可）、泞、拧（拧脾气）
丙—bǐng 丙、炳、柄
　　bìng 病
平—píng 平、评、苹、坪、枰、萍
令—líng 伶、泠、苓、玲、瓴、铃、鸰、聆、蛉、翎、零、龄
　　lǐng 令（一令纸）、岭、领
　　lìng 令（命令）（拎念 līn）
名—míng 名、茗、铭
　　mǐng 酩
廷—tíng 廷、庭、蜓、霆
　　tǐng 挺、梃、铤、艇
形—jīng 荆
　　xíng 刑、邢、形、型
京—jīng 京、惊、鲸
　　qíng 黥
定—dìng 定、腚、碇、锭
英—yīng 英、媖、瑛、锳
茎—jīng 泾、茎、经
　　jǐng 颈、刭
　　jìng 劲（劲敌）、径、胫、痉
　　qīng 轻、氢（劲又念 jìn"干劲"）
青—jīng 菁、晴、精
　　jìng 靖、静
　　qīng 青、清、蜻、鲭
　　qíng 情、晴、氰
　　qǐng 请
冥—míng 冥、溟、暝、瞑、螟
亭—tíng 亭、停、渟、葶、婷

凌—líng 凌、陵、菱、绫
竟—jìng 竟、境、镜
营—yīng 莺
　　yíng 荧、莹、萤、营、潆、滢
婴—yīng 婴、樱、嚶、缨、樱、鹦、罂
敬—jǐng 儆、警
　　jìng 敬
　　qíng 擎
景—jǐng 景、憬
　　yǐng 影

三、声调练习

（一）单字练习

| fēi | gān | bō | yōu | shēn | zhōu | qū | kāi |
| 飞 | 甘 | 波 | 悠 | 深 | 周 | 驱 | 开 |

| áo | lóu | qiú | quán | chóu | yí | lín | róu |
| 熬 | 楼 | 球 | 拳 | 愁 | 移 | 林 | 柔 |

| sǎ | mǐ | pǎo | xiǎo | mǔ | mǎi | qǐng | xiě |
| 洒 | 米 | 跑 | 晓 | 母 | 买 | 请 | 写 |

| qù | zhuàng | kòu | yì | dòu | yuè | zhè | mìng |
| 去 | 撞 | 扣 | 意 | 斗 | 阅 | 这 | 命 |

（二）词语练习

（1）朗读下列词语，要念足调值，并注意字和字的连缀。

dìngxié	xuānchuán	jiāoliú	huānyíng	fēnjiě	shūběn	gānkǔ	zhuīgǎn
钉鞋	宣传	交流	欢迎	分解	书本	甘苦	追赶
shēnkè	bōlàng	chēzhàn	kāifàng	guójiā	chónggāo	pángtīng	láibīn
深刻	波浪	车站	开放	国家	崇高	旁听	来宾
róuměi	hánlěng	jí tǐ	miáoxiě	chídào	róudào	héchàng	cítuì
柔美	寒冷	集体	描写	迟到	柔道	合唱	辞退
tiàogāo	lùyīn	sì zhōu	xìnxiāng	qùnián	pòchú	diàochá	dì tú
跳高	录音	四周	信箱	去年	破除	调查	地图
shìchǎng	tèchǎn	wù tǐ	zhèngqiǎo				
市场	特产	物体	正巧				

（2）朗读下列词语，注意四声变化，调值念足。

bēnbō	cānjiā	dēngguāng	tūjī	chējiān	jiāochā
奔波	参加	灯光	突击	车间	交叉
chímíng	fánróng	géjú	háoqíng	jiéshí	língchén
驰名	繁荣	格局	豪情	结石	凌晨
běnlǐng	dǐngdiǎn	gǎixuǎn	huǒhǎi	jiǎshǐ	kǒuyǔ
本领	顶点	改选	火海	假使	口语
bùduì	cèlüè	dàgài	fùyè	hòuwèi	jìsuàn
部队	策略	大概	副业	后卫	计算

（三）三字词语练习

拖拉机	接班人	飞机场	星期日	开口呼	三角形	新产品	交响乐	歌唱家
接线员	发电厂	通讯处	人生观	黄花鱼	隔音纸	航空信	文学家	民族服
排球网	灵活性	华尔兹	红宝石	滑雪板	门诊部	节目单	国庆节	博物馆
明信片	党中央	鼓风炉	海拉尔	火车站	主人翁	马头琴	好来宝	委员会
蒙古包	讲解员	马奶酒	表演系	解放军	北戴河	体育馆	彩色片	录音机
共青团	化妆品	少先队	鄂伦春	大团结	货郎鼓	站台票	立体声	大草原
共产党	阅览室	录像机	电视台	话剧史	教务处			

（四）四声调值练习

1. 阴阳上去

飞檐走壁　心怀叵测　优柔寡断　心毒手辣　翻然改进　知情感义
花团锦簇　妻离子散　鸡鸣犬吠　阴谋诡计　妖魔鬼怪　飞禽走兽

2. 去上阳阴

万里晴空　墨守成规　弄巧成拙　调虎离山　耀武扬威　下笔成章
驷马难追　暮鼓晨钟　破釜沉舟　逆水行舟　异口同声　四海为家

四、音变练习

（一）"一""不"

一举一动　一心一意　一草一木　一前一后　一横一竖
勇气长一寸，困难缩一尺；勇气退一分，困难长一寸。
一块砖砌不成墙，一根甘蔗榨不成糖。
一年之计在于春；一日之计在于晨；一生之计在于勤。
一个坏驴，带坏一圈马；一块臭肉，带坏一锅汤。
了不起　差不多　好不好　贵不贵　推不倒　吃不下　说不准　用不着　关不住　请不来
去不去　不管不顾　不干不净　不明不白　不慌不忙　不痛不痒　不知不觉　不折不扣
不上不下　不言不语　不声不响　不闻不问　不理不睬　不依不饶　不屈不挠　不卑不亢

（二）轻声

房子　木头　石头　什么　那儿　身上　地下　剧场里　家里　桌上　那边　里面
过来　出去　走出去　跑进来　回来　拿去　站起来　走上来
说说　走走　看看　听听　写写　妈妈　爷爷　奶奶　星星　娃娃
打开　关上　站住
姑娘　粮食　行李　清楚　商量　明白　太阳　告诉　打听　窗户　玻璃　萝卜　大夫
编辑　闺女　扫帚　晃荡　阔气　扎实　凉快　规矩　多么　朋友　唠叨　眼睛　时辰

（三）儿化

腊八儿	号码儿	脚丫儿	豆芽儿	香瓜儿	雪花儿	山坡儿	薄烟儿	心窝儿	小偷儿
花朵儿	熊猫儿	小道儿	填表儿	豆角儿	山歌儿	风车儿	里屋儿	火炉儿	顺手儿
脸盆儿	土堆儿	跑腿儿	条文儿	打盹儿	土块儿	门环儿	汤圆儿	眼圈儿	菜碟儿
肩膀儿	帮忙儿	花样儿	官腔儿	小床儿	眼光儿	门缝儿	板凳儿	现成儿	金鱼儿

五、常用平翘舌音、前后鼻音汉字

（一）前后鼻音字（带＊的字为多音字）

1. 后鼻音（ing、eng、ueng）汉字

政 争 整 证 征 蒸 增 成 程 称＊ 城 承 曾＊ 层 生 声 省＊ 升 胜＊
兵 病 并 平 评 名 明 命 丁 定 顶 听 停 庭 宁＊ 领 令 另 灵 灵
景 晶 精 境 井 静 京 径 经 竟 情 青 清 氢 庆 请 轻 星 兴＊
刑 行＊ 型 性 形 硬 迎 映 营 英 影 应＊ 横＊ 盟 衡 灯 丰 冷 封
正＊ 能 更＊ 风 等 仍 翁

2. 前鼻音（in、en、un、ün）汉字

民 进 因 品 新 亲 引 仅 紧 尽＊ 金 心 印 频 银 侵 斤 信 临
今 林 阴 秦 音 近 人 很 任 门 分 怎 跟 神 粉 陈 认 甚 身 准
审 沉 针 伸 份 阵 镇 深 真 根 本 问 文 温 稳 吨 论 轮 准
春 纯 顺 润 孙 混 存 村 损 云 运 迅 训 盾 菌 均 军 群

（二）平翘舌音汉字（带＊的字为多音字）

3. 翘舌音和 r 声母汉字

是 这 中＊ 上＊ 时 生 出 成 主 说＊ 产 种＊ 十 之 着＊ 水 实 制 使
政 社 事 重＊ 数＊ 正 质 只 者 直 程 展 常 什 收 证 转＊ 场＊ 身
车 真 至 示 声 张 整 传＊ 石 织 装 持 众 书 商 深 周 省＊ 支
史 市 除 称＊ 准 值 查 置 始 专 状 厂 识＊ 适 属＊ 住 照 首 失
神 势 师 注 施 树 止 士 视 章 朝＊ 试 舍＊ 充 差＊ 致 输 城 船
占 吃 春 职 助 升 初 创 站 述 射 冲 承 双 超 州 轴 找 础
胜 陈 逐 终 察 洲 甚 室 守 纸 针 唱 审 茶 善 掌 人 如 然
日 任＊ 热 认 容 让 仍 若 绕

4. 平舌音汉字

在 作 子 所 三 自 从 四 最 总 次 资 组 做 则 色＊ 造 增 思
再 采 速 走 才 算 素 酸 族 存 斯 层 参＊ 随 苏 死 罪 字 材
怎 左 早 司 足 似＊ 送 财 损 杂 策 曾＊ 责 草 载＊ 坐 测 丝 诉
错 村 散＊ 莱 阻

六、难点字声韵母辨音练习

（一）平翘舌声母辨音练习 1

在 是 作 这 子 中 所 上 三 自
出 四 成 最 主 总 说 次 产 资
十 做 之 则 着 色 水 造 实 增
政 再 社 采 事 速 重 走 才 数
素 质 酸 只 族 者 存 直 斯 程
思 正 组 生 从 种 算 制 散 周

（二）平翘舌声母辨音练习 2

层 层 参 常 随 什 苏 收 死 证
字 身 材 掌 怎 真 左 至 早 示

第三章 现代汉语语音知识

足 张 似 整 送 传 财 石 虽 织
策 持 曾 众 责 书 草 商 载 深
测 省 丝 支 诉 史 错 市 村 除
菜 准 损 值 阻 查 置 始 专 状
装 声 杂 转 罪 称 司 茶 坐 操

（三）翘舌音声母练习

厂 人 识 如 属 然 住 日 照 任
失 认 神 容 势 让 师 仍 注 输
树 视 止 章 士 朝 试 舍 充 差
城 船 占 吃 春 职 善 升 初 创
射 冲 承 双 超 州 轴 找 础 胜
逐 终 察 绕 洲 甚 室 植 守 纸
唱 陈 述 燃 施 热 针 站 惹 重
首 若 致

（四）前后鼻音韵母辨音练习1

政 人 争 很 整 任 证 门 蒸 分
成 什 程 跟 称 粉 城 陈 承 认
层 身 生 审 声 沉 升 针 胜 伸
盟 阵 衡 镇 灯 深 丰 真 润 根
正 问 纯 文 更 顺 风 稳 等 吨
轮 春 能 温 冷 瓮 论 横 本 增
怎 曾 份 封 甚 仍

（五）前后鼻音韵母辨音练习2

兵 民 病 进 并 因 子 品 评 新
明 引 命 仅 丁 紧 定 尽 顶 金
停 印 庭 频 宁 银 领 侵 令 斤
灵 临 景 今 晶 林 精 阴 竞 秦
静 近 京 径 经 境 情 音 名 心
亲 听 信 井 另

六、容易看错的形近字

yún—jūn   kē—kē—kē   zhòu—zhòu—zōu—zhōu   tā—tà—tà
 匀—均   嗑—磕—瞌   绉—皱—邹—诌   塌—榻—蹋

zā—zá   suí—duò   kuā—kuǎ—kuà—kuǎ   bá—bō—pō
 咂—砸   隋—惰   夸—跨—挎—垮   拔—拨—泼

zàn—zhǎn   ruò—nì   biāo—biāo—piāo—piǎo—piāo náo—náo—rào—ráo
 暂—崭   弱—溺   鳔—镖—剽—瞟—飘   挠—铙—绕—饶

bēng—bèng   shuā—shuàn   zào—sào—zào—cāo   xiǎng—shǎng—shǎng
 崩—蹦   刷—涮   燥—臊—噪—操   响—晌—垧

yīn—yīn	zhuó—zhú	chuāng—cāng—chuàng—cāng	piě—pī—pēi
阴—荫	浊—烛	疮—舱—创—苍	苤—坯—胚
yú—yù	(dū) dōu—duō	kōu—òu—ǒu—ōu	qiāo—jiū—chǒu
于—予	都—多	抠—沤—呕—讴	锹—揪—瞅
zhèng—zhì	yōng—yǒng	yùn—yùn—hún—yūn	shī—zǎo—sāo
郑—掷	拥—涌	郓—恽—浑—晕	虱—蚤—骚
jìn—bèng	rēng—réng	kuàng—kuàng—kuāng—kuāng	xiàn—chǎn—qiā
进—迸	扔—仍	眍—框—筐—匡	陷—谄—掐
dī—tí	cuàn—zuàn	piē—bié—biē—piě	gài—gài—kǎi
堤—提	篡—篆	瞥—蹩—憋—撇	概—溉—慨
xīn—xiān—xiān	sā—chè—chè—zhé	ruò—rě—nuò—ruò	lì—sù—piào
欣—掀—锨	撒—撤—澈—辙	若—惹—诺—偌	栗—粟—票
hùn—hún	chuò—zhuì	xiāng—xiāng—náng—nǎng	liǎng—liǎ—liàng
混—浑	辍—缀	镶—襄—囊—攮	两—俩—辆
wèi—mò	rì—yuē	èr—nì	kàng—kàng—kēng
未—末	日—曰	贰—腻	亢—炕—坑
bīn—pín—bìn—bìn—bìn	xuān—xuàn—xuān—xuàn		bái—bǎi—běi
滨—嫔—殡—摈—鬓	宣—渲—喧—楦		白—百—北
chuāi—chuài—tuān—ruì—duān	kāi—kǎi		diàn—zhàn—dìng
揣—踹—湍—瑞—端	揩—楷		淀—绽—碇
chán—chán—chán—chán—dǎn	wǎn—wǎn—wàn—wān—wān—wān		
婵—禅—蝉—阐—掸	碗—婉—腕—剜—蜿—豌		
xǐ—xiǎn—xǐ	hái—hài—hái	nài—nà—nài	léng—suō
洗—冼—铣	孩—骇—骸	奈—捺—柰	棱—梭
niǔ—niǔ—niǔ—niǔ—niǔ—nǔ	zhǐ—zhǐ—zhǐ—zhǐ—chě		nán—nán—nǎn—nán
扭—纽—钮—杻—妞—衄	止—址—芷—趾—扯		南—楠—蝻—喃

第四章　朗读训练

朗读训练是培养口语交际能力的有效途径和手段，良好的口才始于朗读和朗诵，会说从会读开始。在当今信息化社会中，善于口语交际将获得更多的生存与发展空间。实践证明，通过朗读训练，在增强阅读能力和艺术欣赏力的同时，对逐步提升口语表达能力和交际水平大有裨益。更有助于提高国民人文和艺术素养，增进全社会的母语认同和母语自尊，传承和弘扬中华民族的优秀文化。更为重要的是，朗读能陶冶情操，教人向善，引人求美。将一篇作品完美地展现给听众是展现生活美、艺术美的另一种手段。朗读艺术创造可以从内部、外部两方面来分析、学习。这里所说的外部技巧指的是通过声音技巧的运用为朗诵做好准备；内部技巧指的是运用停连、升降、抑扬、轻重等方法对文字进行处理，转化为有声语言的手段。

第一节　朗读艺术创造的外部技巧

朗读需要理解、体验和感悟作品，而那些文字优美、思想隽永的典范作品，无一不凝聚着作者睿智、鲜活的思想和高尚的旨趣，以及深切的人文关怀，朗读者在朗读的过程中，可以感悟到深刻的生活哲理，学会做人的道理，所谓读书可以明智。同时，朗读者的理解能力、思维能力、想象能力等重要的智力因素也在朗读过程中得到锻炼。

孔子曰："工欲善其事，必先利其器。"想要做好一件事，一定要先把做这件事的器具磨好。画画要有好的画笔，要从最简单的线条开始；打乒乓球要有好的球拍，要从最简单的接球开始；演奏音乐要有好的乐器，要从最简单的识谱（五线谱）开始等。朗读就要有灵巧的嘴，从音准和连气发声开始，在反复的练习中熟练掌握朗读艺术创造所需要的基本功。

戏剧界老前辈欧阳予倩就曾经说过："任何艺术都要有基本语言训练，好比造房子，必须先砸好地基，地基砸不好，房子就容易垮塌。"

一、朗读基本功

朗读是一门艺术，艺术就要给人以美感。要使朗读的语言能够准确、生动、鲜明、形象地反映生活，就必须在言语声音上达到"松弛"、"耐久"、"清晰"、"纯正"。这便是朗读艺术外部技巧基础的第一阶段。

（一）积极的放松状态

"松弛"指的是朗读时传递给听众的声音应该是轻松、自然、流畅、悦耳并且不造作。所谓积极的放松状态，它不同于一般日常生活中的放松，而是一种创作状态。从人的张力和姿势来说，需要积极而不紧张、松弛而不松垮的发声状态，给人以"天然去雕饰，清水出芙蓉"的美感。朗读可能遇到各种情况，有时需要低声耳语、有时需要高声呼叫、有时需要深沉有力、有时需要慷慨激昂……不管情况如何，朗读的声音始终应该是松弛的，不能给人以紧张造作、吃力、声嘶力竭的感觉。

训练朗读过程中的放松状态，这需要无数肌肉积极地工作来平衡连接骨骼关节的压力和拉力。做到如程砚秋先生所说："气沉丹田，头顶虚空，全凭腰转、两肩放松。"正确运用胸腹式混合呼吸方法，说话时根据人物特征和情节变化，根据文章的需要作高、低、强、弱变化，运用人的身体空间，不断有机地调节共鸣腔。练"字"是工具、练"声"是目的，放松与紧张相结合，肌肉各部分协调平衡工作。不要过分强调某一点、某一处，用过多的拙劲从音量和声音的位置方面去"抢"声音。

练习方法：

为了做到这一点，开始时可以在整体放松的基础上进行呼吸训练，不妨尝试两个人面对面手握成拳、互相捶肩，借助震动感受发声时胸部、双肩、颈部等肌肉的状态，被捶的人肩部肌肉有振动后，注意力会自然转移，这时气息自然落在横膈膜处，吸气会深一些。实践证明，这些练习对刚入门的初学者有很大的帮助。

其实，朗读时做到"松弛"的技巧难点在于分寸的把握，正所谓"张弛有道"，一旦摸索出来，将受用无穷，无论是舞台艺术语言还是生活语言，抑或只是人际交往，都是如此。

（二）正确的呼吸状态

生活中的呼吸是自动而有节奏地在自然进行的，而朗读艺术作品时的发声，与生活还是不一样的。正确的呼吸方法是：吸气时横膈膜下降，两肋张开，腰围稍向外保持扩张，小腹有支持点。生活中习惯的吸气方法，往往是一发声，腰围的肌肉群就会随之松懈，还误认为这就是发声所必需的"送气"。正确的方法应该是如同挑担子，挑起时要一鼓作气，甚至要屏住一口气，这口气能使胸腔扩大，担子挑起来以后，还要保持住这股气，才能比较顺利地挑着担子前进；一泄气，胸、腹腔一松动，力量就散了，也就无力再支撑着担子了。要保持住力量，使胸腔、腹腔的扩大坚持住，就需要依靠吸气肌肉持续工作，去抗拒压力。如果腹部松软，胸廓下塌，气息失去控制，就不能产生需要的力量；这里需要一股韧劲。初学者最容易犯的毛病是：不会运用"气口"，嗓子发紧，声音大多数停留在嗓子里，说话的气息运用不正确，吐字不清晰。正确的发声方法是：气息、声带和腰围的肌肉群都必须保持对抗的力量。如果两肋横膈膜不能持久保持向外扩张的话，人的整体空间张力也随之消失。实践证明这样的发声状态，声音效果谈不上持久，无法做到音色圆润优美以及自如控制音量的大小，更谈不上利用声音来塑造人物的特有形象。掌握正确的发声法，朗读中创造和改变人物声音才会得心应手。

练习方法：

两脚分开与肩齐，两手叉腰，身体呈半蹲状，体会发声时两肋向外扩张、气流往两头走的感觉。再练习段子，用鼻子呼吸一下，马上讲"白石塔，白石搭"，再吸一下讲"白石搭白塔……"唱歌也一样，吐字时两肋横膈膜及时打开，吸气的动作要在吐字之前，与唱歌时起音的感觉是一样的。再加动作辅助，每吸一口气，把单脚弯曲抬起到腰高。吸气—提腿、呼气—放下……反复重复。随着呼吸节奏的快慢变化，动作应和呼吸节奏而变化，训练较长句时，横膈膜的张力保持相对要持久一些。气息的运用如同推磨，在均匀的水平线上，保持声音和气息平衡协调，加强两肋向外用力、保持住张力，但不要吸得过分饱满，留有余地地使呼吸处于积极而又主动的运作状态。

掌握了正确的呼吸技巧，才能让自己在塑造艺术作品时，有足够的气息容量和耐久力来完成一些需要长气息的朗读技巧。如果能让感性认识和理性认识同步，在朗读、说、唱过程中可以让无形的摸不着的艺术变成为有形而又抓得住的艺术享受。

（三）正确的喉型

这里所讲的正确喉型，需要通过脸部肌肉表现力来寻找感觉，无论是说还是唱等的发声艺术，都可以通过脸部肌肉的难看、好看来验证发声的正确与否。在喉头稳定、发声严谨的正确吸气方法基础上，既不让喉头吊起，也不让喉头压紧，发挥声带正常的功能，舌根放松，下巴自然松弛，稍往里收。有人简单地认为艺术语言就是把生活中的语言加以夸大，简单地加大音量或随意加大下巴的运动幅度、脖子尽量往前方伸，其实这种没有力量的发声方法是错误的。首先从外部形象来说极其难看，其次音域不宽，吐字穿透力不够，更有甚者会产生难听的喉音。如果喉型不正确，说唱时发声通道不畅，气息不通，在舌根部分就产生阻力。明白了这一点，在人物声音塑造上会有很大帮助。

练习方法：

由于发声这门视听效果的学科，往往是能感受到，但摸不到、看不见的一门艺术。所以必须纠正错误的发声，纠正不正确的发声习惯，操练各部肌肉的控制能力。

解决这类问题，首先要把上腭抬起，牙关打开，尽可能使声音竖起来一些，位置高一些，用共鸣的方法，声音在口腔和鼻腔内产生振动，从闭口的"嗯呜"开始，找到位置之后，再转向开口的"a"音。因为这个音容易帮助打开口腔，使共鸣位置提高。此时不必过多追求研究文字深层感情，只需要找到正确的声音感觉即可，也大可不必使劲儿提高音量、讲究抑扬顿挫，只需要巩固这个位置即可。这种练习需要格外耐心和细心，切勿急躁，起音要柔和，强调音色的优美和共鸣的振动，待领悟方法后，再逐步加大音量，变换节奏，讲究抑扬顿挫，注入情感，控制音量，掌握共鸣位置，追求优美明亮的音色。德国美学家莱辛在《汉堡剧评》中说："要让人们懂得，就是在你们热情洋溢的激流当中，你们也必须争取拿出一种节制，做到珠圆玉润。"

提示1：发声时"下牙放在上牙的背后"

吐字时下牙藏在上牙的背后，要求下巴里收，硬腭吐字点清楚，想象上门牙两个牙齿中间处如同有一条线，沿着这条线吐出每一个字；出字时气息平稳均匀，由小腹的丹田气支持。

从建立正确喉型角度而言，注意下牙放在上牙的背后，这样就会自然收紧下巴，解决了下巴容易用力的习惯。平时生活中吃饭、说话，用下巴的动作多一些，不过想要声音响亮、音色好听，就必须积极地运用上腭的作用，吐字的部位相对提高些，同时也可以解决舌根用力的坏习惯。针对没有学过方法的人，一旦放大音量或者是模仿、塑造别人的声音时，就不知道发声时用气的要领，最容易出现的错误现象就是下巴用力，舌根用力。这种声音，自己听起来很响亮，但由于是喉部过于用力，实际声音传不远，没有张力，更谈不上声音的可塑性。

因此，在下牙放在上牙背后的同时，保持良好的发声状态，脸部肌肉也应积极向上，自然产生微笑的感觉，同时也能较自如地调整各部位共鸣腔的运用。这种喉型正是在舞台语言及歌唱发声需要的最基本的发声状态之一。

可以对着镜子观看自己发声的状态，比较正确与错误的发声喉型，抓住外部正确状态。

提示2："四个手指平伸到后咽壁"

"四个手指平伸到后咽壁"，这个前提是针对有的人口腔不打开，牙关紧，喉咙通道窄，更不会用气息，有的人在朗读时声音不响亮，甚至比生活中的声音还要轻。

拿出四个手指并拢放平，这就是咽腔应该张开的宽度。当然不是把手真的伸进喉咙里，而是用遐想，想象这只手四指并拢放平"伸进"嘴里，"到后咽壁"，张开嘴，唇形无须张得太大，下巴一定要放松。口腔会自然张开，随之气息也会自然吸进体内，同时横膈膜张开。然后在牙关自然打开的前提下，上腭、脸颊也自然向上提，帮助小舌头积极地抬起，达到了打开咽腔部位的效果。同时感受歌唱时不断吸气的状态、"打哈欠"的感觉，朗读发声就能达到音色好听，圆润响亮的程度。

提示3：借助一根筷子

具体做法是横咬住一根筷子（或一支笔），先练韵母：a，e，i，再练辅音字母组合：拉（la）、拿（na）、哈（ha）。还要练习后鼻音归韵字母：亮（liang）、扬（yang）、娘（niang）。这种状态下最好不练习嘴皮用力的 p（po）、f（fa）、m（ma）的声母，因为咬着一根筷子，用嘴皮的字母暂时用不上。

在吐字时，注意吐字部位，要求声音一句比一句响亮。由于牙齿咬住了东西，发声时就无法用嘴皮来主动用力，而自觉的会用身体来驾驭声音，这样就能体会如何运用气息来发声了，同时也理解了咽腔、喉咙打开的方法、感觉。

一旦理解了要求后，可以拿掉筷子再体会驾驭口腔的空间运用。咬紧字头归字尾，不难达到纯和清，这时声音就会在音质、音色上产生奇妙的变化。

（四）正确的吐字归韵

爱德华·约翰说："每个歌唱者必须掌握三项技巧：气息的控制、歌唱母音、音调准确"。朗读亦是如此，威廉·莎士比亚说："好的说话就已经获得了一半好的歌唱。"这句话告诉我们朗读与歌唱有许多练习方法是相通的。

可以说，唱是说的音乐性夸大，所以说和唱的基础是相通的。歌由诗发展而来，唱由说发展而来，因此在说的基础上可以锻炼歌唱能力。

我国传统声乐也有"字领腔行"、"腔随字走"的说法，目的就是要使受众听清歌词，具体、细致地理解和接受歌曲内容所表达的思想感情，从而引起情感上的共鸣，被感动。在传统声乐论著中有"学唱之人，勿论巧拙，只看有口无口；听曲之人，慢讲精粗，先问有字无字；字从口出，有字即有口，如出字不分明，有字若无字，是说话有口，唱曲无口……"的观点，这都说明吐字归韵在歌唱中的重要性。同样，在朗读作品时，作为一个朗诵者，在面对听众或者在舞台上面对成百上千的观众，要把每个字清晰地送入他们的耳朵里，要把每一点内心情感通过语言传递给观众，语言技巧绝对是很重要的。

一个汉字字音是由一个个音素组成的，如"啊"是单音素（a）、"我"是两个音素（u与o）、"说"是三个音素（sh、u、o）、"教"是四个音素（j、i、a、o，）等。汉语字音依它们的发音可以分为起、舒、纵、收四个部分，如江（j-i-a-ng）、聊（l-i-a-o）、窗（ch-u-a-ng）等。在发这类字音时，口形有一个由闭合到开放，又由开放到闭合的运动过程，就如同枣核从细到粗，又从粗到细，这在西方语言中是没有的。因此无论是唱还是说，根据中国语言文字的特点，发声器官必须适应语言的开合特点。其次还要咬准字头，尤其是朗诵时，既不要过分咬紧，也不能太松。

练习方法：

练习吐字归韵许多前辈艺术家有经典的说法，如"手攥小鸟"、"老猫衔小猫"等。其具体的解释是说咬字犹如刚刚抓住一只逃跑未遂的小鸟，它在手里使劲挣扎，攥松了，小鸟逃掉了，攥得太紧了小鸟就死了，力度要用得恰到好处。如果字音咬不准、咬不住的话，字音不漂亮之余意思也会变的。发音时每个音素都要发清楚，字头要响亮、清晰，一个音素向下一个音素滑行过程中，过渡要求圆滑自然，但又不可孤立地把每个音素割裂开，应该把韵母的头、韵腹、韵尾结合在一起，当做一个整体去发音，否则将会支离破碎，字也变了，如江（jiang）字就会变成基（ji）、昂（ang）两个音节或家（jia）、嗯（ng）两个音节，甚至还有可能发成基（ji）、啊（a）、嗯（ng）三个音节。

朗读语言中强调咬准字头归字尾，正确掌握喉型，做到这些就不难达到"纯正"和"清晰"。训练中注意每个字的着力点，既要准确、清晰、纯正又要圆滑、流畅。与发声器官既不互相干扰，又能协调一致互相配合，做到既不以字害声也不以声包字。在实践中把它们作为一个整体去掌握和运用，达到字正腔圆的艺术效果。

二、朗读中的纠错

对于一个从来没有接触过声音训练的人来说，普遍存在的问题是声音基础不扎实，即便有一些人具有一定的基础知识，也往往存在着各种问题，最为突出的是"大本嗓"、"虚假嗓"。找出症结所在，对症下药，确定解决方案，这是朗读艺术创造外部技巧基础的第二阶段。这一阶段要重点突破，发现特长，因势利导。

（一）改变声音位置，解决"大本嗓"

朗读作品贵在"真"字，朗读发声以真声为基础，但这种"真"是经过艺术加工后更高层次的"真"，是具有共鸣和穿透力的圆润声音。具有科学含量的发声方法。那种不经上部共鸣腔，直接从喉咙里出来，没有弹性、不透明、没有泛音的声音，就称为"大本嗓"。用这种自然的方法发出的声音不仅音域狭窄，音色散、扁、白，甚至嘶哑，尤其是在需要力度和音高时，如果拼命凭本嗓喊叫，既无法准确地传递人物细腻的情感，而且容易破坏嗓子，但这在初学者中又是普遍存在的问题。

这里就很有必要提到基音。基音就是基本声音，也就是朗读、演唱时每个人所具备的基本音色，也称之为真声。生活中，由于每个人的生理条件不同，声音的条件各不相同，每个人说话的音色也就不同，所以，有时即使没有看见某个熟悉的人，但是只要听见这个人的声音就能辨别出是谁，这就是音色给人的符号感。每个人在自然状况下说话，喉头是相对稳定的，说话时声音的音域一般在中、低声区，音乐剧演唱中的基音位置就在这个声区，接近生活中自然人在自然状况下的说话音域。

朗读中的练习，要因人而异地根据每个人音色的不同，针对性地制订出练习计划，从稳定基音着手，是朗读声音训练过程中的首要条件。训练中主要声音就是真声，尤其是中声区的训练。

究竟应该如何训练基音（也就是真声）呢？样板戏《打渔人》中沙奶奶演唱的段子，都属于老旦的唱腔，这种唱腔，声带是全振动的，声带的张力、呼吸的运用、横膈膜的扩张以及身体的空间配合，正是练习基音（真声）发声的方法。当然，说与唱对气息能量需求还是有所不同的，不能完全照搬。

（二）加强气息训练，消除"虚假嗓"

无论是说还是唱，都会有一定的假声成分。但假声过多，就无法使声带充分振动起来，没有胸腔共鸣，就成了软弱、纤细、空浮的"虚假嗓"。这种声音缺少中低声区的声音厚度，难以表达激烈、深沉、豪放的情绪。产生这种情况的主要原因是缺少底气的支持和真声的基础。对这类问题,首先要加强气息训练,找到底气的支点,使气息上下贯通,同时通过自然放松的说话来找到自己原来没有任何掩饰的本嗓基音。"虚假嗓"的人同"大本嗓"的人正好相反,需要练习者吐字夸张,基音扎实,有胸腔共鸣,软腭不需提,气息尽量放下来,发声时必须有支点,使声带全振动。

三、立足基音,灵活造型

语言发声的最高境界就是"声情并茂"。"声"是科学的发声方法,能灵活调节气息、共鸣腔和声音位置,做到洪亮而不毛糙,轻柔而不虚浮,快时如连珠急雨,慢时如潺潺流水,同时掷地有声,柔时余音绕梁;"情"是角色的性格、故事冲突中的情绪、人物内心的波澜,要达到声情并茂的境界,使听众闻其声而知其人,听其音而知其情。要做到这些,一是要解决声型统一,二是要进行声音造型。这便是朗读艺术创造外部技巧基础的第三阶段。

(1)声型统一。声型不统一是练习者身上很常见的现象,这给塑造人物或情境带来了问题。有的人外形俊秀,声音却粗大、洪亮;有的外形粗犷、苍劲,声音却很纤柔、抒情。解决这一矛盾的具体做法是:抓住个人最好的几个基音,反复练习,巩固后再逐步向上下发展,拉宽音区训练。对于外形俊秀、声音粗大的人,着重要练习头声,相应提高声音位置,减弱音量,使音色柔和;对于外形粗犷、声音抒情的人,则注意胸腔共鸣的训练,使声音气息位置放低些,同时要求在日常生活中注意改变自己的发声习惯,达到声型统一。

(2)声音造型。戏剧演员有生、旦、净、丑的行当之分。一个优秀的演员,不仅能演本色的与自己外形统一的角色,还必须能通过化妆改变外形,创造完全不同的角色,而朗读则可以通过改变姿态,通过声音造型改变声音,以塑造各种不同阶层、不同性格、不同年龄的人物形象。

声音造型也有两种:一种是较为稳定的,根据特定的朗诵情景需要或人物需要改变自己的音调、音色,在整个朗诵过程中始终保持一种声音的基调。另一种则根据朗读的需要,进行一些特殊的、短暂的声音造型,如怪声、白声、喉音、沙哑声、尖细声、呼喊声、哭笑声等,这种造型属于运用特殊的技巧手段,不能作为日常生活基本的发声法来训练。运用这种特殊的技巧一定要在有了正确的发声方法和稳定的发声基础然后进行,否则任意乱挤、乱压,会影响声带,甚至破坏原有的发声方法。对前一种较为稳定的声音造型,最好是根据朗读作品的需要,在练习时定下声音的基调。在进行这种定调改变共鸣发声位置时,一定要以原来的声音为起点,不要追求难以达到的高难度目标。平时有意进行各种位置的声音模仿和声音的可塑性训练,在熟练而稳固的发声基础上,力求达到优美的共鸣、清晰的吐字、激烈跌宕的情感变化、准确的人物与性格塑造完美结合。

诚然,这三个阶段是相互联系、相互渗透、相辅相成的。通过这样三个阶段各有重点又互有关联的练习,一方面可以避免纯理论的"纸上谈兵",单纯追求声音的洪亮,或者声音和情感塑造脱节;另一方面也可以避免只追求自然声音的流露,完成朗读语言发声的特殊需求。

四、气息练习

不管是戏剧表演中的喜、怒、哀、乐,还是舞蹈中的柔、软、刚、毅,还是朗读中声音的高、低、强、弱都要学会气息的运用和控制。在朗读训练时,气息练习主要可以通过以下方式进行。

（一）放松练习

1. 准备动作

闭目十分钟，调整气息，内养气功，要求头部、颈部、两肩、上胸、手臂、手腕、手指、腿部都处于放松状态，气沉丹田，两脚站稳，集中注意力。

2. 头部

做极小的头部转动动作，节奏要慢一些，头向左向右转动各2个四拍，上下摆动2个四拍，然后360°左右转动4个八拍。

3. 两肩

轻柔地举起两肩约半英寸高，然后下降，下降时两肩的位置比平时更低一些，再回原状，重复做4个四拍，两肩前后动4个四拍。

4. 腰部

左右侧弯腰各2个四拍，360°左右转动6个八拍。

5. 下蹲

两脚稍分开，半下蹲，弯曲膝关节4个两拍。

6. 全身

波浪形弯曲动作6个八拍。两手插腰，用力向上，脚尖绷直向下，小跳10下。

（二）呼吸练习

呼吸器官包括：口、鼻、咽、喉、气管、支气管和肺。口、鼻、咽、喉、气管、支气管是空气的通道，肺是气体交换场所，呼吸时主要运用肋间肌和膈肌（俗称横膈膜）。深呼吸时，需要腹肌协助。

呼吸不仅是发声的动力，更是"说"与"唱"艺术的表现手段。说话时根据人物的特征和情节变化，需要变化呼吸的节奏；歌唱时根据音乐的高、低、强、弱变化，消耗气息能量。因此，无论是说与唱，重视呼吸的运用是必要的。呼气时要保持横膈膜和肋间肌一定的紧张度，使气息根据"说"与"唱"声音的需要，有控制地收缩与放松。

1. 慢吸慢呼

人站直，两脚稍分开一些，与肩同宽，两手放松下垂，似闻花的感觉，用鼻子慢慢吸气，同时把两手臂平行抬起，扩张两肋，然后再慢慢呼出气，同时手臂随着呼气渐渐放下，两肋自然地收缩，身体保持积极和适度松弛的状态。

2. 慢吸快呼

在慢慢吸进气后，快速把气呼出，动作要领是：两手随着吸气平举过头顶，感觉一口气灌满全身以后快速弯腰头向地板，人体放松，快速呼出这口气。注意吸气时要均匀平稳，呼气时小腹要积极工作。

3. 快吸慢呼

快吸气需要两肋积极、快速张开后控制住气息，吸气时两手叉腰，单脚抬起离开地面一点，不要太高，另一只脚需站稳，控制好平衡，然后慢慢呼完这口气，脚也同时放下着地，两脚可以轮流交换控制。呼气时嘴唇稍张，用轻微"S"来带出，用秒表计时一口气为45秒以上者合格，达60秒为良好。

4. 快吸快呼

快呼快吸要求两肋收放的速度短促，用带有响声的呼吸带动小腹弹跳，类似于喘息，干脆、有力、有弹性，每秒钟呼吸一次，不要张嘴，头部随着节奏上下左右转动，颈部放松，快速地做呼和吸。注意吸气时放松，呼气时自然，每分钟60次合格，每分钟72次为好。

正确的呼吸方法是胸腹式联合呼吸法，也就是要求整体呼吸。

检查方法：可以平躺在地板上，脊背要求拉宽放松，挺直拉平，把一个手放在胸膛上，另一个手放在腹部上。在慢吸气时，感觉到腹部上的手先鼓起来，然后放在胸膛上的手才鼓起。注意不能把两个动作分割开来，似乎是前后均匀而连续不断地起伏。胸部和腹部的扩张不能紧张，使之整个体腔（胸腔、横膈膜、腹腔）感到微微膨胀即可。

5. 小练习

做准备搬重物时的动作，首先稍微下蹲一点，两脚站稳，做搬起动作时，先吸口气，这口气强调不能喘气，是最小的吸气动作，使气息全身灌满，感觉手指到脚尖都有气。这时两肋随着吸气张开，不仅后腰用力，小腹也不能松弛，脚用力踩地，用上劲时气息的发力有两股走向，一股向下走，一股向上走，这时横膈膜处肌肉群发起一股对抗的力量。让气息保持在横膈膜的正确部位，体会在准备搬起重物的一瞬间两肋保持的力量。

挑担、吹纸片、吹蜡烛都可以作为练习的手段，来感受气息的运动。

（三）口腔练习

1. 打开牙关节

站立，抬头，稍向前倾，下巴要完全放松，稍往里收，大拇指放在下颌上，然后吸气时上腭往上抬，要求小舌头和软腭要同时抬起，形成口腔空间，舌头放松，不要有拱起的现象，头与颈部轻轻地紧缩，连续做10次，从张嘴到闭口节奏慢一些，防止舌根紧张。

2. 弹舌

定一个音或者找一个字，拖长音后再往下滑，让气流冲击舌头使之振动，类似俄文R。舌面要放松，舌根不能紧张，气息不能太多或太少，要掌握气息与振动舌面的平衡感，根据音的高低、长短灵活运用气息。

3. 吹唇

闭嘴，要求唇部放松，让气息冲击唇部，使其振动，类似小孩儿玩嘴唇，喷得唾沫横飞，同时发出声音由高到低或由低到高随意延长。练习气息的控制和嘴唇、舌根的放松。在吹不动嘴唇的情况下，可以用大拇指和食指把脸颊往上托一把，练习即可完成。

五、发音练习

（一）长气口练习

（1）出东门，过大桥，大桥底下一树枣，拿着杆子去打枣儿，青的多，红的少，一个枣儿、两个枣儿、三个枣儿……十个枣儿；十个枣儿、九个枣儿……一个枣儿，这是一个绕口令，一口气儿说完才算好。

（2）冬瓜冬瓜，两头开花，一口气儿数了二十四个冬瓜。一个冬瓜、两个冬瓜、三个冬瓜……

（3）一只蛤蟆一张嘴，两只眼睛四条腿，得蹦儿得蹦儿跳下水；两只蛤蟆两张嘴，四只眼睛八条腿，得蹦儿得蹦儿跳下水；三只蛤蟆三张嘴，六只眼睛十二条腿，得蹦儿得蹦儿跳下水；四只蛤蟆四张嘴，八只眼睛十六条腿，得蹦儿得蹦儿跳下水……

(4) 一，一个一；一二，二一，一，一个一；一二三，三二一，二一，一，一个一；一二三四，四三二一，三二一，二一，一，一个一；一二三四五，五四三二一，四三二一，三二一，二一，一，一个一；一二三四五六，六五四三二一，五四三二一，四三二一，三二一，二一，一，一个一；一二三四五六七，七六五四三二一，六五四三二一，五四三二一，四三二一，三二一，二一，一，一个一；数了半天一棵树，一棵树上七个枝，七个枝上七样果，苹果、桃儿、葡萄、柿子、李子、栗子、梨。

(二) 抒情散文练习

1. 驼铃

又大又重的响铃，挂在高大的骆驼的长颈上，一摇一摆地发着响声……

这是来自沙漠的声音。它带着沙漠的热风、旅途的饥渴和跋涉的疲惫，从塞外，从高原带来对我的问候。

又大又重的响铃呵，你的响声沉重但却清脆，你的响声缓慢但却坚韧。我们在漫长的岁月里相识，又在艰苦的战斗中结成了难忘的友谊。你的声音，曾经在睡梦中把我惊醒，使我重新投入战斗；你的声音，也曾经在无穷的跋涉中，不倦地陪伴我思索生活，寻找前进的道路……

2. 海涅的幽默（1）

有一天，诗人海涅正在伏案写作，突然邮差送来一个欠资邮包。海涅打开一层层的包裹物，最后拿出了一张小纸条，上面只有一句话："亲爱的海涅，我健康而快活，衷心地致以问候。你的梅厄。"

几天以后，梅厄先生也收到海涅的一个欠资邮包，那邮包很重。梅厄雇一个脚夫帮他扛到家，打开一看，竟是一块石头，还有一张便条，上面写道："亲爱的梅厄，看了你的信，我心里这块石头才落地，我把它寄给你，以纪念我对你的爱。"

3. 海涅的幽默（2）

海涅因为是犹太人，所以经常受到各种非礼。

在一次宴会上，有一个"很有教养"的旅行家，对海涅讲述他在环球旅行中发现的一个小岛。他说："你猜猜看，在这个小岛上，有什么现象最使我感到惊奇？"紧接着又以嘲笑的口吻说道："在这个小岛上竟没有犹太人和驴子！"

海涅白了他一眼，回敬道："如果真是这样，那只要我和你一块到小岛上去，就可以弥补这个缺陷了！"

4. 海上浮标灯

海上的浮标灯，很谦逊地站在最远方，迎接每一个凶险的风浪；海上的浮标灯，永远沉默地埋头工作，永远不停地指示方向。天色愈黑，浮标灯的灯光愈亮，要是谁能像浮标灯一样，那么他将有一颗不灭的心脏……

5. 故乡

不论走到什么地方，人总是爱他的故乡的，尽管他乡的水更甜、山更青、少女更多情，他乡的花草湖光更温柔；但是人仍然是爱他的故乡，爱他粗朴的茶饭更好吃，爱他的乡音更入耳，爱他淳朴的丝弦更迷人！

第二节 朗读艺术创造的内部技巧

一、朗读的要求

朗读，是把文字作品转化为有声语言的创作活动。朗读的过程是朗读者驾驭语言的过程，是有声的语言艺术化，是一种富有创造性的读书活动。在朗读过程中，朗读者要在理解作品的基础上用自己的语音塑造形象，反映生活，阐述道理，再现作者的思想感情，能用声音把文字作品的内容准确、鲜明、生动地表达出来，给人教育、启迪及美感享受，而不是机械地照本宣读。外部技巧的练习，可以让朗读者准确地运用普通话语音，做到吐字清晰，发音正确。在日常朗读活动中，决定朗读者朗读水平高低、朗读效果优劣的因素是多方面的。下面从四个方面谈谈朗读艺术创造内部技巧的基本要求。

（一）用普通话朗读

朗读者通过声音来传递自己对作品的理解，它不仅要求朗读者忠于作品原貌，不添字、漏字、改字外，还要求朗读时声母、韵母、声调准确，轻声、儿化、音变以及语句的表达方式等方面都符合普通话语音的规范。朗读一篇作品，要做到读音准确，吐字清晰，声音圆润。要使自己的朗读符合普通话的语音规范，需要注意以下几方面的问题。

1. 找出普通话与自己的方言在语音上的差异

在学习普通话的过程中，需要注意找出自己的方言与普通话语音中声韵调的差异，从而总结出规律来。这种规律有大有小，规律之中往往又包含一些例外，这些都要靠自己去总结。例如，很多南方人将"师资"shīzī读成sīzī，可以看出是zh、ch、sh与z、c、s不分，这就需要针对问题进行纠正训练，反复练习，强化记忆，提高普通话的语音纯度。

2. 读准多音字的字音

汉语中有不少多音多意字。一字多音是容易产生误读的重要原因之一，所以必须十分注意，要根据字意来决定读音。例如，"强"字在"强大"中读qiáng，在"勉强"中读qiǎng，在"倔强"中读jiàng。多音字可以从两个方面去注意学习。第一类是意义不相同的多音字，要着重弄清它的各个不同意义，从各个不同的意义去记住它的不同的读音。第二类是意义相同的多音字，要着重弄清它的不同的使用场合。这类多音字大多数情况是一个音使用场合多，一个音使用场合少，只要记住使用少的就行。

3. 读准形近字的字音

注意由字形相近或由偏旁类推引起的误读。例如，将"妊娠"的"娠"shēn读成chén，将"畸形"的"畸"jī读成qí，将"反诘"的"诘"jié读成jí。

4. 读准音变字的字音

普通话的每一个字单念时都有各自的读音，但是当连成一个词语或是一句话时，几个音自然要互相影响、互相适应，以至在发音上产生语流音变。普通话的音变现象很多，在朗读时需要找准音变的字，如上声和"一""不"的变调以及语气词"啊"的音变，轻声、儿化等。

5. 注意异读词的读音

普通话词汇中有一部分词，意义相同或基本相同，但在习惯上有两个或几个不同的读法，这些被称为"异读词"。1985年，国家公布了《普通话异读词审音表》，对于异读词，一律以审音表为准。例如，"和"字有多种义项和读音，而此表仅列出原有异读的八条词语，分列于 hè 和 huo 两种读音之下。此表把词语中只有一个统一读法的字后注明了"统读"，在字后不注"统读"的，表示是有异读的词语，按照《普通话异读词审音表》来读。

（二）深入理解作品

深入理解作品的思想内容是成功朗读的重要前提条件。在朗读中首先要熟悉作品，要在反复朗读中把握主题思想，不单要知道主题思想是什么，还要知道作者为什么这样写，作者的思想感情是什么样的，作品的层次结构怎样分析？人物形象有何特点？景物描写、语言表达有何特色？等等。其次，只有深入理解作品，吃透作品的内涵，才能在朗读中通过声音对作品进行诠释，把文章内在的思想感情通过声音忠实地表达出来。也只有深切地理解作品，才能和作品中的思想感情产生共鸣，感同身受，这样朗读者也就才能创造性地运用各种朗读技巧，"以情带声、以声传情"和听众一起同喜同悲了。

不同内容的作品，朗读有很大的区别。例如，许地山的《落花生》通过一家人对花生好处的谈论，揭示了花生不图虚名、默默奉献的品格，阐明了人要做有用的人，不要做只讲体面而对别人没有好处的人，表达了作者扎扎实实做人的思想感情。朱自清的《绿》通过作者对梅雨潭生机勃勃、绿意盎然的描绘，抒发了作者热爱自然、热爱生活的激情。这两篇作品的内容、题材、表达方式各不相同，朗读时处理的方式也各不相同，表达效果也截然不同。

（三）找准作品的基调

在深入理解作品、感受作品思想感情的基础上，可以确定作品的朗读基调。作品的基调是指作品的基本情调，即作品的总的态度感情，总的色彩和分量。任何一篇作品，都会有一个统一完整的基调。朗读的基调来自作品的基调，因此，朗读作品必须把握住作品的基调。由于作品的基调是一个整体概念，是层次、段落、语句中具体思想感情的综合表露，要把握好基调，必须深入研究分析、理解作品的思想内容，需要从作品的体裁、主题、结构、语言，以及作品的风格等方面入手分析。作品的基调定了，朗读的基调就能够找准确了。

《落花生》和《绿》的风格不同，朗读的基调自然就不同，前者淳朴自然、清淡素雅，后者激情洋溢、积极向上。

每篇文章的朗读基调应该是统一和谐的，并不是说每篇作品都是用一种情绪、一种腔调来表现，而是说基调要在大致统一的情况下，根据作品具体内容的变化，语言表达也要相应地变化。

（四）掌握正确的朗读方式

掌握正确的朗读方式是成功朗读的必要条件。朗读者通过抑扬顿挫的声音，能给听众以美感的享受。朗读时单纯的念字式或念经式，是不可取的，因为这样就听不出语意之间的内在联系，没有停顿、重音，没有感情和声音上的变化。另外，朗读不同于朗诵，朗读更具平易性，朗诵更重艺术性、感染性。在朗读中不必扮演某个角色，朗读者只要通过自己的声音传达出自己的观点、思想、感情，表明自己对作品中的人与事的态度就行了。朗读者的任务是强调他们说了些什么，不是再现人物怎样说的，不需要在作品中挖掘思想感情。

二、朗读的技巧

朗读是借助语言形式生动、形象地表达作品的思想内容的言语活动，是一个创造性的艺术，要在重视原作的基础上，融入自己的思想感情，运用各种技巧进行语言艺术的再加工。朗读一篇作品，首先需要通过分析、揣摩作品的内容，抓住文章的中心思想，确定朗读基调，恰当选择朗读技巧，才能使内容和表达形式和谐统一。朗读训练必须做到正确、流利、有感情这一基本要求。要想让内容表达得更充分，需要借助语言技巧来提高表现力。

为了便于大家学习朗读的技巧，本章中使用下列符号，可供参考：

∥表示停顿；

▲表示比标点符号停顿的时间更长；

⌒用于有标点符号的地方的连音号，表示缩短停顿的时间，或者不停顿，连起来读，不换气；

．表示重音；

→表示平调；

↗表示升调；

W 表示曲折调；

↘表示降调。

朗读的技巧包括很多的内容，这里从停顿、重音、语调、语速四方面来探讨。

（一）停顿

停顿就是句子当中、句子之间、层次和段落之间的间歇，它是语言节奏的一种表现。它体现为一种声音的间歇，这种间歇是分中有连、断中有续，是思想活动更为积极的时刻。朗读中的停顿不只是生理上的需要，也可用来表情达意，使听话的人更能领略说话者或朗读者的意思。在传情达意的朗读中，正确停顿可以使朗读曲折有致，给人以跌宕起伏的美感享受；不正确的停顿，会改变内容的意思，甚至会使词、句变得难以理解，出现读破句、读破词的现象。

停顿有语法停顿、强调停顿、心理停顿之分。停顿符号用∥表示，连读符号用⌒表示。

1. 语法停顿

语法停顿是指文章中标点符号和自然段落间的间歇停顿。标点符号是书面语言的停顿符号，也是朗读作品时语言停顿的重要依据。标点符号的停顿规律一般是：句号、问号、感叹号、省略号停顿略长于分号、破折号、连接号；分号、破折号、连接号的停顿时间又长于逗号、冒号；逗号、冒号的停顿时间又长于顿号、间隔号。另外，在作品上的段落之间，停顿的时间要比一般的句号时间长些。以上停顿，也不是绝对的。要根据语言表达的实际需要来确定停顿的时间长短。例如：

那是力争上游的一种树，∥笔直的干，∥笔直的枝。∥它的干呢，∥通常是丈把高，∥像是加以人工似的，∥一丈以内，∥绝无旁枝；∥它所有的桠枝呢，∥一律向上，∥而且紧紧靠拢，∥也像是加以人工似的，∥成为一束，∥绝无横斜逸出；∥它的宽大的叶子也是片片向上，∥几乎没有斜生的，∥更不用说倒垂了；∥它的皮，∥光滑而有银色的晕圈，∥微微泛出淡青色。∥

（节选自茅盾《白杨礼赞》普通话测试作品1号）

2. 强调停顿

有时为表达感情的需要，在没有标点的地方也可以停顿，在有标点的地方也可以不停顿，用连接符号⌒来表示。例如：

我在俄国∥见到的景物∥再没有比托尔斯泰墓∥更宏伟、⌒更感人的。

完全按照∥托尔斯泰的愿望，∥他的坟墓∥成了世间最美的，⌒给人印象最深刻的∥坟墓。∥它只是树林中的∥一个小小的长方形土丘，∥上面开满鲜花——∥没有十字架，⌒没有墓碑，⌒没有墓志铭，∥连托尔斯泰∥这个名字也没有。∥

（节选自［奥］茨威格《世间最美的坟墓》普通话测试作品 35 号）

上面的句子，在句子中间没有标点的地方停顿，叫做"强调停顿"。

强调停顿是为了突出某一事务，显示某一语意而作出的间歇。为此，有时要打破标点的限制，在无标点处停顿。学习强调停顿有助于朗读中正确地停顿、断句，从而更好更正确地表达作品的思想内容。例如：

当你∥在积雪初融的高原上∥走过，∥看见平坦的大地上∥傲然挺立∥这么一株或一排白杨树，∥难道∥你就只觉得∥树∥只是树，∥难道你就不想到∥它的朴质，⌒严肃，⌒坚强不屈，∥至少∥也象征了∥北方的农民；∥难道∥你竟一点儿也不联想到，∥在敌后的广大土∥地上，∥到处有坚强不屈，∥就像这∥白杨树一样∥傲然挺立的∥守卫他们家乡的∥哨兵！∥难道∥你又不更远一点想到∥这样枝枝叶叶∥靠紧团结，⌒力求上进的∥白杨树，∥宛然象征了∥今天∥在华北平原∥纵横决荡用血写出∥新中国历史的∥那种精神和意志。∥

（节选自茅盾《白杨礼赞》普通话测试作品 1 号）

强调停顿需要不断揣摩作品，在深入理解作品的基础上加以处理。

3. 心理停顿

心理停顿又称感情停顿，不受书面标点和句子语法关系的制约，完全是根据感情或心理的需要而作的停顿处理，它受感情支配，根据感情的需要决定停与不停。语法停顿和强调停顿的时间都较短，最长也只有几秒钟，而心理停顿，可短亦可长，短则几秒，长则几十秒，甚至几分钟，由表达者根据所表达的内容或情感的需要，自行设计和掌握，运用得好，可以产生很强的艺术效果。它的特点是声断而情不断，也就是声断情连，一般用"▲"表示，意思是标点符号停顿的时间要长。

例如，《纪念刘和珍》中的一段话：

始终微笑的和蔼的刘和珍君却是∥死掉了，这是真的，有她自己的尸骸为证；沉勇而友爱的杨德群君也死掉了，有她自己的尸骸为证；只有一样沉勇而友爱的张静淑君还在医院里∥呻吟。当三个女子从容地辗转于文明人所发明的枪弹的攒射中的时候，这是怎样的一个惊心动魄的伟大呵！中国军人的屠戮妇婴的伟绩，八国联军的惩创学生的武功，不幸全被这几缕血痕抹杀了。

但是中外的杀人者却居然昂起头来，不知道个个脸上有着血污……▲

在这段话中为了表达出作者对死难烈士的不幸结局而不愿意说出的感情，在"死掉了"和"呻吟"前可以做适当的心理停顿，在最后的"血污"之后要做一个较长的心理停顿，表示作者欲说又止，愤怒到极点的心情。

（二）重音

重音是指朗读时，句子里需要强调或突出的词或词语加以重读的技巧。重音是通过声音的强调来突出意义的，能给色彩鲜明、形象生动的词增加分量。重音用"．"来表示。朗读时使用重音要注意，重音绝不是"加重声音"。重音可以分为语法重音、强调重音。

1. 语法重音

语法重音也叫结构重音，重音所在是由语法结构决定的。这些重读的音节大都是按照平时的语言规律确定的。一般说，语法重音不带特别强调的色彩。

（1）简单的主谓句中，谓语重读。

① 全世界无产者，联合起来！

② 春天到了，可是我什么也看不见！（作品53号）

③ 我们知道。（作品13号）

（2）谓语动词带宾语，宾语重读。

① 小鸟张开了翅膀。（作品22号）

② 我爱教书。（作品44号）

③ 我爱月夜，但我也爱星天。（作品8号）

（3）如果动词、形容词后边有补语，补语重读。

① 他很快从跌倒中爬起来了。

② 球鞋洗干净了。

③ 时间过得那么飞快。（作品14号）

（4）定语、状语等修饰成分要重读。

① 艺术家们的青春只会献给尊敬他们的人。（作品22号）

② 一个大问题一直盘踞在我的脑袋里。（作品11号）

③ 站在历史的枝头微笑，可以减免许多烦恼。（作品55号）

（5）如果句中有疑问代词、指示代词、人称代词，常常重读。

①"谁能把花生的好处说出来？"（作品26号）

② 可爱的，我将什么来比拟你呢？（作品25号）

③ 我送你一个名字，我从此叫你"女儿绿"，好吗？（作品25号）

（6）偏正复句中的关联词语，特别是转入正意的关联词语。

① 因为原来不够，但现在凑够了。（作品26号）

② 如果真是这样的话，那么我一定会挣到许多钱，有朝一日我也会成为富人……（作品20号）

③ 不管我的梦想能否成为事实，说出来总是好玩的：（作品58号）

在一句话里如果语法成分很多，在确定重音时往往先把定语、状语、补语连带成分处理为重音。

2. 强调重音

强调重音是为了突出句中的某个词语或表达某种感情而特意重读的。强调重音不受语法制约，它是根据作者表达的感情和语句所要表达的重点决定的。强调重音的作用在于揭示语言的内在含义。由于表达目的的不同，强调重音就会落在不同的词语上，所揭示的含义就不相同，表达的效果也不一样。例如，"我喜欢听流行歌曲"这句话，重音不同，表达的意思不同。

（1）我喜欢听流行歌曲。（强调"我"喜欢……）
（2）我喜欢听流行歌曲。（谁说我"不喜欢"？）
（3）我喜欢听流行歌曲。（不喜欢"看"或"唱"）
（4）我喜欢听流行歌曲。（不是"流行歌曲"不喜欢听）

以上四处重音，四个作用，朗读时要根据上下文的语言环境，选择最恰当的一种。

运用强调重音可以使朗读的色彩更加丰富、充满生气、富有感染力。

（5）雪纷纷扬扬，下得很大。（作品5号）
（6）其实，友情也好，爱情也好，久而久之都会转化为亲情。（作品32号）
（7）说也奇怪，和新朋友会谈文学、谈哲学、谈人生道理等等，和老朋友却只话家常，柴米油盐，细细碎碎，种种琐事。很多时候，心灵的契合已经不需要太多的言语来表达。（作品32号）
（8）这个话有充分的科学根据，并不是一句迷信的成语。（作品5号）
（9）这使我们都很惊奇！这又怪又丑的石头，原来是天上的啊！（作品3号）

3. 重音的表达方式

读重音的方法，不是要特意突出什么，也不是要大声重重地读。重音也应是自然的，和前后语句的音调一致的。重音的表达方式一般采用以下方式。

（1）加强音量。
① 生活对于任何人都非易事，我们必须有坚韧不拔的精神。（作品43号）
② 最妙的是下点儿小雪呀。（作品17号）
（2）拖长音节。
① 然而，火光啊……毕竟……毕竟就在前头！……（作品16号）
② 那醉人的绿呀！（作品25号）
（3）重音轻念。
① 依然是这么近，又依然是那么远。（作品16号）
② 她笑眯眯的，和我一起走过月台。（作品52号）
（4）一字一顿。
① 而且，教书还给我金钱和权利之外的东西，那就是爱心。（作品44号）
② 一寸光阴一寸金，寸金难买寸光阴。（作品14号）

以上四种表达方式，在朗读中常常交错使用，朗读者需要在理解作品思想感情的基础上，根据语意恰如其分地使用它们。

此外，重音和非重音是相对存在的，一篇文章中重音的多少，也并非固定不变。在确定重音时一般以少为宜，重音多了，反而会使轻重音的界限不明显，影响主题的表达。

（三）语调

语调又称句调。是指朗读语句时声音高低升降的变化。语调与音高、音强、音长、音色都有关系，其中以句子结尾的升降变化最为重要，一般是和句子的语气紧密结合的。语调是感情的产物，不同的语调表达不同的语气，语气是感情的外在表现，有什么样的思想感情就该有什么样的语调来表现。在朗读时，要注意语调的升降变化，"朗读是以声音打动听众的"，要使朗读的作品听起来悦耳、富有音乐

美，能够细致地表达不同的思想感情。常用的语调主要有四种：平调、升调、降调、曲调。

1. 平调（用"→"来表示）

平调又叫平直调。句子语势平直舒缓，没有显著的高低升降变化。一般多用在叙述、说明或表示庄重、悲痛、思索、冷淡、追忆、悼念等思想感情的句子里。

（1）很久以前，在一个漆黑的秋天的夜晚，我泛舟在西伯利亚一条阴森森的河上。船到一个转弯处，只见前面黑魆魆的山峰下面一星火光蓦地一闪。（用→叙述一个场景）（作品16号）

（2）台湾岛形状狭长，从东到西，最宽处只有一百四十多公里；由南至北，最长的地方约有三百九十多公里。地形像一个纺织用的梭子。（用→说明一个事实）（作品56号）

（3）无论你在夏天或冬天经过这儿，你都想象不到，这个小小的、隆起的长方体里安放着一位当代最伟大的人物。（用→表示悼念）（作品35号）

2. 升调（用"↗"来表示）

升调又叫高升调。句子语势先低后高，句末语气上扬。一般多用在疑问句、反诘句、短促的命令句，或者是表示愤怒、紧张、警告、号召、激励的句子里。

（1）难道你就只觉得树只是树，（用↗表示反诘）难道你就不想到它的朴质，严肃，坚强不屈，至少也象征了北方的农民……（用↗表示反诘）（作品1号）

（2）"请耐心等上几分钟，"（用↗表示祈使）（作品28号）

（3）你是出来散步的吧？（用↗表示疑问）（作品28号）

3. 降调（用"↘"来表示）

降调又叫降抑调。句子的语势逐渐由高降低，末字音节读得低而短。一般用在感叹句、祈使句或表示坚决、自信、赞扬、祝愿等感情的句子里，表达沉痛、悲愤的感情，一般也用这种语调。根据语气的不同可用半降调或全降调。

（1）"好啦，谢天谢地！"（用"↘"表示感叹）我高兴地说，"马上就到过夜的地方啦！"（用"↘"表示感叹）（作品16号）

（2）你是一根晃悠悠的扁担，挑起了彩色的明天！（用"↘"表示赞扬）（作品18号）

（3）读小学的时候，我的外祖母去世了。外祖母生前最疼爱我，我无法排除自己的忧伤，每天在学校的操场上一圈儿又一圈儿地跑着，跑得累倒在地上，扑在草坪上痛哭。（用"↘"表示沉痛）（作品14号）

4. 曲调（用"W"来表示）

曲调又叫曲折调。句子的语调有高低曲折的变化。朗读时由高而低后又高，把句子中某些特殊的音节特别加重加高或拖长，形成一种升降曲折的变化。一般用于讽刺、讥笑、夸张、强调、双关、特别惊讶、复杂感情的句子里。根据不同的需要出现在句子不同的位上。

（1）犯得着在大人都无须上班的时候让孩子去学校吗？（↗）小学的老师（→）也太倒霉了吧？（W表示怀疑）（作品23号）

（2）"陶……陶校长你打我两下吧！（↗）我砸的不是坏人，（W）而是自己的同学啊……"（W表示忏悔）（作品39号）

（3）这使我们都很惊奇！（↗）这又怪又丑的石头，（W）原来是天上的啊！（W表示惊讶）（作品3号）

语调是为表达作品的感情服务的，具体运用哪一种语调，由作品的内容来决定。同一句话，不同的语调就会表达不同的语意。例如：

{ 你可真积极呀！（↘肯定、赞扬）
{ 你可真积极呀！（W 讽刺、挖苦）

{ 他是个好人！（↘肯定、赞扬）
{ 他是个好人？（W 反语）
{ 他是个好人？（↗疑问）

在朗读中要根据作品的内容和思想感情酌情确定运用哪种语调，这需要不断练习才能掌握。

（四）语速

语速，又称快慢或节奏，是指说话或朗读时的速度。朗读的速度不应是任意的，它应与作品的思想内容相适应，不同的内容决定朗读的速度。语速的具体形式主要有三种，即快速、中速、慢速。一般来讲，诗词，特别是古典诗词要读得慢一些。诗词的语言精练，感情丰富，思想深刻，慢速朗读才能给人体味的余地。景物描写特别是静态的景物描写，也要把速度放慢些，以便让听者对景物的特征和细微的变化有清晰的印象。作品中记叙、说明、人物对话，情调低沉的语言宜用慢读，快速的动作、急剧变化发展的场面宜用快读；紧张、焦急、慌乱、热烈、欢畅的心情宜用快读，沉重、悲痛、缅怀、悼念、失望的心情宜用慢读；辩论、争吵、急呼，宜用快读，闲谈、絮语，宜用慢读。

朗读作品，都不能自始至终采用一成不变的速度。随着内容情节的变化，语速也会相应发生变化。朗读者要根据作者思想感情的发展变化随时调整自己的朗读速度。

作品 27 号

我打猎归来，沿着花园的林荫路走着。狗跑在我前边。（叙述故事、慢读）

突然，狗放慢脚步，蹑足潜行，好像嗅到了前边有什么野物。（发现问题、稍快）

我顺着林荫路望去，看见了一只嘴边还带黄色、头上生着柔毛的小麻雀。风猛烈地吹打着林荫路上的白桦树，麻雀从巢里跌落下来，呆呆地伏在地上，孤立无援地张开两只羽毛还未丰满的小翅膀。（叙述情景、慢读）

我的狗慢慢向它靠近。忽然，从附近一棵树上飞下一只黑胸脯的老麻雀，像一颗石子似的落到狗的跟前。老麻雀全身倒竖着羽毛，惊恐万状，发出绝望、凄惨的叫声，接着向露出牙齿、大张着的狗嘴扑去。（气氛紧张、快读）

老麻雀是猛扑下来救护幼雀的。它用身体掩护着自己的幼儿……但它整个小小的身体因恐怖而战栗着，它小小的声音也变得粗暴嘶哑，它在牺牲自己！（事态发展、加快）

在它看来，狗该是多么庞大的怪物啊！然而，它还是不能站在自己高高的、安全的树枝上……一种比它的理智更强烈的力量，使它从那儿扑下身来。（紧张激烈、更快）

我的狗站住了，向后退了退……看来，它也感到了这种力量。（震惊、慢读）

我赶紧唤住惊慌失措的狗，然后怀着崇敬的心情，走开了。（故事结局、慢读）

是啊，请不要见笑。我崇敬那只小小的、英勇的鸟儿，我崇敬它那种爱的冲动和力量。（赞扬、中速）爱，我想，比死和死的恐惧更强大。只有依靠它，依靠这种爱，生命才能维持下去，发展下去。（深思、慢读）

（作品 27 号节选自［俄］屠格涅夫《麻雀》，巴金译）

第三节 不同文体的朗读

朗读的基本技巧适用于各种文体的朗读，都应该按照第一节中"朗读的要求"来进行朗读。在朗读前要认真研究作品的内容，把握作者的思想感情，找准作品的基调，掌握正确的朗读方式，朗读时用普通话来朗读，才能做到吐字清晰、声韵调发音标准，停连恰当、重音准确，语调、语气地把握恰如其分。任何文体的朗读只有遵循这些朗读的基本要求，才能使朗读的作品声情并茂，扣人心弦。但是，不同的文体又有自己不同的特点，朗读的要求也各不相同。针对散文与议论文的特点，下面谈谈具体的要求。

一、散文朗读

散文是一种内容丰富、题材广泛、篇幅短小、形式灵活、文情并茂的文体。散文常常以富有魅力的笔调抒写作者的真知灼见，表达作者的豁达深刻思想；散文的表达方式灵活自如，不局限于某一种表达方法，能给听众带来清晰、真切的感受，带来美的精神享受。散文朗读就要抓住散文这些特点，以情运声，以声传情，体现出节奏感，读得生动形象、流畅自然。

荷塘月色（节选）
朱自清

曲曲折折的荷塘上面，弥望的是田田的叶子。叶子出水很高，像亭亭的//舞女的裙。层层的叶子中间，零星地点缀着些白花，有袅娜地开着的，有羞涩地打着朵儿的；W正如一粒粒的明珠，又如碧天里的星星，又如刚出浴的美人。微风过处，送来缕缕清香，仿佛远处高楼上//渺茫的歌声似的。这时候叶子与花也有一丝的颤动，像闪电般，霎时传过荷塘的那边去了。叶子本是肩并肩密密地挨着，这便宛然有了一道凝碧的波痕。叶子底下是脉脉的流水，遮住了，不能//见一些颜色；而叶子却更见风致了。

月光如流水一般，静静地泻在//这一片叶子和花上。薄薄的青雾浮起在荷塘里。叶子和花仿佛在牛乳中洗过一样；又像笼着轻纱的梦。虽然是满月，天上却有一层淡淡的云，W所以不能朗照；但我以为这恰是到了好处——//酣眠固不可少，小睡也别有风味的。→月光是隔了树照过来的，高处丛生的灌木，落下参差的斑驳的黑影，峭楞楞如鬼一般；弯弯的杨柳的稀疏的倩影，却又像是画在荷叶上。塘中的月色//并不均匀；W但光与影有着和谐的旋律，如梵婀玲上奏着的名曲。

在这两段中，景物描绘的是月下荷塘图和荷塘上的月色图。作家先鸟瞰月下曲曲折折的荷塘全景，给人以总的印象，然后有层次地从上到下写来，田田的荷叶，美如舞女的裙；荷花零星点缀，姿态万千，如星星熠熠，似明珠乳白；微风送清香，叶动花颤，流水脉脉含情。在这幅画里，作家不满足于对客观景象作静止的摹写，而动静结合，形象地传达出荷塘富有生机的风姿。接着着力写月光之美，作家借助于景物，创造出一种令人陶醉的意境。那流水一般的月光，倾泻在花和叶上，如"薄薄的青雾"又像"笼着轻纱的梦"既有实写，也有虚写，虚中见实，贴切地表现了朦胧月色下荷花飘忽的姿态。为强化月光效果，作家着力摹写月的投影，如有"参差斑驳"丛生灌木的"黑影"，也有"弯弯的杨柳的稀疏的倩影"，而这些"影"又像是"画在荷叶上"，这里光影交错，岸边的树、塘中的荷连结，着意写月色，但处处不忘荷塘，满塘光与影的和谐的旋律，细腻地展现了荷塘月色的美。在朗读时，要细细体味作家陶醉于荷塘月色中的情感，用有声的语言，读出一幅幅美不胜收的荷塘月色图，准确地通过形象生动的动词、叠词、叠句、新鲜的比喻来渲染景物描写，体现作品的节奏明朗、韵律协调的音乐美。

二、议论文朗读

议论文是指那些用来讲明道理、阐明观点的文章，主要有短论、杂文、文艺评论、学术论文等。议论文展开议论是以说服读者为目的的。它无论对什么问题、什么事物展开议论，无论在议论中表达什么见解，提出什么主张，讲述什么道理，或者反驳他人的什么观点，都是为了说服读者，令读者信服。在朗读的过程中朗读者就要旗帜鲜明地表达出自己的观点来，理清作者论述的思路，按照议论文的"提出问题、分析问题、解决问题"的论证过程来分析，要读得从容、平实、肯定。

在朗读议论文时首先要找准中心论点与各段的分论点，用加重音量的方法和果断的语气表达出来，使听众信服。在朗读论证中心材料的语句时要用不同的声音来表达，前后的语气要连贯、自然，突出表达中心论点。其次要理清论证结构，论证是运用论据证实论点的逻辑推理过程。在朗读中要加强逻辑感受，常用逻辑停顿、逻辑重音、语气果断、语势平和。与散文相比，议论文段与段之间的停顿较长，利于读者思考，更能表达出清晰的层次关系和逻辑关系。

改造我们的学习（节选）

毛泽东

但是//我们还是有缺点的，而且//还有很大的缺点。↘据我看来，→如果不纠正这类缺点，就无法使我们的工作更进一步，就无法使我们在将//马克思列宁主义的普遍真理//和中国革命的具体实践//互相结合的伟大事业中//更进一步。↘

首先来说//研究现状。↘像我党这样一个大政党，虽则对于国内和国际的现状的研究有了某些成绩，但是//对于国内和国际的各方面，对于//国内和国际的政治、军事、经济、文化的任何一方面，我们所收集的材料//还是零碎的，我们的研究工作//还是没有系统的。W二十年来，一般地说，→我们并没有对于上述各方面//作过系统的//周密的//收集材料加以研究的工作，↗缺乏//调查研究//客观实际状况的浓厚空气。↘"闭塞眼睛//捉//麻雀"，↗"瞎子摸鱼"，↗粗枝大叶，夸夸其谈，满足于//一知半解，↘这种//极坏的作风，↘这种//完全违反马克思//列宁主义基本精神的作风，↗还在我党//许多同志中//继续存在着。↘马克思、恩格斯、列宁、斯大林//教导我们//认真地研究情况，↘从客观的//真实的情况出发，↘而不是从主观的愿望出发；我们的许多同志//却直接违反这一真理。↘

其次来说//研究历史。↘虽则有少数党员和少数党的同情者//曾经//进行了这一工作↘，但是//不曾有组织地//进行过。↗不论是近百年的和古代的中国史，↘在许多党员的心目中//还是漆黑一团。↗许多马克思//列宁主义的学者//也是//言必称希腊，对于自己的祖宗，则对不住，忘记了。W认真地研究现状的空气//是不浓厚的，↘认真地研究历史的空气//也是不浓厚的。↘

其次说到//学习国际的革命经验，学习马克思//列宁主义的普遍真理。↘许多同志的学习马克思//列宁主义//似乎并不是//为了革命实践的需要，↗而是//为了单纯的学习。↘所以∥虽然读了，↘但是∥消化不了。↗只会片面地引用∥马克思、恩格斯、列宁、斯大林的个别词句，而不会运用∥他们的立场、观点和方法，来∥具体地研究∥中国的现状和中国的历史，具体地分析∥中国革命问题和解决∥中国革命问题。W 这种对待马克思∥列宁主义的态度∥是非常∥有害的，特别是∥对于中级以上的干部，害处更大。W

上面∥我说了三方面的情形：→不注重∥研究现状，不注重∥研究历史，不注重∥马克思∥列宁主义的应用。↘这些∥都是∥极坏的作风。↗这种作风∥传播出去，↘害了∥我们的许多同志。↗

这是一篇议论文。节选部分是文章的第二部分，第二部分的分论点是"但是我们还是有缺点的，而且还有很大的缺点。"接着从三个方面论证了我们还是有缺点的，最后对三方面的缺点进行了总结，指出了这些坏作风存在的危害性。

朗读时，要用强调停顿与强调重音把分论点和论证分论点的三个论据突出来，揭示其论证关系，让听众听明白它们之间与分论点的关系。朗读第一自然段语调比下文略高些，语速放慢些，声音要抑扬顿挫，坚定有力，表达作者的观点。接下来的三个段落语调较平，语速适中，对于关键词语要轻重音分明，停顿合理，突出语言的深刻含义，显示逻辑论证的力量。最后的小结段落，语调稍低些，语速稍快。朗读"不注重……"，"不注重……"，"不注重……"，要一气呵成，节奏较快，表达出作者批判的态度。

第四节 短文应试

一、应试技巧训练1

下面从五个方面谈谈对普通话朗读测试及训练要注意的问题。

（一）了解普通话测试中朗读的要求

普通话测试中的第三题是朗读作品，要求测试人在60篇普通话朗读朗读篇目中，任意抽取一篇作品，朗读400个音节。要求测试人的普通话语音规范，不仅能正确读出声、韵、调，同时要测查连续音变、语调、朗读语速和流畅程度。

此题要求语音错误、漏字、添字、回读按每个音节扣分。不同程度地存在方言语调酌情扣分，语速过快或过慢、停顿不当扣分。限时4分钟，超时30秒以上扣分。此题要求对作品朗读准确熟练。因为按规定停顿、断句、语速不当均被扣分，而不熟练造成的漏字、添字、回读同样被扣分，每漏一字或添一字或回读一字都相当于读错一个字，这些失误对成绩的影响较大，因为此题所占分值比重较大，扣分点也较多。在了解普通话朗读测试中的要求后，对于有文字凭借的作品，要做重点练习。朗读做到读音正确，流畅连贯，不加字、不丢字、不重复、不读破词语、句子，停连恰当、快慢适中。在练习中朗读水平的提高，同样可以促进口语水平的提高。

（二）熟悉普通话测试的60篇作品

测试人要想在朗读中获得成功，必须熟悉60篇普通话朗读作品。不打无准备的仗，知己知彼，百战百胜。测试人在平时的朗读训练中，要在熟悉作品的基础上，力求深入理解作品的思想内容，把握作者的思想感情脉络，进而理清作者的思路，掌握作品的结构层次以及写作特点，才能运用恰当的朗读技巧，成功地进行朗读。这就需要在训练中反复朗读，在朗读中理解，在理解中朗读，用声音来表情达意。

（三）掌握朗读的基本要求与技巧

在深入理解作品的基础上，测试人必须掌握朗读的基本要求与技巧。为了增强朗读的效果，就要讲究朗读的技巧，做到停连恰当、重音明确、语调准确，语速恰当。在平常的训练中，需要在朗读材料上适当标出一些符号，以便朗读时注意。特别是在测试的准备中，更需要注意标志。另外，可以多听朗读作品的录音，模仿朗读。通过反复跟读，仔细体味录音中对作品的处理和自己的朗读有何不同，学会运用朗读的技巧来处理作品。

（四）规范语音，限时训练

测试人在朗读作品时要用普通话语音，在声母、韵母、声调、音变等方面都符合普通话语音的规范。做到传情达意，声音洪亮，吐字清晰。每篇作品后面都有语音提示，一般对于生僻字、容易读错的字、多音字、异读字、音变的字都有注音。在训练中特别要注意语音提示中字、词的读音，反复训练、识读、记忆，才能确保读音准确无误。

在平时的训练中要严格限时朗读，朗读作品的60篇都是散文，每篇朗读的时间要控制在2.5分钟左右。朗读时要根据作品的思想感情的需要，选择适当的语气，采用适度的速度来朗读，才能取得以声传情的表达效果。训练中要把握好时间，控制好语速。

（五）调整心态，专心朗读

在普通话测试中，有的测试者由于过度紧张，频繁误读；有的因为准备不足，心理压力过大，加上对作品不熟悉，读破词、读破句现象较多；有的以为自己对作品熟悉，随意性较大，改字、添字、漏字；有的平时训练不够，语速过快或过慢、停连不当。凡此种种，测试人需要调整好自己的心态，放下思想上的包袱，控制好自己的情绪，提高注意力，专心朗读。测试需要的是冷静与专注，只有将自己完全投入到作品中去，才能把作者的思想感情与思想内容表达出来，朗读才能明晰准确，声情并茂。

二、应试技巧训练2

为了更好地开展朗读测试，平时的朗读中需要加强朗读技巧的训练。下面逐项对朗读技巧从停顿、重音、语气、语调进行训练，以便使初学者能侧重练习，更好地掌握朗读的技巧。朗读时可以采用反复朗读的办法，多读、多体会，才能真正掌握各种技巧。下面分别对朗读材料进行分析和说明。

（一）停顿训练

例（1）因而，我稚小的心灵，曾将心声//献给小桥：▲你是一弯//银色的新月，给人间普照光辉；你是一把//闪亮的镰刀，割刈着//欢笑的花果；你是一根//晃悠悠的扁担，挑起了彩色的//明天！哦，⌒小桥//走进我的梦中。（作品18号）

例（2）一天，吃早饭时//父亲让达瑞去取报纸。美国的送报员//总是把报纸//从花园篱笆的一个特制的管子里//塞进来。假如//你想穿着睡衣//舒舒服服地吃早饭和看报纸，就必须离开//温暖的房间，冒着寒风，到花园去取。虽然路短，但十分麻烦。（作品4号）

例（3）自从传言//有人在萨文河畔散步时//无意发现了金子后，这里//便常有//来自四面八方的淘金者。他们都想成为富翁，于是//寻遍了整个河床，还在河床上挖出很多大坑，希望借助它们//找到更多的金子。的确，有一些人//找到了，但另外一些人//因为一无所得//而只好//扫兴归去。（作品20号）

例（4）欢欣，这是一种//青春的、⌒诗意的情感。它来自//面向着未来//伸开双臂奔跑的冲力，它来自//一种轻松而又神秘、⌒朦胧//而又隐秘的激动，它是//激情即将到来的

预兆，它又是∥大雨过后的比下雨还要美妙得多∥也久远得多的回味……（作品46号）

例（5）那哀痛的∥日子，断断续续地∥持续了∥很久，爸爸妈妈∥也不知道∥如何安慰我。他们知道∥与其骗我说∥外祖母睡着了，还不如对我说实话：外祖母∥永远不会回来了。（作品14号）

进行上述材料的停顿训练，要把握好各种停顿的时间，对于语法停顿、强调停顿、心理停顿的确要根据朗读材料的语境，确定其朗读的速度，既而确定停顿的时间。停顿的时间受语速的影响，语速慢，停顿的时间就相对长些；语速快，停顿的时间就相对短些。在朗读中，停顿的时间没有固定的时间，朗读者自己要能够分辨出来就可以了。一般朗读中停顿顺序是：段落之间的停顿时间较长，破折号＞句号、感叹号＞冒号＞分号＞逗号＞顿号。

例（1）用中速朗读，"▲"处的停顿时间比分号的要长；例（2）、（3）句用中速朗读；例（4）语速较快，连读的地方不需要停顿；例（5）用慢速朗读，中间的语法停顿较多，有利于表达一种悲伤的情感。

（二）重音训练

例（1）没有一片绿叶，没有一缕炊烟，没有一粒泥土，没有一丝花香，只有水的世界，云的海洋。（作品22号）

例（2）天南海北的看花人，依然络绎不绝地涌入洛阳城。人们不会因牡丹的拒绝而拒绝它的美。如果它再被贬谪十次，也许它就会繁衍出十个洛阳牡丹城。（作品30号）

例（3）于是你在无言的遗憾中感悟到，富贵与高贵只是一字之差。同人一样，花儿也是有灵性的，更有品位之高低。（作品30号）

例（4）森林，是地球生态系统的主体，是大自然的总调度室，是地球的绿色之肺。森林维护地球生态环境的这种"能吞能吐"的特殊功能是其他任何物体都不能取代的。（作品31号）

例（5）过了这么多年，藤萝又开花了，而且开得这样盛，这样密，紫色的瀑布遮住了粗壮的盘虬卧龙般的枝干，不断地流着，流着，流向人的心底。（作品59号）

进行重音训练，要根据语境、语气，将每个句子的重音找出来，可以按照"朗读技巧"中关于"重音"的论述，选择运用哪一种重音的表达方式。

例（1）中强调重音选择了四个"没有"，一个"只有"；例（2）选择的是语法重音，例（3）中的重音："富贵与高贵只是一字之差"运用的是一字一顿的方法来表达；例（4）中重音"能吞能吐"运用加强音量的方法来表达；例（5）中的重音"这样盛，这样密"用轻读的方法来表达。

（三）语调、语速训练

例（1）走近细看，他不就是被大家称为"乡巴佬儿"的卡廷吗？（作品28号）

例（2）"请耐心等上几分钟，"卡廷说，"瞧，我正在削一支柳笛，差不多就要做好了，完工后就送给你吧！"（作品28号）

例（3）沈从文在"文革"期间，陷入了非人的境地。（作品37号）

例（4）"这里的荷花真好，你若来……"身陷苦难却仍为荷花的盛开欣喜赞叹不已，这是一种趋于澄明的境界，一种旷达洒脱的胸襟，一种面临磨难坦荡从容的气度，一种对生活童子般的热爱和对美好事物无限向往的生命情感。（作品37号）

例（5）"啊，亲爱的狼先生！那是不会有的事。去年我还没有生下来啦！"《狼和小

羊》

进行语调、语速的训练可按照"朗读的技巧"中介绍的"语调、语速"的论述的要求，联系上下文，根据不同的内容、感情选择不同的语调、语速来训练。不同的语调表达不同的语气，语气是感情的外化，不同的语气朗读的要求大致如下。

（1）陈述语气的感情是平和的，气息是舒展的，中音。
（2）疑问语气的感情是急切的，气息稍快，声音细高。
（3）肯定语气的感情是坚定的，气息坚实，声音有力。
（4）命令语气的感情是坚定不移的，气息急促，声音有力。
（5）喜悦语气的感情是高兴、快乐的，气息舒展，声音清畅。
（6）生气语气的感情是愤怒的，气息充沛，声音强硬。
（7）赞扬、赞美语气的感情是真挚的，气息饱满，声音高扬。
（8）焦急语气的感情是紧迫的，气息快疾，声音短促。
（9）悲痛语气的感情是悲伤的，气息沉缓枯竭，声音沉重。
（10）挚爱语气的感情是热爱和崇敬的，气息深长，声音轻柔。

我们在训练中可以参考运用，使自己的朗读语气和语速把握更准确。

例（1）用降调，反问语气，语速稍快；例（2）用降调，挚爱语气，语速稍慢；例（3）是陈述句，用平调，陈述语气，语速舒缓；例（4）"这里的荷花真好，……"用的是升调，赞美语气，中速，接下来的四个表赞扬的"一种……"，是排比句，用的是降调，语速加快；例（5）用曲调，惊讶语气，语速较快。

二、应试技巧训练3

在朗读训练时，仅仅对朗读技巧做专项的训练是不够的，因为朗读每一篇作品时都需要综合运用各种朗读技巧。下面就散文和议论文的朗读做综合训练。请按照文中的标注，正确、流利地进行朗读。

（一）散文训练

春（节选）
朱自清

盼望着，⌒盼望着，东风∥来了，春天的脚步∥近了。↘（语气焦急、欢快，语速稍快）

一切都像刚睡醒的样子，欣欣然∥张开了眼。→山∥朗润起来了，水∥涨起来了，太阳的脸∥红起来了。↗（陈述语气，中速，排比句式稍快）

小草∥偷偷地从土里钻出来，嫩嫩的，绿绿的。↘园子里，田野里，瞧去，一大片一大片满是的。↘（欣喜语气，中速）坐着，趟着，打两个滚，踢几脚球，赛几趟跑，捉几回迷藏。风轻悄悄的，草软绵绵的。↘（喜爱语气，慢速）

……

"吹面不寒∥杨柳风"，↗不错的，像母亲的手∥抚摸着你。↘（陈述语气，慢速）风里带来些∥新翻的泥土的气息，混着青草味儿，还有各种花的香，都在微微润湿的空气里酝酿。↘（语气亲切，快速）鸟儿∥将窠巢安在∥繁花嫩叶当中，高兴起来了，呼朋引伴地∥卖弄清脆的喉咙，唱出宛转的曲子，⌒跟轻风流水∥应和着。↘牛背上∥牧童的短笛，这

时候//也成天嘹亮地响着。→（喜悦、高兴语气，语速稍快）

雨是最寻常的，一下就是三两天。可别恼。W看，像牛毛，⌒像花针，⌒像细丝，密密地斜织着，人家屋顶上//全笼着一层薄烟。↘傍晚时候，上灯了，一点点黄晕的光，烘托出//一片安静而和平的夜。↘在乡下，小路上，石桥边，有撑起伞慢慢走着的人；还有地里工作的农夫，披着蓑，⌒戴着笠。↘他们的房屋，稀稀疏疏的，在雨里静默着。↘（陈述语气，中速）

天上风筝渐渐多了，地上孩子也多了。→城里乡下，家家户户，老老小小，也赶趟儿似的，一个个都出来了。↗舒活舒活筋骨，抖擞抖擞精神，各做各的一份儿事去了。↘（欢快语气，语速稍快）"一年之计//在于春"，刚起头儿，有的是工夫，有的是希望。↘（陈述语气，慢读）

春天//像刚落地的娃娃，从头里脚//都是新的，它生长着。↗（赞美语气，中速）

春天//像小姑娘，花枝招展的，笑着，⌒走着。↗（赞美、喜爱语气，中速）

春天//像健壮的青年，有铁一般的胳膊和腰脚，领着我们//上前去。↗（肯定、赞美语气，稍快）

朱自清的散文《春》，描写、讴歌了一个蓬蓬勃勃的春天。文章的结构严谨，是典型的"总起—分述—总结"结构。第一、二节写了春天来到，万物苏醒，一派生机勃勃的景象，起着总起的作用。第三、四、五、六节是分述部分：第三节运用拟人化手法描写了春草活泼调皮的样子；第四节描写了春风中温柔的柳枝、混合的气息、鸟儿的歌喉、牧童的短笛；第五节描绘了朦胧安详的如诗如画的春雨美景；第六节写了春天里，人们赶趟儿似的一个个出来舒活筋骨，抖擞抖擞精神。第七、八、九节运用比喻的修辞手法，把春天比作刚落地的娃娃、小姑娘、健壮的青年，起着总结全文、寄寓主题的作用。

作品的语言清新朴实，格调明朗、欢快。在朗读中要把握喜爱、赞美的基调，要用轻快、昂扬、舒缓的声音，将美丽的春天展现在听众的面前。

（二）议论文训练

中国人失掉自信力了吗

鲁　迅

从公开的文字上看起来：两年以前，我们总自夸着"地大物博"，是//事实；▲不久//就不再自夸了，只希望着国联，也是事实；▲现在是//既不夸自己，也不信国联，改为//一味求神拜佛，怀古伤今了——却也是事实。↗（斥责语气，语速稍快）

于是//有人慨叹曰：中国人//失掉自信力了。↘（陈述语气，中速）

如果单据这一点现象而论，自信//其实是早就失掉了的。↘先前信"地"，信"物"，后来信"国联"，都没有相信过"自己"。↘假使这也算一种"信"，那也只能说//中国人曾经有过"他信力"，▲自从对国联失望之后，便把这他信力//都失掉了。↘（讽刺语气，慢速）

失掉了他信力，就会疑，一个转身，也许能够只相信了自己，倒是一条新生路，但//不幸的是逐渐玄虚起来了。↘（陈述语气，中速）信"地"和"物"，还是切实的东西，国联就渺茫，不过这还可以//令人不久就省悟到依赖它的不可靠。↘一到求神拜佛↗，可就玄虚之至了，↘有益或是有害，↘一时就找不出分明的结果来，它可以令人更长久的麻醉着自己。↘（挖苦语气，慢速）

中国人现在∥是在发展着∥"自欺力"。→（陈述语气，中速）

"自欺"∥也并非现在的新东西，现在只不过日见其明显，笼罩了一切罢了。↘然而，在这笼罩之下，我们有∥并不失掉自信力的中国人在。↘（陈述语气，中速）

我们从古以来，就有埋头苦干的人，↘有拼命硬干的人，↘有为民请命的人，↗有舍身求法的人，↘……虽是等于为帝王将相作家谱的∥所谓"正史"，也往往掩不住他们的光耀，这∥就是∥中国的∥脊梁。W（自豪、赞扬的语气，稍快）

这一类的人们，就是现在∥也何尝少呢？↗他们有确信，不自欺；他们在前仆后继的战斗，不过一面总在被摧残，被抹杀，消灭于黑暗中，不能为大家所知道罢了。↘（肯定语气，中速）说中国人失掉了自信力，用以指一部分人∥则可，倘若加于全体，那∥简直是∥诬蔑。W（反驳语气，稍快）

要论中国人，必须不被搽在表面的∥自欺欺人的脂粉所诓骗，↘却看看∥他的筋骨和脊梁。↗自信力的有无，状元宰相的文章是不足为据的，要自己去看∥地底下。↘（陈述语气，中速）

九月二十五日

这是鲁迅先生的一篇驳论文。文章针对当时有人散布中国人对抗日前途失去的悲观论调进行了有理有据的批驳，明确提出了中国人的绝大部分没有失去自信力，极大鼓舞了中国人的民族自信心，表现了作者一颗爱国的赤心。文章首先提出了对方的论点，鲁迅从驳斥对方论证入手，又"驳"又"立"，二者紧密结合，直接批驳部分就对方的事实论据加以剖析，从而揭露悲观论者早就失掉了自信力，是由"他信"走向"自欺"。正面立论也是间接批驳，摆出从古以来和现在的事实，证明"我们有并不失掉自信力的中国人在"，批驳了对方的谬论，鼓舞了中华民族的自信心。

鲁迅先生的杂文语言风格尖锐泼辣，富有战斗性。朗读时要用强调重音和强调停顿来突出论据，使驳论和立论更加明晰。把握语气坚实有力的基调，要读得坚实、铿锵有力，令人信服。

第五章 说话训练

第一节 命题说话测试概论

普通话水平测试的第四题是命题说话，说话话题从《普通话水平测试用话题》30题中选取，由应试人从给定的两个话题中任选一个话题，连续说一段话，限时3分钟，共40分。命题说话的目的是测查应试人在无文字凭借的情况下说普通话的水平，重点测查语音标准程度，词汇语法规范程度和自然流畅程度。

应试人单向说话，主试人不与之进行双向交流，只有当主试人发现应试人有明显的背稿、离题、说话难以继续等表现时，才及时提示或引导。

说话是人类生活中最普通却又是最重要的社会交际手段，也是反映说话人掌握某种语言的综合表现形式。所以，命题说话在普通话水平测试中占了相当重要的位置。

说话，就是用言语来表达自己思想感情的行为。就形式而言，可以是"对话"，也可以是"独白"；可是说给别人听，也可以说给自己听（自言自语）。就内容而言，可以围绕一个话题说（如讨论）；也可以不限话题随意说（如闲聊）；可以有准备地说（如演讲）；也可想到什么说什么（即兴说话）。但不管什么形式，说话都必然要求有声（语音）、有词语（词汇）、有按一定语法关系组成的句子（语法），也必然有一定的思想感情（内容）。同时，为了让别人听懂、喜欢听，还必须尽可能说得流畅、清楚、生动、有趣。因此，会说话的人应该能说一口语音标准、词汇语法规范、吐字清晰、语调自然、语言连贯流畅、表意清楚完整生动的语言。应试人在准备命题说话时，需要注意以下几个方面。

一、说话的要求

《普通话水平测试大纲》（以下简称"大纲"）明确指出，命题说话测试的目的是："测查应试人在无文字凭借情况下说普通话的水平，重点测查语音标准程度，词汇语法规范程度和自然流畅程度。"

所谓"文字凭借"，就是指文本。"无文字凭借"就是要求应试人不能写稿，不能借用别人写的稿子直接背稿，也不能讲述现成的故事。不少应试人事先认真写了文稿，然后背下来，应试时像背书一样一字不漏地背出来，或者讲述一则现成的故事，这都违反了测试要求。

其实，普通话水平测试的命题说话，并不苛求应试人像口头作文那样讲究布局谋篇，连贯照应，用词严谨，句式完整，也不要求像即兴演讲那样演绎铺陈，慷慨激越，雄辩旨远，而是要求应试人用日常的口语，以"独白"的形式，在话题范围内，围绕一个中心说三分钟话就可以了，即使三分钟内没把话说完，也不影响成绩。

二、分析说话的"话题"

要按话题要求说好一段话并不容易。因此，参加"命题说话"测查前，应试人应对各个话题作必要准备，千万不要临时胡乱拼凑内容，影响自己的表达效果。除了语音以外，一一般情况下,一个话题应该说清楚"说什么","为什么说",还要符合谈话时的语境,即"对谁说,在什么场合说"。也就是,说话一要有内容,说清楚"是什么",是说什么人、什么事或什么观点、什么想法;二要说清"为什么",为什么要说这段话,为什么要说这个人、这件事、这个理儿等。必须记住,说话要有主题,千万不能信口开河,开"无轨电车",说了半天,不知所云。

"大纲"规定了30道话题,要求应试人当场抽取两道备选题,从中自选一题后,再在话题范围内说三分钟话。

普通话测试说话题目

1. 我的愿望（或理想）
2. 我的学习生活
3. 我尊敬的人
4. 我喜欢的动物（或植物）
5. 童年的记忆
6. 我喜爱的职业
7. 难忘的旅行
8. 我的朋友
9. 我喜爱的文学（或其他）艺术形式
10. 谈谈卫生与健康
11. 我的业余生活
12. 我喜爱的季节（或天气）
13. 学习普通话的体会
14. 谈谈服饰
15. 我的假日生活
16. 我的成长之路
17. 谈谈科技发展与社会生活
18. 我知道的风俗
19. 我和体育
20. 我的家乡（或熟悉的地方）
21. 谈谈美食
22. 我喜欢的节日
23. 我所在的集体（学校、机关、公司等）
24. 谈谈社会公德（或职业道德）
25. 谈谈个人修养
26. 我喜欢的明星（或其他知名人士）
27. 我喜爱的书刊
28. 谈谈对环境保护的认识
29. 我向往的地方
30. 购物（消费）的感受

拿到话题以后,怎样理解话题?怎样确定话题范围?怎样选择合适的说话内容?这是大家都很关心的问题。

首先应该明确,这里的"话题"只对说话的范围作了大致的限定,而不限定话题的具体内容和主题。这样,对任何话题,都可以打开思路,从各种不同的角度切入,找寻不同的内容。然后,从中选择自己最熟悉、最拿手的内容,用自己最擅长的方法（叙述、议论、说明等）来说,才能得心应手,充分发挥自己的说话水平。

比如《我的愿望》,可以说"现在的愿望",可以从"自小到大有不同的愿望"说起,也可以说"某个愿望是怎样产生的"（如父母的影响、师长的鼓励、英雄人物的激励、书籍或影视的启发等）,还可以从"愿望给我力量"的角度切入,叙说自己为实现愿望的奋斗历程,甚至可以从"愿望与成功"的角度,对愿望与奋斗成功的关系进行论述,等等。

总之,与话题有关的内容都可以说。这样就为应试人提供了广泛的选材空间,让大家不会因为缺乏内容而影响普通话表达效果。

其次,为便于选材,还可以将话题分一下类型。30道话题,按内容大致可以分为四类。一是侧重"说人",如"我尊敬的人"、"我的朋友"、"我喜欢的明星（或其他知名人士）"

等题；二是侧重"说事"，如"我的愿望"、"我的学习生活"、"童年的记忆"、"我喜爱的职业"、"难忘的旅行"、"我喜爱的文学艺术形式"、"我的假日生活"、"我所在的集体"等；三是侧重"说物"，如"我喜爱的动物"（或植物）、"我喜爱的书刊"等；四是侧重"说理"，如"谈谈卫生与健康"、"谈谈服饰"、"谈谈科技发展与社会生活"、"谈谈美食"、"谈谈个人修养"、"购物（消费）的感受"、"我和体育"等。

这四类话题按表达方式，又可以归并为两类：一类以记叙说明为主，上述说人、说事、说物的话题，均可归入此类；二是以议论评述为主，即侧重说理的话题。当然，分类不是绝对的。叙述类的话题，可以从议论的角度切入，议论类的话题，也可以先详述事例，再加评论。

记叙说明为主的话题可以按顺序叙说事物的特征，也可以从为什么值得一说的角度表达；说理为主的话题可以先议论，提出自己的观点，再举事例论证，也可先说事例，再进行议论。这些，大家可按自己的习惯表述。

此外，有些话题范围可能相互交叉，这就为选择说话内容提供了更多方便。由于每道话题均可从不同角度切入，因此各话题可能涉及的范围很大，这就必然造成若干话题范围部分交叉的情况。例如，"我向往的地方"，可能就是在一次"难忘的旅行"中到过的地方，也可能就是"我的家乡"，其内容还可能涉及"我知道的风俗"，也可能涉及某些"社会公德"或"美食"等。由此可见，往往某一材料，可能被若干话题涉及，所以不必为每道话题选择足够的材料而花费过多的时间和精力，而应把主要精力放在提高语音水平上。既然每道话题都可能涉及许多材料，那么，什么材料更适合说话呢？

首先是自己熟悉的材料。只有自己熟悉的事物，才能说得清楚，说得明白，说得自然流畅。其次是选择自己亲身经历的事来说。自己经历的事，过程清楚，细节众多，一切了然于胸，不用刻意构思，只要顺着事情经过娓娓道来，就能说得清楚流畅。

三、创设说话语境

普通话水平测试中应试人的说话采用的是"独白"的形式，因为是面对着测试员的口语表达，所以说话还应该有一定的对象感，交流感。这就要求说话时有一种和测试员交流的感觉。

这就是适应"语境"问题。平时和亲朋好友交谈，轻松自然，滔滔不绝，甚至眉飞色舞；而在面对"考官"时，却难免紧张拘谨，结结巴巴，甚至一片空白，不会说话了。这是由于不适应"测试"语境造成的。可以从心理角度调整一下，运用想象能力，把考场当作家里的客厅，把测试员当做自己的好朋友，热切地把自己想说的话告诉他们，那就能比较轻松自然地说了。

当然，考场与客厅、测试员与好朋友、测试与平日闲谈，毕竟都不是一回事。平日闲谈侧重的是说话内容，情感交流，语音准不准，句式对不对，一般是不计较的。而测试中的命题说话，除了对内容有围绕话题等基本要求外，还对语音准不准，用词规范不规范，句式对不对"斤斤计较"。所以，应试人在测试时，要特别注意自己的语音标准程度，以及词汇、语法的规范程度和语流的自然流畅程度。

四、提高语音标准

普通话语音的标准程度是说话测试评分的主要项目之一。根据评分标准，命题说话总分为40分，其中，语音25分，词汇语法10分，自然流畅5分。显然，提高语音标准程度是准备命题说话的重中之重。

不少应试人在测试读词语，读短文时，还能注意把平翘舌音，前后鼻音，轻声儿化等字音读准，而在说话时，却往往只注意自己说话的内容，而无暇顾及语音是否标准，影响了普通话水平测试的成绩。所以，应试人通过对话题的全面分析后，应更多地注意自己的语音，尽量说标准，从而有效地提高自己的测试成绩。

普通话中的轻声、词语的轻重格式、儿化等应尽可能在话语中表现出来，特别是轻声，如果必轻的词语（如先生、学生、行李、乡下、我们、免得、时候等）不说轻声，不但会造成语音错误，还会对整体语音面貌带来影响。大家可以参照《普通话轻声词表》，记住一些常用的轻声词。至于如何读准声母、韵母、声调、轻声、儿化等，前已详述，这里便不再重复。

五、避免使用方言

普通话和方言对同一事物可能用不同的词语来表达，如上海话"放一呛"表示"暂放一段时间"，如果你用普通话说"这香蕉现在不能吃，要'放一呛'才能吃"，别人会误以为要"放一枪"才能吃，那就闹笑话了。例如，云南话"一辆车"说成"一张车"；广东话"我们不太熟悉"说成"我们不太熟络"；江西方言"踢足球"、"掷铁饼""唱山歌"说成"打足球""打铁饼""打山歌"……会让并不熟悉当地方言的人觉得这种用词很奇怪。

实际上，使用方言词或方言语法的普通话，已经不是规范的普通话了。所以，命题说话测试不允许出现方言词或方言语法。但平时习惯说方言的人，在说话时，很容易在不经意间使用方言词或方言语法。所以，应试人应该认真记住那些自己最容易脱口而出的方言词，尽量用普通话词语替代。

此外，在语法方面，要用典范的现代白话文著作的语法规则说话，避免用方言句式（或词语）说话，如（括号中是普通话说法）：

书弟弟撕坏掉了　　　　　（书被弟弟撕坏了）
我说他不过　　　　　　　（我说不过他）
衣服送一件给我　　　　　（送我一件衣服）
我教两年级两班　　　　　（我教二年级二班）
冬天老冷的　　　　　　　（冬天非常冷）
冰冰冷　　　　　　　　　（冷冰冰）

总之，普通话的词语是官话区通用的词语；普通话的语法是典范的现代白话文著作的语法。应该用这个标准来规范自己的普通话，改变自己的语言习惯，坚持练习，努力提高自己普通话说话水平。

六、养成说普通话的习惯

普通话是法定的国家通用语言。普通话水平测试的根本目的是为了推广普通话，提高公民说普通话的水平。为此，必须勤学苦练，养成说普通话的良好习惯，这也是提高命题说话成绩的基础。

（一）随时注意并纠正自己说话时的语音、词汇、语法等方面出现的问题

注意自己日常工作生活中说的每一句话，发现某个字音有误，就马上纠正，用正确字音再说一遍，久而久之，养成习惯，说话的正确率自然会越来越高。

（二）养成用普通话思维的习惯

在日常生活中，人们习惯于用自己熟悉的母语（方言）思考问题，而当需要用普通话表述的时候，就需要把思维从语言的方言体系"切换"到普通话体系，如果不熟练，就必然会出现方音、方言词汇、方言语法等错误。为了切实提高普通话水平，建议大家逐步养成在必须使用普通话的场合使用普通话的思维习惯，这样，说普通话时，可以避免在"切换"过程中可能产生的许多错误。

（三）学习新闻播音员的正确语音

一般来说，新闻播音员、主持人的语音较为标准，所以看电视、收听广播也是学习普通话的好机会。可以边听边跟着念，特别注意哪些字是平舌音或翘舌音，哪些字是前鼻音或后鼻音，怎样念才准，还有轻声、词语的轻重格式等。尤其对自己容易说错的词语，更要多练几遍。这样，一定能很快提高自己的普通话水平。

（四）以自信、愉悦、轻松、自然的心态参加测试

虽说测试时难免紧张，但适当调整心理状态，以自信、轻松的心情说话却是获得成功的必要条件。自信源自刻苦的学习、不懈的努力、认真的准备。轻松、自然的心情，需要自我放松，如果把考场想象成自己熟悉的环境，把测试当成一次随意的愉悦的交谈，可能就比较轻松、自然了。

总之，只要坚持学说普通话，坚持说规范、标准的普通话，一定能提高说普通话的水平。

第二节　说话的语音基础训练

说话是在无文字凭借条件下，由应试人自己组织语言，把普通话的字、词连成句，句连成段，段连成篇的，是对应试人说普通话综合能力的一种考查。对其标准音的要求包含两方面内容：一是字音正确，二是语调准确。应试人提高说普通话的标准程度，应该从字音、语调两方面下工夫。

一、怎样做到字音正确

字音是影响说话人语音面貌的主要因素，普通话水平测试的评分标准明确规定，说话人字音错误的数量直接影响应试人语音规范程度的归档，由此可以看出字音错误的多少是语音标准化程度高低的一个重要标志。一个字，一个词单独发音要比在语流中发音容易得多，在语流中，说话人来不及仔细推敲每一个字、每一个词的发音，特别是当难点词叠加时，说话人更加来不及或不能够改变自己固有的发音习惯，结果造成话语中字音错误多，说的话不像普通话，比如下列发音：

（1）我死翻私，我的梦想四做一个私人；
（2）我们研究了叫鸡公的公鸡问题；
（3）发贫有飞，我看不清散面的字。

就让人摸不着头脑。第一句话由于说话人不但平翘舌音不分，而且把 j、q、x 和 z、c、s 混淆，f 和 h 相混，因此，把"喜欢"（xǐhuan）说成"死翻"（sǐfān），把"诗"（shī）说成"私"（sī），"是"（shì）说成"四"（sì）；第二句话是由于说话人翘舌音 zh、ch、sh 和 z、c、s 都与舌面音 j、q、x 相混，因此把"教职工"（jiàozhígōng）说成"叫鸡公"

（jiàojīgōng），把"工资"（gōngzī）说成"公鸡"（gōngjī）；第三句话，由于说话人混淆了 h 与 f，因此"花"（huā）说成"发"（fā），"灰"（huī）说成"飞"（fēi），又由于不会发后鼻韵母音，而且平翘舌音不分，因此，"瓶（píng）说成了"贫"（pín），"上"（shàng）说成"散"（sàn）。其实这三句话真正的意思是说：

（1）我喜欢诗，我的梦想是做一个诗人；
（2）我们研究了教职工的工资问题；
（3）花瓶有灰，我看不清上面的字。

为了减少语流中的字音错误，说话人平时应该有针对性地、有步骤地进行一些扩词训练。所谓扩词训练，就是说话人先由词开始发音，然后把词扩展成短语，再把短语扩展成简单句，把简单句扩展成复杂句，以此类推，把句组成段，段再组成篇，这样一天天练下去，逐渐增加说话的难度，使难点音的连续发音逐步融入语流之中，这样语音规范程度就会逐渐提高。下面举例加以说明，并用括号注明难点音逐渐增加的情况。

扩词成句练习。

老师（边音 l、翘舌音 sh）（lǎoshī） → 张老师（增加翘舌音 zh）（zhāng） →张老师是好老师（shì hǎo）（重复边音 l、翘舌音 sh，增加翘舌音 sh）→张老师是一位令人尊敬的好老师（shì yì wèi lìng rèn zūn jìng de）（增加"一"音变、边音 l、翘舌音 zh、平舌音 z、前、后鼻韵 in、en、uen、ing）→张老师是一位工作认真的、令人尊敬的好老师（gōng zuò rèn zhēn）（增加后鼻韵 ong、平翘舌音 z、r、zh，前鼻韵 en）→张教师是一位工作认真、教学经验丰富的、令人尊敬的好老师（jiāo xué jīng yàn fēng fù）（增加舌面音 j、x，唇齿音 f，前、后鼻韵母 ian、ing、eng）→张老师是一位工作认真、教学经验丰富、爱生如子的、令人尊敬的好老师（ai shēng rú zǐ）（增加零声母、翘舌音 sh、r，平舌音 z，后鼻韵 eng）→张老师是一位工作认真、教学经验丰富、爱生如子、深受学生拥戴的、令人尊敬的好老师（shēn shòu xué sheng yōng dài）（增加翘舌音 sh，前、后鼻韵音 en、eng、ong）。

二、怎样做到语调准确

语调是人们在语流中用抑扬顿挫来表情达意的所有语音形式的总和，涉及的方面是很多的，如停顿、节奏、字调、轻重音、句调等。这里重点谈谈影响说话语调准确的四个方面的问题：语句中的声调、语句中的轻重音、语流中的儿化，以及语流中的句调。

（一）语句中的声调

语句都是由若干个音节组成的，语句的语调构成语音形式主要表现在音高、音长、音强等非音质成分上，声调的准确与否，必然影响语调的音高形式。要想语调准确，声调必须准确，有时候往往因为说话人一个字的声调不准确，而使其整句话的方言语调表露得十分明显。比如：

1. 你干什（shěn）么去呀？
2. 我是河（hè）南人。

3. 凌晨一（yì）点收到的消息……
4. 认真落（luó）实党的政策。
5. 杨书记领导（dào）有方。

在这几句话中，由于说话人把"什"（shén）说成"shěn"，把"河（hé）"说成"（hè）"，把"一"（yī）说成"yì"，把"落"（luò）说成"luó"，把"导"（dǎo）说成"dào"，虽然在每一句话中说话人都只说错了一字的声调，但在别人的听感中，说话人语音规范程度的整体印象就被大打了折扣。由此可见，校正字音，说准语句中的声调是说好普通话的重要基础。

（二）语句中的轻重音

说话时，语调的准确性很大程度也表现在词语轻重音上。有的人说普通话，总是力求把每个字的音，即每一个音节的声、韵、调都发得很到位，以为这样说话，语音就很标准了。其实这样说话语调生硬，话语中完全没有韵味儿和流畅感。要想说一口纯正的、够韵味儿的普通话，应悉心领会，熟练掌握和灵活运用普通话中的轻重格式。

1. 轻声练习（请快速连读轻声词）

（1）我最爱吃点心、馄饨、烧饼、馒头，不爱吃饺子、包子、烧卖和煎饼。

（2）我还爱吃豆腐、黄瓜、萝卜和芝麻，不爱吃虾米、蘑菇、葡萄和石榴，至于糖葫芦、臭豆腐、胡萝卜和冻豆腐，那是我夜思梦想的美食。

2. 轻重格式练习

我喝一杯水——请将重音放置在不同的字上，体会它传递出来的不同的意思。当重音在"我"字上，表示是我想喝水而不是别人；当重音在"喝"字上，表示喝水而不是倒水；当重音落在"一"字上，表示一杯不是两杯、三杯或任何杯；重音落在"杯"字上，表示不是瓶不是罐儿更不是壶；重音是"水"表示喝的是水而不是饮料或茶。

3. 扩展练习

把句子稍做一些改动，以体会在不同句子里语句重音的变化情况，从而学习掌握普通话一般语句重音的表达规律，下面例子中加圆点的字表示需重读的词语：

（1）爷爷乐观，坚强。

（2）爷爷非常乐观，非常坚强。

（3）我知道爷爷非常乐观，非常坚强。

（4）我不仅知道，而且十分敬佩爷爷那种非常乐观、非常坚强，在任何情况下绝不气馁，绝不退缩的拼搏精神。

（三）语流中的儿化

儿化现象是北京语音的特点之一，它与普通话的语音面貌关系密切。说话中的儿化可以直接让听者感觉到语言的柔美感。

（1）今天我想去看花。　　今儿我想去看花儿。

（2）你别看屋子那么小。　　你别看屋子不大点儿。

（3）我看得清清楚楚。　　我看得真真儿的。

（4）这起早贪黑的。　　这起个早儿贪个晚儿。

（5）出去别忘了带钱。　　出门儿别忘了在口袋儿里装俩钱儿。

（四）语流中的句调

由于说话人说话时场合不同，说话对象和表达目的不同，以及说话当时其他具体情况的不同等多方面因素影响，语流中每句话句调的变化实际上也是非常复杂的。一般说来，普通话基本的两种句调类型是降调和升调，陈述句、祈使句、感叹句都用降调，只有疑问句用升调。比如：

（1）妹妹学会了普通话。↘（陈述句）
（2）请你用普通话说。↘（祈使句）
（3）姐姐普通话说得真好！↘（感叹句）
（4）你真的会说普通话？↗（疑问句）

方言区人学习普通话要特别注意学好降调，因为降调是普通话中使用最多的一种句调，而方言区人说的普通话（俗称"塑料普通话"）往往句末尾音上扬，升调特别多。例如，"我要吃饭"，这是一个简单的陈述句，用降调，而且"饭"字是全降的去声，因此这句话降调特点鲜明，但是"塑料普通话"往往用升调说这句话，句末的"饭"字还曲折上扬，流露出明显的方言语调。这是方言区人学习普通话句调时应该注意的问题。

语流中句调的变化是比较细致复杂的，上面描述的只是大致的情形。学习普通话最重要的是要把每个字原有的声调说得准确，同时把每句话的句调表达正确，日积月累，持之以恒地练下去，熟能生巧，自然就会掌握好句调的细微变化，把普通话说得纯正有味儿了。

第三节　说话的渐进训练

"说话"是普通话的综合运用过程。在"说话"的过程中，语音是流动的，声调是丰富多变的，加上没有文字凭借，应试人如果没有一个很扎实的语言基础，根本没有时间去推敲某一个音节的读音，单念字词还能应付，不会出错，一到语流中就"露馅"了，尤其是难点音连读的时候。同时，应试人在字词中可以掩饰的缺陷，在语流中也会毫无遮掩地暴露出来。有的人为了把每个音节的声韵调读准，于是一个字一个字地发音，还有人事先把每一个话题写成文章背熟，测试时凭记忆背诵出来，这样说出来的话，语音虽然标准，但不自然、不流畅。有时候，应试人虽然做到了语音标准，但说出来的普通话却不伦不类，如"我把房间检拾得很干净"、"我说得他赢"、"你请坐沙"等，这是因为应试人在说话时夹杂了方言词语和方言句式甚至出现语法错误。由此可见，"说话"必须进行有步骤的训练。通过训练，应试人不但要解决语音标准问题，还要做到词汇、语法运用规范，而且表达自然流畅。如果说语音训练是静态的分解训练，那么"说话"训练则是动态的综合训练。

"说话"训练可分三步进行：说句、说段、说篇，一步解决一个难点，一步突出一个中心。

一、说句

这一步重点是突出语音难点的训练。有文字凭借，看着说，容易发准音；无文字凭借，想着说，发音就困难一些，顽固的方言习惯会不断地进行干扰。因此，要从一句话一句话练起。这里讲的一句话，不是小孩子的咿呀学语，而是根据应试人的语音难点造句、扩句。

（一）单项难点音的扩句训练

例①　我是教师→我是数学教师→我是长沙师范的数学教师。（练舌尖后音声母）

例② 我去河西→我去河西农科所→我去河西农科所找小贺→我去河西农科所找小贺去听歌。(变方言o为普通话e)

例③ 我一定要学好普通话→我一定要一句一句地学好普通话→我一定要一句一句地学好一口标准的普通话。(练"一"的变调)

例④ 我不爱吃香蕉→我不爱吃个儿不大的香蕉→我不爱吃个儿不大又不熟的香蕉。(练"不"的变调)

（二）多项难点音的扩句训练

例① 我家住长沙市→我家住湖南省长沙市→我家住湖南省长沙市岳麓区44号。

例② 我们明天去公园→我们明天一块儿去公园→我们明天一块儿去公园划船。

二、说段

这一步解决的难点是改正语流中的方言词汇和语法，突出语流中词语、语法规范化的训练。语音正确了，词汇、语法还必须合乎规范，在语流中，方言词语和语法句式常因习惯会脱口而出，必须通过训练逐步克服。

例① 我去民生商场文具柜台买了一盒铅笔、两块橡皮、一瓶墨水，又去小商品柜台买了两条毛巾、两把牙刷、一支牙膏。来回换了四趟车，真够累的。(学会普通话量词与名词的搭配)

例② 奶奶，您干嘛总是忙这忙那的，我拿您真没办法。来，歇会儿吧，喝杯茶，吃支香蕉。(加黑点为方言与普通话不同的词语)

例③ 小时候，我最爱吃红枣蒸糯米饭。每到星期天，妈妈就做上一大锅。每次我吃得饱饱的，撑得肚皮都快开花了。现在想起这事怪可笑的。(注意补语的位置)

例④ 下雨了，快把晾在阳台外面的衣服收进来，把窗户关上。(学会把字句)

例⑤ 昨天晚上忘了开灭蚊灯，胳膊、腿上被蚊子咬了好几口。看，七、八个小红点儿，怪痒的。(学会被字句)

三、说篇

这一步重点是训练说普通话要流畅自然。这是更高的要求，但有了说句、说段的基础，再提高一步，并不是很困难。在训练说篇时，要注意以下两点。

（一）养成用普通话思维的习惯

语言是思维的物质外壳，心里怎么想，嘴里就怎么说。假如思维用的是方言，说话又用普通话，这就给自己的口头表达设置了拦路虎。请比较一下这两种表达模式：

用普通话思维→用普通话表达

用方言思维→转换为普通话思维→用普通话表达

从上面两种表达模式的比较中，可以清楚地看出，必须用普通话思维，才能用普通话自然流畅地表达。说话是一连串音节的快速组合，不可能给思维转换留出时间，方言词语和方言句式会不由自主地随思维蹦出来，方言一出，你再纠正，语流就会中断，表达就会结结巴巴，因此必须进行大量的说句、说段训练，养成用普通话思维的习惯。

（二）表达要求口语化

"说话"不是朗读，更不是背稿子，它必须突出口语化的特点。

表达口语化，要求声音质朴、本色，不夸张、不做作；语调平稳、曲折变化不大，语气亲切自然，不拿腔拿调。

表达口语化，要求长句化短。因为一方面"说话"没有经过书面文字定型，是直接将思维转化为口语，因此，"说话"的人不可能在深入考虑要表达的内容的同时赋予它最完美的语句。另一方面，"说话"主要是用来听的，句子结构过长，过于复杂，会造成听话者记忆困难，还很容易出现语法错误。所以，把长句化成短句，说的人易于上口，听的人也易于接受。把长句改成短句说，也是"说话"流畅的一个诀窍。例如：

长句："爸爸是一名教学水平高，为人师表、工作踏实、待人诚恳、从不向组织伸手要这要那的优秀教师。"

短句："我爸爸是一名优秀教师，为人师表、工作踏实、待人诚恳，他还从不向组织伸手要这要那。"

表达口语化要求多选用口语化的词语。"说话"作为口头表达形式，要直观、生动、形象。因而，使用的语言材料多是生活气息浓郁的口语，尽量少用庄重、严肃的书面语和文言词语。例如，"天空中有一只鸟儿在飞。"说"飞"而不说"飞翔"；"有点儿驼背的父亲陪我去上学，沿途，一些不明事理的小孩儿以一种嘲笑的眼光注视着他。"换成"有点儿驼背的爸爸陪我去上学，一路上，一些不懂事的小孩儿用一种嘲笑的眼光看着他。"口语化的色彩就明显多了。

口语化的表达还要注意说话的语速适当。普通话等级测试时，说话限时三分钟，那么，三分钟内能说多少话呢？应试人要有一个量的概念。汉语的说话语速一般在每分钟180～240个音节之间，也就是说，四分钟内应试人大体要说720～960个音节（包括语流中的停顿）。有了这个量的概念，"说话"时就能够把握好语速的快慢，避免出现念字、念词和背稿子的现象。

此外，恰到好处地使用语气词也可以增加口语化的色彩，使语气舒缓、自然。但是不能滥用语气词，尤其不要用方言语气词，也不要过多地用语气词来填补思维的空白，形成一种不良的口语表达习惯，带上"嗯"、"啊"、"这个"、"那个"一类的"话把"，这样就削弱语言的表达效果。

（三）扩展训练

（1）扩词成句。

① 知识→语音知识→学习语音知识→我们应该学习语音知识→我们应该认真地、努力地学习语音知识→我们应该认真地、努力地学习现代汉语语音知识。

② 声母、韵母、声调→声母、韵母、声调的知识，声母、韵母、声调的发音→学习声母、韵母、声调的基本知识，掌握声母、韵母、声调的发音要领和规律→我们一定要好好学习声母、韵母、声调的基本知识，熟练掌握声母、韵母、声调的正确发音要领和声韵拼合规律。

③ 发音→发音难点，练习发音，连续发音，→找出发音难点，一个字

一个字地练习发音，克服连续发音的困难，说好普通话→准确地找出发音难点，一个字一个字，一个词一个词的练习发音，认真地克服连续发音造成的困难，把舌头练灵活，说好普通话→我们要准确地找出自己的发音的难点，一个字一个字，一个词一个词地练习发准每一个音，认真地、努力地克服语流中连续发音造成的发音困难，把自己的口腔和舌头练灵活，改掉方音土语，说好普通话。

（2）积句成篇。

我们应该认真地、努力地学习现代汉语语音知识，其中特别要好好学习声母、韵母、声调的基本知识，尤其是要熟练掌握声母、韵母、声调的正确发音要领和声韵拼合规律，同时准确地找出自己的发音难点，一个字一个字，一个词一个词地练习发准每一个音，逐步地认真努力克服语流中连续发音造成的发音困难，循序渐进地把自己的口腔和舌头练灵活，争取早日改掉方音土语，说好普通话。

（3）按照上面的方式根据下面提示的中心词语进行扩词成句练习，并在扩词成句的基础上任意组合，进行积句成篇的练习。

① 动物、家人、学校
② 友情、亲情、儿童
③ 生活、学习、娱乐
④ 排球、足球、历史
⑤ 拼搏、奥运精神

第四节　命题说话例文

我的学习生活（1）

虽然现在已经工作了，但是，我的学习生活还是挺丰富的。平时，我总挤出一定的时间学政治、学业务、学技能。坚持不懈的学习，对于提高我的职业道德、职业知识、职业技能，对于提高我的工作质量，无疑是十分重要的，而且对促进我的生活健康，也是非常有利的。

第一，我的学习生活提高了我的政治素养。我非常注重政治学习，除了买一些书籍自学以外，从不放弃相关的时政报告会，不仅认真听，还仔细地记笔记。我深入学习了"三个代表"重要思想,理解了"三个代表"重要思想是对马克思主义的继承和发展,认识到贯彻"三个代表"重要思想重在实践,贵在落实。

第二,我的学习生活提升了我的职业道德。比如,通过学习,我对自己提出了职业道德的要求,并时时对照检查。例如,"秉公办事,为政清廉",力求做到:克己奉公,遵守纪律,不徇私情,不以权谋私,不贪赃枉法,不吃、拿、卡、要;说实话、报实情、办实事、求实效、踏实肯干;淡泊名利,艰苦奋斗,勤俭节约,爱惜国家资财,反对拜金主义、享乐主义。忠于宪法、遵守国家法律、法规和规章,严格纪律,依法办事,按照法定程序和权限履行职责、执行公务;公正办事,文明办事,公平、公正、热情、尽责地对待服务对象;不滥用权力,不以权代法,保障公民权利;做学法、守法、用法和维护法律、法规尊严的模范。比如,"爱岗敬业,勤政为民",力求做到忠于职守,勤奋工作,甘于奉献;一切从人民利益出发,努力做到权为民所用,利为民所谋,情为民所系;倾听群众意见,接受人民监督;改进工作作风,办事不推诿、不扯皮、不缺位;讲求工作方法,提高工作质量,注重工作效率,实行首问负责,来函必复,一次告知,规范服务,规范用语,甘当人民公仆。

第三,我的学习生活使我掌握了更多的知识与技能。我们学习的知识,都是人类在漫长而又曲折的认识长河中,逐步积累的关于自然和社会方面的知识。而人类在认识这些知识的过程中,经过不断总结和提高,也必然摸索到一些解决问题的科学方法。比如,学习了《组织人事报》上的《建立岗位管理考评系统》文章后,我结合单位实际制订了单位"年度考评指标、机制与方法",得到了上级领导的高度肯定。

第四,我的学习生活,有时能抚慰我的焦虑,缓解我的痛苦,启迪我的智慧。学习归根结底是通向真理、通向知识、通向光明、通向正确的抉择。它同时通向快乐、通向胜利、通向精神的家园、精神的天国。学学这,再学学那,这么想想,再那么想想,将会避免冲动、避免极端、避免刚愎自用、避免出尔反尔、避免无所事事、避免精神空虚、避免消极悲观、更避免暴跳如雷和怨天尤人。

生活是美好的,学习是美好的,我的学习生活也是美好的。

我的学习生活(2)

我的学习生活大致可以分为四个阶段。

第一阶段是上小学到初中这一段时间。我生在农村,家境不是很好,受到了村里和同学中不少人的歧视。我认真读书,人家说我瞎努力;我守纪律,就有人说我是胆小怕事;我尊敬老师,又会说我是奉承老师;我衣着简单,就说我一副穷酸相。但是,老师们没看不起我,都很关心我。他们经常来到我身边,激励我、鼓励我,直到现在,我对老师们还怀有很深厚的感情。最近我专程去北京看望了我的老师们,虽然他们的年纪都很大了,但是他们还在关心着我。我有今天的成绩,应该说都是我的老师们教育培养的结果。

我学习生活的第二阶段是在部队的时候。我在海军学院学习了三年,那些老师、教员对于我的帮助很大,期间我学习了战术合成、海军的指挥、舰艇作战、兵力兵理等。应该说在海军学院的学习对我是很有帮助的,因为我后来有幸参加了南沙之战,我把书本上学到的东西很好地运用到了南沙的实际战斗中。最后南沙之战我们取得了胜利,为国家赢得了荣誉,争得了尊严,老师们也是功不可没的。

第三阶段是我到了地方工作至今。到了地方之后,我继续学习,取得了硕士学位。虽然说星期六星期天上课很累，但我学到了很多在地方工作的知识，这对于我指导地方工作很有帮助。我始终记住周恩来总理说过的一句话：人要活到老学到老。在工作之余我还学习了自己感兴趣的一些东西，如学习书法等。

这些学习使我的生活、我的人生变得更加丰富多彩，不但学到了知识，更是一种生活享受。

我反对死读书，读"死书"，所以我的学习生活是多姿多彩的。我的学习生活就像一片蔚蓝的天空，特别是学生年代的生活，就像天空中的一条彩虹，五彩缤纷，给我带来无穷的乐趣。

我最喜爱的体育运动

毫无疑问，我最喜爱的体育运动是打篮球。

我是一个随着感觉走的人。当我把篮球拿在手中时，它圆圆的体形，我喜欢，那厚重的感觉，我喜欢，还有那黄褐色的颜色，我也喜欢。当我置身于篮球运动场，那种带球飞身上篮的动作、和同伴之间的一次妙传、为争抢篮板球和对手之间力量的较量都会让我感到妙不可言。当你看到篮球从你手中沿抛物线准确地落进篮筐时，你会情不自禁地喜欢上它。如果你和我一样是一个篮球迷，你还会从篮球当中体会到更多的乐趣，"飞人"乔丹的绝技表演，NBA总决赛的紧张气氛都会让我激动不已，觉得生命是那么的有活力，生活是那么的有意义。这只是一种感觉上的喜欢。

更重要的是，篮球给我带来了极大的好处，它锻炼了我的身体，磨炼了我的意志，这一点我深有体会。读高一时，我的身体很弱，每次期末的体育测试总是不及格。我特别害怕长跑，跑完一圈就会气喘吁吁的。后来我喜欢上了篮球，每天放学后，和同伴一块儿在球场上拍一拍，传一传，那时，由于我个儿矮、力气小，轮不到我上场比赛，但我总是围着球场跑前跑后地替别人捡球，或专心致志地看别人比赛，等别人打完以后，我再捡起场上的篮球练习带球过人，三步上篮。到了高二，我个儿长高了，力气也大了，就也试着参加班级间的篮球比赛，由于我心里想的只有篮球，放下书本做的唯一的一件事也是打篮球，球技迅速提高了，特别是我练就了一手绝活儿——三分球，命中率很高。这一招使我在同学中小有名气，成为我们班一个小小的篮球明星。我的身体也因此慢慢儿强壮起来。毕业时，我的体育成绩竟上了八十分，这都得益于我最喜爱的篮球运动。

我尊敬的人

我尊敬的人很多，其中最让我尊敬和怀念的是我奶奶。

我奶奶住在北京郊区，是一个普通的北方农村妇女，梳着发髻，裹了小脚，走起路来颤颤悠悠的。她生活了一辈子，却连个正式的名字都没有，出嫁前叫"小丫"，嫁给我爷爷后叫"孙王氏"。

"文革"期间，我父亲受到冲击。父母怕影响我们，把我和大弟弟送回了北方老家，我们跟爷爷奶奶一起生活了两年多。我的初中就是在老家念的，那一段生活经历对我以后的人生影响很大。

我奶奶性格豪爽，敢作敢为，家里的大小事儿都是她做主，我爷爷只是附和她。奶奶有一付难得的热心肠，街坊邻居有事都喜欢找她帮忙。村子北头的瞎二奶奶，早年丈夫就病死了,她有两个儿子,一个跟父亲一块儿参军,牺牲在淮海战场上,还有一个先天弱智,生活都不能自理。我们家跟她家非亲非故的,但我奶奶常常领着我婶婶、姑姑去帮她家拆洗被褥,还叫我爷爷、叔叔去给她家收拾自留地。奶奶常说,帮助有困难的人,就是在积德。

奶奶没什么文化,却深明大义,先后把三个儿子都送到了解放战争的战场上,这三个儿子都为解放中国负过伤,立过功。新中国成立后,我父亲一直留在湖南工作,两个叔叔回到了奶奶身边。

奶奶没有上过一天学,肚子里却有讲不完的故事,像"猪八戒背媳妇儿"、"花木兰从军"、"杨门女将"等,我都是从奶奶那儿听来的。奶奶最喜欢哼的歌是"小白菜呀,心里黄,两三岁呀,没了娘……"

奶奶心灵手巧,有一手绝活,就是剪窗花,现在被人们称为"剪纸艺术"。奶奶剪出的窗花远近闻名:什么狮子滚绣球啦、公鸡报晓啦、老寿星啦……每一幅都是活灵活现的,心里想着什么,就能剪出什么来,那真叫艺术哇!每年快到春节的时候,有不少亲戚朋友来求我奶奶剪窗花。我跟奶奶学会了缝衣服、做鞋、包饺子、烙饼,就是没学到她那手剪窗花绝活,今天想起来还十分遗憾。

奶奶已经去世多年了,但是,在奶奶身边那两年的许多情景,至今还常常出现在我的梦中,浮现在我的眼前。奶奶没有留下金银珠宝,但她的言传身教却让我一辈子受用。她让我懂得了许多做人的道理,学会了很多生活的技能,感受到了生活的美好。我感谢我的奶奶,我永远怀念我的奶奶。

谈谈社会公德

提到"社会公德",很多人会觉得这个话题很大,离自己也很远,其实并不是这样。社会是大家的社会,我们每一个人都是"社会"这个大集体的一员。社会公德就是在公共场合以及与他人交往时应该遵守的道德准则。讲究公共卫生,爱护公共财物,遵守公共秩序等,都属于社会公德之列。

就拿我自己亲身经历过的几件小事来说吧。我曾去杭州旅游,在美丽的西湖边我看到几个人坐在花园的石凳上,一边闲聊一边嚼甘蔗,他们很自然地把甘蔗渣吐在脚边的旧报纸上,离开时又很自然地把自己"制造"的垃圾带走。尽管杭州几乎一年四季都游人如织,城市里也很少见到环卫工人,但杭州还是像一个大花园,干净、整洁、漂亮。再回头看看我们的周围吧,"手里一根棍,嘴里吐马粪"的现象难道还少吗?潇湘风光带本是休闲散步的好去处,可人行道上经常会有一些大煞风景、大倒胃口的景象:甘蔗渣、瓜子壳,甚至西瓜皮随处可见;防洪大堤围栏上的一些照明设施不知什么时候被什么人挖走了,露出刺眼的黑洞,很让人痛心;还有造型新颖别致的垃圾筒或休闲石凳也常成了"武林高手"的攻击目标,被弄得遍体鳞伤甚至身首异处。这不都是没有公德的表现吗?

还有一次是在湘西凤凰。凤凰只是一个小县城,但那里人们的文明素质和修养程度普遍较高,在某种意义上甚至可以说超过了省城的我们。我见到过一个小孩儿,妈妈给他买了支雪糕,他想把包装纸丢到小店旁边的纸箱里,却没丢中。这种事情在我们这里经常可以遇见:没扔中也就算了,反正又不是随手乱扔!可小男孩儿的妈妈却提醒孩子把包装纸捡起来再扔进去。看着那小男孩儿很认真地弯腰捡包装纸,我的心里生出很多感慨,也许在我们这些"文明人"看来,捡地上的东西多不卫生啊,还要吃雪糕呢!可如果每个人都过分强调个人卫生而把公共道德丢在一边,那"小家"倒是干净了,"大家"可就遭了殃。

再说两句不太"雅观"的厕所文明吧。我曾开玩笑说中国人可以不必打听就"循味而至"找到厕所。但在西方,"厕所"是被称为"盥洗室"或"化妆间"的。在泰国旅游时见到卫生间里经常坐着个清洁工,不停地将客人用过的坐便器擦洗干净。人少的时候就坐在卫生间的一角休息。这让我觉得非常惊讶,因为在我们的头脑中"厕所"是与"臭气"连在一起的,那里怎么可以长时间坐人呢?所以有人提议:中国的文明建设应从"厕所文明"抓起。这话有点夸张,但也不无道理。

所以我们说,"社会公德"说到底是每一个人的公德,只有当文明深入人心,成为每一个人的自觉行为时才能实现真正意义上的"社会公德"。

第六章　应试综合训练

第一节　国家样卷练习

国家普通话水平测试卷（编号：001）

一、读单音节字词（限时3.5分钟。超时1分钟以内，扣0.5分，超时1分钟及以上，扣1分。）

áo	huá	wèi	zhuō	suī	é	tǎo	qué	rě	lìng
鳌	滑	未	拙	虽	俄	讨	瘸	惹	另
zhǐ	fàng	suǒ	zì	yuàn	ōu	niǎn	liè	nuǎn	jūn
纸	放	锁	自	院	鸥	碾	列	暖	钧
diǎn	kòng	tuǐ	dùn	xǔ	cā	wěn	zhàng	liǔ	yuè
碘	控	腿	顿	许	擦	吻	仗	柳	阅
chí	shuāi	jiū	miào	xiōng	měng	sū	yǒng	bù	zhēng
池	衰	揪	庙	胸	锰	酥	永	步	争
gū	nuó	chuāng	fén	tóng	zāo	qīng	dàn	qún	xiàng
孤	挪	窗	焚	童	遭	氢	氮	群	项
sì	pǐn	jù	ér	yǔ	dī	bó	qiāng	rēng	fǎ
四	品	聚	而	雨	滴	伯	枪	扔	法
rùn	huāng	qiā	tǐng	hù	cháng	kě	jiān	xiào	yà
闰	荒	掐	艇	户	偿	渴	坚	笑	亚
bǐ	léi	tiào	shǎng	dīng	zá	bān	wā	nǎi	wàng
鄙	镭	跳	赏	盯	杂	般	挖	乃	望
shuǎ	bèn	miǎn	céng	pō	gòu	má	xuǎn	chèn	hǎn
耍	笨	免	层	颇	垢	麻	癣	趁	喊
jiē	chuán	lín	guàng	zéi	kuài	shǒu	cuì	mài	piāo
阶	船	邻	逛	贼	块	首	翠	迈	飘

二、读多音节词语（100个音节，共20分，限时2.5分钟）

wánquán	juānzèng	dòulèr	sècǎi	yīngxióng
完全	捐赠	逗乐儿	色彩	英雄
zhēnchá	pǎodiàor	chūntiān	biànbié	rénmín
侦察	跑调儿	春天	辨别	人民

hóngniáng	ránshāo	shēn·zi	pòhuài	ěr·duo
红娘	燃烧	身子	破坏	耳朵
shǐzhōng	xùnliàn	róuhé	yīxiàr	shānqū
始终	训练	柔和	一下儿	山区
xuépài	měinǚ	fǎnhuí	qiānguà	fùwēng
学派	美女	返回	牵挂	富翁
gāngtiě	miùlùn	cāozuò	nánguài	wàibīn
钢铁	谬论	操作	难怪	外宾
fójīng	wúqióng	nüè·ji	kāfēi	bēi'āi
佛经	无穷	疟疾	咖啡	悲哀
kuīsǔn	dēng·long	yùndòng	jiāfèngr	túshūguǎn
亏损	灯笼	运动	夹缝儿	图书馆
zhīchí	sānjiǎoxíng	ánguì	bǎoyǎng	zhuàngkuàng
支持	三角形	昂贵	保养	状况
shòumìng	zhuāhuò	qǐyǒucǐlǐ		
寿命	抓获	岂有此理		

三、朗读短文（400个音节，共30分，限时4分钟）

请朗读作品12号（略）

四、命题说话（共40分，必须说满3分钟）

1. 难忘的旅行　　　　2. 谈谈卫生与健康

国家普通话水平测试试卷（编号：002）

一、读单音节字（100个音节，共10分，限时3.5分钟）

hǔ	cūn	dǐ	xiá	suān	rǎo	huì	běn	dù	huái
虎	村	抵	匣	酸	扰	慧	本	杜	槐
bèi	lí	èr	xuǎn	guì	táng	lüè	chuān	wù	liàn
倍	梨	二	癣	跪	堂	略	川	勿	恋
kuān	liáng	wā	chè	qiān	zěn	qiáo	yǎ	wō	qǔ
宽	粮	蛙	澈	扦	怎	乔	哑	涡	取
dōu	kào	qī	ān	zhèng	tǐng	qiè	zhuō	cì	chén
兜	靠	漆	安	证	挺	妾	桌	次	沉
piǎo	féng	shùn	ná	yōng	róng	chī	lín	rán	kàng
瞟	冯	顺	拿	拥	容	吃	鳞	燃	炕
móu	zhàng	nuó	bàng	dé	pò	duì	céng	bō	níng
眸	丈	挪	棒	德	破	队	层	拨	凝
sè	wǎng	zǐ	shí	ài	jìn	xiōng	jiū	nǎi	yú
涩	网	子	十	爱	靳	胸	纠	奶	愚

suǒ	wài	gǎo	chūn	guǎ	tòng	xiǎng	fān	yuǎn	zhuāng
索	外	搞	春	寡	痛	响	翻	远	妆
sǔn	piē	zhǎ	zé	xiǔ	gēn	nuǎn	jùn	fěi	máo
损	瞥	眨	责	朽	根	暖	郡	匪	锚
sǎ	rēng	tú	mài	shuì	bǐ	chōng	jué	yún	jīng
洒	扔	图	卖	睡	笔	舂	掘	匀	鲸

二、读多音节词语（100个音节，共20分，限时2.5分钟）

miùlùn	cáikuài	jiānchí	mìngmíng	píjuàn
谬论	财会	坚持	命名	疲倦
jìlǜ	tánhuà	rèdài	chéngfèn	fāngmiàn
纪律	谈话	热带	成分	方面
rěnxīn	yīng'ér	qúnzhòng	ēnqíng	cuīcán
忍心	婴儿	群众	恩情	摧残
xióngwěi	hóngniáng	huángdēngdēng	shuàilǐng	fófǎ
雄伟	红娘	黄澄澄	率领	佛法
suíbiàn	chuāngkǒu	dànbáizhì	zhè·ge	pínqióng
随便	窗口	蛋白质	这个	贫穷
jiǎngshǎng	bōxuē	yóuchuōr	shàonǚ	niēzào
奖赏	剥削	邮戳儿	少女	捏造
yì·si	jiāgōng	quántǐ	lèizhūr	guānqiǎ
意思	加工	全体	泪珠儿	关卡
tiān'é	hǎowánr	gǔlǎo	huóyuè	pàng·zi
天鹅	好玩儿	古老	活跃	胖子
kuāyào	zànměi	wēnróu	dǎ·ban	gāngtiě
夸耀	赞美	温柔	打扮	钢铁
xiǎowèngr	xùnsù	cuòzōngfùzá		
小瓮儿	迅速	错综复杂		

三、朗读短文（400个音节，共30分，限进4分钟）

请朗读作品29号（略）

四、命题说话（共40分，必须说满3分钟）

1. 我喜爱的职业　　　2. 购物（消费）的感受

第二节　其他省市普通话水平测试试卷

普通话水平测试综合训练一

一、读单音节字（限时3分钟，超时1分钟以内，扣0.5分，超时1分钟及以上，扣1分。）

蹦　耍　德　扰　直　返　凝　秋　淡　丝

炯	粗	袄	瓮	癣	儿	履	告	筒	猫
囊	驯	辱	碟	栓	来	顶	墩	忙	哀
雯	果	憋	捺	装	群	精	唇	亮	馆
符	肉	梯	船	溺	北	剖	民	邀	旷
暖	快	酒	除	缺	杂	搜	税	脾	锋
日	贼	孔	晢	许	尘	谓	忍	填	颇
残	涧	穷	歪	雅	捉	凑	怎	虾	冷
躬	莫	虽	绢	挖	伙	聘	英	条	笨
敛	墙	岳	黑	巨	访	自	毁	郑	浑

二、读多音节词语（限时2.5分钟。超时1分钟以内，扣0.5分，超时1分钟及以上，扣1分。）

损坏	昆虫	兴奋	恶劣	挂帅
针鼻儿	排斥	采取	利索	荒谬
少女	电磁波	愿望	恰当	若干
加塞儿	浪费	苦衷	降低	夜晚
小熊儿	存留	上午	按钮	佛教
新娘	逗乐儿	全面	包括	不用
培养	编纂	扎实	推测	吵嘴
均匀	收成	然而	满口	怪异
听话	大学生	发作	侵略	钢铁
孩子	光荣	前仆后继		

三、朗读短文
作品1号（内容见普通话朗读作品60篇）（限时4分钟）

四、命题说话（两题任选一题，时间3分钟）
（1）童年的记忆　　（2）学习普通话的体会

普通话水平测试综合训练二

一、读单音节字词（限时3.5分钟。超时1分钟以内，扣0.5分，超时1分钟及以上，扣1分。）

套	困	女	茶	牵	月	婿	忍	烫	卷（卷尺）
癫	锅	块	潮	射	杂	炫	轻	疼	扛（扛枪）
缓	力	穿	寨	归	挖	旬	髓	铜	晃（虚晃一刀）
蓉	幕	傲	洲	勤	湿	芽	锄	厄	没（没有）
扑	乱	帮	恨	窖	麟	瑶	迥	吞	色（色彩）
靶	迈	旧	迭	醉	香	易	凝	歪	曾（曾经）
掘	安	错	丹	颇	聂	子	韵	掐	翁	转（转变）
扣	蜂	必	熊	聂	莫	珍	期	盛（茂盛）	量（测量）
夸	趾	病	赴	妞	寺	追	高	否（否定）	落（落在后面）
评	港	财	男	孀	糯	拦	肉	核（核桃）	得（得一小时）

二、读多音节词语（限时 2.5 分钟。超时 1 分钟以内，扣 0.5 分，超时 1 分钟及以上，扣 1 分。）

反驳	流利	紧张	畅谈	险阻
饱嗝儿	温暖	油料	兜儿	生怕
因而	地下（地下党）	告诉	凑巧	人们
邻国	耐用	运输	赔款	化学
明确	仰角	走道儿	外婆	强制
滋味	豺狼	软食	小曲儿	买弄
河豚	绝对	飞机	出圈儿	搜身
轻工业	退让	相似	瓜分	节气
寒冷	正经（正经人）	策应	扩大	磁带
凶恶	讨价	状况	训练	怀念

三、朗读短文

作品 36 号（内容见普通话朗读作品 60 篇）（限时 4 分钟）

四、命题说话（两题任选一题，时间 3 分钟）

（1）我的愿望（或理想）　　　　（2）我喜爱的文学（或其他）艺术形式

附　　录

附录 A

中华人民共和国国家通用语言文字法

(2000 年 10 月 31 日第九届全国人民代表大会常务委员会第十八次会议通过)

第一章　总　　则

第一条　为推动国家通用语言文字的规范化、标准化及其健康发展，使国家通用语言文字在社会生活中更好地发挥作用，促进各民族、各地区经济文化交流，根据宪法，制定本法。

第二条　本法所称的国家通用语言文字是普通话和规范汉字。

第三条　国家推广普通话，推行规范汉字。

第四条　公民有学习和使用国家通用语言文字的权利。

国家为公民学习和使用国家通用语言文字提供条件。

地方各级人民政府及其有关部门应当采取措施，推广普通话和推行规范汉字。

第五条　国家通用语言文字的使用应当有利于维护国家主权和民族尊严，有利于国家统一和民族团结，有利于社会主义物质文明和精神文明建设。

第六条　国家颁布国家通用语言文字的规范和标准，管理国家通用语言文字的社会应用，支持国家通用语言文字的教学和科学研究，促进国家通用语言文字的规范、丰富和发展。

第七条　国家奖励为国家通用语言文字事业做出突出贡献的组织和个人。

第八条　各民族都有使用和发展自己的语言文字的自由。

少数民族语言文字的使用依据宪法、民族区域自治法及其他法律的有关规定。

第二章　国家通用语言文字的使用

第九条　国家机关以普通话和规范汉字为公务用语用字。法律另有规定的除外。

第十条　学校及其他教育机构以普通话和规范汉字为基本的教育教学用语用字。法律另有规定的除外。

学校及其他教育机构通过汉语文课程教授普通话和规范汉字。使用的汉语文教材，应当符合国家通用语言文字的规范和标准。

第十一条　汉语文出版物应当符合国家通用语言文字的规范和标准。

汉语文出版物中需要使用外国语言文字的，应当用国家通用语言文字作必要的注释。

第十二条　广播电台、电视台以普通话为基本的播音用语。

需要使用外国语言为播音用语的，须经国务院广播电视部门批准。

第十三条　公共服务行业以规范汉字为基本的服务用字。因公共服务需要，招牌、广告、告示、标志牌等使用外国文字并同时使用中文的，应当使用规范汉字。

提倡公共服务行业以普通话为服务用语。

第十四条 下列情形，应当以国家通用语言文字为基本的用语用字：

（一）广播、电影、电视用语用字；

（二）公共场所的设施用字；

（三）招牌、广告用字；

（四）企业事业组织名称；

（五）在境内销售的商品的包装、说明。

第十五条 信息处理和信息技术产品中使用的国家通用语言文字应当符合国家的规范和标准。

第十六条 本章有关规定中，有下列情形的，可以使用方言：

（一）国家机关的工作人员执行公务时确需使用的；

（二）经国务院广播电视部门或省级广播电视部门批准的播音用语；

（三）戏曲、影视等艺术形式中需要使用的；

（四）出版、教学、研究中确需使用的。

第十七条 本章有关规定中，有下列情形的，可以保留或使用繁体字、异体字：

（一）文物古迹；

（二）姓氏中的异体字；

（三）书法、篆刻等艺术作品；

（四）题词和招牌的手书字；

（五）出版、教学、研究中需要使用的；

（六）经国务院有关部门批准的特殊情况。

第十八条 国家通用语言文字以《汉语拼音方案》作为拼写和注音工具。

《汉语拼音方案》是中国人名、地名和中文文献罗马字母拼写法的统一规范，并用于汉字不便或不能使用的领域。

初等教育应当进行汉语拼音教学。

第十九条 凡以普通话作为工作语言的岗位，其工作人员应当具备说普通话的能力。

以普通话作为工作语言的播音员、节目主持人和影视话剧演员、教师、国家机关工作人员的普通话水平，应当分别达到国家规定的等级标准；对尚未达到国家规定的普通话等级标准的，分别情况进行培训。

第二十条 对外汉语教学应当教授普通话和规范汉字。

第三章 管理和监督

第二十一条 国家通用语言文字工作由国务院语言文字工作部门负责规划指导、管理监督。

国务院有关部门管理本系统的国家通用语言文字的使用。

第二十二条 地方语言文字工作部门和其他有关部门，管理和监督本行政区域内的国家通用语言文字的使用。

第二十三条 县级以上各级人民政府工商行政管理部门依法对企业名称、商品名称以及广告的用语用字进行管理和监督。

第二十四条 国务院语言文字工作部门颁布普通话水平测试等级标准。

第二十五条 外国人名、地名等专有名词和科学技术术语译成国家通用语言文字，由国务院语言文字工作部门或者其他有关部门组织审定。

第二十六条 违反本法第二章有关规定，不按照国家通用语言文字的规范和标准使用语言文字的，公民可以提出批评和建议。

本法第十九条第二款规定的人员用语违反本法第二章有关规定的，有关单位应当对直接责任人员进行批评教育；拒不改正的，由有关单位作出处理。

城市公共场所的设施和招牌、广告用字违反本法第二章有关规定的，由有关行政管理部门责令改正；拒不改正的，予以警告，并督促其限期改正。

第二十七条 违反本法规定，干涉他人学习和使用国家通用语言文字的，由有关行政管理部门责令限期改正，并予以警告。

第四章　附　　则

第二十八条 本法自 2001 年 1 月 1 日起施行。

附录 B

国家语言文字工作委员会
国 家 教 育 委 员 会
广 播 电 影 电 视 部
(国语〔1994〕43号)

关于开展普通话
水平测试工作的决定

各省、自治区、直辖市语委、教委、高教、教育厅（局）、广播电视厅（局）：

《中华人民共和国宪法》规定："国家推广全国通用的普通话。"推广普通话是社会主义精神文明建设的重要内容；社会主义市场经济的迅速发展和语言文字信息处理技术的不断革新，使推广普通话的紧迫性日益突出。国务院在批转国家语委关于当前语言文字工作请示的通知（国发〔1992〕63号文件）中强调指出，推广普通话对于改革开放和社会主义现代化建设具有重要意义，必须给予高度重视。为加快普及进程，不断提高全社会普通话水平，国家语言文字工作委员会、国家教育委员会和广播电影电视部特作如下决定。

（1）普通话是以汉语文授课的各级各类学校的教学语言；是以汉语传送的各级广播电台、电视台的规范语言，是汉语电影、电视剧、话剧必须使用的规范语言；是全国党政机关、团体、企事业单位干部在公务活动中必须使用的工作语言；是不同方言区及国内不同民族之间的通用语言。掌握并使用一定水平的普通话是社会各行各业人员，特别是教师、播音员、节目主持人、演员等专业人员必备的职业素质。因此，有必要在一定范围内对某些岗位的人员进行普通话水平测试，并逐步实行普通话等级证书制度。

（2）现阶段的主要测试对象和他们应达到的普通话等级要求如下。

① 中小学教师、师范院校的教师和毕业生应达到一级或二级水平，专门教授普通话语音的教师应达到一级水平。

② 县级以上（含县级）广播电台和电视台的播音员、节目主持人应达到一级水平（此要求列入广播电影电视部部颁岗位规范，逐步实行持普通话等级合格证书上岗）。

③ 电影、电视剧演员和配音演员，以及相关专业的院校毕业生应达到一级水平。

（3）测试对象经测试达到规定的等级要求时，颁发普通话等级证书。对播音员、节目主持人、教师等岗位人员，从1995年起逐步实行持普通话等级证书上岗制度。

（4）成立国家普通话水平测试委员会，负责领导全国普通话水平测试工作。委员会由国家语言文字工作委员会、国家教育委员会、广播电影电视部有关负责同志和专家学者若干人组成。委员会下设秘书长一人，副秘书长若干人处理日常工作，办公室设在国家语委普通话培训测试中心。各省、自治区、直辖市也应相应地成立测试委员会和培训测试中心，负责本地区的普通话培训测试工作。

普通话培训测试中心为事业单位，测试工作要合理收费，开展工作初期，应有一定的启动经费，培训和测试工作要逐步做到自收自支。

（5）普通话水平测试工作按照《普通话水平测试实施办法（试行）》和《普通话水平测试等级标准（试行）》的规定进行。

（6）普通话水平测试是推广普通话工作的重要组成部分，是使推广普通话工作逐步走向科学化、规范化、制度化的重要举措。各省、自治区、直辖市语委、教委、高教、教育厅（局）、广播电视厅（局）要密切配合、互相协作，加强宣传，不断总结经验，切实把这项工作做好。

附件一：《普通话水平测试实施办法（试行）》
附件二：《普通话水平测试等级标准（试行）》（略）
附件三：《普通话水平等级证书》（样本）（略）

国家语言文字工作委员会
国家教育委员会
广播电影电视部
1994 年 10 月 30 日

附：

普通话水平测试实施办法（试行）

根据国家语言文字工作委员会、国家教育委员会、广播电影电视部《关于开展普通话水平测试工作的决定》，制定本办法。

一、普通话水平测试委员会

第一条　普通话水平测试工作在国家普通话水平测试委员会的领导下，根据统一的标准和要求，在规定的范围内逐步开展。

第二条　各省（自治区、直辖市）应组建省级普通话水平测试委员会和普通话培训测试中心。中央人民广播电台、中央电视台以及具备条件的国家部委直属师范、广播、电影、戏剧等高等院校，经国家普通话水平测试委员会批准，可以成立本单位的普通话水平测试委员会，负责本单位的普通话水平测试工作。省级和部委直属单位的测试委员会接受国家普通话水平测试委员会的领导。

第三条　在普通话水平测试委员会和培训测试中心成立前，省（自治区、直辖市）内的测试工作在省（自治区、直辖市）语委、教委和广播电视厅的统一领导下进行。

二、普通话水平等级标准和《测试大纲》

第四条　普通话水平划分为三级六等（详见《普通话水平测试等级标准（试行）》），级和等实行量化评分。

第五条　普通话水平测试工作按照国家语委组织审定的《普通活水平测试大纲》统一测试内容和要求。

三、测试员

第六条　普通话水平测试员分国家级和省（自治区、直辖市）级两类。国家级测试员需经国家语委普通话培训测试中心培训、考核并取得测试员证书；省级测试员需经省普通话培训测试中心培训、考核，并经国家语委普通话培训测试中心复审、备案后，由省（自治区、直辖市）普通话水平测试中心颁发省级测试员证书。

评定普通话一级（甲、乙等）水平，必须由国家级测试员主持或复核方为有效。

第七条 测试员应熟悉和拥护国家语言文字工作方针、政策，热心语言文字工作，熟练掌握汉语拼音，普通话水平达到一级乙等以上（省级测试员少部分1946年以前出生的可放宽到二级甲等），具有大专毕业文化程度和三年以上工作实践，并有较高的语音分辨能力，作风正派。

国家级测试员最低上岗年龄为25岁，省级测试员最低上岗年龄为24岁。

第八条 测试员在省（自治区、直辖市）培训测试中心（或部委直属单位的普通话水平测试委员会）的组织领导下承担测试任务。测试工作必须严格按统一的测试标准和要求独立进行。

第九条 等级测试须有三名测试员协同工作（分别测试，综合评议）方为有效。评定意见不一致时，以多数人的意见为准。人员不足时，可用加强上级复审的办法过渡。

第十条 测试员不能正确掌握测试标准或在工作中有徇私舞弊行为时，省（自治区、直辖市）或部委直属单位的普通话水平测试委员应在一定期间内（半年至一年）停止其测试工作，错误性质严重的应撤销其测试员资格。对国家级测试员的处分和撤销处分的决定应通知国家语委普通话培训测试中心。

四、应试人员

第十一条 1946年1月1日以后出生至现年满18岁（个别可放宽到16岁）之间的下列人员应接受普通话水平测试：

（1）中小学教师；
（2）中等师范学校教师和高等院校文科教师；
（3）师范院校毕业生（高等师范里，首先是文科类毕业生）；
（4）广播、电视、电影、戏剧，以及外语、旅游等高等院校和学校相关专业的教师和毕业生；
（5）各级广播电台、电视台的播音员、节目主持人；
（6）从事电影、电视剧、话剧表演和影视配音的专业人员；
（7）其他应当接受普通话水平测试的人员和自愿申请接受普通话水平测试的人员。

第十二条 现阶段对一些岗位和专业人员的普通话等级要求。

（1）教师和师范院校毕业生应达到二级或一级水平，语文科教师应略高于其他学科教师的水平。
（2）专门从事普通话语音教学的教师和从事播音、电影、电视剧、话剧表演、配音的专业人员，以及与此相关专业的毕业生应达到一级甲等或一级乙等水平。

五、普通话等级证书

第十三条 普通话等级证书由省（自治区、直辖市）培训测试中心或部委直属单位普通话水平测试委员会颁发。

第十四条 普通话等级证书全国统一格式，由各省（自治区、直辖市）分别编号。

第十五条 测试评定的普通话一级甲等，需分批报国家语委普通话培训测试中心复审。复审比例为：10名以内复审1/3，11～50名以内复审1/5，51名以上复审1/10。复审后，在国家语委普通话培训测试中心备案，省（自治区、直辖市）培训测试中心注册。证书由国家语委普通话培训测试中心盖章后，由省（自治区、直辖市）培训测试中心颁发。

测试评定的一级乙等，在省（自治区、直辖市）培训测试中心注册，在国家语委普通话培训测试中心备案，必要时得由国家语委普通话培训测试中心抽查，然后由省（自治区、直辖市）培训测试中心颁发证书。

测试评定的二级甲、乙等，报省（自治区、直辖市）培训测试中心备案并发证书。

测试工作的重点是工作和学习需要普通话水平应达到一级或二级的人员。普通话三级水平测试由各地按照测试标准和大纲的要求，根据各地的情况和工作的需要组织进行。

第十六条 未进入规定等级或要求晋升等级的人员，需在前次测试 3 个月之后方能提出受试申请。

六、附则

第十七条 本办法由国家语委普通话培训测试中心负责解释。

第十八条 本办法自 1994 年 10 月 30 日起实施。

附录 C

普通话水平测试用必读轻声词语

爱人 ài ren	案子 àn zi	巴掌 bā zhang
把子 bǎ zi	把子 bà zi	爸爸 bà ba
白净 bái jing	班子 bān zi	板子 bǎn zi
帮手 bāng shou	梆子 bāng zi	膀子 bǎng zi
棒槌 bàng chui	棒子 bàng zi	包袱 bāo fu
包涵 bāo han	包子 bāo zi	豹子 bào zi
杯子 bēi zi	被子 bèi zi	本事 běn shi
本子 běn zi	鼻子 bí zi	比方 bǐ fang
鞭子 biān zi	扁担 biǎn dan	辫子 biàn zi
别扭 bié niu	饼子 bǐng zi	拨弄 bō nong
脖子 bó zi	簸箕 bò ji	补丁 bǔ ding
不由得 bù yóu de	不在乎 bù zài hu	步子 bù zi
部分 bù fen	裁缝 cái feng	财主 cái zhu
苍蝇 cāng ying	差事 chāi shi	柴火 chái huo
肠子 cháng zi	厂子 chǎng zi	场子 chǎng zi
车子 chē zi	称呼 chēng hu	池子 chí zi
尺子 chǐ zi	虫子 chóng zi	绸子 chóu zi
除了 chú le	锄头 chú tou	畜生 chù sheng
窗户 chuāng hu	窗子 chuāng zi	锤子 chuí zi
刺猬 cì wei	凑合 còu he	村子 cūn zi
耷拉 dā la	答应 dā ying	打扮 dǎ ban
打点 dǎ dian	打发 dǎ fa	打量 dǎ liang
打算 dǎ suan	打听 dǎ ting	大方 dà fang
大爷 dà ye	大夫 dài fu	带子 dài zi
袋子 dài zi	耽搁 dān ge	耽误 dān wu
单子 dān zi	胆子 dǎn zi	担子 dàn zi
刀子 dāo zi	道士 dào shi	稻子 dào zi
灯笼 dēng long	提防 dī fang	笛子 dí zi
底子 dǐ zi	地道 dì dao	地方 dì fang
弟弟 dì di	弟兄 dì xiong	点心 diǎn xin
调子 diào zi	钉子 dīng zi	东家 dōng jia
东西 dōng xi	动静 dòng jing	动弹 dòng tan
豆腐 dòu fu	豆子 dòu zi	嘟囔 dū nang
肚子 dǔ zi	肚子 dù zi	缎子 duàn zi

对付 duì fu	对头 duì tou	队伍 duì wu
多么 duō me	蛾子 é zi	儿子 ér zi
耳朵 ěr duo	贩子 fàn zi	房子 fáng zi
份子 fèn zi	风筝 fēng zheng	疯子 fēng zi
福气 fú qi	斧子 fǔ zi	盖子 gài zi
甘蔗 gān zhe	杆子 gān zi	杆子 gǎn zi
干事 gàn shi	杠子 gàng zi	高粱 gāo liang
膏药 gāo yao	稿子 gǎo zi	告诉 gào su
疙瘩 gē da	哥哥 gē ge	胳膊 gē bo
鸽子 gē zi	格子 gé zi	个子 gè zi
根子 gēn zi	跟头 gēn tou	工夫 gōng fu
弓子 gōng zi	公公 gōng gong	功夫 gōng fu
钩子 gōu zi	姑姑 gū gu	姑娘 gū niang
谷子 gǔ zi	骨头 gǔ tou	故事 gù shi
寡妇 guǎ fu	褂子 guà zi	怪物 guài wu
关系 guān xi	官司 guān si	罐头 guàn tou
罐子 guàn zi	规矩 guī ju	闺女 guī nü
鬼子 guǐ zi	柜子 guì zi	棍子 gùn zi
锅子 guō zi	果子 guǒ zi	蛤蟆 há ma
孩子 hái zi	含糊 hán hu	汉子 hàn zi
行当 háng dang	合同 hé tong	和尚 hé shang
核桃 hé tao	盒子 hé zi	红火 hóng huo
猴子 hóu zi	后头 hòu tou	厚道 hòu dao
狐狸 hú li	胡琴 hú qin	糊涂 hú tu
皇上 huáng shang	幌子 huǎng zi	胡萝卜 hú luó bo
活泼 huó po	火候 huǒ hou	伙计 huǒ ji
护士 hù shi	机灵 jī ling	脊梁 jǐ liang
记号 jì hao	记性 jì xing	夹子 jiā zi
家伙 jiā huo	架势 jià shi	架子 jià zi
嫁妆 jià zhuang	尖子 jiān zi	茧子 jiǎn zi
剪子 jiǎn zi	见识 jiàn shi	毽子 jiàn zi
将就 jiāng jiu	交情 jiāo qing	饺子 jiǎo zi
叫唤 jiào huan	轿子 jiào zi	结实 jiē shi
街坊 jiē fang	姐夫 jiě fu	姐姐 jiě jie
戒指 jiè zhi	金子 jīn zi	精神 jīng shen
镜子 jìng zi	舅舅 jiù jiu	橘子 jú zi
句子 jù zi	卷子 juàn zi	咳嗽 ké sou
客气 kè qi	空子 kòng zi	口袋 kǒu dai
口子 kǒu zi	扣子 kòu zi	窟窿 kū long

裤子 kù zǐ　　快活 kuài huo　　筷子 kuài zi
框子 kuàng zi　　困难 kùn nan　　阔气 kuò qi
喇叭 lǎ ba　　喇嘛 lǎ ma　　篮子 lá nzi
懒得 lǎn de　　浪头 làng tou　　老婆 lǎo po
老实 lǎo shi　　老太太 lǎo tai tai　　老头子 lǎo tóu zi
老爷 lǎo ye　　老子 lǎo zi　　姥姥 lǎo lao
累赘 léi zhui　　篱笆 lí ba　　里头 lǐ tou
力气 lì qi　　厉害 lì hai　　利落 lì luo
利索 lì suo　　例子 lì zi　　栗子 lì zi
痢疾 lì ji　　连累 lián lei　　帘子 lián zi
凉快 liáng kuai　　粮食 liáng shi　　两口子 liǎng kǒu zi
料子 liào zi　　林子 lín zi　　翎子 líng zi
领子 lǐng zi　　溜达 liū da　　聋子 lóng zi
笼子 lóng zi　　炉子 lú zi　　路子 lù zi
轮子 lún zi　　萝卜 luó bo　　骡子 luó zi
骆驼 luò tuo　　妈妈 mā ma　　麻烦 má fan
麻利 má li　　麻子 má zi　　马虎 mǎ hu
码头 mǎ tou　　买卖 mǎi mai　　麦子 mài zi
馒头 mán tou　　忙活 máng huo　　冒失 mào shi
帽子 mào zi　　眉毛 méi mao　　媒人 méi ren
妹妹 mèi mei　　门道 mén dao　　眯缝 mī feng
迷糊 mí hu　　面子 miàn zi　　苗条 miáo tiao
苗头 miáo tou　　名堂 míng tang　　名字 míng zi
明白 míng bai　　蘑菇 mó gu　　模糊 mó hu
木匠 mù jiang　　木头 mù tou　　那么 nà me
奶奶 nǎi nai　　难为 nán wei　　脑袋 nǎo dài
脑子 nǎo zi　　能耐 néng nai　　你们 nǐ men
念叨 niàn dao　　念头 niàn tou　　娘家 niáng jia
镊子 niè zi　　奴才 nú cai　　女婿 nǚ xu
暖和 nuǎn huo　　疟疾 nüè ji　　拍子 pāi zi
牌楼 pái lou　　牌子 pái zi　　盘算 pán suan
盘子 pán zi　　胖子 pàng zi　　狍子 páo zi
盆子 pén zi　　朋友 péng you　　棚子 péng zi
脾气 pí qi　　皮子 pí zi　　痞子 pǐ zi
屁股 pì gu　　片子 piān zi　　便宜 pián yi
骗子 piàn zi　　票子 piào zi　　漂亮 piào liang
瓶子 píng zi　　婆家 pó jia　　婆婆 pó po
铺盖 pù gai　　欺负 qī fu　　旗子 qí zi
前头 qián tou　　钳子 qián zi　　茄子 qié zi

亲戚 qīn qi　　勤快 qín kuai　　清楚 qīng chu
亲家 qìng jia　　曲子 qǔ zi　　圈子 quān zi
拳头 quán tou　　裙子 qún zi　　热闹 rè nao
人家 rén jia　　人们 rén men　　认识 rèn shi
日子 rì zi　　褥子 rù zi　　塞子 sāi zi
嗓子 sǎng zi　　嫂子 sǎo zi　　扫帚 sào zhou
沙子 shā zi　　傻子 shǎ zi　　扇子 shàn zi
商量 shāng liang　　上司 shàng si　　上头 shàng tou
烧饼 shāo bing　　勺子 sháo zi　　少爷 shào ye
哨子 shào zi　　舌头 shé tou　　身子 shēn zi
什么 shén me　　婶子 shěn zi　　生意 shēng yi
牲口 shēng kou　　绳子 shéng zi　　师父 shī fu
师傅 shī fu　　虱子 shī zǐ　　狮子 shī zi
石匠 shí jiang　　石榴 shí liu　　石头 shí tou
时候 shí hou　　实在 shí zai　　拾掇 shí duo
使唤 shǐ huan　　世故 shì gu　　似的 shì de
事情 shì qing　　柿子 shì zi　　收成 shōu cheng
收拾 shōu shi　　首饰 shǒu shi　　叔叔 shū shu
梳子 shū zi　　舒服 shū fu　　舒坦 shū tan
疏忽 shū hu　　爽快 shuǎng kuai　　思量 sī liang
算计 suàn ji　　岁数 suì shu　　孙子 sūn zi
他们 tā men　　它们 tā men　　她们 tā men
台子 tái zi　　太太 tài tai　　摊子 tān zi
坛子 tán zi　　毯子 tǎn zi　　桃子 táo zi
特务 tè wu　　梯子 tī zi　　蹄子 tí zi
挑剔 tiāo ti　　挑子 tiāo zi　　条子 tiáo zi
跳蚤 tiào zao　　铁匠 tiě jiang　　亭子 tíng zi
头发 tóu fa　　头子 tóu zi　　兔子 tù zi
妥当 tuǒ dang　　唾沫 tuò mo　　挖苦 wā ku
娃娃 wá wa　　袜子 wà zi　　晚上 wǎn shang
尾巴 wěi ba　　委屈 wěi qu　　为了 wèi le
位置 wèi zhi　　位子 wèi zi　　蚊子 wén zi
稳当 wěn dang　　我们 wǒ men　　屋子 wū zi
稀罕 xī han　　席子 xí zi　　媳妇 xí fu
喜欢 xǐ huan　　瞎子 xiā zi　　匣子 xiá zi
下巴 xià ba　　吓唬 xià hu　　先生 xiān sheng
乡下 xiāng xia　　箱子 xiāng zi　　相声 xiàng sheng
消息 xiāo xi　　小伙子 xiǎo huǒ zi　　小气 xiǎo qi
小子 xiǎo zi　　笑话 xiào hua　　谢谢 xiè xie

心思 xīn si	星星 xīng xing	猩猩 xīng xing
行李 xíng li	性子 xìng zi	兄弟 xiōng di
休息 xiū xi	秀才 xiù cai	秀气 xiù qi
袖子 xiù zi	靴子 xuē zi	学生 xué sheng
学问 xué wen	丫头 yā tou	鸭子 yā zi
衙门 yá men	哑巴 yǎ ba	胭脂 yān zhi
烟筒 yān tong	眼睛 yǎn jing	燕子 yàn zi
秧歌 yāng ge	养活 yǎng huo	样子 yàng zi
吆喝 yāo he	妖精 yāo jing	钥匙 yào shi
椰子 yē zi	爷爷 yé ye	叶子 yè zi
一辈子 yī bèi zi	衣服 yī fu	衣裳 yī shang
椅子 yǐ zi	意思 yì si	银子 yín zi
影子 yǐng zi	应酬 yìng chou	柚子 yòu zi
冤枉 yuān wang	院子 yuàn zi	月饼 yuè bing
月亮 yuè liang	云彩 yún cai	运气 yùn qi
在乎 zài hu	咱们 zán men	早上 zǎo shang
怎么 zěn me	扎实 zhā shi	眨巴 zhǎ ba
栅栏 zhà lan	宅子 zhái zi	寨子 zhài zi
张罗 zhāng luo	丈夫 zhàng fu	帐篷 zhàng peng
丈人 zhàng ren	帐子 zhàng zi	招呼 zhāo hu
招牌 zhāo pai	折腾 zhē teng	这个 zhè ge
这么 zhè me	枕头 zhěn tou	镇子 zhèn zi
芝麻 zhī ma	知识 zhī shi	侄子 zhí zi
指甲 zhǐ jia（zhī jia）	指头 zhǐ tou（zhí tou）	种子 zhǒng zi
珠子 zhū zi	竹子 zhú zi	主意 zhǔ yi（zhú yi）
主子 zhǔ zi	柱子 zhù zi	爪子 zhuǎ zi
转悠 zhuàn you	庄稼 zhuāng jia	庄子 zhuāng zi
壮实 zhuàng shi	状元 zhuàng yuan	锥子 zhuī zi
桌子 zhuō zi	字号 zì hao	自在 zì zai
粽子 zòng zi	祖宗 zǔ zong	嘴巴 zuǐ ba
作坊 zuō fang	琢磨 zuó mo	

附录 D

普通话水平测试用儿化词语表

一

a→ar	刀把儿 dāo bàr	号码儿 hào mǎr
	戏法儿 xì fǎr	在哪儿 zài nǎr
	找茬儿 zhǎo chár	打杂儿 dǎ zár
	板擦儿 bǎn cār	
ai→ar	名牌儿 míng páir	鞋带儿 xié dàir
	壶盖儿 hú gàir	小孩儿 xiǎo háir
	加塞儿 jiā sāir	
an→ar	快板儿 kuài bǎnr	老伴儿 lǎo bànr
	蒜瓣儿 suàn bànr	脸盘儿 liǎn pánr
	脸蛋儿 liǎn dànr	收摊儿 shōu tānr
	栅栏儿 zhà lanr	包干儿 bāo gānr
	笔杆儿 bǐ gǎnr	门槛儿 mén kǎnr

二

ang→ar（鼻化）	药方儿 yào fāngr	赶趟儿 gǎn tàngr
	香肠儿 xiāng chángr	瓜瓤儿 guā rángr

三

ia→iar	掉价儿 diào jiàr	一下儿 yī xiàr
	豆芽儿 dòu yár	
ian→iar	小辫儿 xiǎo biànr	照片儿 zhào piānr
	扇面儿 shàn miànr	差点儿 chà diǎnr
	一点儿 yī diǎnr	雨点儿 yǔ diǎnr
	聊天儿 liáo tiānr	拉链儿 lā liànr
	冒尖儿 mào jiānr	坎肩儿 kǎn jiānr
	牙签儿 yá qiānr	露馅儿 lòu xiànr
	心眼儿 xīn yǎnr	

四

iang→iar（鼻化）	鼻梁儿 bí liángr	透亮儿 tòu liàngr
	花样儿 huā yàngr	

五

ua→uar	脑瓜儿 nǎo guār	大褂儿 dà guàr

	麻花儿 má huār	笑话儿 xiào huar
	牙刷儿 yá shuār	
uai→uar	一块儿 yī kuàir	
uan→uar	茶馆儿 chá guǎnr	饭馆儿 fàn guǎnr
	火罐儿 huǒ guànr	落款儿 luò kuǎnr
	打转儿 dǎ zhuǎnr	拐弯儿 guǎi wānr
	好玩儿 hǎo wánr	大腕儿 dà wànr

六

uang→uar（鼻化）	蛋黄儿 dàn huángr	打晃儿 dǎ huàngr
	天窗儿 tiān chuāngr	

七

üan→üar	烟卷儿 yān juǎnr	手绢儿 shǒu juànr
	出圈儿 chū quānr	包圆儿 bāo yuánr
	人缘儿 rén yuánr	绕远儿 rào yuǎnr
	杂院儿 zá yuànr	

八

ei→er	刀背儿 dāo bèir	摸黑儿 mō hēir
en→er	老本儿 lǎo běnr	花盆儿 huā pénr
	嗓门儿 sǎng ménr	把门儿 bǎ ménr
	哥们儿 gē menr	纳闷儿 nà mènr
	后跟儿 hòu gēnr	高跟儿鞋 gāo gēnr xié
	别针儿 bié zhēnr	一阵儿 yī zhènr
	走神儿 zǒu shénr	大婶儿 dà shěnr
	小人儿书 xiǎo rénr shū	杏仁儿 xìng rénr
	刀刃儿 dāo rènr	

九

eng→er（鼻化）	钢镚儿 gāng bèngr	夹缝儿 jiā fèngr
	脖颈儿 bó gěngr	提成儿 tí chéngr

十

ie→ier	半截儿 bàn jiér	小鞋儿 xiǎo xiér
üe→üer	旦角儿 dàn juér	主角儿 zhǔ juér

十一

uei→uer	跑腿儿 pǎo tuǐr	一会儿 yī huìr
	耳垂儿 ěr chuír	墨水儿 mò shuǐr

uen→uer	围嘴儿 wéi zuǐr	走味儿 zǒu wèir
	打盹儿 dǎ dǔnr	胖墩儿 pàng dūnr
	砂轮儿 shā lúnr	冰棍儿 bīng gùnr
	没准儿 méi zhǔnr	开春儿 kāi chūnr
ueng→uer（鼻化）	*小瓮儿 xiǎo wèngr	

十二

-i（前）→er	瓜子儿 guā zǐr	石子儿 shí zǐr
	没词儿 méi cír	挑刺儿 tiāo cìr
-i（后）→er	墨汁儿 mò zhīr	锯齿儿 jù chǐr
	记事儿 jì shìr	

十三

i→ier	针鼻儿 zhēn bír	垫底儿 diàn dǐr
	肚脐儿 dù qír	玩意儿 wán yìr
in→ier	有劲儿 yǒu jìnr	送信儿 sòng xìnr
	脚印儿 jiǎo yìnr	

十四

ing→ier（鼻化）	花瓶儿 huā píngr	打鸣儿 dǎ míngr
	图钉儿 tú dīngr	门铃儿 mén língr
	眼镜儿 yǎn jìngr	蛋清儿 dàn qīngr
	火星儿 huǒ xīngr	人影儿 rén yǐngr

十五

ü→üer	毛驴儿 máo lǘr	小曲儿 xiǎo qǔr
	痰盂儿 tán yúr	
üe→üer	合群儿 hé qúnr	

十六

e→er	模特儿 mó tèr	逗乐儿 dòu lèr
	唱歌儿 chàng gēr	挨个儿 āi gèr
	打嗝儿 dǎ gér	饭盒儿 fàn hér
	在这儿 zài zhèr	

十七

u→ur	碎步儿 suì bùr	没谱儿 méi pǔr
	儿媳妇儿 ér xí fur	梨核儿 lí húr
	泪珠儿 lèi zhūr	有数儿 yǒu shùr

十八

ong→or（鼻化）　　果冻儿 guǒ dòngr　　门洞儿 mén dòngr
　　　　　　　　　　胡同儿 hú tòngr　　　抽空儿 chōu kòngr
　　　　　　　　　　酒盅儿 jiǔ zhōngr　　小葱儿 xiǎo cōngr

iong→ior（鼻化）　 *小熊儿 xiǎo xióngr

十九

ao→aor　　红包儿 hóng bāor　　灯泡儿 dēng pàor
　　　　　　半道儿 bàn dàor　　　手套儿 shǒu tàor
　　　　　　跳高儿 tiào gāor　　　叫好儿 jiào hǎor
　　　　　　口罩儿 kǒu zhàor　　　绝着儿 jué zhāor
　　　　　　口哨儿 kǒu shàor　　　蜜枣儿 mì zǎor

二十

iao→iaor　　鱼漂儿 yú piāor　　火苗儿 huǒ miáor
　　　　　　　跑调儿 pǎo diàor　　面条儿 miàn tiáor
　　　　　　　豆角儿 dòu jiǎor　　开窍儿 kāi qiàor

二十一

ou→our　　衣兜儿 yī dōur　　老头儿 lǎo tóur
　　　　　　年头儿 nián tóur　　小偷儿 xiǎo tōur
　　　　　　门口儿 mén kǒur　　纽扣儿 niǔ kòur
　　　　　　线轴儿 xiàn zhóur　　小丑儿 xiǎo chǒur
　　　　　　加油儿 jiā yóur

二十二

iou→iour　　顶牛儿 dǐng niúr　　抓阄儿 zhuā jiūr
　　　　　　　棉球儿 mián qiúr

二十三

uo→uor　　火锅儿 huǒ guōr　　做活儿 zuò huór
　　　　　　大伙儿 dà huǒr　　邮戳儿 yóu chuōr
　　　　　　小说儿 xiǎo shuōr　　被窝儿 bèi wōr

(o)→or　　耳膜儿 ěr mór　　粉末儿 fěn mòr

附录 E

词语读音汇总

1. 以下字词选自《普通话水平测试用普通话词语表》中《表一》。
2. 带 * 的字词为常用词语。
3. 轻声不标调，可轻可不轻的词语中间用 · 表示。

纯平舌音

A
氨基酸　ān jī suān

B
*白色　bái sè
伴随　bàn suí
伴奏　bàn zòu
孢子　bāo zǐ
*保存　bǎo cún
悲惨　bēi cǎn
被子　bèi zi
*鼻子　bí zi
*比赛　bǐ sài
*彼此　bǐ cǐ
鞭子　biān zi
表层　biǎo céng
*脖子　bó zi
不曾　bù céng
*不错　bù cuò
*不足　bù zú
步子　bù zi

C
*擦　cā
猜　cāi
*才　cái
*才能　cái néng
材　cái
*材料　cái liào
财　cái
*财富　cái fù
财力　cái lì
财务　cái wù
*采　cǎi

*采访　cǎi fǎng
采购　cǎi gòu
采集　cǎi jí
*采取　cǎi qǔ
*采用　cǎi yòng
彩　cǎi
彩色　cǎi sè
踩　cǎi
*菜　cài
蔡　cài
参　cān
*参观　cān guān
*参加　cān jiā
*参考　cān kǎo
参谋　cān móu
*参与　cān yù
残　cán
残酷　cán kù
残余　cán yú
蚕　cán
灿烂　càn làn
仓　cāng
仓库　cāng kù
苍白　cāng bái
苍蝇　cāng ying
舱　cāng
*藏　cáng
操　cāo
操纵　cāo zòng
*操作　cāo zuò
曹　cáo
槽　cáo
*草　cǎo
草案　cǎo'àn
草地　cǎo dì
*草原　cǎo yuán

册　cè
*侧　cè
侧面　cè miàn
*测　cè
*测定　cè dìng
*测量　cè liáng
测验　cè yàn
策略　cè lüè
*层　céng
*层次　céng cì
*曾　céng
*曾经　céng jīng
*词　cí
词典　cí diǎn
*词汇　cí huì
词义　cí yì
词语　cí yǔ
词组　cí zǔ
辞　cí
*磁　cí
磁力　cí lì
磁铁　cí tiě
雌　cí
*此　cǐ
此地　cǐ dì
此后　cǐ hòu
此刻　cǐ kè
*此外　cǐ wài
*次　cì
次序　cì xù
次要　cì yào
*刺　cì
*刺激　cì · jī
赐　cì
*聪明　cōng · míng
*从　cóng

*从此　cóng cǐ
*从而　cóng'ér
*从来　cóng lái
*从前　cóng qián
从小　cóng xiǎo
丛　cóng
凑　còu
*粗　cū
粗糙　cū cāo
促　cù
*促进　cù jìn
簇　cù
窜　cuàn
催　cuī
摧残　cuī cán
摧毁　cuī huǐ
*村　cūn
村子　cūn zi
*存　cún
存款　cún kuǎn
存在　cún zài
寸　cùn
*错　cuò
*错误　cuò · wù

D
*打算　dǎ suan
大嫂　dà sǎo
大自然　dà zì rán
担子　dàn zi
当做　dàng zuò
底层　dǐ céng
地层　dì céng
地租　dì zū
弟子　dì zǐ
电磁　diàn cí

电磁波	diàn cí bō	歌颂	gē sòng	*节奏	jié zòu	摸索	mō·suǒ
*电子	diàn zǐ	*各自	gè zì	结算	jié suàn	摩擦	mó cā
*电阻	diàn zǔ	跟随	gēn suí	解散	jiě sàn	木材	mù cái
雕塑	diāo sù	耕作	gēng zuò	锦标赛	jǐn biāo sài	**N**	
动词	dòng cí	*工资	gōng zī	近似	jìn sì		
*动作	dòng zuò	*工作	gōng zuò	精子	jīng zǐ	*男子	nán zǐ
毒素	dú sù	*公司	gōng sī	景色	jǐng sè	*脑子	nǎo zi
独自	dú zì	构思	gòu sī	竞赛	jìng sài	*内在	nèi zài
*肚子	dǔ zi	*构造	gòu zào	镜子	jìng zi	内脏	nèi zàng
*肚子	dù zi	*观测	guān cè	就算	jiù suàn	*农村	nóng cūn
短暂	duǎn zàn	光彩	guāng cǎi	*句子	jù zi	农作物	nóng zuò wù
E		光泽	guāng zé	*决策	jué cè	*女子	nǚ zǐ
*儿子	ér zi	*规则	guī zé	*角色	jué sè	**P**	
F		*鬼子	guǐ zi	**K**		牌子	pái zi
发作	fā zuò	*贵族	guì zú	开采	kāi cǎi	菩萨	pú·sà
法西斯	fǎ xī sī	**H**		咳嗽	ké·sòu	朴素	pǔ sù
*法则	fǎ zé	*孩子	hái zi	库存	kù cún	**Q**	
*犯罪	fàn zuì	汉子	hàn zi	裤子	kù zi	*妻子	qī·zǐ
方才	fāng cái	汉字	hàn zì	快速	kuài sù	*其次	qí cì
*房子	fáng zi	*合作	hé zuò	筷子	kuài zi	器材	qì cái
放松	fàng sōng	核算	hé suàn	亏损	kuī sǔn	潜在	qián zài
*分散	fēn sàn	*红色	hóng sè	扩散	kuò sàn	*亲自	qīn zì
*分子	fēn zǐ	猴子	hóu zi	**L**		轻松	qīng sōng
粉碎	fěn suì	花色	huā sè	老头子	lǎo tóu zi	情操	qíng cāo
*分子	fèn zǐ	*黄色	huáng sè	老子	lǎo zi	染色	rǎn sè
风俗	fēng sú	灰色	huī sè	*类似	lèi sì	**R**	
风速	fēng sù	**J**		*离子	lí zǐ	*染色体	rǎn sè tǐ
封锁	fēng suǒ	*基层	jī céng	*例子	lì zi	*人才	rén cái
讽刺	fěng cì	激素	jī sù	*粒子	lì zǐ	人造	rén zào
*否则	fǒu zé	集资	jí zī	莲子	lián zǐ	*日子	rì zi
*服从	fú cóng	计算	jì suàn	*脸色	liǎn sè	*如此	rú cǐ
*负责	fù zé	*计算机	jì suàn jī	量子	liàng zǐ	**S**	
*复杂	fù zá	记载	jì zǎi	*硫酸	liú suān	撒	sā
G		祭祀	jì sì	炉子	lú zi	洒	sǎ
*改造	gǎi zào	*加速	jiā sù	路子	lù zi	撒	sǎ
改组	gǎi zǔ	加速度	jiā sù dù	**M**		鳃	sāi
干脆	gān cuì	家族	jiā zú	麻醉	má zuì	塞	sāi
*干燥	gān zào	架子	jià zi	*满足	mǎn zú	塞	sài
肝脏	gān zàng	建造	jiàn zào	*帽子	mào zi	赛	sài
*刚才	gāng cái	交错	jiāo cuò	民俗	mín sú	*三	sān
高速	gāo sù	*叫做	jiào zuò	*民族	mín zú	三角	sān jiǎo
*告诉	gào su	*教材	jiào cái	*名词	míng cí	*三角形	sān jiǎo xíng
鸽子	gē zi	阶层	jiē céng	*名字	míng zi	伞	sǎn

*散	sǎn	*饲料	sì liào	*所以	suǒ yǐ	*心脏	xīn zàng
散文	sǎn wén	饲养	sì yǎng	*所有	suǒ yǒu	行走	xíng zǒu
*散	sàn	*松	sōng	*所在	suǒ zài	修辞	xiū cí
散布	sàn bù	*宋	Sòng	索	suǒ	*选择	xuǎn zé
散步	sàn bù	*送	sòng	锁	suǒ	*迅速	xùn sù
散发	sàn fā	搜集	sōu jí	**T**		**Y**	
嗓子	sǎng zi	艘	sōu	探测	tàn cè	压缩	yā suō
扫	sǎo	*苏	sū	*探索	tàn suǒ	烟囱	yān·cōng
扫荡	sǎo dàng	俗	sú	逃走	táo zǒu	*严肃	yán sù
嫂子	sǎo zi	诉讼	sù sòng	*特色	tè sè	盐酸	yán suān
*色	sè	*素	sù	*题材	tí cái	*颜色	yán sè
*色彩	sè cǎi	素材	sù cái	体裁	tǐ cái	*演奏	yǎn zòu
塞	sè	速	sù	体操	tǐ cāo	*样子	yàng zi
*森林	sēn lín	*速度	sù dù	天才	tiān cái	*要素	yào sù
僧	sēng	速率	sù lǜ	*投资	tóu zī	耶稣	Yē sū
僧侣	sēng lǚ	宿	sù	兔子	tù zi	*叶子	yè zi
司	sī	*塑料	sù liào	推测	tuī cè	一辈子	yī bèi zi
司法	sī fǎ	*塑造	sù zào	**W**		一再	yī zài
司机	sī jī	*酸	suān	外在	wài zài	一早	yī zǎo
司令	sī lìng	*算	suàn	外资	wài zī	依次	yī cì
*丝	sī	*虽	suī	未曾	wèi céng	椅子	yǐ zi
丝毫	sī háo	*虽然	suī rán	*文字	wén zì	*意思	yì si
私	sī	隋	Suí	蚊子	wén zi	*因此	yīn cǐ
*私人	sī rén	*随	suí	*屋子	wū zi	*因素	yīn sù
私营	sī yíng	*随便	suí biàn	无从	wú cóng	因子	yīn zǐ
私有	sī yǒu	随后	suí hòu	*物资	wù zī	隐藏	yǐn cáng
思	sī	随即	suí jí	**X**		*影子	yǐng zi
*思考	sī kǎo	随意	suí yì	习俗	xí sú	预测	yù cè
思路	sī lù	*遂	suí	洗澡	xǐ zǎo	预算	yù suàn
*思索	sī suǒ	髓	suǐ	下层	xià céng	*元素	yuán sù
思维	sī wéi	*岁	suì	现存	xiàn cún	原材料	yuán cái liào
*思想	sī xiǎng	岁月	suì yuè	*现在	xiàn zài	*原则	yuán zé
思想家	sī xiǎng jiā	*遂	suì	线索	xiàn suǒ	*原子	yuán zǐ
斯	sī	碎	suì	*乡村	xiāng cūn	原子核	yuán zǐ hé
*死	sǐ	穗	suì	*相似	xiāng sì	*院子	yuàn zi
*死亡	sǐ wáng	*孙	sūn	箱子	xiāng zi	运算	yùn suàn
死刑	sǐ xíng	孙子	sūn zi	硝酸	xiāo suān	蕴藏	yùn cáng
*四	sì	损害	sǔn hài	*小伙子	xiǎo huǒ zi	**Z**	
四边形	sì biān xíng	损耗	sǔn hào	小子	xiǎo zi	扎	zā
四面	sì miàn	缩	suō	*小组	xiǎo zǔ	杂	zá
寺	sì	缩短	suō duǎn	*协作	xié zuò	杂交	zá jiāo
寺院	sì yuàn	*缩小	suō xiǎo	*写作	xiě zuò	砸	zá
*似	sì	*所	suǒ	心思	xīn si	灾难	zāi nàn
*似乎	sì hū	*所谓	suǒ wèi				

栽	zāi	*增加	zēng jiā	*综合	zōng hé	罪犯	zuì fàn
栽培	zāi péi	增进	zēng jìn	*总	zǒng	罪行	zuì xíng
*再	zài	*增强	zēng qiáng	总额	zǒng'é	醉	zuì
再见	zài jiàn	增添	zēng tiān	总和	zǒng hé	尊	zūn
再现	zài xiàn	咨询	zī xún	*总结	zǒng jié	尊敬	zūn jìng
*在	zài	*姿态	zī tài	*总理	zǒng lǐ	尊严	zūn yán
在家	zài jiā	资	zī	总算	zǒng suàn	遵循	zūn xún
*在于	zài yú	*资本	zī běn	*总体	zǒng tǐ	*昨天	zuó tiān
*载	zài	*资格	zī ·gé	*总统	zǒng tǒng	琢磨	zuó mo
*咱	zán	*资金	zī jīn	纵	zòng	*左	zuǒ
*咱们	zán men	资料	zī liào	纵队	zòng duì	左边	zuǒ ·biān
暂	zàn	*资源	zī yuán	*走	zǒu	*左右	zuǒ yòu
赞美	zàn měi	滋味	zī wèi	走廊	zǒu láng	*作	zuò
赞叹	zàn tàn	*子	zǐ	*走向	zǒu xiàng	作法	zuò fǎ
赞扬	zàn yáng	子弹	zǐ dàn	奏	zòu	*作风	zuò fēng
脏	zāng	子弟	zǐ dì	租	zū	*作家	zuò jiā
脏	zàng	子宫	zǐ gōng	租界	zū jiè	*作品	zuò pǐn
葬	zàng	*子女	zǐ nǚ	*足	zú	*作为	zuò wéi
藏	zàng	子孙	zǐ sūn	*足够	zú gòu	*作物	zuò wù
*遭	zāo	*仔细	zǐ xì	足球	zú qiú	*作业	zuò yè
遭遇	zāo yù	姊妹	zǐ mèi	*足以	zú yǐ	*作用	zuò yòng
糟	zāo	紫	zǐ	族	zú	*坐	zuò
*早	zǎo	*自	zì	阻	zǔ	坐标	zuò biāo
*早期	zǎo qī	*自从	zì cóng	*阻碍	zǔ'ài	*座	zuò
早日	zǎo rì	*自动	zì dòng	阻力	zǔ lì	座位	zuò ·wèi
*早已	zǎo yǐ	自动化	zì dòng huà	*组	zǔ	*做	zuò
藻	zǎo	自发	zì fā	*组合	zǔ hé	*做法	zuò fǎ
灶	zào	自豪	zì háo	祖	zǔ	做梦	zuò mèng
*造	zào	*自己	zì jǐ	祖父	zǔ fù		
造就	zào jiù	*自觉	zì jué	*祖国	zǔ guó	**纯翘舌音**	
造型	zào xíng	*自然	zì rán	祖母	zǔ mǔ	**A**	
*则	zé	*自然界	zì rán jiè	*祖先	zǔ xiān	安置	ān zhì
责	zé	自卫	zì wèi	祖宗	zǔ zong	安装	ān zhuāng
*责任	zé rèn	*自我	zì wǒ	钻	zuān	*按照	àn zhào
责任感	zé rèn gǎn	自信	zì xìn	钻研	zuān yán	暗示	àn shì
贼	zéi	自行	zì xíng	*钻	zuàn	暗中	àn zhōng
怎	zěn	*自由	zì yóu	嘴	zuǐ	**B**	
*怎么	zěn me	自愿	zì yuàn	嘴巴	zuǐ ba	*办公室	bàn gōng shì
*怎么样	zěn me yàng	自在	zì zài	*最	zuì	*办事	bàn shì
怎样	zěn yàng	自在	zì zai	*最后	zuì hòu	*帮助	bāng zhù
*曾	zēng	*字	zì	*最近	zuì jìn	包装	bāo zhuāng
*增	zēng	字母	zì mǔ	*最为	zuì wéi	宝石	bǎo shí
*增多	zēng duō	宗	zōng	*罪	zuì	*保持	bǎo chí
增高	zēng gāo	*宗教	zōng jiào	罪恶	zuì'è		

保守	bǎo shǒu	茶馆儿	chá guǎnr	场地	chǎng dì	*成	chéng
*保障	bǎo zhàng	茶叶	chá yè	场合	chǎng hé	成本	chéng běn
*保证	bǎo zhèng	*查	chá	*场面	chǎng miàn	成虫	chéng chóng
*报酬	bào·chóu	察	chá	*唱	chàng	*成分	chéng·fèn
*报纸	bào zhǐ	叉	chǎ	抄	chāo	*成功	chéng gōng
*爆炸	bào zhà	*差	chà	*超	chāo	成果	chéng guǒ
*本身	běn shēn	*差不多	chà·bù duō	超出	chāo chū	*成绩	chéng jì
本事	běn shì	差点儿	chà diǎnr	超额	chāo'é	*成就	chéng jiù
本事	běn shi	拆	chāi	*超过	chāo guò	*成立	chéng lì
*本质	běn zhì	*差	chāi	超越	chāo yuè	成年	chéng nián
*比重	bǐ zhòng	柴	chái	巢	cháo	*成人	chéng rén
笔者	bǐ zhě	缠	chán	*朝	cháo	*成熟	chéng shú
*编制	biān zhì	*产	chǎn	朝廷	cháo tíng	*成为	chéng wéi
*辩证	biàn zhèng	产地	chǎn dì	潮	cháo	成效	chéng xiào
*辩证法	biàn zhèng fǎ	*产量	chǎn liàng	潮流	cháo liú	成语	chéng yǔ
*标志	biāo zhì	*产品	chǎn pǐn	潮湿	cháo shī	*成员	chéng yuán
*标准	biāo zhǔn	*产生	chǎn shēng	吵	chǎo	成长	chéng zhǎng
标准化	biāo zhǔn huà	*产物	chǎn wù	炒	chǎo	*呈	chéng
*表示	biǎo shì	*产业	chǎn yè	*车	chē	*呈现	chéng xiàn
表述	biǎo shù	产值	chǎn zhí	*车间	chē jiān	诚	chéng
表彰	biǎo zhāng	阐明	chǎn míng	车辆	chē liàng	诚恳	chéng kěn
冰川	bīng chuān	阐述	chǎn shù	车厢	chē xiāng	诚实	chéng·shí
*波长	bō cháng	颤抖	chàn dǒu	车站	chē zhàn	承	chéng
播种	bō zhǒng	*长	cháng	扯	chě	承包	chéng bāo
播种	bō zhòng	长城	cháng chéng	*彻底	chè dǐ	*承担	chéng dān
*博士	bó shì	长处	cháng·chù	撤	chè	*承认	chéng rèn
补偿	bǔ cháng	*长度	cháng dù	撤销	chè xiāo	承受	chéng shòu
*补充	bǔ chōng	长短	cháng duǎn	臣	chén	*城	chéng
捕食	bǔ shí	长久	cháng jiǔ	尘	chén	*城市	chéng shì
捕捉	bǔ zhuō	*长期	cháng qī	沉	chén	城镇	chéng zhèn
不时	bù shí	长远	cháng yuǎn	*沉淀	chén diàn	*乘	chéng
不止	bù zhǐ	长征	cháng zhēng	沉积	chén jī	乘机	chéng jī
布置	bù zhì	*场	cháng	沉默	chén mò	乘客	chéng kè
*步骤	bù zhòu	肠	cháng	沉重	chén zhòng	*盛	chéng
部署	bù shǔ	尝	cháng	沉着	chén zhuó	程	chéng
		尝试	cháng shì	*陈	chén	*程度	chéng dù
C		*常	cháng	陈旧	chén jiù	程式	chéng shì
叉	chā	常规	cháng guī	陈述	chén shù	*程序	chéng xù
*差	chā	常年	cháng nián	*称	chèn	惩罚	chéng fá
*差别	chā bié	常识	cháng shí	趁	chèn	秤	chèng
差价	chā jià	常数	cháng shù	*称	chēng	*吃	chī
差距	chā jù	*厂	chǎng	称号	chēng hào	吃饭	chī fàn
*差异	chā yì	厂房	chǎng fáng	称呼	chēng hu	吃惊	chī jīng
*插	chā	*场	chǎng	撑	chēng	吃力	chī lì
茶	chá						

· 146 ·

*池	chí	*出来	chū·lái	传授	chuán shòu	大战	dà zhàn
池塘	chí táng	出路	chū lù	*传说	chuán shuō	*大致	dà zhì
*迟	chí	出卖	chū mài	*传统	chuán tǒng	大众	dà zhòng
*持	chí	出门	chū mén	*船	chuán	*单纯	dān chún
持久	chí jiǔ	*出去	chū·qù	船舶	chuán bó	*但是	dàn shì
*持续	chí xù	出身	chū shēn	船长	chuán zhǎng	诞生	dàn shēng
*尺	chǐ	*出生	chū shēng	船只	chuán zhī	淡水	dàn shuǐ
*尺度	chǐ dù	出售	chū shòu	喘	chuǎn	*蛋白质	dàn bái zhì
齿	chǐ	出土	chū tǔ	*串	chuàn	当场	dāng chǎng
赤	chì	出席	chū xí	串联	chuàn lián	当初	dāng chū
赤道	chì dào	*出现	chū xiàn	创	chuāng	*当时	dāng shí
翅	chì	出血	chū xiě	创伤	chuāng shāng	*当事人	dāng shì rén
*翅膀	chì bǎng	*初	chū	窗	chuāng	当中	dāng zhōng
*冲	chōng	*初步	chū bù	窗户	chuāng hu	当成	dàng chéng
冲动	chōng dòng	初级	chū jí	窗口	chuāng kǒu	*当时	dàng shí
冲击	chōng jī	*初期	chū qī	*床	chuáng	*导致	dǎo zhì
冲破	chōng pò	初中	chū zhōng	幢	chuáng	*到处	dào chù
*冲突	chōng tū	*除	chú	闯	chuǎng	抵制	dǐ zhì
充	chōng	除非	chú fēi	创	chuàng	地势	dì shì
充当	chōng dāng	除了	chú le	创办	chuàng bàn	地下水	dì xià shuǐ
*充分	chōng fèn	厨房	chú fáng	*创立	chuàng lì	地震	dì zhèn
*充满	chōng mǎn	*处	chǔ	创新	chuàng xīn	*地质	dì zhì
充实	chōng shí	处罚	chǔ fá	*吹	chuī	地主	dì zhǔ
*虫	chóng	处分	chǔ fèn	垂	chuí	电场	diàn chǎng
*重	chóng	处境	chǔ jìng	*垂直	chuí zhí	电池	diàn chí
*重复	chóng fù	*处理	chǔ lǐ	锤	chuí	*电视	diàn shì
重合	chóng hé	*处于	chǔ yú	*春	chūn	电视剧	diàn shì jù
*重新	chóng xīn	储备	chǔ bèi	春季	chūn jì	电视台	diàn shì tái
*崇拜	chóng bài	储量	chǔ liàng	春节	Chūn Jié	*调查	diào chá
崇高	chóng gāo	储蓄	chǔ xù	春秋	chūn qiū	*动手	dòng shǒu
*冲	chòng	楚	chǔ	*春天	chūn tiān	*斗争	dòu zhēng
*抽	chōu	*处	chù	纯	chún	都市	dū shì
*抽象	chōu xiàng	畜	chù	纯洁	chún jié	独占	dú zhàn
仇恨	chóu hèn	触	chù	唇	chún	*读书	dú shū
愁	chóu	川	chuān			*读者	dú zhě
丑	chǒu	*穿	chuān	**D**		端正	duān zhèng
臭	chòu	穿着	chuān zhuó	打仗	dǎ zhàng	*对称	duì chèn
*出	chū	*传	chuán	大臣	dà chén	对手	duì shǒu
*出版	chū bǎn	*传播	chuán bō	*大多数	dà duō shù	对照	duì zhào
出产	chū chǎn	传达	chuán dá	大厦	dà shà	*顿时	dùn shí
*出发	chū fā	传导	chuán dǎo	大婶儿	dà shěnr	*多少	duō·shǎo
出发点	chū fā diǎn	*传递	chuán dì	大师	dà shī	*多数	duō shù
出国	chū guó	传教士	chuán jiào shì	*大事	dà shì		
*出口	chū kǒu	传染病	chuán rǎn bìng	大叔	dà shū	**F**	
				*大学生	dà xué shēng	*发出	fā chū

*发射	fā shè	歌唱	gē chàng	护士	hù shi	*简直	jiǎn zhí
*发生	fā shēng	歌声	gē shēng	花生	huā shēng	*建设	jiàn shè
*发展	fā zhǎn	*工厂	gōng chǎng	化石	huà shí	*建筑	jiàn zhù
*法制	fǎ zhì	工场	gōng chǎng	*患者	huàn zhě	健壮	jiàn zhuàng
翻身	fān shēn	*工程	gōng chéng	灰尘	huī chén	讲述	jiǎng shù
*凡是	fán shì	*工程师	gōng chéng shī	会场	huì chǎng	降水	jiàng shuǐ
*繁殖	fán zhí	工商业	gōng shāng yè	浑身	hún shēn	交叉	jiāo chā
繁重	fán zhòng	*公社	gōng shè	火柴	huǒ chái	交织	jiāo zhī
*反射	fǎn shè	*公式	gōng shì	*火车	huǒ chē	*教师	jiào shī
*反正	fǎn ·zhèng	*公有制	gōng yǒu zhì	火山	huǒ shān	教室	jiào shì
*反之	fǎn zhī	公正	gōng zhèng	*或者	huò zhě	*教授	jiào shòu
*范畴	fàn chóu	公主	gōng zhǔ			结实	jiē shi
*方程	fāng chéng	*共产党	gòng chǎn	**J**		*接触	jiē chù
*方式	fāng shì		dǎng	机场	jī chǎng	接收	jiē shōu
*方针	fāng zhēn	*构成	gòu chéng	机车	jī chē	*接受	jiē shòu
*防止	fáng zhǐ	鼓吹	gǔ chuī	*机制	jī zhì	*揭示	jiē shì
*防治	fáng zhì	固执	gù ·zhí	*基础	jī chǔ	节省	jié shěng
纺织	fǎng zhī	*故事	gù shi	*及时	jí shí	杰出	jié chū
放射	fàng shè	关注	guān zhù	*即使	jí shǐ	*结束	jié shù
放射性	fàng shè xìng	*观察	guān chá	*集中	jí zhōng	解除	jiě chú
飞船	fēi chuán	观众	guān zhòng	*记者	jì zhě	*解释	jiě shì
*非常	fēi cháng	*贯彻	guàn chè	技术	jì shù	*介绍	jiè shào
废除	fèi chú	贯穿	guàn chuān	技术员	jì shù yuán	介质	jiè zhì
*分成	fēn chéng	光照	guāng zhào	*既是	jì shì	借助	jiè zhù
分支	fēn zhī	广场	guǎng chǎng	*继承	jì chéng	金刚石	jīn gāng shí
丰收	fēng shōu	*果实	guǒ shí	继承人	jì chéng rén	*金属	jīn shǔ
*服装	fú zhuāng	果树	guǒ shù	寄生	jì shēng	*紧张	jǐn zhāng
*辐射	fú shè	*过程	guò chéng	寄生虫	jì shēng chóng	谨慎	jǐn shèn
辅助	fǔ zhù			寄主	jì zhǔ	*进程	jìn chéng
腐蚀	fǔ shí	**H**		加深	jiā shēn	进展	jìn zhǎn
付出	fù chū	害虫	hài chóng	加重	jiā zhòng	*禁止	jìn zhǐ
附着	fù zhuó	*函数	hán shù	家畜	jiā chù	*经常	jīng cháng
复制	fù zhì	汗水	hàn shuǐ	家属	jiā shǔ	经受	jīng shòu
		*好处	hǎo ·chù	*家长	jiā zhǎng	*精神	jīng shén
G		好事	hǎo shì	*假设	jiǎ shè	*精神	jīng shen
*改善	gǎi shàn	好转	hǎo zhuǎn	假使	jiǎ shǐ	警察	jǐng chá
改正	gǎi zhèng	*号召	hào zhào	*假说	jiǎ shuō	*竞争	jìng zhēng
*干涉	gān shè	好事	hào shì	*价值	jià zhí	静止	jìng zhǐ
*感受	gǎn shòu	*合成	hé chéng	驾驶	jià shǐ	*纠正	jiū zhèng
感知	gǎn zhī	*合适	hé shì	*坚持	jiān chí	*就是	jiù shì
高产	gāo chǎn	和尚	hé shang	坚实	jiān shí	*居住	jū zhù
高潮	gāo cháo	洪水	hóng shuǐ	监视	jiān shì	局势	jú shì
高尚	gāo shàng	后世	hòu shì	*检查	jiǎn chá	剧场	jù chǎng
高涨	gāo zhǎng	*忽视	hū shì	减少	jiǎn shǎo	剧种	jù zhǒng
高中	gāo zhōng	互助	hù zhù	简称	jiǎn chēng		

附 录

*据说	jù shuō	流传	liú chuán	*批准	pī zhǔn	*人生	rén shēng
觉察	jué chá	流水	liú shuǐ	*品质	pǐn zhì	人士	rén shì
*军事	jūn shì	笼罩	lǒng zhào	*品种	pǐn zhǒng	人事	rén shì
君主	jūn zhǔ	路程	lù chéng	*平常	píng cháng	忍受	rěn shòu
K		律师	lǜ shī	*平时	píng shí	*认识	rèn shi
开除	kāi chú	卵巢	luǎn cháo	迫使	pò shǐ	认识论	rèn shi lùn
开创	kāi chuàng	轮船	lún chuán	破产	pò chǎn	*认真	rèn zhēn
开设	kāi shè	*论述	lùn shù			日常	rì cháng
*开始	kāi shǐ	论证	lùn zhèng	**Q**		入手	rù shǒu
开水	kāi shuǐ	*落实	luò shí	*其实	qí shí	若是	ruò shì
*开展	kāi zhǎn			*其中	qí zhōng		
开支	kāi zhī	**M**		旗帜	qí zhì	**S**	
*抗战	kàng zhàn	马车	mǎ chē	启示	qǐ shì	*杀	shā
*考察	kǎo chá	*马上	mǎ shàng	起初	qǐ chū	杀害	shā hài
*考试	kǎo shì	漫长	màn cháng	起身	qǐ shēn	*沙	shā
*可是	kě shì	没事	méi shì	气质	qì zhì	沙发	shā fā
*课程	kè chéng	*美术	měi shù	*汽车	qì chē	*沙漠	shā mò
*空中	kōng zhōng	秘书	mì shū	强制	qiáng zhì	沙滩	shā tān
*控制	kòng zhì	*描述	miáo shù	切实	qiè shí	纱	shā
夸张	kuā zhāng	民事	mín shì	侵蚀	qīn shí	砂	shā
矿产	kuàng chǎn	民众	mín zhòng	侵占	qīn zhàn	傻	shǎ
*昆虫	kūn chóng	*民主	mín zhǔ	亲属	qīn shǔ	*色	shǎi
扩展	kuò zhǎn	*名称	míng chēng	青春	qīng chūn	晒	shài
*扩张	kuò zhāng	*模式	mó shì	轻声	qīng shēng	*山	shān
		没收	mò shōu	轻视	qīng shì	山地	shān dì
L		陌生	mò shēng	轻重	qīng zhòng	山峰	shān fēng
蜡烛	là zhú			清晨	qīng chén	山谷	shān gǔ
*劳动者	láo dòng zhě	**N**		清除	qīng chú	山林	shān lín
*老师	lǎo shī	纳税	nà shuì	*清楚	qīng chu	山路	shān lù
老实	lǎo shi	乃至	nǎi zhì	请示	qǐng shì	山脉	shān mài
老鼠	lǎo ·shǔ	难受	nán shòu	庆祝	qìng zhù	*山区	shān qū
泪水	lèi shuǐ	年初	nián chū	求证	qiú zhèng	山水	shān shuǐ
冷水	lěng shuǐ	凝视	níng shì	酋长	qiú zhǎng	山头	shān tóu
理智	lǐ zhì	扭转	niǔ zhuǎn	曲折	qū zhé	*扇	shān
*历史	lì shǐ	*农产品	nóng chǎn pǐn	驱逐	qū zhú	*闪	shǎn
*立场	lì chǎng	农场	nóng chǎng	趋势	qū shì	闪电	shǎn diàn
良种	liáng zhǒng	女士	nǚ shì	去世	qù shì	闪光	shǎn guāng
*粮食	liáng shi			*全身	quán shēn	闪烁	shǎn shuò
列车	liè chē	**P**		*缺少	quē shǎo	*单	Shàn
烈士	liè shì	拍摄	pāi shè	确实	què shí	*扇	shàn
*临床	lín chuáng	*排斥	pái chì	*群众	qún zhòng	*善	shàn
*临时	lín shí	排除	pái chú			善良	shàn liáng
零售	líng shòu	判处	pàn chǔ	**R**		*善于	shàn yú
领事	lǐng shì	赔偿	péi cháng	*燃烧	rán shāo	*伤	shāng
		配置	pèi zhì	人身	rén shēn	伤害	shāng hài
		*膨胀	péng zhàng				

· 149 ·

伤口	shāng kǒu	少爷	shào ye	深情	shēn qíng	*声	shēng
伤心	shāng xīn	*舌	shé	*深入	shēn rù	声调	shēng diào
伤员	shāng yuán	舌头	shé tou	深夜	shēn yè	声明	shēng míng
*商	shāng	*折	shé	深远	shēn yuǎn	声响	shēng xiǎng
商标	shāng biāo	*蛇	shé	*什么	shén me	*声音	shēng yīn
*商店	shāng diàn	舍	shě	*神	shén	牲畜	shēng chù
*商量	shāng liang	舍不得	shě・bù・dé	*神话	shén huà	牲口	shēng kou
*商品	shāng pǐn	*设	shè	*神经	shén jīng	绳	shéng
*商人	shāng rén	*设备	shè bèi	*神秘	shén mì	*省	shěng
商业	shāng yè	设法	shè fǎ	神奇	shén qí	圣	shèng
*上	shǎng	*设计	shè jì	神气	shén・qì	圣经	shèng jīng
赏	shǎng	*设立	shè lì	神情	shén qíng	*胜	shèng
*上	shàng	*设施	shè shī	神圣	shén shèng	*胜利	shèng lì
上班	shàng bān	*设想	shè xiǎng	神态	shén tài	*盛	shèng
上边	shàng・biān	*设置	shè zhì	神学	shén xué	盛行	shèng xíng
*上帝	shàng dì	*社	shè	沈	shěn	剩	shèng
*上级	shàng jí	*社会	shè huì	审查	shěn chá	剩余	shèng yú
上课	shàng kè	*社会学	shè huì xué	*审美	shěn měi	尸体	shī tǐ
上空	shàng kōng	舍	shè	*审判	shěn pàn	*失	shī
*上来	shàng・lái	*射	shè	婶	shěn	*失败	shī bài
*上面	shàng・miàn	射击	shè jī	*肾	shèn	失掉	shī diào
*上去	shàng・qù	*射线	shè xiàn	*甚	shèn	*失去	shī qù
上山	shàng shān	涉及	shè jí	甚至	shèn zhì	失调	shī tiáo
*上升	shàng shēng	摄	shè	*渗透	shèn tòu	*失望	shī wàng
上市	shàng shì	摄影	shè yǐng	慎重	shèn zhòng	失误	shī wù
*上述	shàng shù	*谁	shéi	*升	shēng	失业	shī yè
*上午	shàng wǔ	申请	shēn qǐng	*生	shēng	*师	shī
*上下	shàng xià	*伸	shēn	*生产	shēng chǎn	师范	shī fàn
上学	shàng xué	伸手	shēn shǒu	*生产力	shēng chǎn lì	*师傅	shī fu
上衣	shàng yī	*身	shēn	*生成	shēng chéng	师长	shī zhǎng
上游	shàng yóu	*身边	shēn biān	*生动	shēng dòng	*诗	shī
上涨	shàng zhǎng	*身份	shēn・fèn	生活	shēng huó	诗歌	shī gē
*尚	shàng	身后	shēn hòu	*生理	shēng lǐ	*诗人	shī rén
*烧	shāo	身躯	shēn qū	*生命	shēng mìng	诗意	shī yì
*梢	shāo	*身体	shēn tǐ	生命力	shēng mìng lì	*施	shī
*稍	shāo	身心	shēn xīn	*生气	shēng qì	施肥	shī féi
稍稍	shāo shāo	身影	shēn yǐng	生前	shēng qián	施工	shī gōng
稍微	shāo wēi	参	shēn	生态	shēng tài	施行	shī xíng
*少	shǎo	*深	shēn	*生物	shēng wù	*湿	shī
*少量	shǎo liàng	深沉	shēn chén	生意	shēng yì	湿度	shī dù
*少数	shǎo shù	*深度	shēn dù	生意	shēng yi	湿润	shī rùn
*少	shào	深厚	shēn hòu	生育	shēng yù	*十	shí
*少年	shào nián	深化	shēn huà	*生长	shēng zhǎng	*石	shí
少女	shào nǚ	*深刻	shēn kè	*生殖	shēng zhí	石灰	shí huī

· 150 ·

*石头	shí tou	*始终	shǐ zhōng	是非	shì fēi	寿命	shòu mìng
*石油	shí yóu	士	shì	*是否	shì fǒu	*受	shòu
*时	shí	士兵	shì bīng	适	shì	受精	shòu jīng
时常	shí cháng	*氏	shì	*适当	shì dàng	受伤	shòu shāng
*时代	shí dài	*示	shì	*适合	shì hé	狩猎	shòu liè
时而	shí'ér	示范	shì fàn	*适宜	shì yí	授	shòu
*时候	shí hou	示威	shì wēi	*适应	shì yìng	兽	shòu
时机	shí jī	*世	shì	*适用	shì yòng	*瘦	shòu
*时间	shí jiān	世代	shì dài	*室	shì	*书	shū
时节	shí jié	*世纪	shì jì	逝世	shì shì	书包	shū bāo
*时刻	shí kè	*世界	shì jiè	*释放	shì fàng	书本	shū běn
时空	shí kōng	*世界观	shì jiè guān	*收	shōu	书籍	shū jí
时髦	shí máo	*市	shì	*收购	shōu gòu	*书记	shū·jì
*时期	shí qī	*市场	shì chǎng	收回	shōu huí	书面	shū miàn
识	shí	市民	shì mín	收获	shōu huò	书写	shū xiě
识别	shí bié	*式	shì	*收集	shōu jí	抒情	shū qíng
*实	shí	*似的	shì de	*收入	shōu rù	*叔叔	shū shu
*实际	shí jì	*事	shì	收拾	shōu shi	梳	shū
*实践	shí jiàn	事变	shì biàn	收益	shōu yì	舒服	shū fu
实力	shí lì	*事故	shì gù	收音机	shōu yīn jī	舒适	shū shì
实例	shí lì	事后	shì hòu	*熟	shóu	疏	shū
*实施	shí shī	事迹	shì jì	*手	shǒu	输	shū
实体	shí tǐ	*事件	shì jiàn	手臂	shǒu bì	输出	shū chū
*实物	shí wù	事例	shì lì	手表	shǒu biǎo	输入	shū rù
*实现	shí xiàn	*事情	shì qing	*手段	shǒu duàn	*熟	shú
*实行	shí xíng	事实	shì shí	*手法	shǒu fǎ	熟练	shú liàn
*实验	shí yàn	事务	shì wù	手工	shǒu gōng	*熟悉	shú·xī
实用	shí yòng	*事物	shì wù	*手工业	shǒu gōng yè	*属	shǔ
*实质	shí zhì	事先	shì xiān	手脚	shǒu jiǎo	*属性	shǔ xìng
拾	shí	*事业	shì yè	手榴弹	shǒu liú dàn	*属于	shǔ yú
*食	shí	*势	shì	手枪	shǒu qiāng	鼠	shǔ
*食品	shí pǐn	势必	shì bì	手势	shǒu shì	*数	shǔ
食堂	shí táng	*势力	shì·lì	*手术	shǒu shù	术	shù
*食物	shí wù	势能	shì néng	手续	shǒu xù	术语	shù yǔ
食盐	shí yán	*试	shì	手掌	shǒu zhǎng	束	shù
食用	shí yòng	*试管	shì guǎn	*手指	shǒu zhǐ	*束缚	shù fù
*史	shǐ	试图	shì tú	*守	shǒu	述	shù
史学	shǐ xué	*试验	shì yàn	守恒	shǒu héng	*树	shù
*使	shǐ	试制	shì zhì	*首	shǒu	树干	shù gàn
*使得	shǐ·dé	*视	shì	*首都	shǒu dū	*树立	shù lì
使劲	shǐ jìn	视觉	shì jué	首领	shǒu lǐng	树林	shù lín
使命	shǐ mìng	视线	shì xiàn	*首先	shǒu xiān	*树木	shù mù
*使用	shǐ yòng	视野	shì yě	首要	shǒu yào	树种	shù zhǒng
*始	shǐ	*是	shì	首长	shǒu zhǎng	竖	shù

*数	shù	*顺序	shùn xù	为首	wéi shǒu	*校长	xiào zhǎng	
*数据	shù jù	瞬间	shùn jiān	*为止	wéi zhǐ	协商	xié shāng	
*数量	shù liàng	*说	shuō	*维持	wéi chí	协助	xié zhù	
*数目	shù mù	说法	shuō·fǎ	卫生	wèi shēng	心事	xīn shì	
*数学	shù xué	说服	shuō fú	*位置	wèi zhi	*欣赏	xīn shǎng	
数值	shù zhí	*说话	shuō huà	*文章	wén zhāng	新陈代谢	xīn chén dài xiè	
刷	shuā	*说明	shuō míng	问世	wèn shì			
耍	shuǎ			卧室	wò shì	新式	xīn shì	
衰变	shuāi biàn	**T**		握手	wò shǒu	刑事	xíng shì	
衰老	shuāi lǎo	*特殊	tè shū	无声	wú shēng	*行使	xíng shǐ	
摔	shuāi	*特征	tè zhēng	*无数	wú shù	行驶	xíng shǐ	
甩	shuǎi	提倡	tí chàng	无知	wú zhī	*行政	xíng zhèng	
*率	shuài	*体制	tǐ zhì	*武装	wǔ zhuāng	*形成	xíng chéng	
*率领	shuài lǐng	体质	tǐ zhì	*物质	wù zhì	*形式	xíng shì	
拴	shuān	体重	tǐ zhòng	物种	wù zhǒng	*形势	xíng shì	
*双	shuāng	天生	tiān shēng	误差	wù chā	*形状	xíng zhuàng	
*双方	shuāng fāng	天真	tiān zhēn			*性质	xìng zhì	
霜	shuāng	天主教	Tiān zhǔ jiào	**X**		性状	xìng zhuàng	
*谁	shuí	*调整	tiáo zhěng	*吸收	xī shōu	修正	xiū zhèng	
*水	shuǐ	挑战	tiǎo zhàn	*牺牲	xī shēng	*叙述	xù shù	
水稻	shuǐ dào	听众	tīng zhòng	稀少	xī shǎo	*宣传	xuān chuán	
*水分	shuǐ fèn	*停止	tíng zhǐ	系数	xì shù	*旋转	xuán zhuǎn	
水果	shuǐ guǒ	*通常	tōng cháng	细致	xì zhì	选手	xuǎn shǒu	
水库	shuǐ kù	通知	tōng zhī	狭窄	xiá zhǎi	*学生	xué sheng	
水利	shuǐ lì	*同时	tóng shí	下属	xià shǔ	*学术	xué shù	
水流	shuǐ liú	同事	tóng shì	*先生	xiān sheng	*学说	xué shuō	
*水面	shuǐ miàn	*同志	tóng zhì	*显示	xiǎn shì	*学者	xué zhě	
水泥	shuǐ ní	*统治	tǒng zhì	*显著	xiǎn zhù	*寻找	xún zhǎo	
*水平	shuǐ píng	投产	tóu chǎn	县城	xiàn chéng			
水汽	shuǐ qì	*突出	tū chū	现场	xiàn chǎng	**Y**		
水手	shuǐ shǒu	图书	tú shū	*现实	xiàn shí	压制	yā zhì	
水位	shuǐ wèi	*图书馆	tú shū guǎn	现状	xiàn zhuàng	牙齿	yá chǐ	
水文	shuǐ wén	图纸	tú zhǐ	*限制	xiàn zhì	*延长	yán cháng	
水银	shuǐ yín	屠杀	tú shā	献身	xiàn shēn	延伸	yán shēn	
水源	shuǐ yuán	退出	tuì chū	*享受	xiǎng shòu	*严重	yán zhòng	
水蒸气	shuǐ zhēng qì			响声	xiǎng shēng	*岩石	yán shí	
		W		*向上	xiàng shàng	研究生	yán jiū shēng	
*税	shuì	外商	wài shāng	*象征	xiàng zhēng	*研制	yán zhì	
税收	shuì shōu	*完成	wán chéng	消除	xiāo chú	眼神	yǎn shén	
*睡	shuì	*完善	wán shàn	消失	xiāo shī	演唱	yǎn chàng	
*睡觉	shuì jiào	*完整	wán zhěng	*销售	xiāo shòu	*演出	yǎn chū	
睡眠	shuì mián	晚上	wǎn shang	*小时	xiǎo shí	演说	yǎn shuō	
顺	shùn	王朝	wáng cháo	*小说儿	xiǎo shuōr	验证	yàn zhèng	
*顺利	shùn lì	旺盛	wàng shèng	小学生	xiǎo xué shēng	养殖	yǎng zhí	
顺手	shùn shǒu	微生物	wēi shēng wù			样式	yàng shì	

附 录

钥匙	yào shi	炸	zhá	*掌握	zhǎng wò	*这样	zhè yàng
野生	yě shēng	眨	zhǎ	丈	zhàng	*针	zhēn
野兽	yě shòu	炸	zhà	*丈夫	zhàng fu	*针对	zhēn duì
*一时	yī shí	炸弹	zhà dàn	仗	zhàng	针灸	zhēn jiǔ
*一直	yī zhí	摘	zhāi	帐	zhàng	侦查	zhēn chá
*一致	yī zhì	窄	zhǎi	帐篷	zhàng peng	侦察	zhēn chá
衣裳	yī shang	债	zhài	账	zhàng	珍贵	zhēn guì
*医生	yī shēng	债务	zhài wù	胀	zhàng	珍珠	zhēn zhū
依照	yī zhào	寨	zhài	涨	zhàng	*真	zhēn
*仪式	yí shì	*占	zhān	*障碍	zhàng'ài	真诚	zhēn chéng
移植	yí zhí	沾	zhān	招	zhāo	真空	zhēn kōng
遗产	yí chǎn	粘	zhān	招待	zhāo dài	*真理	zhēn lǐ
*遗传	yí chuán	盏	zhǎn	*招呼	zhāo hu	真实	zhēn shí
遗址	yí zhǐ	展	zhǎn	招生	zhāo shēng	*真正	zhēn zhèng
遗嘱	yí zhǔ	*展开	zhǎn kāi	*着	zhāo	诊断	zhěn duàn
*以至	yǐ zhì	展览	zhǎn lǎn	*朝	zhāo	枕头	zhěn tou
*以致	yǐ zhì	展示	zhǎn shì	*着	zháo	*阵	zhèn
*艺术	yì shù	展现	zhǎn xiàn	*着急	zháo jí	*阵地	zhèn dì
*艺术家	yì shù jiā	崭新	zhǎn xīn	*找	zhǎo	振	zhèn
*异常	yì cháng	*占	zhàn	召集	zhào jí	振荡	zhèn dàng
*抑制	yì zhì	占据	zhàn jù	*召开	zhào kāi	振动	zhèn dòng
意识	yì ·shí	*占领	zhàn lǐng	*赵	zhào	振奋	zhèn fèn
*意志	yì zhì	占用	zhàn yòng	*照	zhào	振兴	zhèn xīng
因地制宜	yīn dì zhì yí	*占有	zhàn yǒu	*照顾	zhào ·gù	震	zhèn
饮食	yǐn shí	*战	zhàn	照例	zhào lì	震动	zhèn dòng
印刷	yìn shuā	*战场	zhàn chǎng	照明	zhào míng	震惊	zhèn jīng
用处	yòng ·chù	战斗	zhàn dòu	*照片	zhào piàn	*镇	zhèn
*优势	yōu shì	战国	zhàn guó	照射	zhào shè	镇压	zhèn yā
优质	yōu zhì	*战略	zhàn lüè	照相	zhào xiàng	*争	zhēng
*有时	yǒu shí	*战胜	zhàn shèng	照相机	zhào xiàng jī	争夺	zhēng duó
*右手	yòu shǒu	战士	zhàn shì	照样	zhào yàng	*争论	zhēng lùn
*幼虫	yòu chóng	战术	zhàn shù	照耀	zhào yào	*争取	zhēng qǔ
*于是	yú shì	战线	zhàn xiàn	遮	zhē	征	zhēng
*宇宙	yǔ zhòu	战役	zhàn yì	*折	zhé	征服	zhēng fú
雨水	yǔ shuǐ	战友	zhàn yǒu	折磨	zhé ·mó	征求	zhēng qiú
育种	yù zhǒng	*战争	zhàn zhēng	折射	zhé shè	征收	zhēng shōu
*原始	yuán shǐ	*站	zhàn	*哲学	zhé xué	挣	zhēng
援助	yuán zhù	*张	zhāng	*者	zhě	睁	zhēng
*约束	yuē shù	*章	zhāng	*这	zhè	蒸	zhēng
月初	yuè chū	章程	zhāng chéng	*这个	zhè ge	*蒸发	zhēng fā
*运输	yùn shū	*长	zhǎng	*这里	zhè ·lǐ	蒸气	zhēng qì
运转	yùn zhuǎn	长官	zhǎng guān	*这么	zhè me	*整	zhěng
		涨	zhǎng	*这儿	zhèr	*整顿	zhěng dùn
Z		掌	zhǎng	*这些	zhè xiē	*整个	zhěng gè
扎	zhā						

· 153 ·

*整理	zhěng lǐ	枝叶	zhī yè	*指	zhǐ	中期	zhōng qī
整齐	zhěng qí	*知	zhī	*指标	zhǐ biāo	中世纪	zhōng shì jì
*整体	zhěng tǐ	*知道	zhī ·dào	*指导	zhǐ dǎo	中枢	zhōng shū
*正	zhèng	知觉	zhī jué	指定	zhǐ dìng	中外	zhōng wài
*正常	zhèng cháng	*知识	zhī shi	指挥	zhǐ huī	中午	zhōng wǔ
*正当	zhèng dāng	肢	zhī	指令	zhǐ lìng	*中心	zhōng xīn
*正当	zhèng dàng	织	zhī	指明	zhǐ míng	中性	zhōng xìng
正规	zhèng guī	脂肪	zhī fáng	*指示	zhǐ shì	*中学	zhōng xué
*正好	zhèng hǎo	*执行	zhí xíng	指数	zhǐ shù	中学生	zhōng xué shēng
正面	zhèng miàn	*直	zhí	*至	zhì		
*正确	zhèng què	直观	zhí guān	*至今	zhì jīn	中旬	zhōng xún
*正式	zhèng shì	直角	zhí jiǎo	*至少	zhì shǎo	*中央	zhōng yāng
正义	zhèng yì	*直接	zhí jiē	*至于	zhì yú	中叶	zhōng yè
*证	zhèng	*直径	zhí jìng	*志	zhì	中医	zhōng yī
证据	zhèng jù	直觉	zhí jué	*制	zhì	中原	zhōng yuán
*证明	zhèng míng	直立	zhí lì	*制订	zhì dìng	忠诚	zhōng chéng
*证实	zhèng shí	直辖市	zhí xiá shì	*制定	zhì dìng	忠实	zhōng shí
证书	zhèng shū	*直线	zhí xiàn	*制度	zhì dù	*终	zhōng
郑	zhèng	直至	zhí zhì	制品	zhì pǐn	终究	zhōng jiū
政	zhèng	*值	zhí	*制约	zhì yuē	终年	zhōng nián
*政党	zhèng dǎng	值班	zhí bān	制止	zhì zhǐ	终身	zhōng shēn
*政府	zhèng fǔ	*值得	zhí ·dé	*质	zhì	*终于	zhōng yú
*政权	zhèng quán	职	zhí	质变	zhì biàn	*钟	zhōng
*政委	zhèng wěi	*职工	zhí gōng	*质量	zhì liàng	钟头	zhōng tóu
*政治	zhèng zhì	*职能	zhí néng	*治	zhì	肿	zhǒng
挣	zhèng	职权	zhí quán	治安	zhì ān	肿瘤	zhǒng liú
*症	zhèng	*职务	zhí wù	治理	zhì lǐ	*种	zhǒng
*症状	zhèng zhuàng	*职业	zhí yè	*治疗	zhì liáo	*种类	zhǒng lèi
*之	zhī	职员	zhí yuán	致	zhì	种群	zhǒng qún
*之后	zhī hòu	植	zhí	致富	zhì fù	*中	zhòng
*之前	zhī qián	*植物	zhí wù	致使	zhì shǐ	中毒	zhòng dú
*支	zhī	植株	zhí zhū	*秩序	zhì xù	*众	zhòng
支部	zhī bù	殖	zhí	智	zhì	*众多	zhòng duō
支撑	zhī chēng	殖民	zhí mín	*智慧	zhì huì	众人	zhòng rén
*支持	zhī chí	*殖民地	zhí mín dì	智力	zhì lì	*种	zhòng
*支出	zhī chū	止	zhǐ	智能	zhì néng	*种植	zhòng zhí
支队	zhī duì	*只	zhǐ	滞	zhì	重	zhòng
支付	zhī fù	*只得	zhǐ dé	置	zhì	*重大	zhòng dà
*支配	zhī pèi	只顾	zhǐ gù	*中	zhōng	*重点	zhòng diǎn
*支援	zhī yuán	*只好	zhǐ hǎo	中等	zhōng děng	重工业	zhòng gōng yè
*只	zhī	*只是	zhǐ shì	中断	zhōng duàn		
汁	zhī	*只要	zhǐ yào	中华	zhōng huá	重力	zhòng lì
*枝	zhī	*只有	zhǐ yǒu	*中间	zhōng jiān	*重量	zhòng liàng
枝条	zhī tiáo	*纸	zhǐ	中年	zhōng nián	*重视	zhòng shì

*重要	zhòng yào	助	zhù	庄严	zhuāng yán	窗子	chuāng zi
*州	zhōu	助手	zhù shǒu	桩	zhuāng	*创造	chuàng zào
*周	zhōu	*住	zhù	*装	zhuāng	*创造性	chuàng zào xìng
周年	zhōu nián	住房	zhù fáng	装备	zhuāng bèi		
*周期	zhōu qī	住宅	zhù zhái	装饰	zhuāng shì	*创作	chuàng zuò
*周围	zhōu wéi	注	zhù	*装置	zhuāng zhì	纯粹	chún cuì
周转	zhōu zhuǎn	注射	zhù shè	壮	zhuàng	辞职	cí zhí
*轴	zhóu	注视	zhù shì	壮大	zhuàng dà	*磁场	cí chǎng
昼夜	zhòu yè	*注意	zhù yì	*状	zhuàng	次数	cì shù
皱	zhòu	注重	zhù zhòng	*状况	zhuàng kuàng	*从事	cóng shì
朱	zhū	*驻	zhù	*状态	zhuàng tài	从中	cóng zhōng
珠	zhū	*柱	zhù	撞	zhuàng	促成	cù chéng
*株	zhū	祝	zhù	幢	zhuàng	*促使	cù shǐ
*诸	zhū	祝贺	zhù hè	*追	zhuī	村庄	cūn zhuāng
诸如	zhū rú	著	zhù	追究	zhuī jiū	挫折	cuò zhé
*猪	zhū	*著名	zhù míng	*追求	zhuī qiú	*措施	cuò shī
*竹	zhú	筑	zhù	追逐	zhuī zhú	**H**	
逐	zhú	*抓	zhuā	*准	zhǔn	*合作社	hé zuò shè
*逐步	zhú bù	抓紧	zhuā jǐn	*准备	zhǔn bèi	**P**	
*逐渐	zhú jiàn	*专	zhuān	*准确	zhǔn què	派出所	pài chū suǒ
逐年	zhú nián	*专家	zhuān jiā	*捉	zhuō	**S**	
*主	zhǔ	专利	zhuān lì	桌	zhuō	散射	sǎn shè
主编	zhǔ biān	*专门	zhuān mén	卓越	zhuó yuè	*丧失	sàng shī
*主持	zhǔ chí	专题	zhuān tí	啄木鸟	zhuó mù niǎo	上层	shàng céng
*主导	zhǔ dǎo	*专业	zhuān yè	*着	zhuó	上诉	shàng sù
*主动	zhǔ dòng	专用	zhuān yòng	着手	zhuó shǒu	身材	shēn cái
*主观	zhǔ guān	*专政	zhuān zhèng	*着重	zhuó zhòng	*身子	shēn zi
主管	zhǔ guǎn	专制	zhuān zhì	琢磨	zhuó mó	神色	shén sè
主教	zhǔ jiào	砖	zhuān			*生存	shēng cún
主力	zhǔ lì	*转	zhuǎn	**平翘舌音**		绳子	shéng zi
*主权	zhǔ quán	*转变	zhuǎn biàn			识字	shí zì
*主人	zhǔ·rén	*转动	zhuǎn dòng	**C**		*实在	shí zài
主人公	zhǔ rén gōng	*转化	zhuǎn huà	*财产	cái chǎn	*实在	shí zai
*主任	zhǔ rèn	*转换	zhuǎn huàn	*财政	cái zhèng	*氏族	shì zú
*主题	zhǔ tí	*转身	zhuǎn shēn	参数	cān shù	*收缩	shōu suō
主体	zhǔ tǐ	*转向	zhuǎn xiàng	参照	cān zhào	输送	shū sòng
*主席	zhǔ xí	*转移	zhuǎn yí	侧重	cè zhòng	*蔬菜	shū cài
*主要	zhǔ yào	*传	zhuàn	*场所	chǎng suǒ	*数字	shù zì
*主义	zhǔ yì	*转	zhuàn	车子	chē zi	私有制	sī yǒu zhì
主语	zhǔ yǔ	*转动	zhuàn dòng	沉思	chén sī	思潮	sī cháo
*主张	zhǔ zhāng	*转向	zhuàn xiàng	称赞	chēng zàn	四处	sì chù
煮	zhǔ	赚	zhuàn	充足	chōng zú	四肢	sì zhī
*属	zhǔ	庄	zhuāng	出色	chū sè	*四周	sì zhōu
嘱咐	zhǔ·fù	庄稼	zhuāng jia	*储存	chǔ cún		

俗称	sú chēng		shēng	**B**		辨认	biàn rèn
*素质	sù zhì	自杀	zì shā			标本	biāo běn
宿舍	sù shè	*自身	zì shēn	*班	bān	*别人	bié·rén
虽说	suī shuō	自行车	zì xíng chē	*般	bān	宾	bīn
*随时	suí shí	自治	zì zhì	颁布	bān bù	*不安	bù ān
损伤	sǔn shāng	*自治区	zì zhì qū	搬	bān	*不但	bù dàn
*损失	sǔn shī	自主	zì zhǔ	搬家	bān jiā	*不禁	bù jīn
所属	suǒ shǔ	自转	zì zhuàn	搬运	bān yùn	*不仅	bù jǐn
*所有制	suǒ yǒu zhì	宗旨	zōng zhǐ	*板	bǎn	不堪	bù kān
W		总数	zǒng shù	板块	bǎn kuài	*不满	bù mǎn
维生素	wéi shēng sù	*总之	zǒng zhī	版	bǎn	*不然	bù rán
Z		阻止	zǔ zhǐ	*办	bàn	*部分	bù fen
杂志	zá zhì	*组织	zǔ zhī	*办法	bàn fǎ	*部门	bù mén
杂质	zá zhì	*嘴唇	zuǐ chún	*办公室	bàn gōng shì	**C**	
在场	zài chǎng	*最初	zuì chū	办理	bàn lǐ	*财产	cái chǎn
*暂时	zàn shí	*最终	zuì zhōng	*办事	bàn shì	参	cān
赞成	zàn chéng	*尊重	zūn zhòng	*半	bàn	*参观	cān guān
*遭受	zāo shòu	*遵守	zūn shǒu	半导体	bàn dǎo tǐ	*参加	cān jiā
*早晨	zǎo·chén	左手	zuǒ shǒu	半岛	bàn dǎo	*参考	cān kǎo
早上	zǎo shang	*作战	zuò zhàn	*半天	bàn tiān	参谋	cān móu
*增产	zēng chǎn	*作者	zuò zhě	半夜	bàn yè	参数	cān shù
*增长	zēng zhǎng			扮演	bàn yǎn	*参与	cān yù
增殖	zēng zhí	**纯前鼻音**		伴	bàn	参照	cān zhào
*正在	zhèng zài			伴随	bàn suí	残	cán
*政策	zhèng cè	**A**		伴奏	bàn zòu	残酷	cán kù
职责	zhí zé	*爱人	ài ren	瓣	bàn	残余	cán yú
指责	zhǐ zé	*安	ān	包干儿	bāo gānr	蚕	cán
至此	zhì cǐ	*安排	ān pái	*包含	bāo hán	灿烂	càn làn
*制造	zhì zào	安培	ān péi	*报刊	bào kān	草案	cǎo'àn
*制作	zhì zuò	*安全	ān quán	悲惨	bēi cǎn	缠	chán
质子	zhì zǐ	*安慰	ān wèi	奔	bēn	*产	chǎn
中子	zhōng zǐ	安心	ān xīn	奔跑	bēn pǎo	产地	chǎn dì
*种子	zhǒng zi	安置	ān zhì	*本	běn	*产量	chǎn liàng
种族	zhǒng zú	安装	ān zhuāng	本地	běn dì	*产品	chǎn pǐn
贮藏	zhù cáng	氨	ān	*本来	běn lái	产物	chǎn wù
贮存	zhù cún	氨基酸	ān jī suān	*本人	běn rén	*产业	chǎn yè
*著作	zhù zuò	岸	àn	*本身	běn shēn	产值	chǎn zhí
准则	zhǔn zé	按	àn	本事	běn shì	阐述	chǎn shù
*桌子	zhuō zi	*按照	àn zhào	本事	běn shi	颤抖	chàn dǒu
姿势	zī shì	*案	àn	本体	běn tǐ	车站	chē zhàn
资产	zī chǎn	*案件	àn jiàn	*本质	běn zhì	臣	chén
自称	zì chēng	*暗	àn	苯	běn	尘	chén
自力更生	zì lì gēng	暗示	àn shì	奔	bèn	沉	chén
		暗中	àn zhōng	笨	bèn	*沉淀	chén diàn
				*必然	bì rán		

沉积	chén jī	单一	dān yī	繁重	fán zhòng	*分子	fèn zǐ
*沉默	chén mò	耽误	dān wu	*反	fǎn	*份	fèn
*沉思	chén sī	胆	dǎn	*反动	fǎn dòng	*奋斗	fèn dòu
*沉重	chén zhòng	*石	dàn	*反对	fǎn duì	粪	fèn
沉着	chén zhuó	*但	dàn	*反而	fǎn'ér	愤怒	fèn nù
*陈	chén	*但是	dàn shì	*反复	fǎn fù	*否认	fǒu rèn
陈旧	chén jiù	*担	dàn	反馈	fǎn kuì	*夫人	fū·rén
陈述	chén shù	担子	dàn zi	反面	fǎn miàn	*父亲	fù·qīn
*称	chèn	淡	dàn	*反射	fǎn shè	负担	fù dān
趁	chèn	淡水	dàn shuǐ	*反之	fǎn zhī	*附近	fù jìn
*吃饭	chī fàn	*弹	dàn	返	fǎn		
*充分	chōng fèn	蛋	dàn	返回	fǎn huí	**G**	
充满	chōng mǎn	蛋白	dàn bái	犯	fàn	*改进	gǎi jìn
*重新	chóng xīn	*蛋白质	dàn bái zhì	犯罪	fàn zuì	*改善	gǎi shàn
仇恨	chóu hèn	*氮	dàn	饭	fàn	*干	gān
*出版	chū bǎn	导弹	dǎo dàn	饭店	fàn diàn	干脆	gān cuì
出产	chū chǎn	*敌人	dí rén	泛	fàn	干旱	gān hàn
出门	chū mén	地板	dì bǎn	范	fàn	*干扰	gān rǎo
出身	chū shēn	地震	dì zhèn	*范畴	fàn chóu	*干涉	gān shè
处分	chǔ fèn	点燃	diǎn rán	*范围	fàn wéi	干预	gān yù
创办	chuàng bàn	淀粉	diàn fěn	*分	fēn	*干燥	gān zào
创新	chuàng xīn	东南	dōng nán	分辨	fēn biàn	甘心	gān xīn
*促进	cù jìn	动人	dòng rén	*分别	fēn bié	杆	gān
摧残	cuī cán	独占	dú zhàn	*分布	fēn bù	*肝	gān
		短暂	duǎn zàn	分割	fēn gē	杆	gǎn
D		*对称	duì chèn	*分工	fēn gōng	*赶	gǎn
答案	dá'àn			*分化	fēn huà	*赶紧	gǎn jǐn
打扮	dǎ ban	**E**		*分解	fēn jiě	*赶快	gǎn kuài
大臣	dà chén	恩	ēn	*分开	fēn kāi	*敢	gǎn
*大胆	dà dǎn			*分类	fēn lèi	敢于	gǎn yú
*大门	dà mén	**F**		*分离	fēn lí	*感	gǎn
*大人	dà·rén	发音	fā yīn	*分裂	fēn liè	*感到	gǎn dào
大婶儿	dà shěnr	*发展	fā zhǎn	*分泌	fēn mì	*感动	gǎn dòng
大战	dà zhàn	法人	fǎ rén	*分配	fēn pèi	感官	gǎn guān
大自然	dà zì rán	番	fān	分歧	fēn qí	感激	gǎn·jī
代理人	dài lǐ rén	翻	fān	*分散	fēn sàn	*感觉	gǎn jué
*担	dān	翻身	fān shēn	*分析	fēn xī	感慨	gǎn kǎi
担负	dān fù	*翻译	fān yì	分支	fēn zhī	*感染	gǎn rǎn
*担任	dān rèn	*凡	fán	*分子	fēn zǐ	*感受	gǎn shòu
*担心	dān xīn	*凡是	fán shì	*粉	fěn	感谢	gǎn xiè
*单	dān	烦恼	fán nǎo	粉末	fěn mò	感知	gǎn zhī
*单纯	dān chún	繁	fán	粉碎	fěn suì	*干	gàn
单调	dān diào	繁多	fán duō	*分	fèn	*干部	gàn bù
*单独	dān dú	*繁荣	fán róng			高产	gāo chǎn
*单位	dān wèi	*繁殖	fán zhí	分量	fèn·liàng	*革新	gé xīn

*个人	gè rén	*核心	hé xīn	*金	jīn	*举办	jǔ bàn
*根	gēn	*黑暗	hēi'àn	金额	jīn'é	*剧本	jù běn
*根本	gēn běn	黑人	hēi rén	金牌	jīn pái	*决心	jué xīn
*根据	gēn jù	痕迹	hén jì	金钱	jīn qián	军民	jūn mín
*根据地	gēn jù dì	*很	hěn	金融	jīn róng	*军人	jūn rén
根系	gēn xì	*恨	hèn	*金属	jīn shǔ		
根源	gēn yuán	后人	hòu rén	津	jīn	**K**	
*跟	gēn	呼喊	hū hǎn	*仅	jǐn	开办	kāi bàn
跟前	gēn·qián	*忽然	hū rán	*尽	jǐn	开垦	kāi kěn
跟随	gēn suí	花粉	huā fěn	*尽管	jǐn guǎn	开门	kāi mén
*工人	gōng·rén	*划分	huà fēn	尽快	jǐn kuài	*开展	kāi zhǎn
公安	gōng'ān	坏人	huài rén	*尽量	jǐn liàng	刊物	kān wù
*公民	gōng mín	*缓慢	huǎn màn	*紧	jǐn	*看	kān
公认	gōng rèn	*黄金	huáng jīn	*紧急	jǐn jí	勘探	kān tàn
古人	gǔ rén	灰尘	huī chén	*紧密	jǐn mì	砍	kǎn
骨干	gǔ gàn	*婚姻	hūn yīn	锦标赛	jǐn biāo sài	*看	kàn
*固然	gù rán	*浑身	hún shēn	谨慎	jǐn shèn	看待	kàn dài
*关心	guān xīn	火山	huǒ shān	*尽	jìn	*看法	kàn fǎ
观看	guān kàn	伙伴	huǒ bàn	尽力	jìn lì	*看见	kàn·jiàn
*广泛	guǎng fàn			*尽量	jìn liàng	看望	kàn wàng
*规范	guī fàn	**J**		*进	jìn	靠近	kào jìn
*国民	guó mín	机器人	jī·qì rén	*进步	jìn bù	*客人	kè·rén
*果然	guǒ rán	*基本	jī běn	进而	jìn'ér	课本	kè běn
*过分	guò fèn	*基金	jī jīn	*进攻	jìn gōng	肯	kěn
		*基因	jī yīn	*进化	jìn huà	啃	kěn
H		*既然	jì rán	进化论	jìn huà lùn	苦难	kǔ nàn
海岸	hǎi'àn	加紧	jiā jǐn	进军	jìn jūn	矿产	kuàng chǎn
*含	hán	加深	jiā shēn	*进口	jìn kǒu	*困难	kùn nan
*含量	hán liàng	家人	jiā rén	*进来	jìn·lái	扩散	kuò sàn
含义	hán yì	甲板	jiǎ bǎn	进取	jìn qǔ	扩展	kuò zhǎn
*函数	hán shù	艰难	jiān nán	*进去	jìn·qù		
*寒	hán	*简单	jiǎn dān	*进入	jìn rù	**L**	
罕见	hǎn jiàn	江南	jiāng nán	进展	jìn zhǎn	来临	lái lín
喊	hǎn	将近	jiāng jìn	*近	jìn	*来信	lái xìn
*汉	hàn	奖金	jiǎng jīn	*近代	jìn dài	兰	lán
汉奸	hàn jiān	交谈	jiāo tán	近来	jìn lái	栏	lán
*汉语	hàn yǔ	脚印	jiǎo yìn	近似	jìn sì	*蓝	lán
汉子	hàn zi	*接近	jiē jìn	*劲	jìn	烂	làn
汉字	hàn zì	解散	jiě sàn	晋	jìn	老板	lǎo bǎn
*汗	hàn	*斤	jīn	浸	jìn	老伴儿	lǎo bànr
汗水	hàn shuǐ	*今	jīn	*禁止	jìn zhǐ	老汉	lǎo hàn
旱	hàn	*今后	jīn hòu	纠纷	jiū fēn	*老人	lǎo rén
好看	hǎo kàn	今年	jīn nián	*居民	jū mín	老人家	lǎo·rén·jiā
好人	hǎo rén	今日	jīn rì	*居然	jū rán	良心	liáng xīn
合金	hé jīn	*今天	jīn tiān			两岸	liǎng'àn

邻	lín	模范	mó fàn	喷	pēn	*全身	quán shēn
邻近	lín jìn	*母亲	mǔ·qīn	*盆	pén	确认	què rèn
邻居	lín·jū			盆地	pén dì		
*林	lín	**N**		*批判	pī pàn	**R**	
林木	lín mù	耐心	nài xīn	贫	pín	*然	rán
林业	lín yè	*男	nán	贫困	pín kùn	*然而	rán'ér
临	lín	*男女	nán nǚ	贫穷	pín qióng	*然后	rán hòu
*临床	lín chuáng	*男人	nán rén	频繁	pín fán	燃	rán
*临时	lín shí	*男子	nán zǐ	频率	pín lǜ	*燃料	rán liào
淋	lín	*南	nán	*品	pǐn	*燃烧	rán shāo
淋巴	lín bā	南北	nán běi	品德	pǐn dé	染	rǎn
*磷	lín	南极	nán jí	*品质	pǐn zhì	染色	rǎn sè
		*难	nán	*品种	pǐn zhǒng	*染色体	rǎn sè tǐ
M		*难道	nán dào	破产	pò chǎn	热心	rè xīn
麻烦	má fan	难得	nán dé			*人	rén
蛮	mán	难怪	nán guài	**Q**		*人才	rén cái
馒头	mán tou	难过	nán guò	起身	qǐ shēn	*人格	rén gé
瞒	mán	难免	nán miǎn	*气氛	qì·fēn	*人工	rén gōng
*满	mǎn	难受	nán shòu	气愤	qì fèn	*人家	rén jiā
*满意	mǎn yì	难题	nán tí	*前进	qián jìn	*人家	rén jia
满足	mǎn zú	*难以	nán yǐ	前人	qián rén	*人间	rén jiān
*慢	màn	难于	nán yú	侵	qīn	人均	rén jūn
毛巾	máo jīn	*难	nàn	侵犯	qīn fàn	*人口	rén kǒu
煤炭	méi tàn	内涵	nèi hán	*侵略	qīn lüè	*人类	rén lèi
美感	měi gǎn	*内心	nèi xīn	侵权	qīn quán	*人力	rén lì
闷	mēn	嫩	nèn	侵入	qīn rù	*人们	rén men
*门	mén	*你们	nǐ men	侵蚀	qīn shí	*人民	rén mín
*门口	mén kǒu	您	nín	侵占	qīn zhàn	人民币	rén mín bì
闷	mèn	*农产品	nóng chǎn pǐn	*亲	qīn	*人群	rén qún
弥漫	mí màn	*农民	nóng mín	亲密	qīn mì	人身	rén shēn
迷人	mí rén	*女人	nǚ rén	亲戚	qīn qi	人士	rén shì
迷信	mí xìn			*亲切	qīn qiè	人事	rén shì
*面临	miàn lín	**O**		亲热	qīn rè	*人体	rén tǐ
*民	mín	*偶然	ǒu rán	亲人	qīn rén	人为	rén wéi
民歌	mín gē			亲属	qīn shǔ	*人物	rén wù
民国	Mín guó	**P**		亲眼	qīn yǎn	人心	rén xīn
*民间	mín jiān	潘	Pān	亲友	qīn yǒu	*人员	rén yuán
民事	mín shì	攀	pān	*亲自	qīn zì	人造	rén zào
民俗	mín sú	*盘	pán	*秦	Qín	仁	rén
民众	mín zhòng	判	pàn	琴	qín	*任	Rèn
*民主	mín zhǔ	判处	pàn chǔ	勤	qín	忍	rěn
*民族	mín zú	*判断	pàn duàn	勤劳	qín láo	忍耐	rěn nài
敏感	mǐn gǎn	判决	pàn jué	穷人	qióng rén	忍受	rěn shòu
敏捷	mǐn jié	盼	pàn	*区分	qū fēn	认	rèn
敏锐	mǐn ruì	盼望	pàn wàng	全民	quán mín	*认识	rèn shi
		炮弹	pào dàn				

认识论	rèn shì lùn	*身	shēn	收音机	shōu yīn jī	晚饭	wǎn fàn
*认为	rèn wéi	*身边	shēn biān	手榴弹	shǒu liú dàn	威信	wēi xìn
*认真	rèn zhēn	身材	shēn cái	书本	shū běn	为难	wéi nán
*任	rèn	*身份	shēn ·fèn	树干	shù gàn	为人	wéi rén
*任何	rèn hé	身后	shēn hòu	树林	shù lín	*违反	wéi fǎn
*任务	rèn ·wù	身躯	shēn qū	*水分	shuǐ fèn	维新	wéi xīn
*任意	rèn yì	*身体	shēn tǐ	水银	shuǐ yín	文人	wén rén
*如今	rú jīn	身心	shēn xīn	*私人	sī rén	*我们	wǒ men
入侵	rù qīn	*身子	shēn zi	*虽然	suī rán	*污染	wū rǎn
*若干	ruò gān	参	shēn			物品	wù pǐn
S		*深	shēn	**T**			
*三	sān	深沉	shēn chén	*他们	tā men	**X**	
三角	sān jiǎo	深度	shēn dù	他人	tā rén	*西南	xī nán
伞	sǎn	深厚	shēn hòu	它们	tā men	*吸引	xī yǐn
*散	sǎn	深化	shēn huà	她们	tā men	细心	xì xīn
散射	sǎn shè	*深刻	shēn kè	摊	tān	下班	xià bān
散文	sǎn wén	*深入	shēn rù	滩	tān	*先进	xiān jìn
*散	sàn	深夜	shēn yè	谈	tán	*显然	xiǎn rán
散布	sàn bù	深远	shēn yuǎn	*谈话	tán huà	现今	xiàn jīn
散步	sàn bù	*什么	shén me	谈论	tán lùn	现金	xiàn jīn
散发	sàn fā	*神	shén	谈判	tán pàn	献身	xiàn shēn
*森林	sēn lín	*神话	shén huà	*弹	tán	*相反	xiāng fǎn
沙滩	shā tān	*神秘	shén mì	弹簧	tán huáng	相近	xiāng jìn
*山	shān	神奇	shén qí	痰	tán	*相信	xiāng xìn
山地	shān dì	神气	shén ·qì	坦克	tǎn kè	消费品	xiāo fèi pǐn
山谷	shān gǔ	神色	shén sè	*叹	tàn	小心	xiǎo ·xīn
山林	shān lín	神态	shén tài	叹息	tàn xī	*心	xīn
山路	shān lù	神学	shén xué	探	tàn	心底	xīn dǐ
山脉	shān mài	沈	Shěn	探测	tàn cè	*心里	xīn ·lǐ
*山区	shān qū	审查	shěn chá	*探索	tàn suǒ	*心理	xīn lǐ
山水	shān shuǐ	*审美	shěn měi	探讨	tàn tǎo	心事	xīn shì
山头	shān tóu	*审判	shěn pàn	碳	tàn	心思	xīn si
*扇	shān	婶	shěn	*天然	tiān rán	心头	xīn tóu
*闪	shǎn	肾	shèn	天然气	tiān rán qì	心血	xīn xuè
闪电	shǎn diàn	甚	shèn	天真	tiān zhēn	辛苦	xīn kǔ
闪光	shǎn guāng	甚至	shèn zhì	挑战	tiǎo zhàn	辛勤	xīn qín
闪烁	shǎn shuò	*渗透	shèn tòu	通信	tōng xìn	锌	xīn
*单	Shàn	慎重	shèn zhòng	同伴	tóng bàn	*新	xīn
*扇	shàn	师范	shī fàn	投产	tóu chǎn	新陈代谢	xīn chén dài xiè
*善	shàn	*诗人	shī rén	*突然	tū rán		
善良	shàn liáng	*食品	shí pǐn	图案	tú àn	新娘	xīn niáng
*善于	shàn yú	使劲	shǐ jìn	*推翻	tuī fān	新奇	xīn qí
*伸	shēn	示范	shì fàn	推进	tuī jìn	新人	xīn rén
伸手	shēn shǒu	市民	shì mín	**W**		新式	xīn shì
				*完善	wán shàn	*新闻	xīn wén

· 160 ·

附 录

*新鲜	xīn·xiān	阴阳	yīn yáng	*怎样	zěn yàng	震	zhèn
*信	xìn	*音	yīn	炸弹	zhà dàn	震动	zhèn dòng
信贷	xìn dài	音调	yīn diào	*占	zhān	*镇	zhèn
*信号	xìn hào	音阶	yīn jiē	沾	zhān	*镇压	zhèn yā
信念	xìn niàn	音节	yīn jié	粘	zhān	值班	zhí bān
信任	xìn rèn	音响	yīn xiǎng	盏	zhǎn	殖民	zhí mín
信徒	xìn tú	*音乐	yīn yuè	展	zhǎn	*殖民地	zhí mín dì
*信息	xìn xī	*银	yín	*展开	zhǎn kāi	*至今	zhì jīn
*信心	xìn xīn	*引	yǐn	展览	zhǎn lǎn	制品	zhì pǐn
*信仰	xìn yǎng	*引导	yǐn dǎo	展示	zhǎn shì	治安	zhì'ān
信用	xìn yòng	*引进	yǐn jìn	展现	zhǎn xiàn	*中心	zhōng xīn
Y		引力	yǐn lì	崭新	zhǎn xīn	终身	zhōng shēn
延伸	yán shēn	*引起	yǐn qǐ	*占	zhàn	众人	zhòng rén
严寒	yán hán	引用	yǐn yòng	占据	zhàn jù	*主人	zhǔ·rén
沿岸	yán'àn	饮	yǐn	占用	zhàn yòng	主人公	zhǔ rén gōng
眼看	yǎn kàn	饮食	yǐn shí	*占有	zhàn yǒu	*主任	zhǔ rèn
眼神	yǎn shén	隐	yǐn	*战	zhàn	抓紧	zhuā jǐn
养分	yǎng fèn	隐蔽	yǐn bì	*战斗	zhàn dòu	*专门	zhuān mén
样本	yàng běn	*印	yìn	战国	zhàn guó	*转身	zhuǎn shēn
样品	yàng pǐn	印刷	yìn shuā	*战略	zhàn lüè	*资本	zī běn
遥感	yáo gǎn	*印象	yìn xiàng	*战士	zhàn shì	资产	zī chǎn
药品	yào pǐn	饮	yìn	战术	zhàn shù	*资金	zī jīn
要紧	yào jǐn	*勇敢	yǒng gǎn	战线	zhàn xiàn	子弹	zǐ dàn
冶金	yě jīn	用品	yòng pǐn	战役	zhàn yì	*自然	zì rán
野蛮	yě mán	友人	yǒu rén	战友	zhàn yǒu	*自然界	zì rán jiè
*一般	yī bān	*语音	yǔ yīn	*站	zhàn	*自身	zì shēn
*一半	yī bàn	*原因	yuán yīn	*针	zhēn	自信	zì xìn
*一旦	yī dàn	圆心	yuán xīn	针对	zhēn duì	*最近	zuì jìn
一心	yī xīn	*月份	yuè fèn	针灸	zhēn jiǔ	罪犯	zuì fàn
*依然	yī rán	**Z**		侦查	zhēn chá	*作品	zuò pǐn
移民	yí mín	灾难	zāi nàn	侦察	zhēn chá	*作战	zuò zhàn
遗产	yí chǎn	*咱	zán	珍贵	zhēn guì		
遗憾	yí hàn	咱们	zán men	珍珠	zhēn zhū	**纯后鼻音**	
毅然	yì rán	暂	zàn	*真	zhēn	**A**	
*因	yīn	*暂时	zàn shí	真空	zhēn kōng	*爱情	ài qíng
*因此	yīn cǐ	赞美	zàn měi	*真理	zhēn lǐ	**B**	
因地制宜	yīn dì zhì yí	赞叹	zàn tàn	真实	zhēn shí	百姓	bǎi xìng
*因而	yīn'ér	赞扬	zàn yáng	诊断	zhěn duàn	*帮	bāng
因果	yīn guǒ	*早晨	zǎo·chén	枕头	zhěn tou	帮忙	bāng máng
*因素	yīn sù	*责任	zé rèn	阵	zhèn	*帮助	bāng zhù
*因为	yīn·wèi	责任感	zé rèn gǎn	*阵地	zhèn dì	榜样	bǎng yàng
因子	yīn zǐ	怎	zěn	*振	zhèn	棒	bàng
*阴	yīn	*怎么	zěn me	*振动	zhèn dòng	傍晚	bàng wǎn
阴谋	yīn móu	*怎么样	zěn me yàng	振奋	zhèn fèn		

*保障	bǎo zhàng	*不幸	bù xìng	称号	chēng hào	创伤	chuāng shāng
*保证	bǎo zhèng		**C**	称呼	chēng hu	*创造性	chuàng zào xìng
报名	bào míng			撑	chēng		
*北方	běi fāng	*才能	cái néng	*成	chéng	*磁场	cí chǎng
*背景	bèi jǐng	*财政	cái zhèng	成虫	chéng chóng	*聪明	cōng·míng
崩溃	bēng kuì	*采访	cǎi fǎng	*成功	chéng gōng	促成	cù chéng
蹦	bèng	仓	cāng	成果	chéng guǒ		**D**
必定	bì dìng	仓库	cāng kù	*成绩	chéng jì	*答应	dā ying
*毕竟	bì jìng	苍白	cāng bái	*成就	chéng jiù	打听	dǎ ting
边境	biān jìng	苍蝇	cāng ying	*成立	chéng lì	打仗	dǎ zhàng
变更	biàn gēng	舱	cāng	成年	chéng nián	大风	dà fēng
变形	biàn xíng	*藏	cáng	*成熟	chéng shú	大纲	dà gāng
*辩证	biàn zhèng	*测定	cè dìng	*成为	chéng wéi	大庆	dà qìng
*辩证法	biàn zhèng fǎ	*层	céng	成效	chéng xiào	大厅	dà tīng
表层	biǎo céng	层次	céng cì	成语	chéng yǔ	*大型	dà xíng
*表明	biǎo míng	*曾	céng	*成员	chéng yuán	*大学生	dà xué shēng
*表情	biǎo qíng	*曾经	céng jīng	*成长	chéng zhǎng	*带领	dài lǐng
表彰	biǎo zhāng	*长	cháng	*呈	chéng	*当	dāng
*冰	bīng	长城	Cháng chéng	*呈现	chéng xiàn	当场	dāng chǎng
冰川	bīng chuān	长处	cháng·chù	诚	chéng	当初	dāng chū
*兵	bīng	*长度	cháng dù	诚实	chéng·shí	*当代	dāng dài
兵力	bīng lì	长短	cháng duǎn	承	chéng	*当地	dāng dì
丙	bǐng	长久	cháng jiǔ	承包	chéng bāo	当即	dāng jí
柄	bǐng	*长期	cháng qī	承受	chéng shòu	当局	dāng jú
饼	bǐng	长远	cháng yuǎn	*城	chéng	*当年	dāng nián
屏	bǐng	长征	cháng zhēng	城市	chéng shì	*当前	dāng qián
*并	bìng	*场	cháng	*乘	chéng	*当时	dāng shí
*并且	bìng qiě	肠	cháng	乘机	chéng jī	当选	dāng xuǎn
并用	bìng yòng	尝	cháng	乘客	chéng kè	当中	dāng zhōng
*病	bìng	尝试	cháng shì	*盛	chéng	挡	dǎng
病变	bìng biàn	*常	cháng	程	chéng	*党	dǎng
病毒	bìng dú	常规	cháng guī	*程度	chéng dù	*党委	dǎng wěi
病理	bìng lǐ	常年	cháng nián	程式	chéng shì	党性	dǎng xìng
病情	bìng qíng	常识	cháng shí	*程序	chéng xù	*党员	dǎng yuán
*波长	bō cháng	常数	cháng shù	惩罚	chéng fá	*当	dàng
波浪	bō làng	*厂	chǎng	秤	chèng	当成	dàng chéng
补偿	bǔ cháng	厂房	chǎng fáng	吃惊	chī jīng	*当年	dàng nián
不曾	bù céng	*场	chǎng	池塘	chí táng	*当时	dàng shí
不当	bù dàng	场地	chǎng dì	*翅膀	chì bǎng	当天	dàng tiān
不等	bù děng	场合	chǎng hé	充当	chōng dāng	当做	dàng zuò
*不定	bù dìng	*场面	chǎng miàn	*出生	chū shēng	*灯	dēng
不妨	bù fáng	*场所	chǎng suǒ	厨房	chú fáng	*灯光	dēng guāng
不平	bù píng	*唱	chàng	处境	chǔ jìng	灯泡儿	dēng pàor
*不行	bù xíng	朝廷	cháo tíng	船长	chuán zhǎng	登	dēng
		*称	chēng				

*登记	dēng jì	端正	duān zhèng	*非常	fēi cháng	高兴	gāo xìng
蹬	dēng	断定	duàn dìng	沸腾	fèi téng	高涨	gāo zhǎng
*等	děng	*对方	duì fāng	丰	fēng	歌唱	gē chàng
*等待	děng dài	对抗	duì kàng	*丰富	fēng fù	歌声	gē shēng
*等到	děng dào	*对应	duì yìng	丰收	fēng shōu	*革命	gé mìng
等候	děng hòu	多边形	duō biān xíng	*风	fēng	*个性	gè xìng
*等级	děng jí			风暴	fēng bào	*更	gēng
*等于	děng yú	**F**		*风格	fēng gé	耕	gēng
邓	Dèng	发病	fā bìng	风光	fēng guāng	*耕地	gēng dì
*瞪	dèng	*发明	fā míng	风景	fēng jǐng	耕作	gēng zuò
抵抗	dǐ kàng	*发生	fā shēng	风力	fēng lì	*更	gèng
底层	dǐ céng	*发行	fā xíng	风气	fēng qì	*更加	gèng jiā
地层	dì céng	法定	fǎ dìng	风俗	fēng sú	*工厂	gōng chǎng
*地方	dì fāng	法令	fǎ lìng	风速	fēng sù	工场	gōng chǎng
地方	dì fang	法庭	fǎ tíng	风险	fēng xiǎn	*工程	gōng chéng
*地形	dì xíng	*方	fāng	风雨	fēng yǔ	*工程师	gōng chéng shī
*典型	diǎn xíng	*方便	fāng biàn	*封	fēng		
电场	diàn chǎng	方才	fāng cái	封闭	fēng bì	工商业	gōng shāng yè
电灯	diàn dēng	*方程	fāng chéng	*封建	fēng jiàn	公平	gōng ·píng
电能	diàn néng	*方法	fāng fǎ	封锁	fēng suǒ	公正	gōng zhèng
*电影	diàn yǐng	方法论	fāng fǎ lùn	疯狂	fēng kuáng	*功能	gōng néng
奠定	diàn dìng	*方面	fāng miàn	峰	fēng	*供应	gōng yìng
*丁	dīng	方式	fāng shì	锋	fēng	宫廷	gōng tíng
盯	dīng	方向	fāng xiàng	蜂	fēng	共鸣	gòng míng
钉	dīng	*方言	fāng yán	冯	Féng	*构成	gòu chéng
*顶	dǐng	防	fáng	缝	féng	*固定	gù dìng
顶点	dǐng diǎn	防御	fáng yù	讽刺	fěng cì	官兵	guān bīng
顶端	dǐng duān	*防止	fáng zhǐ	奉	fèng	惯性	guàn xìng
订	dìng	*防治	fáng zhì	奉献	fèng xiàn	光景	guāng jǐng
订货	dìng huò	妨碍	fáng'ài	*缝	fèng	光芒	guāng máng
钉	dìng	*房	fáng	*否定	fǒu dìng	光明	guāng míng
*定	dìng	*房间	fáng jiān			广场	guǎng chǎng
*定额	dìng'é	房屋	fáng wū	**G**		*规定	guī dìng
*定理	dìng lǐ	房子	fáng zi	改正	gǎi zhèng	国防	guó fáng
定量	dìng liàng	*仿佛	fǎng fú	*刚	gāng	国情	guó qíng
*定律	dìng lǜ	访	fǎng	*刚才	gāng cái	*国营	guó yíng
定期	dìng qī	*访问	fǎng wèn	*纲	gāng	*过程	guò chéng
定向	dìng xiàng	纺织	fǎng zhī	纲领	gāng lǐng		
定型	dìng xíng	*放	fàng	*钢	gāng	**H**	
*定义	dìng yì	放大	fàng dà	*钢铁	gāng tiě	*行	háng
*东方	dōng fāng	*放弃	fàng qì	*岗位	gǎng wèi	行列	háng liè
动静	dòng jing	放射	fàng shè	港	gǎng	*行业	háng yè
动能	dòng néng	放射性	fàng shè xìng	港口	gǎng kǒu	航海	háng hǎi
*斗争	dòu zhēng	放松	fàng sōng	高等	gāo děng	航空	háng kōng
		*飞行	fēi xíng	高尚	gāo shàng		

航行	háng xíng	*鉴定	jiàn dìng	警惕	jǐng tì	浪	làng
好听	hǎo tīng	教堂	jiào táng	*劲	jìng	*浪费	làng fèi
合并	hé bìng	阶层	jiē céng	径	jìng	浪花	làng huā
*合成	hé chéng	节省	jié shěng	径流	jìng liú	老百姓	lǎo bǎi xìng
何等	hé děng	*结晶	jié jīng	*净	jìng	*类型	lèi xíng
*和平	hé píng	*解放	jiě fàng	净化	jìng huà	*冷	lěng
和尚	hé shang	解放军	jiě fàng jūn	竞赛	jìng sài	冷静	lěng jìng
恒	héng	茎	jīng	*竞争	jìng zhēng	冷却	lěng què
*恒星	héng xīng	京	jīng	*竟	jìng	冷水	lěng shuǐ
*横	héng	京剧	jīng jù	敬	jìng	冷笑	lěng xiào
横向	héng xiàng	*经	jīng	*静	jìng	愣	lèng
衡量	héng liáng	*经常	jīng cháng	静脉	jìng mài	*理性	lǐ xìng
*横	hèng	经典	jīng diǎn	静止	jìng zhǐ	*立场	lì chǎng
后方	hòu fāng	经费	jīng fèi	境	jìng	连忙	lián máng
花生	huā shēng	*经过	jīng guò	境地	jìng dì	联邦	lián bāng
*欢迎	huān yíng	*经济	jīng jì	*境界	jìng jiè	联盟	lián méng
*环境	huán jìng	经理	jīng lǐ	*镜	jìng	联营	lián yíng
会场	huì chǎng	*经历	jīng lì	镜头	jìng tóu	两旁	liǎng páng
火星	huǒ xīng	经受	jīng shòu	镜子	jìng zi	*灵	líng
J		*经验	jīng yàn	纠正	jiū zhèng	*灵魂	líng hún
机场	jī chǎng	*经营	jīng yíng	*究竟	jiū jìng	*灵活	líng huó
*机能	jī néng	惊	jīng	酒精	jiǔ jīng	铃	líng
*积极性	jī jí xìng	惊奇	jīng qí	*举行	jǔ xíng	*零	líng
*基层	jī céng	惊喜	jīng xǐ	剧场	jù chǎng	零件	líng jiàn
畸形	jī xíng	惊醒	jīng xǐng	*决定	jué dìng	零售	líng shòu
激情	jī qíng	惊讶	jīng yà	决定性	jué dìng xìng	龄	líng
*急忙	jí máng	惊异	jīng yì	均衡	jūn héng	*令	lǐng
急性	jí xìng	*晶	jīng			岭	lǐng
*疾病	jí bìng	*晶体	jīng tǐ	**K**		*领	lǐng
*技能	jì néng	*精	jīng	*开放	kāi fàng	*领导	lǐng dǎo
季风	jì fēng	*精力	jīng lì	扛	káng	领会	lǐng huì
*继承	jì chéng	精密	jīng mì	*抗	kàng	领事	lǐng shì
寄生	jì shēng	*精确	jīng què	抗议	kàng yì	*领土	lǐng tǔ
寄生虫	jì shēng chóng	精细	jīng xì	炕	kàng	领袖	lǐng xiù
寂静	jì jìng	精子	jīng zǐ	*可能	kě néng	*领域	lǐng yù
*家庭	jiā tíng	鲸	jīng	客厅	kè tīng	*另	lìng
*家长	jiā zhǎng	井	jǐng	*课程	kè chéng	*另外	lìng wài
假定	jiǎ dìng	颈	jǐng	课堂	kè táng	*令	lìng
*坚定	jiān dìng	景	jǐng	坑	kēng	流氓	liú máng
坚硬	jiān yìng	景色	jǐng sè	夸张	kuā zhāng	*流行	liú xíng
肩膀	jiān bǎng	景物	jǐng wù	困境	kùn jìng	楼房	lóu fáng
*减轻	jiǎn qīng	景象	jǐng xiàng	*扩张	kuò zhāng	路程	lù chéng
简称	jiǎn chēng	*警察	jǐng chá			旅行	lǚ xíng
*健康	jiàn kāng	警告	jǐng gào	**L**		*履行	lǚ xíng
				狼	láng		

论证	lùn zhèng	*能够	néng gòu	*平时	píng shí	*清晰	qīng xī
	M	*能力	néng lì	*平行	píng xíng	清醒	qīng xǐng
*马上	mǎ shàng	*能量	néng liàng	*平原	píng yuán	*情	qíng
*忙	máng	*能源	néng yuán	评	píng	*情报	qíng bào
忙碌	máng lù	*年龄	nián líng	*评价	píng jià	情操	qíng cāo
*盲目	máng mù	年青	nián qīng	评论	píng lùn	*情节	qíng jié
毛病	máo·bìng	*年轻	nián qīng	评选	píng xuǎn	*情景	qíng jǐng
蒙	mēng	宁	níng	苹果	píng guǒ	情境	qíng jìng
萌发	méng fā	宁静	níng jìng	*凭	píng	*情况	qíng kuàng
萌芽	méng yá	拧	níng	凭借	píng jiè	情趣	qíng qù
蒙	méng	凝	níng	屏	píng	*情形	qíng·xíng
*猛	měng	凝固	níng gù	屏幕	píng mù	*情绪	qíng·xù
猛烈	měng liè	凝结	níng jié	瓶	píng	*请	qǐng
蒙	Měng	凝聚	níng jù	葡萄糖	pú·táo táng	*请求	qǐng qiú
孟	mèng	凝视	níng shì		**Q**	请示	qǐng shì
*梦	mèng	拧	nǐng	恰当	qià dàng	庆祝	qìng zhù
蜜蜂	mì fēng	宁	nìng	千方百计	qiān fāng	求证	qiú zhèng
*名	míng	拧	nìng		bǎi jì	酋长	qiú zhǎng
*名称	míng chēng	农场	nóng chǎng	*签订	qiān dìng	*确定	què dìng
*名词	míng cí	*女性	nǔ xìng	前方	qián fāng		**R**
名义	míng yì		**P**	前景	qián jǐng	嚷	rǎng
*名字	míng zi	排放	pái fàng	*青	qīng	*让	ràng
*明	míng	庞大	páng dà	青春	qīng chūn	热能	rè néng
*明白	míng bai	旁	páng	*青年	qīng nián	*热情	rè qíng
明亮	míng liàng	*旁边	páng biān	青蛙	qīng wā	扔	rēng
明年	míng nián	*胖	pàng	*轻	qīng	*仍	réng
*明确	míng què	赔偿	péi cháng	轻工业	qīng gōng yè	仍旧	réng jiù
*明天	míng tiān	*朋友	péng you	轻声	qīng shēng	日常	rì cháng
*明显	míng xiǎn	彭	Péng	轻视	qīng shì		**S**
鸣	míng	棚	péng	轻松	qīng sōng	嗓子	sǎng zi
*命	mìng	蓬勃	péng bó	轻微	qīng wēi	*丧失	sàng shī
*命令	mìng lìng	*膨胀	péng zhàng	轻易	qīng yì	扫荡	sǎo dàng
命名	mìng míng	捧	pěng	轻重	qīng zhòng	僧	sēng
*命题	mìng tí	碰	pèng	氢	qīng	僧侣	sēng lǚ
*命运	mìng yùn	*批评	pī píng	*氢气	qīng qì	*伤	shāng
*模仿	mó fǎng	乒乓球	pīng pāng qiú	倾	qīng	伤害	shāng hài
*模型	mó xíng	*平	píng	倾听	qīng tīng	伤口	shāng kǒu
陌生	mò shēng	*平常	píng cháng	*倾向	qīng xiàng	伤员	shāng yuán
	N	*平等	píng děng	倾斜	qīng xié	*商	shāng
囊	náng	*平衡	píng héng	*清	qīng	商标	shāng biāo
内脏	nèi zàng	*平静	píng jìng	清除	qīng chú	*商店	shāng diàn
*能	néng	*平均	píng jūn	*清楚	qīng chu	商量	shāng liang
能动	néng dòng	*平面	píng miàn	清洁	qīng jié	*商业	shāng yè
		平日	píng rì	清理	qīng lǐ		

*上	shǎng	声明	shēng míng	死刑	sǐ xíng	头顶	tóu dǐng
赏	shǎng	声响	shēng xiǎng	四边形	sì biān xíng	透镜	tòu jìng
*上	shàng	牲畜	shēng chù	俗称	sú chēng	*透明	tòu míng
上边	shàng·biān	牲口	shēng kou	损伤	sǔn shāng	图形	tú xíng
上层	shàng céng	绳	shéng			*途径	tú jìng
*上帝	shàng dì	绳子	shéng zi	**T**		*土壤	tǔ rǎng
*上级	shàng jí	*省	shěng	台风	tái fēng	*推行	tuī xíng
上课	shàng kè	圣	shèng	太平	tài píng		
上空	shàng kōng	圣经	shèng jīng	太阳能	tài yáng néng	**W**	
*上来	shàng·lái	*胜	shèng	*汤	tāng	外商	wài shāng
*上面	shàng·miàn	*胜利	shèng lì	*唐	táng	外形	wài xíng
*上去	shàng·qù	*盛	shèng	堂	táng	*完成	wán chéng
*上升	shàng shēng	盛行	shèng xíng	塘	táng	*完整	wán zhěng
上市	shàng shì	剩	shèng	*糖	táng	*晚上	wǎn shang
*上述	shàng shù	剩余	shèng yú	倘若	tǎng ruò	旺盛	wàng shèng
上诉	shàng sù	师长	shī zhǎng	*躺	tǎng	望远镜	wàng yuǎn jìng
*上午	shàng wǔ	施行	shī xíng	烫	tàng		
*上下	shàng xià	时常	shí cháng	趟	tàng	微生物	wēi shēng wù
上学	shàng xué	*实行	shí xíng	*特定	tè dìng	维生素	wéi shēng sù
上衣	shàng yī	食堂	shí táng	*特性	tè xìng	*卫生	wèi shēng
上游	shàng yóu	使命	shǐ mìng	特征	tè zhēng	*卫星	wèi xīng
上涨	shàng zhǎng	士兵	shì bīng	疼	téng	未曾	wèi céng
*尚	shàng	*市场	shì chǎng	疼痛	téng tòng	*文明	wén míng
摄影	shè yǐng	*事情	shì qing	藤	téng	*文章	wén zhāng
*升	shēng	势能	shì néng	*提倡	tí chàng	*稳定	wěn dìng
*生	shēng	*适当	shì dàng	提醒	tí xǐng	无情	wú qíng
*生成	shēng chéng	*适应	shì yìng	天生	tiān shēng	无声	wú shēng
*生存	shēng cún	*释放	shì fàng	*调整	tiáo zhěng	无形	wú xíng
*生动	shēng dòng	手掌	shǒu zhǎng	厅	tīng		
*生活	shēng huó	守恒	shǒu héng	*听	tīng	**X**	
*生理	shēng lǐ	首领	shǒu lǐng	听话	tīng huà	*西方	xī fāng
*生命	shēng mìng	首长	shǒu zhǎng	*听见	tīng·jiàn	西风	xī fēng
生命力	shēng mìng lì	寿命	shòu mìng	听觉	tīng jué	*牺牲	xī shēng
*生气	shēng qì	受精	shòu jīng	听取	tīng qǔ	习性	xí xìng
生前	shēng qián	受伤	shòu shāng	听众	tīng zhòng	下层	xià céng
生态	shēng tài	抒情	shū qíng	*停	tíng	下令	xià lìng
*生物	shēng wù	*属性	shǔ xìng	停顿	tíng dùn	*先生	xiān sheng
生意	shēng yì	*率领	shuài lǐng	停留	tíng liú	*鲜明	xiān míng
生意	shēng yi	*双方	shuāng fāng	*停止	tíng zhǐ	显微镜	xiǎn wēi jìng
生育	shēng yù	*水平	shuǐ píng	*挺	tǐng	县城	xiàn chéng
*生长	shēng zhǎng	水蒸气	shuǐ zhēng qì	*通常	tōng cháng	现场	xiàn chǎng
*生殖	shēng zhí	*说明	shuō míng	同等	tóng děng	现行	xiàn xíng
*声	shēng	司令	sī lìng	同行	tóng háng	*相当	xiāng dāng
声调	shēng diào	私营	sī yíng	同情	tóng qíng	*相等	xiāng děng
				同行	tóng xíng	*相应	xiāng yìng

响声	xiǎng shēng	*形状	xíng zhuàng	迎接	yíng jiē	章程	zhāng chéng
响应	xiǎng yìng	*型	xíng	荧光屏	yíng guāng píng	*长	zhǎng
*向上	xiàng shàng	*省	xǐng			长官	zhǎng guān
*象征	xiàng zhēng	*醒	xǐng	盈利	yíng lì	涨	zhǎng
小朋友	xiǎo péng yǒu	兴	xìng	*营	yíng	掌	zhǎng
小型	xiǎo xíng	*兴趣	xìng qù	*营养	yíng yǎng	*掌握	zhǎng wò
小学生	xiǎo xué shēng	幸福	xìng fú	营业	yíng yè	丈	zhàng
		*性	xìng	赢得	yíng dé	*丈夫	zhàng fu
*校长	xiào zhǎng	性别	xìng bié	影	yǐng	仗	zhàng
*效应	xiào yìng	性格	xìng gé	影片	yǐng piàn	帐	zhàng
协定	xié dìng	性能	xìng néng	*影响	yǐng xiǎng	帐篷	zhàng peng
协商	xié shāng	性情	xìng qíng	*影子	yǐng zi	账	zhàng
兴	xīng	性质	xìng zhì	应	yìng	胀	zhàng
兴建	xīng jiàn	性状	xìng zhuàng	应付	yìng·fù	涨	zhàng
兴起	xīng qǐ	*姓	xìng	*应用	yìng yòng	*障碍	zhàng'ài
*星	xīng	姓名	xìng míng	映	yìng	招生	zhāo shēng
星际	xīng jì	修正	xiū zhèng	*硬	yìng	照明	zhào míng
*星期	xīng qī	*学生	xué sheng	永恒	yǒng héng	*争	zhēng
星球	xīng qiú	学堂	xué táng	游行	yóu xíng	争夺	zhēng duó
星系	xīng xì			有名	yǒu míng	*争论	zhēng lùn
星星	xīng xing	**Y**		预定	yù dìng	*争取	zhēng qǔ
星云	xīng yún	*延长	yán cháng	*预防	yù fáng	征	zhēng
刑	xíng	研究生	yán jiū shēng	远方	yuǎn fāng	征服	zhēng fú
刑罚	xíng fá	*眼睛	yǎn jing	*运行	yùn xíng	征求	zhēng qiú
刑法	xíng fǎ	眼镜	yǎn jìng	蕴藏	yùn cáng	征收	zhēng shōu
刑事	xíng shì	演唱	yǎn chàng			挣	zhēng
*行	xíng	验证	yàn zhèng	**Z**		睁	zhēng
*行动	xíng dòng	邀请	yāo qǐng	在场	zài chǎng	蒸	zhēng
行军	xíng jūn	野生	yě shēng	脏	zāng	*蒸发	zhēng fā
行李	xíng li	*一定	yī dìng	脏	zàng	蒸气	zhēng qì
*行使	xíng shǐ	一旁	yī páng	葬	zàng	*整	zhěng
行驶	xíng shǐ	衣裳	yī shang	藏	zàng	*整顿	zhěng dùn
*行为	xíng wéi	*医生	yī shēng	早上	zǎo shang	*整个	zhěng gè
行星	xíng xīng	*已经	yǐ·jīng	造型	zào xíng	*整理	zhěng lǐ
*行政	xíng zhèng	*异常	yì cháng	*曾	zēng	整齐	zhěng qí
行走	xíng zǒu	意境	yì jìng	*增	zēng	*整体	zhěng tǐ
*形	xíng	*应	yīng	*增多	zēng duō	*正	zhèng
*形成	xíng chéng	*应当	yīng dāng	增高	zēng gāo	*正常	zhèng cháng
形容	xíng róng	*应该	yīng gāi	*增加	zēng jiā	*正当	zhèng dāng
*形式	xíng shì	*英	yīng	*增强	zēng qiáng	*正当	zhèng dàng
*形势	xíng shì	*英雄	yīng xióng	增添	zēng tiān	正规	zhèng guī
*形态	xíng tài	英勇	yīng yǒng	增长	zēng zhǎng	*正好	zhèng hǎo
形体	xíng tǐ	*婴儿	yīng'ér	增殖	zēng zhí	正面	zhèng miàn
*形象	xíng xiàng	鹰	yīng	*张	zhāng	*正确	zhèng què
		迎	yíng	*章	zhāng		

*正式	zhèng shì	自行车	zì xíng chē	*反映	fǎn yìng	茫然	máng rán
正义	zhèng yì	走廊	zǒu láng	*反正	fǎn ·zhèng	*民兵	mín bīng
*正在	zhèng zài	罪行	zuì xíng	*方案	fāng'àn	**N**	
*证	zhèng	尊敬	zūn jìng	*方针	fāng zhēn	男性	nán xìng
证据	zhèng jù	*作风	zuò fēng	*放心	fàng xīn	*南方	nán fāng
*证明	zhèng míng	做梦	zuò mèng	*分成	fēn chéng	**O**	
*证实	zhèng shí			分明	fēn míng	偶然性	ǒu rán xìng
证书	zhèng shū	**前后鼻音**		**G**		**P**	
郑	zhèng	**A**		*干净	gān ·jìng	判定	pàn dìng
政	zhèng	安定	ān dìng	肝脏	gān zàng	拼命	pīn mìng
*政策	zhèng cè	安静	ān jìng	赶忙	gǎn máng	平凡	píng fán
*政党	zhèng dǎng	**B**		*感情	gǎn qíng	平分	píng fēn
*政府	zhèng fǔ	板凳	bǎn dèng	感性	gǎn xìng	平民	píng mín
*政权	zhèng quán	*半径	bàn jìng	感应	gǎn yìng	平坦	píng tǎn
*政委	zhèng wěi	*本领	běn lǐng	钢琴	gāng qín	**Q**	
*政治	zhèng zhì	本能	běn néng	*更新	gēng xīn	清晨	qīng chén
挣	zhèng	本性	běn xìng	*共产党	gòng chǎn dǎng	*情感	qíng gǎn
*症	zhèng	必然性	bì rán xìng				
*症状	zhèng zhuàng	*病人	bìng rén	**H**		**R**	
支撑	zhī chēng	**C**		寒冷	hán lěng	*人生	rén shēng
脂肪	zhī fáng	*产生	chǎn shēng	**J**		人性	rén xìng
*执行	zhí xíng	阐明	chǎn míng	继承人	jì chéng rén	人影儿	rén yǐngr
*直径	zhí jìng	称赞	chēng zàn	金刚石	jīn gāng shí	认定	rèn dìng
*职能	zhí néng	*成本	chéng běn	*紧张	jǐn zhāng	任命	rèn mìng
指定	zhǐ dìng	*成分	chéng ·fèn	进程	jìn chéng	*仍然	réng rán
指令	zhǐ lìng	*成人	chéng rén	*进行	jìn xíng	**S**	
指明	zhǐ míng	诚恳	chéng kěn	惊人	jīng rén	*三角形	sān jiǎo xíng
*制订	zhì dìng	*承担	chéng dān	*精神	jīng shén	山峰	shān fēng
*制定	zhì dìng	*承认	chéng rèn	*精神	jīng shen	伤心	shāng xīn
智能	zhì néng	城镇	chéng zhèn	精心	jīng xīn	*商品	shāng pǐn
中等	zhōng děng	传染病	chuán rǎn bìng	竟然	jìng rán	*商人	shāng rén
中性	zhōng xìng			**K**		上班	shàng bān
中学生	zhōng xué shēng	**D**		刊登	kān dēng	上山	shàng shān
忠诚	zhōng chéng	*诞生	dàn shēng	抗战	kàng zhàn	申请	shēn qǐng
*主张	zhǔ zhāng	当今	dāng jīn	肯定	kěn dìng	身影	shēn yǐng
住房	zhù fáng	*当然	dāng rán	**L**		深情	shēn qíng
贮藏	zhù cáng	*当事人	dāng shì rén	灵感	líng gǎn	*神经	shén jīng
*著名	zhù míng	档案	dàng'àn	灵敏	líng mǐn	神情	shén qíng
*专政	zhuān zhèng	**F**		**M**		神圣	shén shèng
自称	zì chēng	*反抗	fǎn kàng	漫长	màn cháng	*生产	shēng chǎn
自力更生	zì lì gēng shēng	*反应	fǎn yìng	慢性	màn xìng	*生产力	shēng chǎn lì
自行	zì xíng					*声音	shēng yīn

附 录

	T	
弹性	tán xìng	

X
*心灵	xīn líng	
*心情	xīn qíng	
*心脏	xīn zàng	
*欣赏	xīn shǎng	
*新兴	xīn xīng	
新型	xīn xíng	
新颖	xīn yǐng	
*兴奋	xīng fèn	
行人	xíng rén	

Y
阴影	yīn yǐng	
*银行	yín háng	
隐藏	yǐn cáng	

Z
赞成	zàn chéng	
*增产	zēng chǎn	
增进	zēng jìn	
*占领	zhàn lǐng	
*战场	zhàn chǎng	
*战胜	zhàn shèng	
*战争	zhàn zhēng	
真诚	zhēn chéng	
*真正	zhēn zhèng	
振荡	zhèn dàng	
振兴	zhèn xīng	
震惊	zhèn jīng	

纯 N 音

B
百年	bǎi nián
本能	běn néng

C
*才能	cái néng
常年	cháng nián
成年	chéng nián

D
*大脑	dà nǎo
*大娘	dà niáng
*当年	dāng nián
*当年	dàng nián
电脑	diàn nǎo
电能	diàn néng
东南	dōng nán
动能	dòng néng

E
儿女	ér nǚ

F
烦恼	fán nǎo
愤怒	fèn nù
*妇女	fù nǚ

G
*概念	gài niàn
*功能	gōng néng
*姑娘	gū niang
*观念	guān niàn
归纳	guī nà
闺女	guī nü
过年	guò nián

H
怀念	huái niàn

J
*机能	jī néng
纪念	jì niàn
*技能	jì néng
艰难	jiān nán
江南	jiāng nán
*今年	jīn nián

K
*可能	kě néng
苦难	kǔ nàn
苦恼	kǔ nǎo
*困难	kùn · nán

M
*每年	měi nián
明年	míng nián
模拟	mó nǐ

N
*拿	ná
*哪	nǎ
*哪儿	nǎr
*哪些	nǎ xiē
*那	nà
*那么	nà me
*那儿	nàr
*那些	nà xiē
*那样	nà yàng
纳	nà
纳入	nà rù
纳税	nà shuì
*钠	nà
*乃	nǎi
乃至	nǎi zhì
奶	nǎi
*奶奶	nǎi nai
耐	nài
耐心	nài xīn
*男	nán
*男女	nán nǚ
*男人	nán rén
男性	nán xìng
*男子	nán zǐ
*南	nán
南北	nán běi
*南方	nán fāng
南极	nán jí
*难	nán
*难道	nán dào
难得	nán dé
难怪	nán guài
难过	nán guò
难免	nán miǎn
难受	nán shòu
难题	nán tí
*难以	nán yǐ
难于	nán yú
*难	nàn
囊	náng
*脑	nǎo
*脑袋	nǎo dai
*脑子	nǎo zi
闹	nào
*内	nèi
*内部	nèi bù
内地	nèi dì
内涵	nèi hán
*内容	nèi róng
内外	nèi wài
*内心	nèi xīn
*内在	nèi zài
内脏	nèi zàng
嫩	nèn
*能	néng
能动	néng dòng
*能够	néng gòu
*能源	néng yuán
*泥	ní
泥土	ní tǔ
拟	nǐ
*你	nǐ
*你们	nǐ men
逆	nì
*年	nián
年初	nián chū
*年代	nián dài
年底	nián dǐ
年度	nián dù
年级	nián jí
*年纪	nián jì
*年间	nián jiān
年青	nián qīng
*年轻	nián qīng
年头儿	nián tóur
*念	niàn
念头	niàn · tou
*娘	niáng
*鸟	niǎo
尿	niào
捏	niē
*您	nín
宁	níng
宁静	níng jìng
拧	níng
凝	níng
凝固	níng gù
凝结	níng jié
凝聚	níng jù

凝视	níng shì		**S**		*本领	běn lǐng	*道路	dào lù
拧	nǐng	*少年	shào nián		*比例	bǐ lì	*地理	dì lǐ
宁	nìng	少女	shào nǚ		变量	biàn liàng	电离	diàn lí
拧	nìng	势能	shì néng		便利	biàn lì	电力	diàn lì
*牛	niú	水泥	shuǐ ní		兵力	bīng lì	电量	diàn liàng
*牛顿	niú dùn		**T**		病理	bìng lǐ	*电流	diàn liú
扭	niǔ	太阳能	tài yáng néng		波浪	bō làng	*电路	diàn lù
扭转	niǔ zhuǎn	同年	tóng nián		*玻璃	bō·li	*定理	dìng lǐ
*农	nóng	童年	tóng nián		捕捞	bǔ lāo	定量	dìng liàng
*农产品	nóng chǎn pǐn	*头脑	tóu nǎo		*不利	bù lì	*定律	dìng lǜ
农场	nóng chǎng		**W**		*不良	bù liáng	*动力	dòng lì
*农村	nóng cūn	为难	wéi nán		不料	bù liào	动量	dòng liàng
农户	nóng hù	*温暖	wēn nuǎn		*不论	bù lùn	*独立	dú lì
农具	nóng jù	无可奈何	wú kě nài hé		*部落	bù luò	*锻炼	duàn liàn
*农民	nóng mín		**X**			**C**	*对立	duì lì
农田	nóng tián	*西南	xī nán		*材料	cái liào	对流	duì liú
农药	nóng yào	新娘	xīn niáng		财力	cái lì		**E**
*农业	nóng yè	信念	xìn niàn		灿烂	càn làn	恶劣	è liè
农作物	nóng zuò wù	*性能	xìng néng		*测量	cè liáng	饵料	ěr liào
*浓	nóng		**Y**		策略	cè lüè		**F**
*浓度	nóng dù	以内	yǐ nèi		*产量	chǎn liàng	法令	fǎ lìng
浓厚	nóng hòu	幼年	yòu nián		潮流	cháo liú	*法律	fǎ lǜ
脓	nóng		**Z**		车辆	chē liàng	方法论	fāng fǎ lùn
*弄	nòng	灾难	zāi nàn		*成立	chéng lì	肥料	féi liào
奴役	nú yì	*职能	zhí néng		吃力	chī lì	*分类	fēn lèi
怒	nù	智能	zhì néng		*出来	chū·lái	*分离	fēn lí
*女	nǚ	中年	zhōng nián		出路	chū lù	*分裂	fēn liè
*女儿	nǚ'ér	终年	zhōng nián		*除了	chú le	分量	fèn·liàng
女工	nǚ gōng	周年	zhōu nián		*处理	chǔ lǐ	风力	fēng lì
*女人	nǚ rén	逐年	zhú nián		储量	chǔ liàng	俘虏	fú lǔ
女士	nǚ shì	啄木鸟	zhuó mù niǎo		串联	chuàn lián	福利	fú lì
*女性	nǚ xìng	*子女	zǐ nǚ		*创立	chuàng lì		**G**
女婿	nǚ xu				磁力	cí lì	改良	gǎi liáng
*女子	nǚ zǐ				从来	cóng lái	概率	gài lǜ
*暖	nuǎn		**纯 L 音**			**D**	纲领	gāng lǐng
	Q				打量	dǎ liang	隔离	gé lí
*青年	qīng nián		**B**		*大量	dà liàng	*公理	gōng lǐ
*去年	qù nián	*办理	bàn lǐ		*大陆	dà lù	*公路	gōng lù
	R	*保留	bǎo liú		代理	dài lǐ	功率	gōng lǜ
*热闹	rè nao	暴力	bào lì		代理人	dài lǐ rén	*孤立	gū lì
热能	rè néng	*暴露	bào lù		*带领	dài lǐng	*古老	gǔ lǎo
忍耐	rěn nài				到来	dào lái	鼓励	gǔ lì
容纳	róng nà	*本来	běn lái		*道理	dào·li	顾虑	gù lǜ

关联	guān lián	竭力	jié lì	劳	láo	愣	lèng
官吏	guān lì	*尽量	jǐn liàng	*劳动	láo dòng	*离	lí
官僚	guān liáo	尽力	jìn lì	*劳动力	láo dòng lì	*离婚	lí hūn
*管理	guǎn lǐ	*尽量	jìn liàng	劳动日	láo dòng rì	*离开	lí kāi
光亮	guāng liàng	进化论	jìn huà lùn	*劳动者	láo dòng zhě	*离子	lí zǐ
归来	guī lái	*进来	jìn ·lái	劳力	láo lì	梨	lí
*规律	guī lǜ	近来	jìn lái	牢	láo	犁	lí
*过来	guò ·lái	*经理	jīng lǐ	牢固	láo gù	*礼	lǐ
H		*经历	jīng lì	*老	lǎo	礼貌	lǐ mào
*含量	hán liàng	*精力	jīng lì	老百姓	lǎo bǎi xìng	礼物	lǐ wù
寒冷	hán lěng	径流	jìng liú	老板	lǎo bǎn	*李	lǐ
行列	háng liè	剧烈	jù liè	老伴儿	lǎo bànr	*里	lǐ
*合理	hé lǐ	*距离	jù lí	老大	lǎo dà	里边	lǐ ·biān
合力	hé lì	**K**		老汉	lǎo hàn	*里面	lǐ ·miàn
*河流	hé liú	*考虑	kǎo lǜ	老虎	lǎo hǔ	里头	lǐ tou
衡量	héng liáng	颗粒	kē lì	老婆	lǎo po	*理	lǐ
喉咙	hóu ·lóng	*可怜	kě lián	*老人	lǎo rén	*理解	lǐ jiě
*后来	hòu lái	*快乐	kuài lè	老人家	lǎo ·rén ·jiā	*理论	lǐ lùn
忽略	hū lüè	**L**		*老师	lǎo shī	*理想	lǐ xiǎng
欢乐	huān lè	*拉	lā	老实	lǎo shi	*理性	lǐ xìng
环流	huán liú	拉	lá	老鼠	lǎo ·shǔ	*理由	lǐ yóu
*回来	huí ·lái	喇叭	lǎ ba	老太太	lǎo tài tai	理智	lǐ zhì
婚礼	hūn lǐ	*落	là	老头子	lǎo tóu zi	*力	lì
*混乱	hùn luàn	蜡	là	老乡	lǎo xiāng	*力量	lì ·liàng
活力	huó lì	蜡烛	là zhú	*老爷	lǎo ye	力气	lì qi
J		辣椒	là jiāo	老子	lǎo zi	力求	lì qiú
*积累	jī lěi	来	lái	*落	lào	力图	lì tú
激励	jī lì	来不及	lái ·bù jí	乐	lè	*力学	lì xué
*激烈	jī liè	来回	lái huí	乐观	lè guān	历	lì
极力	jí lì	来临	lái lín	*累	léi	历代	lì dài
*记录	jì lù	来往	lái wǎng	雷	léi	历来	lì lái
纪录	jì lù	*来信	lái xìn	雷达	léi dá	*历史	lì shǐ
*纪律	jì lǜ	来源	lái yuán	*累	lèi	*厉害	lì hai
*建立	jiàn lì	赖	lài	*泪	lèi	*立	lì
*将来	jiāng lái	兰	lán	泪水	lèi shuǐ	*立场	lì chǎng
奖励	jiǎng lì	栏	lán	*类	lèi	*立法	lì fǎ
降落	jiàng luò	*蓝	lán	*类似	lèi sì	*立即	lì jí
*交流	jiāo liú	烂	làn	*类型	lèi xíng	*立刻	lì kè
角落	jiǎo luò	狼	láng	*累	lèi	立体	lì tǐ
教练	jiào liàn	浪	làng	*冷	lěng	*利	lì
接连	jiē lián	*浪费	làng fèi	冷静	lěng jìng	利害	lì hài
*揭露	jiē lù	浪花	làng huā	冷却	lěng què	利率	lì lǜ
*结论	jié lùn	捞	lāo	冷水	lěng shuǐ	*利润	lì rùn
				冷笑	lěng xiào	利息	lì xī

*利益	lì yì	*两	liǎng	*令	lìng	楼房	lóu fáng
*利用	lì yòng	两岸	liǎng'àn	岭	lǐng	搂	lǒu
*利于	lì yú	*两边	liǎng biān	*领	lǐng	漏	lòu
*例	lì	两极	liǎng jí	*领导	lǐng dǎo	*露	lòu
*例如	lì rú	两旁	liǎng páng	领会	lǐng huì	炉	lú
例外	lì wài	*亮	liàng	领事	lǐng shì	炉子	lú zi
例子	lì zi	凉	liàng	*领土	lǐng tǔ	卤	lǔ
*粒	lì	*辆	liàng	*领袖	lǐng xiù	鲁	lǔ
*粒子	lì zǐ	量	liàng	*领域	lǐng yù	陆	lù
俩	liǎ	量子	liàng zǐ	*另	lìng	*陆地	lù dì
*连	lián	辽阔	liáo kuò	*另外	lìng wài	陆军	lù jūn
连队	lián duì	*了	liǎo	*令	lìng	陆续	lù xù
*连接	lián jiē	了不起	liǎo·bù qǐ	溜	liū	录	lù
*连忙	lián máng	*了解	liǎo jiě	*刘	Liú	鹿	lù
连同	lián tóng	*料	liào	*留	liú	*路	lù
*连续	lián xù	咧	liě	留学	liú xué	路程	lù chéng
莲子	lián zǐ	*列	liè	*流	liú	路过	lù guò
联	lián	列车	liè chē	流传	liú chuán	*路线	lù xiàn
联邦	lián bāng	列举	liè jǔ	*流动	liú dòng	路子	lù zi
*联合	lián hé	烈士	liè shì	流露	liú lù	*露	lù
联合国	lián hé guó	猎	liè	流氓	liú máng	驴	lǘ
联结	lián jié	裂	liè	流派	liú pài	旅	lǚ
联络	lián luò	邻	lín	流水	liú shuǐ	旅馆	lǚ guǎn
联盟	lián méng	邻近	lín jìn	流体	liú tǐ	旅客	lǚ kè
*联系	lián xì	邻居	lín·jū	*流通	liú tōng	旅行	lǚ xíng
*联想	lián xiǎng	*林	lín	流向	liú xiàng	旅游	lǚ yóu
联营	lián yíng	林木	lín mù	流行	liú xíng	*铝	lǚ
廉价	lián jià	林业	lín yè	流血	liú xuè	缕	lǚ
*脸	liǎn	临	lín	流域	liú yù	*履行	lǚ xíng
*脸色	liǎn sè	*临床	lín chuáng	硫	liú	*律	lǜ
*练	liàn	*临时	lín shí	硫酸	liú suān	律师	lǜ shī
*练习	liàn xí	淋	lín	瘤	liú	*率	lǜ
炼	liàn	淋巴	lín bā	柳	liǔ	*绿	lǜ
恋爱	liàn'ài	*磷	lín	*六	liù	绿化	lǜ huà
链	liàn	*灵	líng	陆	liù	氯	lǜ
良	liáng	灵感	líng gǎn	溜	liù	氯气	lǜ qì
*良好	liáng hǎo	*灵魂	líng hún	*龙	lóng	滤	lǜ
良心	liáng xīn	灵活	líng huó	笼	lóng	*卵	luǎn
良种	liáng zhǒng	灵敏	líng mǐn	*垄断	lǒng duàn	卵巢	luǎn cháo
凉	liáng	铃	líng	拢	lǒng	*乱	luàn
梁	liáng	*零	líng	笼	lǒng	掠夺	lüè duó
*量	liáng	零件	líng jiàn	笼罩	lǒng zhào	*略	lüè
*粮	liáng	零售	líng shòu	搂	lōu	伦理	lún lǐ
*粮食	liáng shi	龄	líng	*楼	lóu	*轮	lún

附　录

轮船	lún chuán	清理	qīng lǐ	*顺利	shùn lì	线路	xiàn lù
轮廓	lún kuò	*权力	quán lì	司令	sī lìng	相连	xiāng lián
轮流	lún liú	*权利	quán lì	思路	sī lù	想象力	xiǎng xiàng lì
*论	lùn	*确立	què lì	*饲料	sì liào	向来	xiàng lái
论点	lùn diǎn	群落	qún luò	速率	sù lǜ	效力	xiào lì
论述	lùn shù			*塑料	sù liào	*效率	xiào lǜ
*论文	lùn wén	**R**				*心里	xīn ·lǐ
论证	lùn zhèng	*燃料	rán liào	**T**		*心理	xīn lǐ
*罗	luó	扰乱	rǎo luàn	谈论	tán lùn	*心灵	xīn líng
*逻辑	luó ·jí	*热量	rè liàng	*讨论	tǎo lùn	行李	xíng li
螺旋	luó xuán	*热烈	rè liè	提炼	tí liàn	修理	xiū lǐ
骆驼	luò tuo	*人类	rén lèi	体力	tǐ lì	旋律	xuán lǜ
络	luò	*人力	rén lì	*条例	tiáo lì	*训练	xùn liàn
*落	luò	认识论	rèn shì lùn	*铁路	tiě lù		
落地	luò dì	容量	róng liàng	停留	tíng liú	**Y**	
*落后	luò hòu			同类	tóng lèi	*压力	yā lì
落实	luò shí	**S**		透露	tòu lù	严厉	yán lì
		*森林	sēn lín	湍流	tuān liú	言论	yán lùn
M		僧侣	sēng lǚ	推理	tuī lǐ	*眼泪	yǎn lèi
*马路	mǎ lù	山林	shān lín	推论	tuī lùn	养料	yǎng liào
忙碌	máng lù	山路	shān lù	*拖拉机	tuō lā jī	冶炼	yě liàn
*美丽	měi lì	善良	shàn liáng	*脱离	tuō lí	*夜里	yè ·lǐ
魅力	mèi lì	*商量	shāng liang	脱落	tuō luò	一连	yī lián
猛烈	měng liè	*上来	shàng ·lái			*一律	yī lǜ
*面临	miàn lín	*少量	shǎo liàng	**W**		医疗	yī liáo
明亮	míng liàng	设立	shè lì	外来	wài lái	*依赖	yī lài
*命令	mìng lìng	*生产力	shēng chǎn lì	外力	wài lì	遗留	yí liú
没落	mò luò	*生理	shēng lǐ	网络	wǎng luò	*以来	yǐ lái
		生命力	shēng mìng lì	往来	wǎng lái	*议论	yì lùn
P		*胜利	shèng lì	威力	wēi lì	引力	yǐn lì
*排列	pái liè	实力	shí lì	微粒	wēi lì	盈利	yíng lì
疲劳	pí láo	实例	shí lì	*为了	wèi le	用力	yòng lì
*漂亮	piào liang	事例	shì lì	*未来	wèi lái	*优良	yōu liáng
*频率	pín lǜ	*势力	shì ·lì	无力	wú lì	*有力	yǒu lì
评论	píng lùn	手榴弹	shǒu liú dàn	*无论	wú lùn	*有利	yǒu lì
破裂	pò liè	首领	shǒu lǐng	武力	wǔ lì	娱乐	yú lè
		狩猎	shòu liè	*物理	wù lǐ	舆论	yú lùn
Q		熟练	shú liàn	物力	wù lì	预料	yù liào
凄凉	qī liáng	*树立	shù lì			原材料	yuán cái liào
*起来	qǐ ·lái	树林	shù lín	**X**		*原来	yuán lái
气流	qì liú	*数量	shù liàng	系列	xì liè	*原理	yuán lǐ
潜力	qián lì	衰老	shuāi lǎo	*下来	xià ·lái	原谅	yuán liàng
*强烈	qiáng liè	*率领	shuài lǐng	*下列	xià liè	*原料	yuán liào
桥梁	qiáo liáng	水利	shuǐ lì	下令	xià lìng	*月亮	yuè liang
*侵略	qīn lüè	水流	shuǐ liú	下落	xià luò		
勤劳	qín láo			显露	xiǎn lù		

Z

展览	zhǎn lǎn
*占领	zhàn lǐng
*战略	zhàn lüè
照例	zhào lì
*这里	zhè ·lǐ
*真理	zhēn lǐ
*争论	zhēng lùn
*整理	zhěng lǐ
直立	zhí lì
指令	zhǐ lìng
*质量	zhì liàng
治理	zhì lǐ
*治疗	zhì liáo
*智力	zhì lì
肿瘤	zhǒng liú
*种类	zhǒng lèi
*重力	zhòng lì
*重量	zhòng liàng
主力	zhǔ lì
专利	zhuān lì
*资料	zī liào
自力更生	zì lì gēng shēng
*总理	zǒng lǐ
走廊	zǒu láng
阻力	zǔ lì

NL 联合

L
老年	lǎo nián

N
*哪里	nǎ ·lǐ
*那里	nà ·lǐ
*能力	néng lì
*能量	néng liàng
*年龄	nián líng
*奴隶	nú lì
*努力	nǔ lì

R 音

A
*爱人	ài ren

B
*把儿	bàr
包干儿	bāo gānr
*本人	běn rén
*比如	bǐ rú
*必然	bì rán
必然性	bì rán xìng
辨认	biàn rèn
*别人	bié ·rén
*病人	bìng rén
薄弱	bó ruò
*不然	bù rán
不容	bù róng
*不如	bù rú

C
茶馆儿	chá guǎnr
差点儿	chà diǎnr
*成人	chéng rén
*承认	chéng rèn
传染病	chuán rǎn bìng

D
*大伙儿	dà huǒr
*大人	dà ·rén
大婶儿	dà shěnr
大自然	dà zì rán
代理人	dài lǐ rén
*担任	dān rèn
*当然	dāng rán
*当事人	dāng shì rén
灯泡儿	dēng pàor
*敌人	dí rén
点燃	diǎn rán
电容	diàn róng
动人	dòng rén

F
发热	fā rè
法人	fǎ rén
*繁荣	fán róng
*否认	fǒu rèn
*夫人	fū ·rén

G
*干扰	gān rǎo
*感染	gǎn rǎn
*个人	gè rén
*工人	gōng ·rén
公认	gōng rèn
古人	gǔ rén
*固然	gù rán
*光荣	guāng róng
*果然	guǒ rán

H
好人	hǎo rén
黑人	hēi rén
后人	hòu rén
*忽然	hū rán
*核儿	húr
坏人	huài rén

J
机器人	jī ·qì rén
*肌肉	jī ròu
*既然	jì rán
继承人	jì chéng rén
*加热	jiā rè
*加入	jiā rù
家人	jiā rén
*假如	jiǎ rú
*尖锐	jiān ruì
减弱	jiǎn ruò
*节日	jié rì
*今日	jīn rì
金融	jīn róng
*进入	jìn rù
惊人	jīng rén
竟然	jìng rán
*居然	jū rán
*军人	jūn rén

K
*客人	kè ·rén

L
劳动日	láo dòng rì
老伴儿	lǎo bànr
*老人	lǎo rén
老人家	lǎo ·rén ·jiā
*利润	lì rùn
*例如	lì rú

M
茫然	máng rán
迷人	mí rén
敏锐	mǐn ruì

N
*哪儿	nǎr
*那儿	nàr
纳入	nà rù
*男人	nán rén
*内容	nèi róng
年头儿	nián tóur
*女人	nǚ rén

O
*偶然	ǒu rán
偶然性	ǒu rán xìng

P
*譬如	pì rú
平日	píng rì

Q
前人	qián rén
侵入	qīn rù
亲热	qīn rè
亲人	qīn rén
穷人	qióng rén
确认	què rèn

R
*然	rán
*然而	rán'ér
*然后	rán hòu
燃	rán
*燃料	rán liào
*燃烧	rán shāo
染	rǎn
染色	rǎn sè
*染色体	rǎn sè tǐ

嚷	rǎng	*任	Rén	柔软	róu ruǎn	为人	wéi rén
*让	ràng	忍	rěn	揉	róu	*围绕	wéi rào
扰动	rǎo dòng	忍耐	rěn nài	*肉	ròu	温柔	wēn róu
扰乱	rǎo luàn	忍受	rěn shòu	肉体	ròu tǐ	文人	wén rén
*绕	rào	认	rèn	*如	rú	*污染	wū rǎn
惹	rě	认定	rèn dìng	*如此	rú cǐ	侮辱	wǔ rǔ
*热	rè	*认识	rèn shi	*如果	rú guǒ		
*热爱	rè'ài	认识论	rèn shì lùn	*如何	rú hé	**X**	
*热带	rè dài	*认为	rèn wéi	*如今	rú jīn	*显然	xiǎn rán
*热量	rè liàng	*认真	rèn zhēn	*如同	rú tóng	*陷入	xiàn rù
*热烈	rè liè	*任	rèn	*如下	rú xià	*小说儿	xiǎo shuōr
*热闹	rè nao	*任何	rèn hé	儒家	Rú jiā	笑话儿	xiào huar
热能	rè néng	任命	rèn mìng	*乳	rǔ	笑容	xiào róng
*热情	rè qíng	*任务	rèn・wù	*入	rù	新人	xīn rén
热心	rè xīn	*任意	rèn yì	入侵	rù qīn	信任	xìn rèn
*人	rén	扔	rēng	入手	rù shǒu	行人	xíng rén
*人才	rén cái	*仍	réng	入学	rù xué	形容	xíng róng
*人格	rén gé	仍旧	réng jiù	*软	ruǎn	削弱	xuē ruò
*人工	rén gōng	*仍然	réng rán	*若	ruò		
*人家	rén jiā	*日	rì	*若干	ruò gān	**Y**	
*人家	rén jia	日报	rì bào	若是	ruò shì	*一会儿	yī huìr
*人间	rén jiān	日常	rì cháng	*弱	ruò	一块儿	yī kuàir
人均	rén jūn	日记	rì jì	弱点	ruò diǎn	*依然	yī rán
*人口	rén kǒu	日期	rì qī			毅然	yì rán
*人类	rén lèi	日前	rì qián	**S**		犹如	yóu rú
*人力	rén lì	日趋	rì qū	*商人	shāng rén	友人	yǒu rén
*人们	rén men	日夜	rì yè	*深入	shēn rù	有如	yǒu rú
*人民	rén mín	*日益	rì yì	*诗人	shī rén		
人民币	rén mín bì	*日子	rì zi	湿润	shī rùn	**Z**	
*人群	rén qún	荣誉	róng yù	*收入	shōu rù	早日	zǎo rì
人身	rén shēn	容	róng	输入	shū rù	*责任	zé rèn
*人生	rén shēng	容量	róng liàng	*私人	sī rén	责任感	zé rèn gǎn
人士	rén shì	容纳	róng nà	*虽然	suī rán	*这儿	zhèr
人事	rén shì	容器	róng qì			众人	zhòng rén
*人体	rén tǐ	容易	róng・yì	**T**		诸如	zhū rú
人为	rén wéi	*溶	róng	*他人	tā rén	*主人	zhǔ・rén
*人物	rén wù	溶剂	róng jì	倘若	tǎng ruò	主人公	zhǔ rén gōng
人心	rén xīn	*溶解	róng jiě	*天然	tiān rán	*主任	zhǔ rèn
人性	rén xìng	*溶液	róng yè	天然气	tiān rán qì	*自然	zì rán
人影儿	rén yǐngr	熔	róng	投入	tóu rù	*自然界	zì rán jiè
*人员	rén yuán	熔点	róng diǎn	*突然	tū rán		
人造	rén zào	融合	róng hé	*土壤	tǔ rǎng	**RL 兼有**	
仁	rén	柔和	róu hé			**D**	
				W			
				微弱	wēi ruò	代理人	dài lǐ rén

L

劳动日	láo dòng rì
老伴儿	lǎo bànr
*老人	lǎo rén
老人家	lǎo ·rén ·jiā
*利润	lì rùn
*例如	lì rú

R

*燃料	rán liào
扰乱	rǎo luàn
*热量	rè liàng
*热烈	rè liè
*人类	rén lèi
*人力	rén lì
认识论	rèn shì lùn
容量	róng liàng

其他词语

A

*阿	ā
阿姨	ā yí
挨	āi
挨	ái
矮	ǎi
*爱	ài
*爱国	ài guó
爱好	ài hào
爱护	ài hù
凹	āo
熬	āo
熬	áo
奥秘	ào mì
奥运会	Ào yùn huì

B

*八	bā
巴	bā
扒	bā
拔	bá
*把	bǎ
把握	bǎ wò
爸	bà

爸爸	bà ba
*罢	bà
罢工	bà gōng
*白	bái
*白天	bái ·tiān
*百	bǎi
*摆	bǎi
摆动	bǎi dòng
*摆脱	bǎi tuō
败	bài
拜	bài
*包	bāo
包袱	bāo fu
*包括	bāo kuò
*包围	bāo wéi
炮	bāo
*薄	báo
饱	bǎo
饱和	bǎo hé
宝	bǎo
宝贝	bǎo bèi
宝贵	bǎo guì
*保	bǎo
保管	bǎo guǎn
*保护	bǎo hù
保卫	bǎo wèi
保险	bǎo xiǎn
*报	bào
报道	bào dào
报复	bào ·fù
*报告	bào gào
*抱	bào
暴动	bào dòng
暴雨	bào yǔ
*爆发	bào fā
杯	bēi
*背	bēi
悲哀	bēi'āi
*悲剧	bēi jù
北	běi
贝	bèi
备	bèi
*背	bèi

*背后	bèi hòu
*倍	bèi
*被	bèi
被动	bèi dòng
被告	bèi gào
辈	bèi
逼	bī
鼻	bí
鼻孔	bí kǒng
*比	bǐ
比价	bǐ jià
*比较	bǐ jiào
比喻	bǐ yù
彼	bǐ
*笔	bǐ
笔记	bǐ jì
*必	bì
*必须	bì xū
必需	bì xū
*必要	bì yào
*毕业	bì yè
闭	bì
闭合	bì hé
*壁	bì
壁画	bì huà
避	bì
*避免	bì miǎn
臂	bì
*边	biān
边疆	biān jiāng
边界	biān jiè
边区	biān qū
边缘	biān yuán
*编	biān
编辑	biān jí
编写	biān xiě
鞭	biān
扁	biǎn
*变	biàn
*变动	biàn dòng
变法	biàn fǎ
变革	biàn gé
*变化	biàn huà

变换	biàn huàn
变迁	biàn qiān
变态	biàn tài
变异	biàn yì
*便	biàn
便于	biàn yú
*遍	biàn
辨	biàn
辨别	biàn bié
辩护	biàn hù
标	biāo
标题	biāo tí
标语	biāo yǔ
*表	biǎo
*表达	biǎo dá
*表面	biǎo miàn
表皮	biǎo pí
*表现	biǎo xiàn
表象	biǎo xiàng
*表演	biǎo yǎn
表扬	biǎo yáng
*别	bié
*别	biè
*拨	bō
*波	bō
*波动	bō dòng
剥夺	bō duó
*剥削	bō xuē
伯	bó
搏斗	bó dòu
*薄	bó
薄	bò
*补	bǔ
补贴	bǔ tiē
捕	bǔ
*不	bù
*不必	bù bì
不便	bù biàn
*不断	bù duàn
*不对	bù duì
不服	bù fú
*不够	bù gòu
*不顾	bù gù

*不管	bù guǎn	大豆	dà dòu	*导线	dǎo xiàn	地球	dì qiú
不光	bù guāng	*大队	dà duì	*导演	dǎo yǎn	地区	dì qū
*不过	bù guò	*大多	dà duō	*岛	dǎo	*地图	dì tú
不合	bù hé	*大概	dà gài	岛屿	dǎo yǔ	地位	dì wèi
不及	bù jí	大哥	dà gē	*倒	dǎo	*地下	dì xià
*不久	bù jiǔ	*大会	dà huì	倒霉	dǎo méi	*地下	dì·xià
*不可	bù kě	*大家	dà jiā	*到	dào	地域	dì yù
不快	bù kuài	大街	dà jiē	*到达	dào dá	*弟弟	dì di
不免	bù miǎn	大姐	dà jiě	*到底	dào dǐ	弟兄	dì xiong
*不怕	bù pà	大妈	dà mā	*倒	dào	帝	dì
不惜	bù xī	大炮	dà pào	盗窃	dào qiè	帝国	dì guó
*不想	bù xiǎng	*大气	dà qì	*道	dào	递	dì
*不许	bù xǔ	大体	dà tǐ	*道德	dào dé	*第	dì
*不要	bù yào	大王	dà wáng	道教	Dào jiào	*点	diǎn
不宜	bù yí	*大小	dà xiǎo	稻	dào	*点头	diǎn tóu
不已	bù yǐ	*大学	dà xué	稻谷	dào gǔ	碘	diǎn
*不用	bù yòng	大洋	dà yáng	*得	dé	*电	diàn
*布	bù	大爷	dà yé	得到	dé dào	电报	diàn bào
布局	bù jú	大爷	dà ye	*得以	dé yǐ	电动	diàn dòng
*步	bù	大衣	dà yī	得意	dé yì	*电荷	diàn hè
步伐	bù fá	大雨	dà yǔ	*德	dé	*电话	diàn huà
*部	bù	*大约	dà yuē	德育	dé yù	电器	diàn qì
*部队	bù duì	*呆	dāi	*得	děi	电台	diàn tái
*部位	bù wèi	*待	dāi	*低	dī	电线	diàn xiàn
D		*大夫	dài fu	低级	dī jí	*电压	diàn yā
搭	dā	*代	dài	低头	dī tóu	电源	diàn yuán
*打	dá	*代表	dài biǎo	低温	dī wēn	*店	diàn
*达	dá	代价	dài jià	低下	dī xià	垫	diàn
*达到	dá dào	*代替	dài tì	滴	dī	雕	diāo
*答	dá	代谢	dài xiè	*的确	dí què	雕刻	diāo kè
答复	dá·fù	*带	dài	*敌	dí	吊	diào
*打	dǎ	带动	dài dòng	敌对	dí duì	*调	diào
打败	dǎ bài	带头	dài tóu	抵	dǐ	调拨	diào bō
打倒	dǎ dǎo	*贷款	dài kuǎn	*底	dǐ	*调动	diào dòng
*打击	dǎ jī	*待	dài	底下	dǐ·xià	掉	diào
打架	dǎ jià	待遇	dài yù	*地	dì	*爹	diē
*打开	dǎ kāi	袋	dài	地表	dì biǎo	跌	diē
*打破	dǎ pò	逮捕	dài bǔ	地步	dì bù	迭	dié
打下	dǎ xià	*戴	dài	*地带	dì dài	叠	dié
*大	dà	*刀	dāo	*地点	dì diǎn	*丢	diū
大伯	dà bó	导	dǎo	地貌	dì mào	*东	dōng
*大地	dà dì	导管	dǎo guǎn	*地面	dì miàn	*东北	dōng běi
		*导体	dǎo tǐ	地壳	dì qiào	东欧	Dōng'Ōu

*东西	dōng xī	*队伍	duì wu	*发达	fā dá	伏特	fú tè
*东西	dōng xi	*对	duì	发电	fā diàn	*扶	fú
*冬	dōng	*对比	duì bǐ	*发动	fā dòng	*服	fú
*冬季	dōng jì	*对不起	duì·bù qǐ	发动机	fā dòng jī	*服务	fú wù
*冬天	dōng tiān	*对待	duì dài	发抖	fā dǒu	服务员	fú wù yuán
*懂	dǒng	对付	duì fu	*发挥	fā huī	浮	fú
*懂得	dǒng·dé	对话	duì huà	发觉	fā jué	浮动	fú dòng
*动	dòng	对面	duì miàn	发掘	fā jué	浮游	fú yóu
*动机	dòng jī	*对象	duì xiàng	发起	fā qǐ	*符号	fú hào
动脉	dòng mài	*对于	duì yú	*发现	fā xiàn	*符合	fú hé
动态	dòng tài	*吨	dūn	发芽	fā yá	*幅	fú
*动物	dòng wù	*蹲	dūn	发言	fā yán	幅度	fú dù
动摇	dòng yáo	*顿	dùn	*发扬	fā yáng	福	fú
*动员	dòng yuán	*多	duō	*发育	fā yù	抚摸	fǔ mō
*冻	dòng	多么	duō me	罚	fá	府	fǔ
*洞	dòng	多余	duō yú	罚款	fá kuǎn	腐	fǔ
*都	dōu	夺	duó	*法	fǎ	腐败	fǔ bài
兜	dōu	*夺取	duó qǔ	法官	fǎ guān	腐朽	fǔ xiǔ
*斗	dǒu	*度	duó	法规	fǎ guī	*父母	fù mǔ
抖	dǒu	*朵	duǒ	法学	fǎ xué	付	fù
*斗	dòu	*躲	duǒ	*法院	fǎ yuàn	*负	fù
豆	dòu			发	fà	妇	fù
豆腐	dòu fu		**E**	*飞	fēi	附	fù
逗	dòu	*阿	ē	*飞机	fēi jī	附加	fù jiā
*都	dū	俄	é	飞快	fēi kuài	*服	fù
*都会	dū huì	鹅	é	飞翔	fēi xiáng	赴	fù
*毒	dú	*额	é	飞跃	fēi yuè	*复	fù
独	dú	*恶	è	*非	fēi	复辟	fù bì
*独特	dú tè	恶化	è huà	非法	fēi fǎ	复合	fù hé
*读	dú	*饿	è	*肥	féi	*副	fù
堵	dǔ	*儿	ér	匪	fěi	副业	fù yè
杜	dù	*儿童	ér tóng	*肺	fèi	赋	fù
肚皮	dù pí	*而	ér	废	fèi	赋予	fù yǔ
*度	dù	而后	ér hòu	*费	fèi	*富	fù
渡	dù	而且	ér qiě	*费用	fèi·yòng	富有	fù yǒu
*端	duān	尔	ěr	*佛	fó	富裕	fù yù
*短	duǎn	*耳	ěr	佛教	Fó jiào	*腹	fù
短期	duǎn qī	耳朵	ěr duo	否	fǒu	覆盖	fù gài
*段	duàn	*二	èr	*夫	fū		
*断	duàn		**F**	夫妇	fū fù		**G**
*堆	duī	*发	fā	*夫妻	fū qī	*该	gāi
堆积	duī jī	*发表	fā biǎo	孵化	fū huà	*改	gǎi
*队	duì	发布	fā bù	*伏	fú	改编	gǎi biān

*改变	gǎi biàn	*工具	gōng jù	*古代	gǔ dài	*观	guàn
*改革	gǎi gé	*工业	gōng yè	古典	gǔ diǎn	冠	guàn
钙	gài	工业化	gōng yè huà	*谷	gǔ	*冠军	guàn jūn
*盖	gài	*工艺	gōng yì	*股	gǔ	惯	guàn
*概括	gài kuò	弓	gōng	股票	gǔ piào	灌	guàn
*高	gāo	*公	gōng	*骨	gǔ	*灌溉	guàn gài
*高大	gāo dà	公布	gōng bù	骨骼	gǔ gé	*光	guāng
*高低	gāo dī	公公	gōng gong	骨头	gǔ tou	光滑	guāng huá
高地	gāo dì	*公共	gōng gòng	*鼓	gǔ	*光辉	guāng huī
*高度	gāo dù	*公开	gōng kāi	鼓舞	gǔ wǔ	光谱	guāng pǔ
*高级	gāo jí	公有	gōng yǒu	*固	gù	*光线	guāng xiàn
高空	gāo kōng	*公元	gōng yuán	*固体	gù tǐ	光学	guāng xué
*高温	gāo wēn	公园	gōng yuán	固有	gù yǒu	光源	guāng yuán
高校	gāo xiào	*功	gōng	故	gù	*广	guǎng
高压	gāo yā	功夫	gōng fu	故乡	gù xiāng	*广播	guǎng bō
*高原	gāo yuán	功课	gōng kè	*故意	gù yì	*广大	guǎng dà
*搞	gǎo	攻	gōng	顾	gù	*广告	guǎng gào
稿	gǎo	*攻击	gōng jī	*顾客	gù kè	*广阔	guǎng kuò
告	gào	*供	gōng	顾问	gù wèn	广义	guǎng yì
告别	gào bié	*供给	gōng jǐ	雇	gù	逛	guàng
疙瘩	gē da	供求	gōng qiú	瓜	guā	*归	guī
哥哥	gē ge	官	gōng	刮	guā	归结	guī jié
胳膊	gē bo	*巩固	gǒng gù	寡妇	guǎ fu	规格	guī gé
搁	gē	汞	gǒng	*挂	guà	*规划	guī huà
割	gē	拱	gǒng	拐	guǎi	规矩	guī ju
*歌	gē	*共	gòng	*怪	guài	规模	guī mó
歌剧	gē jù	共和国	gòng hé guó	怪物	guài wu	*硅	guī
*歌曲	gē qǔ	*共同	gòng tóng	*关	guān	*轨道	guǐ dào
歌舞	gē wǔ	*贡献	gòng xiàn	关闭	guān bì	*鬼	guǐ
*格	gé	*供	gòng	关怀	guān huái	*贵	guì
格外	gé wài	勾结	gōu jié	*关键	guān jiàn	桂	guì
*隔	gé	*沟	gōu	关节	guān jié	跪	guì
隔壁	gé bì	沟通	gōu tōng	*关系	guān xi	*滚	gǔn
*个	gè	钩	gōu	*关于	guān yú	郭	guō
*个别	gè bié	*狗	gǒu	*观	guān	锅	guō
*个体	gè tǐ	构	gòu	*观点	guān diǎn	*国	guó
*各	gè	购	gòu	*官	guān	国会	guó huì
*给	gěi	*购买	gòu mǎi	官员	guān yuán	*国际	guó jì
给以	gěi yǐ	购销	gòu xiāo	冠	guān	*国家	guó jiā
*工	gōng	*够	gòu	馆	guǎn	国土	guó tǔ
工地	gōng dì	*估计	gū jì	*管	guǎn	*国王	guó wáng
工夫	gōng fu	孤独	gū dú	管道	guǎn dào	*国务院	guó wù yuàn
工会	gōng huì	*古	gǔ	管辖	guǎn xiá	国有	guó yǒu

*果	guǒ	*合同	hé tong	弧	hú	怀抱	huái bào
果断	guǒ duàn	*何	hé	*胡	hú	*怀疑	huái yí
裹	guǒ	何必	hé bì	壶	hú	*坏	huài
*过	guò	何况	hé kuàng	*湖	hú	欢喜	huān xǐ
过度	guò dù	何以	hé yǐ	湖泊	hú pō	*还	huán
*过渡	guò dù	*和	hé	蝴蝶	hú dié	还原	huán yuán
过后	guò hòu	*和谐	hé xié	糊涂	hú tu	*环	huán
*过去	guò qù	*河	hé	*虎	hǔ	*环节	huán jié
*过去	guò ·qù	荷	hé	*互	hù	缓	huǎn
过于	guò yú	*核	hé	互补	hù bǔ	缓和	huǎn hé
		盒	hé	*互相	hù xiāng	幻觉	huàn jué
H		颌	hé	*户	hù	*幻想	huàn xiǎng
哈	hā	*和	hè	户口	hù kǒu	*换	huàn
*还	hái	荷	hè	护	hù	唤	huàn
*海	hǎi	*喝	hè	沪	hù	唤起	huàn qǐ
海拔	hǎi bá	*黑	hēi	*花	huā	*患	huàn
海带	hǎi dài	黑夜	hēi yè	花朵	huā duǒ	荒	huāng
海关	hǎi guān	轰	hōng	花费	huā ·fèi	慌	huāng
海军	hǎi jūn	哄	hōng	花纹	huā wén	*皇帝	huáng dì
*海面	hǎi miàn	*红	hóng	花园	huā yuán	*黄	huáng
海区	hǎi qū	*红军	hóng jūn	划	huá	黄昏	huáng hūn
海外	hǎi wài	红旗	hóng qí	*华	huá	黄土	huáng tǔ
海湾	hǎi wān	*宏观	hóng guān	华北	huá běi	晃	huǎng
*海洋	hǎi yáng	宏伟	hóng wěi	华侨	huá qiáo	晃	huàng
海域	hǎi yù	洪	hóng	滑	huá	*灰	huī
*害	hài	哄	hǒng	滑动	huá dòng	挥	huī
害怕	hài pà	哄	hòng	*化	huà	*恢复	huī fù
*号	háo	*后	hòu	化肥	huà féi	辉煌	huī huáng
*好	hǎo	后边	hòu ·biān	化工	huà gōng	*回	huí
好比	hǎo bǐ	后代	hòu dài	化合	huà hé	回避	huí bì
好多	hǎo duō	*后果	hòu guǒ	*化合物	huà hé wù	*回答	huí dá
*好像	hǎo xiàng	后悔	hòu huǐ	*化学	huà xué	回顾	huí gù
*号	hào	*后面	hòu ·miàn	划	huà	回归	huí guī
*好	hào	*后期	hòu qī	*华	Huà	*回去	huí ·qù
好奇	hào qí	后天	hòu tiān	*画	huà	回头	huí tóu
耗	hào	厚	hòu	画家	huà jiā	回忆	huí yì
耗费	hào fèi	厚度	hòu dù	*画面	huà miàn	毁	huǐ
*呵	hē	候	hòu	*话	huà	毁灭	huǐ miè
*喝	hē	*乎	hū	话剧	huà jù	*汇报	huì bào
*合	hé	呼唤	hū huàn	话题	huà tí	*会	huì
合法	hé fǎ	呼吸	hū xī	话筒	huà tǒng	会见	huì jiàn
合格	hé gé	呼吁	hū yù	话语	huà yǔ	*会议	huì yì
合乎	hé hū	*和	hú	*怀	huái	会员	huì yuán

附录

绘	huì	积压	jī yā	*季节	jì jié	监狱	jiān yù
*绘画	huì huà	*基	jī	*剂	jì	*兼	jiān
婚	hūn	*基地	jī dì	济	jì	拣	jiǎn
*混	hún	*基督教	Jī dū jiào	*既	jì	茧	jiǎn
魂	hún	基建	jī jiàn	继	jì	捡	jiǎn
*混	hùn	基于	jī yú	*继续	jì xù	检	jiǎn
*混合	hùn hé	激	jī	祭	jì	*检验	jiǎn yàn
混淆	hùn xiáo	*激动	jī dòng	寄	jì	减	jiǎn
*和	huó	*激发	jī fā	寄托	jì tuō	剪	jiǎn
*活	huó	激光	jī guāng	寂寞	jì mò	简	jiǎn
*活动	huó ·dòng	*及	jí	*加	jiā	简化	jiǎn huà
*活泼	huó po	*级	jí	*加工	jiā gōng	碱	jiǎn
*活跃	huó yuè	*极	jí	加剧	jiā jù	*见	jiàn
*火	huǒ	极端	jí duān	*加快	jiā kuài	*见解	jiàn jiě
火光	huǒ guāng	*极其	jí qí	*加强	jiā qiáng	*见面	jiàn miàn
*火箭	huǒ jiàn	*极为	jí wéi	*加以	jiā yǐ	*件	jiàn
火焰	huǒ yàn	*即	jí	夹	jiā	*间	jiàn
*或	huò	即将	jí jiāng	*家	jiā	间隔	jiàn gé
或许	huò xǔ	*急	jí	*家伙	jiā huo	*间接	jiàn jiē
*和	huò	急剧	jí jù	家具	jiā ·jù	*建	jiàn
*货	huò	急需	jí xū	家务	jiā wù	*建国	jiàn guó
货币	huò bì	急于	jí yú	*家乡	jiā xiāng	*建议	jiàn yì
货物	huò wù	*集	jí	夹	jiá	剑	jiàn
*获	huò	集合	jí hé	*甲	jiǎ	*健全	jiàn quán
*获得	huò dé	集会	jí huì	钾	jiǎ	*渐渐	jiàn jiàn
获取	huò qǔ	*集体	jí tǐ	*假	jiǎ	鉴别	jiàn bié
		*集团	jí tuán	*价	jià	*键	jiàn
J		*几	jǐ	*价格	jià gé	箭	jiàn
*几乎	jī hū	几何	jǐ hé	价钱	jià ·qián	江	jiāng
击	jī	己	jǐ	*架	jià	*将	jiāng
饥饿	jī è	*挤	jǐ	*假	jià	*将军	jiāng jūn
*机	jī	济济	jǐ jǐ	嫁	jià	将要	jiāng yào
*机构	jī gòu	*给予	jǐ yǔ	嫁接	jià jiē	浆	jiāng
*机关	jī guān	脊	jǐ	*尖	jiān	*讲	jiǎng
*机会	jī ·huì	*计	jì	歼灭	jiān miè	*讲话	jiǎng huà
*机器	jī ·qì	*计划	jì huà	坚固	jiān gù	讲究	jiǎng ·jiū
机体	jī tǐ	记	jì	*坚决	jiān jué	奖	jiǎng
*机械	jī xiè	*记得	jì ·dé	坚强	jiān qiáng	*蒋	Jiǎng
机械化	jī xiè huà	*记忆	jì yì	*间	jiān	降	jiàng
肌	jī	*技巧	jì qiǎo	肩	jiān	*降低	jiàng dī
*鸡	jī	技艺	jì yì	艰巨	jiān jù	*将	jiàng
*积	jī	*系	jì	*艰苦	jiān kǔ	*强	jiàng
*积极	jī jí	季	jì	*监督	jiān dū	*交	jiāo

181

交代	jiāo dài	接待	jiē dài	*车	jū	*军队	jūn duì
*交换	jiāo huàn	街	jiē	*居	jū	*军阀	jūn fá
*交际	jiāo jì	*街道	jiē dào	居于	jū yú	军官	jūn guān
交替	jiāo tì	街头	jiē tóu	*局	jú	军舰	jūn jiàn
*交通	jiāo tōng	*节	jié	*局部	jú bù	军区	jūn qū
交往	jiāo wǎng	节目	jié mù	*局面	jú miàn	*均	jūn
*交易	jiāo yì	节约	jié yuē	局限	jú xiàn	*均匀	jūn yún
郊区	jiāo qū	洁白	jié bái	菊花	jú huā	君	jūn
浇	jiāo	*结	jié	咀嚼	jǔ jué	*菌	jūn
骄傲	jiāo'ào	*结构	jié gòu	*举	jǔ		
胶	jiāo	*结果	jié guǒ	举动	jǔ dòng	**K**	
*教	jiāo	*结合	jié hé	巨	jù	咖啡	kā fēi
*教学	jiāo xué	*结婚	jié hūn	*巨大	jù dà	卡	kǎ
焦	jiāo	结局	jié jú	*句	jù	*开	kāi
焦点	jiāo diǎn	截	jié	*拒绝	jù jué	*开发	kāi fā
焦急	jiāo jí	*姐姐	jiě jie	*具	jù	开关	kāi guān
嚼	jiáo	姐妹	jiě mèi	*具备	jù bèi	开花	kāi huā
*角	jiǎo	*解	jiě	*具体	jù tǐ	*开会	kāi huì
*角度	jiǎo dù	解答	jiě dá	*具有	jù yǒu	*开口	kāi kǒu
*脚	jiǎo	解决	jiě jué	俱	jù	开阔	kāi kuò
脚步	jiǎo bù	解剖	jiě pōu	剧	jù	开幕	kāi mù
脚下	jiǎo xià	解脱	jiě tuō	剧团	jù tuán	*开辟	kāi pì
搅	jiǎo	戒	jiè	*据	jù	开头	kāi tóu
*叫	jiào	*届	jiè	据点	jù diǎn	开拓	kāi tuò
*觉	jiào	*界	jiè	距	jù	开玩笑	kāi wán xiào
*校	jiào	*界限	jiè xiàn	聚	jù	*考	kǎo
*较	jiào	*借	jiè	聚集	jù jí	考古	kǎo gǔ
*较为	jiào wéi	借鉴	jiè jiàn	捐	juān	考核	kǎo hé
*教	jiào	借口	jiè kǒu	*圈	juān	考验	kǎo yàn
教导	jiào dǎo	借款	jiè kuǎn	*卷	juǎn	*靠	kào
*教会	jiào huì	借用	jiè yòng	*卷	juàn	*科	kē
*教学	jiào xué	*解	jiè	*圈	juàn	*科技	kē jì
*教训	jiào xùn	究	jiū	*决	jué	*科学	kē xué
教养	jiào yǎng	*九	jiǔ	*决议	jué yì	*科学家	kē xué jiā
教义	jiào yì	*久	jiǔ	*角	jué	科学院	kē xué yuàn
*教育	jiào yù	*酒	jiǔ	*觉	jué	*科研	kē yán
教员	jiào yuán	*旧	jiù	*觉得	jué·de	*棵	kē
*阶段	jiē duàn	*救	jiù	*觉悟	jué wù	*颗	kē
*阶级	jiē jí	救国	jiù guó	*绝	jué	壳	ké
*皆	jiē	救济	jiù jì	*绝对	jué duì	咳	ké
*结	jiē	*就	jiù	绝望	jué wàng	*可	kě
*结果	jiē guǒ	*就业	jiù yè	嚼	jué	*可爱	kě'ài
*接	jiē	舅舅	jiù jiu	*军	jūn	*可见	kě jiàn

*可靠	kě kào	*会计	kuài·jì	*没	méi	*秒	miǎo
*可谓	kě wèi	*块	kuài	没有	méi·yǒu	妙	miào
*可惜	kě xī	*快	kuài	*枚	méi	庙	miào
可笑	kě xiào	快活	kuài huo	眉	méi	*灭	miè
*可以	kě yǐ	快要	kuài yào	眉毛	méi mao	灭亡	miè wáng
渴望	kě wàng	*宽	kuān	眉头	méi tóu	*摸	mō
*克	kè	宽大	kuān dà	梅	méi	模	mó
*克服	kè fú	宽阔	kuān kuò	媒介	méi jiè	*模糊	mó hu
*刻	kè	款	kuǎn	*煤	méi	*膜	mó
刻度	kè dù	筐	kuāng	酶	méi	摩	mó
刻画	kè huà	狂	kuáng	*每	měi	*磨	mó
刻苦	kè kǔ	况且	kuàng qiě	美	měi	*抹	mǒ
客	kè	*矿	kuàng	美好	měi hǎo	*末	mò
*客观	kè guān	矿物	kuàng wù	美化	měi huà	末期	mò qī
客气	kè qi	亏	kuī	美妙	měi miào	*没	mò
客体	kè tǐ	捆	kǔn	*美学	měi xué	*抹	mò
*课	kè	困	kùn	美元	měi yuán	*莫	mò
*课题	kè tí	*扩大	kuò dà	镁	měi	墨	mò
*空	kōng	阔	kuò	*妹妹	mèi mei	*默默	mò mò
*空间	kōng jiān			弥补	mí bǔ	*磨	mò
空军	kōng jūn	**M**		迷	mí	谋	móu
*空气	kōng qì	*妈妈	mā ma	谜	mí	*某	mǒu
空前	kōng qián	*抹	mā	*米	mǐ	模样	mú yàng
空虚	kōng xū	麻	má	*秘密	mì mì	*母	mǔ
*孔	kǒng	*马	mǎ	*密	mì	母体	mǔ tǐ
孔雀	kǒng què	码	mǎ	*密度	mì dù	*亩	mǔ
恐怖	kǒng bù	码头	mǎ tou	密集	mì jí	*木	mù
恐慌	kǒng huāng	*蚂蚁	mǎ yǐ	*密切	mì qiè	木头	mù tou
恐惧	kǒng jù	*骂	mà	蜜	mì	*目	mù
*恐怕	kǒng pà	埋	mái	*棉	mián	*目标	mù biāo
*空	kòng	*买	mǎi	*棉花	mián·huā	*目的	mù dì
空白	kòng bái	买卖	mǎi mai	免	miǎn	*目光	mù guāng
*口	kǒu	迈	mài	免疫	miǎn yì	*目前	mù qián
口袋	kǒu dai	麦	mài	勉强	miǎn qiǎng	墓	mù
*口号	kǒu hào	*卖	mài	*面	miàn	幕	mù
口腔	kǒu qiāng	脉	mài	*面积	miàn jī		
口头	kǒu tóu	*猫	māo	面孔	miàn kǒng	**O**	
口语	kǒu yǔ	*毛	máo	*面貌	miàn mào	*欧	ōu
扣	kòu	*矛盾	máo dùn	面目	miàn mù	偶	ǒu
*哭	kū	*冒	mào	面前	miàn qián	偶尔	ǒu ěr
*苦	kǔ	冒险	mào xiǎn	*苗	miáo		
库	kù	*贸易	mào yì	*描绘	miáo huì	**P**	
跨	kuà	帽	mào	*描写	miáo xiě	扒	pá
						*爬	pá

*怕	pà	飘	piāo	*企图	qǐ tú	前线	qián xiàn
*拍	pāi	票	piào	*企业	qǐ yè	*钱	qián
*排	pái	坡	pō	*启发	qǐ fā	潜	qián
*牌	pái	*颇	pō	*起	qǐ	*浅	qiǎn
*派	pài	婆婆	pó po	起点	qǐ diǎn	遣	qiǎn
派遣	pài qiǎn	迫	pò	起伏	qǐ fú	欠	qiàn
抛	pāo	迫害	pò hài	起码	qǐ mǎ	嵌	qiàn
抛弃	pāo qì	迫切	pò qiè	*起义	qǐ yì	*枪	qiāng
*泡	pāo	*破	pò	*起源	qǐ yuán	腔	qiāng
炮	páo	*破坏	pò huài	*气	qì	*强	qiáng
跑	pǎo	剖面	pōu miàn	*气候	qì hòu	*强大	qiáng dà
*泡	pào	扑	pū	*气体	qì tǐ	强盗	qiáng dào
炮	pào	*铺	pū	气团	qì tuán	*强调	qiáng diào
胚	pēi	葡萄	pú ·táo	气味	qì wèi	*强度	qiáng dù
胚胎	pēi tāi	*普遍	pǔ biàn	*气温	qì wēn	强化	qiáng huà
陪	péi	普及	pǔ jí	气息	qì xī	*墙	qiáng
培训	péi xùn	*普通	pǔ tōng	*气象	qì xiàng	墙壁	qiáng bì
*培养	péi yǎng	普通话	Pǔ tōng huà	气压	qì yā	*抢	qiǎng
培育	péi yù	谱	pǔ	弃	qì	抢救	qiǎng jiù
佩服	Pèi · fú	*铺	pù	汽油	qì yóu	*强	qiǎng
*配	pèi			契约	qì yuē	*悄悄	qiāo qiāo
*配合	pèi hé	**Q**		砌	qì	敲	qiāo
配套	pèi tào			*器	qì	*桥	qiáo
*批	pī	*七	qī	*器官	qì guān	*瞧	qiáo
*批发	pī fā	*期	qī	卡	qiǎ	巧	qiǎo
披	pī	期待	qī dài	恰好	qià hǎo	巧妙	qiǎo miào
*皮	pí	期货	qī huò	*千	qiān	壳	qiào
*皮肤	pí fū	*期间	qī jiān	千克	qiān kè	*切	qiē
疲倦	pí juàn	期望	qī wàng	迁	qiān	*且	qiě
牌	pí	期限	qī xiàn	迁移	qiān yí	*切	qiè
脾气	pí qi	欺骗	qī piàn	牵	qiān	*穷	qióng
*匹	pǐ	漆	qī	铅	qiān	*秋	qiū
屁股	pì gu	齐	qí	铅笔	qiān bǐ	秋季	qiū jì
*偏	piān	其	qí	*前	qián	秋天	qiū tiān
偏见	piān jiàn	其间	qí jiān	前边	qián ·biān	*求	qiú
偏偏	piān piān	*其他	qí tā	*前后	qián hòu	球	qiú
偏向	piān xiàng	*其余	qí yú	*前面	qián ·miàn	*区	qū
*篇	piān	奇	qí	前期	qián qī	*区别	qū bié
便宜	pián yi	*奇怪	qí guài	*前提	qián tí	*区域	qū yù
*片	piàn	奇迹	qí jì	前头	qián tou	*曲	qū
片刻	piàn kè	奇特	qí tè	*前途	qián tú	*曲线	qū xiàn
片面	piàn miàn	奇异	qí yì	前往	qián wǎng	驱	qū
骗	piàn	*骑	qí	前夕	qián xī	屈服	qū fú
		旗	qí				

趋	qū	胎	tāi	体温	tǐ wēn	*通讯	tōng xùn
趋向	qū xiàng	胎儿	tāi'ér	*体系	tǐ xì	通用	tōng yòng
渠	qú	*台	tái	*体现	tǐ xiàn	*同	tóng
渠道	qú dào	*抬	tái	*体验	tǐ yàn	同胞	tóng bāo
*曲	qǔ	抬头	tái tóu	*体育	tǐ yù	同化	tóng huà
*取	qǔ	*太	tài	*替	tì	同期	tóng qī
取代	qǔ dài	太空	tài kōng	替代	tì dài	*同学	tóng xué
*取得	qǔ dé	太太	tài tai	*天	tiān	*同样	tóng yàng
*取消	qǔ xiāo	*太阳	tài・yáng	*天地	tiān dì	*同意	tóng yì
娶	qǔ	太阳系	tài yáng xì	天鹅	tiān'é	*铜	tóng
*去	qù	*态	tài	*天空	tiān kōng	童话	tóng huà
趣味	qù wèi	*态度	tài・dù	*天气	tiān qì	统	tǒng
*圈	quān	掏	tāo	*天体	tiān tǐ	*统计	tǒng jì
*权	quán	逃	táo	天文	tiān wén	*统一	tǒng yī
权威	quán wēi	逃避	táo bì	*天下	tiān xià	桶	tǒng
权益	quán yì	逃跑	táo pǎo	添	tiān	筒	tǒng
*全	quán	桃	táo	*田	tián	*通	tòng
*全部	quán bù	陶	táo	田地	tián dì	*痛	tòng
全局	quán jú	陶冶	táo yě	田野	tián yě	*痛苦	tòng kǔ
*全面	quán miàn	淘汰	táo tài	甜	tián	痛快	tòng・kuài
全球	quán qiú	讨	tǎo	*填	tián	*偷	tōu
*全体	quán tǐ	讨厌	tǎo yàn	*挑	tiāo	偷偷	tōu tōu
泉	quán	*套	tào	挑选	tiāo xuǎn	*头	tóu
拳	quán	*特	tè	*条	tiáo	*头发	tóu fa
拳头	quán tou	*特别	tè bié	*条件	tiáo jiàn	投	tóu
*劝	quàn	特地	tè dì	条款	tiáo kuǎn	投机	tóu jī
*缺	quē	*特点	tè diǎn	*条约	tiáo yuē	投降	tóu xiáng
*缺点	quē diǎn	特权	tè quán	*调	tiáo	*透	tòu
*缺乏	quē fá	特务	tè wu	调和	tiáo hé	凸	tū
缺陷	quē xiàn	特意	tè yì	*调节	tiáo jié	突	tū
*却	què	踢	tī	调解	tiáo jiě	突变	tū biàn
确	què	*提	tí	*挑	tiǎo	突击	tū jī
确保	què bǎo	*提高	tí gāo	*跳	tiào	*突破	tū pò
确切	què qiè	*提供	tí gōng	跳动	tiào dòng	*图	tú
*群	qún	*提起	tí qǐ	跳舞	tiào wǔ	图画	tú huà
*群体	qún tǐ	提前	tí qián	跳跃	tiào yuè	徒	tú
		提取	tí qǔ	贴	tiē	涂	tú
T		提议	tí yì	*铁	tiě	*土	tǔ
*他	tā	*题	tí	*通	tōng	*土地	tǔ dì
*它	tā	题目	tí mù	通道	tōng dào	土匪	tǔ fěi
*她	tā	*体	tǐ	通电	tōng diàn	*吐	tǔ
塔	tǎ	*体会	tǐ huì	*通过	tōng guò	*吐	tù
踏	tà	*体积	tǐ jī	通红	tōng hóng	*团	tuán

*团结	tuán jié	*完全	wán quán	*尾	wěi	乌龟	wū guī
*团体	tuán tǐ	*玩	wán	尾巴	wěi ba	屋	wū
团员	tuán yuán	玩具	wán jù	纬	wěi	*无	wú
*推	tuī	玩笑	wán xiào	纬度	wěi dù	无比	wú bǐ
*推动	tuī dòng	顽强	wán qiáng	委屈	wěi qu	*无法	wú fǎ
*推广	tuī guǎng	挽	wǎn	委托	wěi tuō	无非	wú fēi
推荐	tuī jiàn	*晚	wǎn	*委员	wěi yuán	无关	wú guān
推销	tuī xiāo	晚期	wǎn qī	*委员会	wěi yuán huì	无机	wú jī
*腿	tuǐ	*碗	wǎn	卫	wèi	无穷	wú qióng
*退	tuì	*万	wàn	*为	wèi	*无限	wú xiàn
退化	tuì huà	万物	wàn wù	为何	wèi hé	无线电	wú xiàn diàn
退休	tuì xiū	万一	wàn yī	*未	wèi	无效	wú xiào
*托	tuō	汪	wāng	未必	wèi bì	*无疑	wú yí
*拖	tuō	亡	wáng	*位	wèi	无意	wú yì
*脱	tuō	*王	wáng	位移	wèi yí	吾	wú
妥协	tuǒ xié	王国	wáng guó	*味	wèi	*吴	Wú
	W	*网	wǎng	味道	wèi·dào	*五	wǔ
*挖	wā	*往	wǎng	*胃	wèi	武	wǔ
挖掘	wā jué	*往往	wǎng wǎng	谓	wèi	*武器	wǔ qì
娃娃	wá wa	忘	wàng	*喂	wèi	*舞	wǔ
瓦	wǎ	忘记	wàng jì	魏	Wèi	*舞蹈	wǔ dǎo
歪	wāi	旺	wàng	*温	wēn	舞剧	wǔ jù
歪曲	wāi qū	*望	wàng	温带	wēn dài	*舞台	wǔ tái
*外	wài	*危害	wēi hài	*温度	wēn dù	勿	wù
外边	wài·biān	*危机	wēi jī	温度计	wēn dù jì	务	wù
外表	wài biǎo	*危险	wēi xiǎn	温和	wēn hé	*物	wù
*外部	wài bù	威胁	wēi xié	*文	wén	物化	wù huà
外地	wài dì	*微	wēi	*文化	wén huà	*物价	wù jià
*外国	wài guó	微观	wēi guān	*文件	wén jiàn	*物体	wù tǐ
外汇	wài huì	*微微	wēi wēi	文物	wén wù	误	wù
外交	wài jiāo	微小	wēi xiǎo	*文献	wén xiàn	误会	wù huì
外界	wài jiè	微笑	wēi xiào	文学	wén xué	误解	wù jiě
外科	wài kē	*为	wéi	*文艺	wén yì	恶	wù
外贸	wài mào	违背	wéi bèi	纹	wén	*雾	wù
*外面	wài·miàn	违法	wéi fǎ	*闻	wén		**X**
外语	wài yǔ	*围	wéi	吻	wěn	*西	xī
*弯	wān	围剿	wéi jiǎo	稳	wěn	*西北	xī běi
弯曲	wān qū	唯	wéi	*问	wèn	西瓜	xī·guā
*完	wán	惟	wéi	*问题	wèn tí	*西欧	Xī Ōu
完备	wán bèi	*维护	wéi hù	窝	wō	*吸	xī
完毕	wán bì	维修	wéi xiū	*我	wǒ	吸附	xī fù
完美	wán měi	*伟大	wěi dà	卧	wò	吸取	xī qǔ
		伪	wěi	握	wò		

*希望	xī wàng	*夏	xià	乡下	xiāng xia	*小麦	xiǎo mài
息	xī	*夏季	xià jì	*相	xiāng	*小学	xiǎo xué
*稀	xī	*夏天	xià tiān	*相对	xiāng duì	*晓得	xiǎo ·de
锡	xī	仙	xiān	*相关	xiāng guān	*校	xiào
熄灭	xī miè	*先	xiān	*相互	xiāng hù	*笑	xiào
习	xí	*先后	xiān hòu	相继	xiāng jì	笑话	xiào hua
*习惯	xí guàn	先前	xiān qián	相交	xiāng jiāo	效	xiào
席	xí	先天	xiān tiān	相通	xiāng tōng	*效果	xiào guǒ
袭击	xí jī	*纤维	xiān wéi	*相同	xiāng tóng	*效益	xiào yì
*媳妇	xí fu	掀起	xiān qǐ	*香	xiāng	*些	xiē
*洗	xǐ	鲜	xiān	香烟	xiāng yān	歇	xiē
*喜	xǐ	鲜花	xiān huā	箱	xiāng	协会	xié huì
*喜爱	xǐ'ài	鲜血	xiān xuè	*详细	xiáng xì	*协调	xié tiáo
*喜欢	xǐ huan	鲜艳	xiān yàn	降	xiáng	协同	xié tóng
喜剧	xǐ jù	闲	xián	享	xiǎng	协议	xié yì
喜悦	xǐ yuè	*弦	xián	*享有	xiǎng yǒu	邪	xié
*戏	xì	咸	xián	*响	xiǎng	*斜	xié
*戏剧	xì jù	衔	xián	*想	xiǎng	携带	xié dài
*戏曲	xì qǔ	嫌	xián	*想法	xiǎng ·fǎ	*鞋	xié
*系	xì	显	xiǎn	想象	xiǎng xiàng	*写	xiě
*系统	xì tǒng	*显得	xiǎn ·de	*向	xiàng	*血	xiě
*细	xì	显现	xiǎn xiàn	向往	xiàng wǎng	泄	xiè
*细胞	xì bāo	险	xiǎn	*项	xiàng	谢	xiè
细节	xì jié	鲜	xiǎn	*项目	xiàng mù	*谢谢	xiè xie
*细菌	xì jūn	*县	xiàn	*相	xiàng	*解	xiè
细小	xì xiǎo	*现	xiàn	*象	xiàng	蟹	xiè
虾	xiā	*现代	xiàn dài	*像	xiàng	凶	xiōng
瞎	xiā	*现代化	xiàn dài huà	橡胶	xiàng jiāo	兄	xiōng
狭	xiá	*现象	xiàn xiàng	橡皮	xiàng pí	*兄弟	xiōng dì
狭隘	xiá'ài	限	xiàn	削	xiāo	*兄弟	xiōng di
狭义	xiá yì	*限度	xiàn dù	消	xiāo	*胸	xiōng
*下	xià	限于	xiàn yú	消毒	xiāo dú	胸脯	xiōng pú
下边	xià ·biān	*线	xiàn	*消费	xiāo fèi	*雄	xióng
下达	xià dá	*线段	xiàn duàn	*消耗	xiāo hào	雄伟	xióng wěi
下颌	xià hé	*线圈	xiàn quān	*消化	xiāo huà	熊	xióng
下级	xià jí	线条	xiàn tiáo	*消极	xiāo jí	休眠	xiū mián
*下降	xià jiàng	*宪法	xiàn fǎ	*消灭	xiāo miè	*休息	xiū xi
*下面	xià ·miàn	陷	xiàn	消亡	xiāo wáng	*修	xiū
*下去	xià ·qù	陷于	xiàn yú	*消息	xiāo xi	修复	xiū fù
*下午	xià wǔ	羡慕	xiàn mù	销	xiāo	*修改	xiū gǎi
下旬	xià xún	献	xiàn	*小	xiǎo	修建	xiū jiàn
下游	xià yóu	腺	xiàn	小儿	xiǎo'ér	*修养	xiū yǎng
*吓	xià	*乡	xiāng	*小姐	xiǎo ·jiě	宿	xiū

臭	xiù	*血管	xuè guǎn	*演员	yǎn yuán	夜间	yè jiān	
袖	xiù	*血液	xuè yè	厌	yàn	*夜晚	yè wǎn	
宿	xiù	寻	xún	厌恶	yàn wù	*液	yè	
绣	xiù	寻求	xún qiú	咽	yàn	液态	yè tài	
嗅	xiù	询问	xún wèn	宴会	yàn huì	*液体	yè tǐ	
*须	xū	*循环	xún huán	验	yàn	*一	yī	
*虚	xū	训	xùn	秧	yāng	*一边	yī biān	
*需	xū			扬	yáng	*一带	yī dài	
*需求	xū qiú	**Y**		*羊	yáng	一度	yī dù	
*需要	xū yào	*压	yā	羊毛	yáng máo	一端	yī duān	
*徐	xú	*压迫	yā pò	*阳	yáng	一共	yī gòng	
许	xǔ	压强	yā qiáng	*阳光	yáng guāng	一贯	yī guàn	
*许多	xǔ duō	压抑	yā yì	*杨	yáng	*一面	yī miàn	
许可	xǔ kě	押	yā	洋	yáng	一齐	yī qí	
序	xù	鸦片	yā piàn	仰	yǎng	*一起	yī qǐ	
畜	xù	鸭	yā	养	yǎng	*一切	yī qiè	
*宣布	xuān bù	*牙	yá	氧	yǎng	一体	yī tǐ	
宣告	xuān gào	芽	yá	*氧化	yǎng huà	*一同	yī tóng	
宣言	xuān yán	亚	yà	*氧气	yǎng qì	一线	yī xiàn	
宣扬	xuān yáng	咽	yān	*样	yàng	一向	yī xiàng	
悬	xuán	*烟	yān	*约	yāo	*衣	yī	
悬挂	xuán guà	延续	yán xù	*要	yāo	*衣服	yī fu	
旋	xuán	严	yán	要求	yāo qiú	医	yī	
*选	xuǎn	*严格	yán gé	*腰	yāo	*医学	yī xué	
选拔	xuǎn bá	严峻	yán jùn	*摇	yáo	*医药	yī yào	
*选举	xuǎn jǔ	严密	yán mì	摇晃	yáo ·huàng	医院	yī yuàn	
选用	xuǎn yòng	*言	yán	摇头	yáo tóu	*依	yī	
旋	xuàn	*言语	yán yǔ	遥远	yáo yuǎn	依法	yī fǎ	
削	xuē	岩	yán	*咬	yǎo	依附	yī fù	
穴	xué	炎	yán	*药	yào	依旧	yī jiù	
*学	xué	*沿	yán	药物	yào wù	*依据	yī jù	
学会	xué huì	*沿海	yán hǎi	*要	yào	*依靠	yī kào	
*学科	xué kē	*研究	yán jiū	*爷爷	yé ye	仪	yí	
学派	xué pài	*盐	yán	*也	yě	*仪器	yí qì	
学徒	xué tú	掩盖	yǎn gài	*也许	yě xǔ	宜	yí	
学问	xué wen	掩护	yǎn hù	野	yě	*移	yí	
*学习	xué xí	*眼	yǎn	野外	yě wài	*移动	yí dòng	
*学校	xué xiào	*眼光	yǎn guāng	*业	yè	遗	yí	
学员	xué yuán	*眼前	yǎn qián	*业务	yè wù	疑	yí	
学院	xué yuàn	*演	yǎn	业余	yè yú	疑惑	yí huò	
*雪	xuě	演变	yǎn biàn	*叶	yè	疑问	yí wèn	
雪白	xuě bái	演化	yǎn huà	叶片	yè piàn	*乙	yǐ	
雪花	xuě huā	演讲	yǎn jiǎng	*页	yè	已	yǐ	
*血	xuè	演绎	yǎn yì	*夜	yè	*以	yǐ	

*以便	yǐ biàn	涌现	yǒng xiàn	右边	yòu·biān	袁	Yuán
*以后	yǐ hòu	*用	yòng	*幼	yòu	*原	yuán
*以及	yǐ jí	用户	yòng hù	幼儿	yòu'ér	原先	yuán xiān
以免	yǐ miǎn	用途	yòng tú	幼苗	yòu miáo	*圆	yuán
*以前	yǐ qián	优	yōu	诱导	yòu dǎo	缘	yuán
*以外	yǐ wài	*优点	yōu diǎn	*于	yú	*缘故	yuán gù
*以往	yǐ wǎng	优惠	yōu huì	予	yú	*源	yuán
*以为	yǐ wéi	*优美	yōu měi	*余	yú	源泉	yuán quán
*以下	yǐ xià	优先	yōu xiān	余地	yú dì	*远	yuǎn
*矣	yǐ	*优秀	yōu xiù	*鱼	yú	怨	yuàn
蚁	yǐ	优越	yōu yuè	渔	yú	*院	yuàn
倚	yǐ	忧郁	yōu yù	渔业	yú yè	*愿	yuàn
*亿	yì	幽默	yōu mò	*愉快	yú kuài	愿望	yuàn wàng
*义	yì	悠久	yōu jiǔ	*与	yǔ	*愿意	yuàn·yì
*义务	yì wù	尤	yóu	与其	yǔ qí	*曰	yuē
艺	yì	*尤其	yóu qí	予	yǔ	*约	yuē
议	yì	尤为	yóu wéi	*予以	yǔ yǐ	*月	yuè
*议会	yì huì	*由	yóu	羽	yǔ	月光	yuè guāng
议员	yì yuán	*由于	yóu yú	羽毛	yǔ máo	*月球	yuè qiú
*亦	yì	邮票	yóu piào	*雨	yǔ	*乐	yuè
*异	yì	犹	yóu	*语	yǔ	乐队	yuè duì
役	yì	犹豫	yóu yù	语法	yǔ fǎ	乐器	yuè qì
译	yì	*油	yóu	语句	yǔ jù	*乐曲	yuè qǔ
*易	yì	油画	yóu huà	语气	yǔ qì	*阅读	yuè dú
易于	yì yú	油田	yóu tián	语文	yǔ wén	跃	yuè
益	yì	铀	yóu	*语言	yǔ yán	*越	yuè
*意	yì	*游	yóu	玉	yù	越冬	yuè dōng
*意见	yì·jiàn	游击	yóu jī	玉米	yù mǐ	越过	yuè guò
意图	yì tú	游击队	yóu jī duì	*育	yù	粤	Yuè
*意外	yì wài	游戏	yóu xì	*预报	yù bào	*云	yún
*意味	yì wèi	游泳	yóu yǒng	*预备	yù bèi	匀	yún
意象	yì xiàng	友	yǒu	预计	yù jì	*允许	yǔn xǔ
*意义	yì yì	友好	yǒu hǎo	预期	yù qī	*运	yùn
翼	yì	*友谊	yǒu yì	预先	yù xiān	*运动	yùn dòng
拥	yōng	*有	yǒu	预言	yù yán	*运动员	Yùn dòng yuán
拥护	yōng hù	*有关	yǒu guān	域	yù	*运用	yùn yòng
拥挤	yōng jǐ	*有机	yǒu jī	*欲	yù	韵	yùn
*拥有	yōng yǒu	*有趣	yǒu qù	欲望	yù wàng	**Z**	
永	yǒng	*有限	yǒu xiàn	遇	yù		
永久	yǒng jiǔ	*有效	yǒu xiào	遇见	yù·jiàn	主意	zhǔ yi
*永远	yǒng yuǎn	有益	yǒu yì	*愈	yù		(zhú yi)
勇气	yǒng qì	有意	yǒu yì	*元	yuán		
勇于	yǒng yú	*又	yòu	园	yuán		
涌	yǒng	*右	yòu	*员	yuán		

附录 F

普通话朗读作品六十篇

【普通话水平测试用朗读作品及语音提示】

1. 60 篇短文全部按规定从《实施纲要》中的"普通话水平测试用朗读作品"照录，作品顺序也保持一致。

2. 每篇作品在第 400 个音节后用"//"标注。

3. 每篇作品在后面出现"语音提示"，选择部分易错字、多音字以及轻声、儿化等音变作必要提示。

4. "语音提示"的注音基本按词连写。上声和"一、不"的音变仍标原调，轻声词不标声调，儿化音节在所标注的拼音音节后紧接着加上"r"，"啊"按照音变后的实际读音标注。

作品 1 号

那是力争上游的一种树，笔直的干[1]，笔直的枝。它的干呢，通常是丈把高，像是加以人工似的[2]，一丈以内，绝无旁枝；它所有的丫枝[3]呢，一律向上，而且紧紧靠拢，也像是加以人工似的，成为一束，绝无横斜逸出；它的宽大的叶子也是片[4]片向上，几乎[5]没有斜生的，更不用说倒垂[6]了；它的皮，光滑而有银色的晕圈[7]，微微泛出淡青色。这是虽在北方的风雪的压迫下却保持着倔强[8]挺立的一种树！哪怕只有碗来粗细罢，它却努力向上发展，高到丈许，两丈，参天耸立，不折不挠[9]，对抗着西北风。

这就是白杨树，西北极普通的一种树，然而决不是平凡的树！

它没有婆娑[10]的姿态，没有屈曲[11]盘旋的虬[12]枝，也许你要说它不美丽，——如果美是专指"婆娑"或"横斜逸出"之类而言，那么，白杨树算不得树中的好女子[13]；但是它却是伟岸，正直，朴质，严肃，也不缺乏温和，更不用提它的坚强不屈与挺拔，它是树中的伟丈夫[14]！当你在积雪初融的高原上走过，看见平坦的大地上傲然挺立这么一株或一排白杨树，难道你就只觉得树只是树，难道你就不想到它的朴质，严肃，坚强不屈，至少也象征了北方的农民；难道你竟一点儿也不联想到，在敌后的广大//土地上，到处有坚强不屈，就像这白杨树一样傲然挺立的守卫他们家乡的哨兵！难道你又不更远一点想到这样枝枝叶叶靠紧团结，力求上进的白杨树，宛然象征了今天在华北平原纵横决荡用血写出新中国历史的那种精神和意志。

节选自茅盾《白杨礼赞》

语 音 提 示

1. 干 gàn
2. 似的 shì de
3. 丫枝 yā zhī
4. 片 piàn
5. 几乎 jī hū
6. 倒垂 dào chuí
7. 晕圈 yùn quān
8. 倔强 jué jiàng

9. 挠 náo
10. 婆娑 pó suō
11. 屈曲 qū qū
12. 虬 qiú
13. 女子 nǚ zǐ
14. 丈夫 zhàng fu

作 品 2 号

两个同龄的年轻人同时受雇于一家店铺[1]，并且拿同样的薪水。

可是一段时间后，叫阿诺德的那个小伙子青云直上，而那个叫布鲁诺的小伙子却仍在原地踏步。布鲁诺很不满意老板的不公正待遇。终于有一天他到老板那儿发牢骚了。老板一边耐心地听着他的抱怨，一边在心里盘算[2]着怎样向他解释清楚[3]他和阿诺德之间的差别[4]。

"布鲁诺先生[5]，"老板开口说话了，"您现在到集市上去一下，看看今天早上有什么卖的。"

布鲁诺从集市上回来向老板汇报说，今早集市上只有一个农民拉了一车土豆在卖。

"有多少？"老板问。

布鲁诺赶快戴上帽子又跑到集上，然后回来告诉[6]老板一共四十袋土豆。

"价格是多少？"

布鲁诺又第三次跑到集上问来了价格。

"好吧，"老板对他说，"现在请您坐到这把椅子上一句话也不要说，看看阿诺德怎么说。"

阿诺德很快就从集市上回来了。向老板汇报说到现在为止只有一个农民在卖土豆，一共四十口袋[7]，价格是多少多少；土豆质量[8]很不错，他带回来一个让老板看看。这个农民一个钟头以后还会弄[9]来几箱西红柿，据他看价格非常公道。昨天他们铺子的西红柿卖得很快，库存已经不//多了。他想这么便宜[10]的西红柿，老板肯定会要进一些的，所以他不仅带回了一个西红柿做样品，而且把那个农民也带来了，他现在正在外面等回话呢。

此时老板转向了布鲁诺，说："现在您肯定知道为什么阿诺德的薪水比您高了吧！"

节选自张健鹏、胡足青主编《故事时代》中《差别》

语 音 提 示

1. 店铺 diàn pù
2. 盘算 pán suan
3. 清楚 qīng chu
4. 差别 chā bié
5. 先生 xiān sheng
6. 告诉 gào su
7. 口袋 kǒu dai
8. 质量 zhì liàng
9. 弄 nòng
10. 便宜 pián yi

作 品 3 号

我常常遗憾我家门前那块丑石：它黑黝黝[1]地卧在那里，牛似的[2]模样[3]；谁也不知道是什么时候[4]留在这里的，谁也不去理会它。只是麦收时节，门前摊了麦子，奶奶总是说：这块丑石，多占地面呀，抽空把它搬走吧。

它不像汉白玉那样的细腻，可以刻字雕花，也不像大青石那样的光滑，可以供[5]来浣纱[6]捶布。它静静地卧在那里，院边的槐阴没有庇覆[7]它，花儿[8]也不在它身边生长。荒草便繁衍⁹出来，枝蔓上下，慢慢地，它竟锈上了绿苔¹⁰、黑斑。我们这些做孩子的，也讨厌起它来，曾合伙要搬走它，但力气又不足；虽时时咒骂它，嫌弃它，也无可奈何，只好任它留在那里了。

终有一日，村子里来了一个天文学家。他在我家门前路过，突然发现了这块石头，眼光立即¹¹就拉直了。他再没有离开，就住了下来；以后又来了好些人，都说这是一块陨石¹²，从天上落下来已经有二三百年了，是一件了不起¹³的东西¹⁴。不久便来了车，小心翼翼地将它运走了。

这使我们都很惊奇，这又怪又丑的石头，原来是天上的啊¹⁵！它补过天，在天上发过热、闪过光，我们的先祖或许仰望¹⁶过它，它给了他们光明、向往、憧憬¹⁷；而它落下来了，在污土里，荒草里，一躺就//是几百年了！

我感到自己的无知，也感到了丑石的伟大，我甚至怨恨它这么多年竟会默默地忍受着这一切！而我又立即深深地感到它那种不屈于误解、寂寞的生存的伟大。

节选自贾平凹《丑石》

语 音 提 示

1. 黑黝黝 hēi yǒu yǒu/hēi yōu yōu
2. 似的 shì de
3. 模样 mú yàng
4. 时候 shí hou
5. 供 gōng
6. 浣纱 huàn shā
7. 庇覆 bì fù
8. 花儿 huā'ér
9. 繁衍 fán yǎn
10. 绿苔 lǜ tái
11. 立即 lì jí
12. 陨石 yǔn shí
13. 了不起 liǎo·bù qǐ
14. 东西 dōng xi
15. 啊 ya
16. 仰望 yǎng wàng
17. 憧憬 chōng jǐng

作 品 4 号

在达瑞八岁的时候¹，有一天他想去看电影。因为²没有钱，他想是向爸妈要钱，还是自己挣钱。最后他选择了后者。他自己调制³了一种汽水⁴，向过路的行人出售。可那时正是寒冷的冬天，没有人买，只有两个人例外——他的爸爸和妈妈。

他偶然有一个和非常成功的商人谈话的机会。当他对商人讲述了自己的"破产史"后，商人给了他两个重要的建议：一是尝试为别人解决一个难题；二是把精力集中在你知道的、你会的和你拥有的东西⁵上。

这两个建议很关键。因为对于一个八岁的孩子而言，他不会做的事情⁶很多。于是他穿过大街小巷，不停地思考：人们会有什么难题，他又如何利用这个机会？

一天，吃早饭时父亲让达瑞去取报纸。美国的送报员总是把报纸从花园篱笆⁷的一个特制的管子里塞⁸进来。假如你想穿着睡衣舒舒服服地吃早饭和看报纸，就必须离开温暖的房间，冒着寒风，到花园去取。虽然路短，但十分麻烦⁹。

当达瑞为父亲取报纸的时候，一个主意¹⁰诞生了。当天¹¹他就按响邻居的门铃，对他们说，每个月只需付给他一美元，他就每天早上把报纸塞到他们的房门底下。大多数人都同意了,很快他有//了七十多个顾客。一个月后,当他拿到自己赚的钱时,觉得¹²自己简直是飞上了天。

很快他又有了新的机会,他让他的顾客每天把垃圾袋放在门前,然后由他早上运到垃圾桶里,每个月加一美元。之后他还想出了许多孩子赚钱的办法,并把它集结¹³成书,书名为¹⁴《儿童挣钱的二百五十个主意》。为此¹⁵,达瑞十二岁时就成了畅销书作家,十五岁有了自己的谈话节目,十七岁就拥有了几百万美元。

节选自〔德〕博多·舍费尔《达瑞的故事》,刘志明译

语音提示

1. 时候 shí hou
2. 因为 yīn·wèi
3. 调制 tiáo zhì
4. 汽水 qì shuǐr
5. 东西 dōng xi
6. 事情 shì qing
7. 篱笆 lí ba
8. 塞 sāi
9. 麻烦 má fan
10. 主意 zhǔ yi
11. 当天 dàng tiān
12. 觉得 jué·dé
13. 集结 jí jié
14. 为 wéi
15. 为此 wèi cǐ

作品5号

这是入冬以来,胶东半岛上的第一场雪。

雪纷纷扬扬,下得很大。开始还伴着一阵儿小雨,不久就只见大片大片的雪花,从彤云¹密布的天空中飘落下来。地面上一会儿²就白了。冬天的山村,到了夜里就万籁俱寂³,只听得雪花簌簌⁴地不断往下落,树木的枯枝被雪压断了,偶尔⁵咯吱一声响。

大雪整整下了一夜。今天早晨,天放晴了,太阳出来了。推开门一看,嗬⁶!好大的雪啊⁷!山川、河流、树木、房屋,全都罩上了一层厚厚的雪,万里江山,变成了粉妆玉砌的世界。落光了叶子的柳树上挂满了毛茸茸亮晶晶的银条儿;而那些冬夏常青的松树和柏树⁸上,则挂满了蓬松松沉甸甸的雪球儿。一阵风吹来,树枝轻轻地摇晃,美丽的银条儿和雪球儿簌簌地落下来,玉屑⁹似的¹⁰雪末儿随风飘扬,映着清晨的阳光,显出一道道五光十色的彩虹。

大街上的积雪足有一尺多深,人踩上去,脚底下发出咯吱咯吱的响声。一群群孩子在雪地里堆雪人,掷¹¹雪球儿。那欢乐的叫喊声,把树枝上的雪都震落下来了。

俗话说,"瑞雪兆丰年"。这句话有充分的科学根据,并不是一句迷信的成语。寒冬大雪,可以冻死一部分越冬的害虫;融化了的水渗¹²进土层深处,又能供应¹³//庄稼¹⁴生长的需要。我相信这一场¹⁵十分及时的大雪,一定会促进明年春季作物,尤其是小麦的丰收。有经验的老农把雪比做是:"麦子的棉被"。冬天"棉被"盖得越厚,明春麦子就长得越好,所以又有这样一句谚语:"冬天麦盖三层被,来年枕着馒头睡"。

我想,这就是人们为什么把及时的大雪称为"瑞雪"的道理吧。

节选自峻青《第一场雪》

语 音 提 示

1. 彤云 tóng yún
2. 一会儿 yī huìr
3. 万籁俱寂 wàn lài-jù jì
4. 簌簌 sù sù
5. 偶尔 ǒu'ěr
6. 嗬 hē/hè
7. 啊 ya
8. 柏树 bǎi shù
9. 玉屑 yù xiè
10. 似的 shì de
11. 掷 zhì
12. 渗 shèn
13. 供应 gōng yìng
14. 庄稼 zhuāng jia
15. 一场 yī cháng

作 品 6 号

我常想读书人是世间幸福人，因为[1]他除了拥有现实的世界之外，还拥有另一个更为浩瀚[2]也更为丰富的世界。现实的世界是人人都有的，而后一个世界却为[3]读书人所独有。由此我想，那些失去或不能阅读的人是多么的不幸，他们的丧失是不可补偿的。世间有诸多的不平等，财富的不平等，权力的不平等，而阅读能力的拥有或丧失却体现为[4]精神的不平等。

一个人的一生，只能经历自己拥有的那一份欣悦，那一份苦难，也许再加上他亲自闻知的那一些关于自身以外的经历和经验。然而，人们通过阅读，却能进入不同时空的诸多他人的世界。这样，具有阅读能力的人，无形间获得[5]了超越有限生命的无限可能性。阅读不仅使他多识了草木虫鱼之名，而且可以上溯[6]远古下及未来，饱览存在的与非存在的奇风异俗。

更为[7]重要的是，读书加惠于人们的不仅是知识[8]的增广，而且还在于精神的感化与陶冶[9]。人们从读书学做人，从那些往哲先贤以及当代才俊的著述中学得他们的人格。人们从《论语[10]》中学得[11]智慧的思考，从《史记》中学得严肃的历史精神，从《正气歌》中学得人格的刚烈，从马克思学得人世//的激情，从鲁迅学得批判精神，从托尔斯泰学得道德的执著[12]。歌德的诗句刻写着睿智[13]的人生，拜伦的诗句呼唤着奋斗的热情。一个读书人，一个有机会拥有超乎个人生命体验的幸运人。

节选自谢冕《读书人是幸福人》

语 音 提 示

1. 因为 yīn·wèi
2. 浩瀚 hào hàn
3. 为 wéi
4. 为 wéi
5. 获得 huò dé
6. 溯 sù
7. 为 wéi
8. 知识 zhī shi
9. 陶冶 táo yě
10. 论语 Lún yǔ
11. 学得 xué dé
12. 执著 zhí zhuó
13. 睿智 ruì zhì

作品 7 号

一天,爸爸下班回到家已经很晚了,他很累也有点儿烦,他发现五岁的儿子靠在门旁正等着他。

"爸,我可以问您一个问题吗?"

"什么问题?"

"爸,您一小时可以赚多少钱?"

"这与¹你无关,你为什么问这个问题?"父亲生气地说。

"我只是想知道,请告诉²我,您一小时赚多少钱?"儿子哀求道。

"假如你一定要知道的话,我一小时赚二十美金。"

"哦³,"小孩儿低下了头,接着又说,"爸,可以借我十美金吗?"父亲发怒了:"如果你只是要借钱去买毫无意义的玩具的话,给我回到你的房间睡觉⁴去。好好想想为什么你会那么自私。我每天辛苦工作,没时间和你玩儿小孩子的游戏。"

小孩儿默默地回到自己的房间关上门。

父亲坐下来还在生气。后来,他平静下来了。心想他可能对孩子太凶了——或许孩子真的很想买什么东西,再说他平时很少要过钱。

父亲走进孩子的房间:"你睡了吗?""爸,还没有,我还醒着。"孩子回答⁵。

"我刚才可能对你太凶了,"父亲说,"我不应该发那么大的火儿——这是你要的十美金。""爸,谢谢您。"孩子高兴地从枕头下拿出一些被弄皱⁶的钞票,慢慢地数⁷着。

"为什么你已经有钱了还要?"父亲不解地问。

"因为⁸原来不够,但现在凑够了。"孩子回答:"爸,我现在有//二十美金了,我可以向您买一个小时的时间吗?明天请早一点儿回家——我想和您一起吃晚餐。"

节选自唐继柳编译《二十美金的价值》

语 音 提 示

1. 与 yǔ
2. 告诉 gào su
3. 哦 ò
4. 睡觉 shuì jiào
5. 回答 huí dá
6. 弄皱 nòng zhòu
7. 数 shǔ
8. 因为 yīn·wèi

作品 8 号

我爱月夜,但我也爱星天。从前在家乡七八月的夜晚,在庭院里纳凉的时候¹,我最爱看天上密密麻麻的繁星。望着星天,我就会忘记一切,仿佛²回到了母亲的怀里似的³。

三年前在南京我住的地方⁴有一道后门,每晚我打开后门,便看见一个静寂的夜。下面是一片菜园,上面是星群密布的蓝天。星光在我们的肉眼里虽然微小,然而它使我们觉得⁵光明无处不在。那时候我正在读一些天文学的书,也认得⁶一些星星,好像它们就是我的朋友⁷,它们常常在和我谈话一样。

如今在海上,每晚和繁星相对,我把它们认得很熟⁸了。我躺在舱面上,仰望天空。深蓝色的天空里悬着无数半明半昧⁹的星。船在动,星也在动,它们是这样低,真是摇摇欲坠呢！渐渐地我的眼睛模糊[10]了，我好像看见无数萤火虫在我的周围飞舞。海上的夜是柔和的，是静寂的，是梦幻的。我望着许多认识[11]的星，我仿佛看见它们在对我眨眼，我仿佛听见它们在小声说话。这时我忘记了一切。在星的怀抱中我微笑着，我沉睡着。我觉得自己是一个小孩子，现在睡在母亲的怀里了。

有一夜，那个在哥伦波上船的英国人指给我看天上的巨人。他用手指着：//那四颗明亮的星是头，下面的几颗是身子，这几颗是手，那几颗是腿和脚，还有三颗星算是腰带。经他这一番指点，我果然看清楚[12]了那个天上的巨人。看，那个巨人还在跑呢！

节选自巴金《繁星》

语 音 提 示

1. 时候 shí hou
2. 仿佛 fǎng fú
3. 似的 shì de
4. 地方 dì fang
5. 觉得 jué·dé
6. 认得 rèn de
7. 朋友 péng you
8. 熟 shú/shóu
9. 昧 mèi
10. 模糊 mó hu
11. 认识 rèn shi
12. 清楚 qīng chu

作 品 9 号

假日[1]到河滩上转转[2]，看见许多孩子在放风筝[3]。一根根长长的引线，一头系[4]在天上，一头系在地上，孩子同风筝都在天与地之间悠荡，连心也被悠荡得恍恍惚惚了，好像又回到了童年。

儿时放的风筝，大多是自己的长辈或家人编扎[5]的，几根削[6]得很薄[7]的篾[8]，用细纱线扎成各种鸟兽的造型，糊上雪白的纸片，再用彩笔勾勒出面孔与翅膀的图案。通常扎得最多的是"老雕"、"美人儿"、"花蝴蝶"等。

我们家前院就有位叔叔，擅扎风筝，远近闻名。他扎的风筝不只体型好看，色彩艳丽，放飞得高远，还在风筝上绷一叶用蒲苇[9]削成的膜片，经风一吹，发出"嗡嗡"的声响，仿佛[10]是风筝的歌唱，在蓝天下播扬，给开阔的天地增添了无尽的韵味，给驰荡的童心带来几分疯狂。

我们那条胡同[11]的左邻右舍[12]的孩子们放的风筝几乎[13]都是叔叔编扎的。他的风筝不卖钱，谁上门去要，就给谁，他乐意自己贴钱买材料。

后来，这位叔叔去了海外，放风筝也渐与[14]孩子们远离了。不过年年叔叔给家乡写信，总不忘提起儿时的放风筝。香港回归之后，他在家信中说到，他这只被故乡放飞到海外的风筝，尽管飘荡游弋[15]，经沐风雨，可那线头儿一直在故乡和//亲人手中牵着，如今飘得太累了，也该要回归到家乡和亲人身边来了。

是的。我想，不光是叔叔，我们每个人都是风筝，在妈妈手中牵着，从小放到大，再从家乡放到祖国最需要的地方[16]去啊[17]！

节选自李恒瑞《风筝畅想曲》

语 音 提 示

1. 假日 jià rì
2. 转转 zhuàn zhuan

3. 风筝 fēng zheng
4. 系 jì
5. 编扎 biān zā
6. 削 xiāo
7. 薄 báo
8. 篾 miè
9. 蒲苇 pú wěi
10. 仿佛 fǎng fú

11. 胡同 hú·tòng
12. 舍 shè
13. 几乎 jī hū
14. 与 yǔ
15. 游弋 yóu yì
16. 地方 dì fang
17. 啊 ya

作品10号

爸不懂得怎样表达爱，使我们一家人融洽相处[1]的是我妈。他只是每天上班下班，而妈则把我们做过的错事开列清单，然后由他来责骂我们。

有一次我偷了一块糖果，他要我把它送回去，告诉[2]卖糖的说是我偷来的，说我愿意替他拆箱卸货作为[3]赔偿。但妈妈却明白[4]我只是个孩子。

我在运动场[5]打秋千跌断了腿，在前往医院途中一直抱着我的，是我妈。爸把汽车停在急诊室门口，他们叫他驶开，说那空位[6]是留给紧急车辆停放的。爸听了便叫嚷道："你以为[7]这是什么车？旅游车？"

在我生日会上，爸总是显得有些不大相称[8]。他只是忙于吹气球，布置餐桌，做杂务。把插着蜡烛的蛋糕推过来让我吹的，是我妈。

我翻阅照相册[9]时，人们总是问："你爸爸是什么样子的？"天晓得！他老是忙着替别人拍照。妈和我笑容可掬地一起拍的照片[10]，多得不可胜数[11]。

我记得妈有一次叫他教[12]我骑自行车。我叫他别放手，但他却说应该放手的时候[13]了。我摔倒之后，妈跑过来扶我，爸却挥手要她走开。我当时[14]生气极了，决心要给他点儿颜色看。于是我马上爬上自行车，而且自己骑给他看。他只是微笑。

我念大学时，所有的家信都是妈写的。他//除了寄支票外，还寄过一封短柬[15]给我，说因为[16]我不在草坪上踢足球了，所以他的草坪长得很美。

每次我打电话回家，他似乎[17]都想跟我说话，但结果[18]总是说："我叫你妈来接。"

我结婚[19]时，掉眼泪的是我妈。他只是大声擤[20]了一下鼻子，便走出房间。

我从小到大都听他说："你到哪里去？什么时候回家？汽车有没有汽油？不，不准去。"爸完全不知道怎样表达爱，除非……

会不会是他已经表达了，而我却未能察觉[21]？

节选自［美］艾尔玛·邦贝克《父亲的爱》

语 音 提 示

1. 相处 xiāng chǔ
2. 告诉 gào su
3. 作为 zuò wéi
4. 明白 míng bai
5. 运动场 yùn dòng chǎng

6. 空位 kòng wèi
7. 以为 yǐ wéi
8. 相称 xiāng chèn
9. 照相册 zhào xiàng cè
10. 照片 zhào piàn/zhào piānr

11. 不可胜数 bù kě-shèng shǔ
12. 教 jiāo
13. 时候 shí hou
14. 当时 dāng shí
15. 柬 jiǎn
16. 因为 yīn·wèi
17. 似乎 sì hū
18. 结果 jié guǒ
19. 结婚 jié hūn
20. 擤 xǐng
21. 察觉 chá jué

作品 11 号

一个大问题一直盘踞¹在我脑袋²里：

世界杯怎么会有如此巨大的吸引力？除去足球本身的魅力之外，还有什么超乎其上而更伟大的东西³？

近来观看世界杯，忽然从中得到了答案：是由于一种无上崇高的精神情感——国家荣誉感！

地球上的人都会有国家的概念，但未必时时都有国家的感情。往往人到异国，思念家乡，心怀故国，这国家概念就变得有血有肉，爱国之情来得非常具体。而现代社会，科技昌达，信息快捷，事事上网，世界真是太小太小，国家的界限似乎⁴也不那么清晰了。再说足球正在快速世界化，平日里各国球员频繁转会⁵，往来随意，致使越来越多的国家联赛都具有国际的因素。球员们不论国籍，只效力于自己的俱乐部，他们比赛时的激情中完全没有爱国主义的因子。

然而，到了世界杯大赛，天下大变。各国球员都回国效力，穿上与光荣的国旗同样色彩的服装。在每一场比赛前，还高唱国歌以宣誓对自己祖国的挚爱⁶与忠诚。一种血缘⁷情感开始在全身的血管⁸里燃烧起来，而且立刻热血⁹沸腾。

在历史时代，国家间经常发生对抗，好男儿¹⁰戎装¹¹卫国。国家的荣誉往往需要以自己的生命去换//取。但在和平时代，唯有这种国家之间大规模对抗性的大赛，才可以唤起那种遥远而神圣的情感，那就是：为祖国而战！

节选自冯骥才《国家荣誉感》

语 音 提 示

1. 盘踞 pán jù
2. 脑袋 nǎo dai
3. 东西 dōng xi
4. 似乎 sì hū
5. 转会 zhuǎn huì
6. 挚爱 zhì'ài
7. 血缘 xuè yuán
8. 血管 xuè guǎn
9. 热血 rè xuè
10. 男儿 nán'ér
11. 戎装 róng zhuāng

作品 12 号

夕阳落山不久，西方的天空，还燃烧着一片橘红色的晚霞。大海，也被这霞光染成了红色，而且比天空的景色更要壮观。因为¹它是活动的，每当一排排波浪涌起²的时候³，那映照在浪峰上的霞光，又红又亮，简直就像一片片霍霍燃烧着的火焰，闪烁着，消失了。而后面的一排，又闪烁着，滚动着，涌了过来。

　　天空的霞光渐渐地淡下去了，深红的颜色变成了绯红⁴，绯红又变为⁵浅红。最后，当这一切红光都消失了的时候，那突然显得高而远了的天空，则呈现出一片肃穆的神色。最早出现的启明星，在这蓝色的天幕上闪烁起来了。它是那么大，那么亮，整个广漠的天幕上只有它在那里放射着令人注目的光辉，活像一盏⁶悬挂在高空的明灯。

　　夜色加浓，苍空中的"明灯"越来越多了。而城市各处的真的灯火也次第亮了起来，尤其是围绕⁷在海港周围山坡上的那一片灯光，从半空倒映⁸在乌蓝的海面上，随着波浪，晃动⁹着，闪烁着，像一串流动着的珍珠，和那一片片密布在苍穹¹⁰里的星斗¹¹互相辉映，煞¹²是好看。

　　在这幽美的夜色中，我踏着软绵绵的沙滩，沿着海边，慢慢地向前走去。海水，轻轻地抚摸着细软的沙滩，发出温柔的//刷刷声。晚来的海风，清新而又凉爽。我的心里，有着说不出的兴奋¹³和愉快。

　　夜风轻飘飘地吹拂¹⁴着，空气中飘荡着一种大海和田禾相混合¹⁵的香味儿¹⁶，柔软的沙滩上还残留着白天太阳炙晒¹⁷的余温。那些在各个工作岗位上劳动了一天的人们，三三两两地来到这软绵绵的沙滩上，他们浴着凉爽的海风，望着那缀满了星星的夜空，尽情地说笑，尽情地休憩¹⁸。

　　　　　　　　　　　　　　　　　　节选自峻青《海滨仲夏夜》

语 音 提 示

1. 因为 yīn·wèi
2. 涌起 yǒng qǐ
3. 时候 shí hou
4. 绯红 fēi hóng
5. 为 wéi
6. 盏 zhǎn
7. 围绕 wéi rào
8. 倒映 dào yìng
9. 晃动 huàng dòng
10. 苍穹 cāng qióng
11. 星斗 xīng dǒu
12. 煞 shà
13. 兴奋 xīng fèn
14. 吹拂 chuī fú
15. 混合 hùn hé
16. 香味 xiāng wèi
17. 炙晒 zhì shài
18. 休憩 xiū qì

作 品 13 号

　　生命在海洋里诞生绝不是偶然的，海洋的物理和化学性质，使它成为¹孕育原始生命的摇篮。

　　我们知道，水是生物的重要组成部分，许多动物组织的含水量在百分之八十以上，而一些海洋生物的含水量高达百分之九十五。水是新陈代谢的重要媒介，没有它，体内的一系列生理和生物化学反应就无法进行，生命也就停止。因此，在短时期内动物缺水要比缺少食物更加危险。水对今天的生命是如此重要，它对脆弱的原始生命，更是举足轻重了。生命在海洋里诞生，就不会有缺水之忧。

　　水是一种良好的溶剂。海洋中含有许多生命所必需的无机盐，如氯²化钠、氯化钾、碳酸盐、磷酸盐，还有溶解氧，原始生命可以毫不费力地从中吸取它所需要的元素。

水具有很高的热容量，加之海洋浩大，任凭夏季烈日曝晒[3]，冬季寒风扫荡，它的温度变化却比较[4]小。因此，巨大的海洋就像是天然的"温箱"，是孕育原始生命的温床。

阳光虽然为[5]生命所必需，但是阳光中的紫外线却有扼杀[6]原始生命的危险。水能有效地吸收紫外线，因而又为[7]原始生命提供[8]了天然的"屏障"。

这一切都是原始生命得以产生和发展的必要条件。//

节选自童裳亮《海洋与生命》

语 音 提 示

1. 成为 chéng wéi
2. 氯 lǜ
3. 曝晒 pù shài
4. 比较 bǐ jiào
5. 为 wéi
6. 扼杀 è shā
7. 为 wèi
8. 提供 tí gōng

作品 14 号

读小学的时候[1]，我的外祖母去世了。外祖母生前最疼爱我，我无法排除自己的忧伤，每天在学校的操场上一圈儿又一圈儿地跑着，跑得累倒在地上，扑在草坪上痛哭。

那哀痛的日子，断断续续地持续了很久，爸爸妈妈也不知道如何安慰我。他们知道与其[2]骗我说外祖母睡着[3]了，还不如对我说实话：外祖母永远不会回来了。

"什么是永远不会回来呢？"我问着。

"所有时间里的事物，都永远不会回来。你的昨天过去，它就永远变成昨天，你不能再回到昨天。爸爸以前也和你一样小，现在也不能回到你小的童年了；有一天你会长大，你会像外祖母一样老；有一天你度过了你的时间，就永远不会回来了。"爸爸说。

爸爸等于[4]给我一个谜语，这谜语比课本上的"日历挂在墙壁，一天撕去一页，使我心里着急[5]"和"一寸光阴一寸金，寸金难买寸光阴"还让我感到可怕；也比作文本上的"光阴似[6]箭，日月如梭[7]"更让我觉得[8]有一种说不出的滋味。

时间过得那么飞快，使我的小心眼儿里不只是着急，还有悲伤。有一天我放学回家，看到太阳快落山了，就下决心说："我要比太阳更快地回家。"我狂奔回去，站在庭院前喘气的时候，看到太阳//还露[9]着半边脸，我高兴[10]地跳跃起来，那一天我跑赢了太阳。以后我就时常做那样的游戏，有时和太阳赛跑，有时和西北风比快，有时一个暑假[11]才能做完的作业[12]，我十天就做完了；那时我三年级，常常把哥哥五年级的作业拿来做。每一次比赛胜过时间，我就快乐[13]得不知道怎么形容。

如果将来我有什么要教[14]给我的孩子，我会告诉[15]他：假若[16]你一直和时间比赛，你就可以成功！

节选自林清玄《和时间赛跑》

语 音 提 示

1. 时候 shí hou
2. 与其 yǔ qí
3. 睡着 shuì zháo
4. 等于 děng yú
5. 着急 zháo jí
6. 似 sì

7. 梭 suō
8. 觉得 jué·dé
9. 露 lòu
10. 高兴 gāo xìng
11. 暑假 shǔ jià
12. 作业 zuò yè
13. 快乐 kuài lè
14. 教 jiāo
15. 告诉 gào su
16. 假若 jiǎ ruò

作品 15 号

三十年代初，胡适在北京大学任教授。讲课时他常常对白话文大加称赞[1]，引起一些只喜欢文言文而不喜欢白话文的学生[2]的不满。

一次，胡适正讲得得意[3]的时候[4]，一位姓魏的学生突然站了起来，生气地问："胡先生[5]，难道说白话文就毫无缺点吗？"胡适微笑着回答说："没有。"那位学生更加激动了："肯定有！白话文废话太多，打电报用字多，花钱多。"胡适的目光顿时变亮了。轻声地解释说："不一定吧！前几天有位朋友[6]给我打来电报，请我去政府部门工作，我决定不去，就回电拒绝了。复电是用白话写的，看来也很省[7]字。请同学们根据我这个意思[8]，用文言文写一个回电，看看究竟是白话文省字，还是文言文省字？"胡教授刚说完，同学们立刻认真地写了起来。

十五分钟过去，胡适让同学举手，报告用字的数目，然后挑了一份用字最少的文言电报稿，电文是这样写的：

"才疏学浅，恐难胜任，不堪[9]从命。"白话文的意思是：学问不深，恐怕很难担任这个工作，不能服从安排。

胡适说，这份写得确实不错，仅用了十二个字。但我的白话电报却只用了五个字："干不了[10]，谢谢[11]！"

胡适又解释说："干不了"就有才疏学浅、恐难胜任的意思；"谢谢"既//对朋友的介绍表示感谢，又有拒绝的意思。所以，废话多不多，并不看它是文言文还是白话文，只要注意选用字词，白话文是可以比文言文更省字的。

节选自陈灼主编《实用汉语中级教程》（上）中《胡适的白话电报》

语 音 提 示

1. 称赞 chēng zàn
2. 学生 xué sheng
3. 得意 dé yì
4. 时候 shí hou
5. 先生 xiān sheng
6. 朋友 péng you
7. 省 shěng
8. 意思 yì si
9. 堪 kān
10. 干不了 gàn·bù liǎo
11. 谢谢 xiè xie

作品 16 号

很久以前，在一个漆黑的秋天的夜晚，我泛舟在西伯利亚一条阴森森的河上。船到一个转弯处，只见前面黑黢黢[1]的山峰下面一星火光蓦[2]地一闪。

火光又明又亮，好像就在眼前……

"好啦，谢天谢地！"我高兴地说，"马上就到过夜的地方[3]啦！"

船夫扭头朝身后的火光望了一眼，又不以为然地划⁴起桨来。

"远着呢！"

我不相信他的话，因为⁵火光冲破朦胧的夜色，明明在那儿闪烁。不过船夫是对的，事实上，火光的确⁶还远着呢。

这些黑夜的火光的特点是：驱散⁷黑暗，闪闪发亮，近在眼前，令人神往。乍⁸一看，再划几下就到了……其实却还远着呢！……

我们在漆黑如墨的河上又划了很久。一个个峡谷和悬崖，迎面驶来，又向后移去，仿佛⁹消失在茫茫的远方，而火光却依然停在前头，闪闪发亮，令人神往——依然是这么近，又依然是那么远……

现在，无论是这条被悬崖峭壁的阴影笼罩的漆黑的河流，还是那一星明亮的火光，都经常浮现在我的脑际，在这以前和在这以后，曾有许多火光，似乎¹⁰近在咫尺¹¹，不止使我一人心驰神往。可是生活之河却仍然在那阴森森的两岸之间流着，而火光也依旧非常遥远。因此，必须加劲¹²划桨……

然而，火光啊¹³……毕竟……毕竟就//在前头！……

节选自［俄］柯罗连科《火光》，张铁夫译

语 音 提 示

1. 黑黢黢 hēi qū qū
2. 蓦地 mò·dì
3. 地方 dì fang
4. 划 huá
5. 因为 yīn·wèi
6. 的确 dí què
7. 驱散 qū sàn
8. 乍 zhà
9. 仿佛 fǎng fú
10. 似乎 sì hū
11. 咫尺 zhǐ chǐ
12. 劲 jìnr/jìn
13. 啊 nga

作 品 17 号

对于一个在北平住惯的人，像我，冬天要是不刮风，便觉¹是奇迹²；济南³的冬天是没有风声的。对于一个刚由伦敦回来的人，像我，冬天要能看得见日光，便觉得是怪事；济南的冬天是响晴的。自然，在热带的地方⁴，日光永远是那么毒，响亮的天气，反有点儿叫人害怕。可是，在北方的冬天，而能有温晴的天气，济南真得⁵算个宝地。

设若单单是有阳光，那也算不了⁶出奇。请闭上眼睛⁷想：一个老城，有山有水，全在天底下晒着阳光，暖和⁸安适地睡着⁹，只等春风来把它们唤醒，这是不是理想的境界？小山整把济南围了个圈儿，只有北边缺着点口儿。这一圈小山在冬天特别可爱，好像是把济南放在一个小摇篮里，它们安静不动地低声地说："你们放心吧，这儿准保暖和。"真的，济南的人们在冬天是面上含笑的。他们一看那些小山，心中便觉得有了着落¹⁰，有了依靠。他们由天上看到山上，便不知不觉地想起：明天也许就是春天了吧？这样的温暖，今天夜里山草也许就绿起来了吧？就是这点儿幻想不能一时实现，他们也并不着急¹¹，因为¹²这样慈善的冬天，干什么还希望别的呢！

最妙的是下点儿小雪呀。看吧，山上的矮松越发的青黑，树尖儿上//顶着一髻儿白花，好像日本看护[13]妇。山尖儿全白了，给蓝天镶上一道银边。山坡上，有的地方雪厚点儿，有的地方草色还露[14]着；这样，一道儿白，一道儿暗黄，给山们穿上一件带水纹儿的花衣；看着看着，这件花衣好像被风儿[15]吹动，叫你希望看见一点儿更美的山的肌肤。等到快日落的时候[16]，微黄的阳光斜射在山腰上，那点儿薄[17]雪好像忽然害羞，微微露[18]出点儿粉色。就是下小雪吧，济南是受不住大雪的，那些小山太秀气[19]。

节选自老舍《济南的冬天》

语 音 提 示

1. 觉得 jué·dé
2. 奇迹 qí jì
3. 济南 jǐ nán
4. 地方 dì fang
5. 得 děi
6. 算不了 suàn·bù liǎo
7. 眼睛 yǎn jing
8. 暖和 nuǎn huo
9. 睡着 shuì zhe
10. 着落 zhuó luò
11. 着急 zháo jí
12. 因为 yīn·wèi
13. 看护 kān hù
14. 露 lòu
15. 风儿 fēng'·ér
16. 时候 shí hou
17. 薄 báo
18. 露 lòu
19. 秀气 xiù qi

作 品 18 号

　　纯朴的家乡村边有一条河，曲[1]曲弯弯，河中架一弯石桥，弓样的小桥横跨两岸。

　　每天，不管是鸡鸣晓月、日丽中天，还是月华泻地，小桥都印下串串足迹，洒落串串汗珠。那是乡亲[2]为[3]了追求多棱[4]的希望，兑现[5]美好的遐想[6]。弯弯小桥，不时荡过轻吟低唱，不时露[7]出舒心的笑容。

　　因而，我稚小的心灵，曾将心声献给小桥：你是一弯银色的新月，给人间普照光辉；你是一把闪亮的镰刀，割刈[8]着欢笑的花果；你是一根晃悠悠[9]的扁担[10]，挑[11]起了彩色的明天！哦[12]，小桥走进我的梦中。

　　我在漂泊[13]他乡的岁月，心中总涌动[14]着故乡的河水，梦中总看到弓样的小桥。当我访南疆探北国，眼帘闯进座座雄伟的长桥时，我的梦变得丰满了，增添了赤橙黄绿青蓝紫。

　　三十多年过去，我带着满头霜花回到故乡，第一紧要的便是去看望小桥。

　　啊！小桥呢？它躲起来了？河中一道长虹，浴着朝霞熠熠[15]闪光。哦，雄浑的大桥敞开胸怀，汽车的呼啸[16]、摩托的笛音、自行车的叮铃，合奏着进行交响乐；南来的钢筋、花布，北往的柑橙、家禽，绘出交流欢悦图……

　　啊！蜕变[17]的桥，传递了家乡进步的消息[18]，透露[19]了家乡富裕的声音。时代的春风，美好的追求，我蓦地[20]记起儿时唱//给小桥的歌，哦，明艳艳的太阳照耀了，芳香甜蜜的花果捧来了，五彩斑斓[21]的岁月拉开了！

　　我心中涌动的河水，激荡起甜美的浪花。我仰望一碧蓝天，心底轻声呼喊：家乡的桥啊[22]，我梦中的桥！

节选自郑莹《家乡的桥》

语音提示

1. 曲 qū
2. 乡亲 xiāng qīn
3. 为 wèi
4. 棱 léng
5. 兑现 duì xiàn
6. 遐想 xiá xiǎng
7. 露 lù
8. 割刈 gē yì
9. 晃悠悠 huàng yōu yōu
10. 扁担 biǎn dan
11. 挑 tiāo
12. 哦 ò
13. 漂泊 piāo bó
14. 涌动 yǒng dòng
15. 熠熠 yì yì
16. 呼啸 hū xiào
17. 蜕变 tuì biàn
18. 消息 xiāo xi
19. 透露 tòu lù
20. 蓦地 mò dì
21. 斑斓 bān lán
22. 啊 wa

作品 19 号

三百多年前，建筑设计师莱伊恩受命设计了英国温泽市政府大厅。他运用工程力学的知识[1]，依据自己多年的实践，巧妙地设计了只用一根柱子支撑的大厅天花板。一年以后，市政府权威人士进行工程验收时，却说只用一根柱子支撑天花板太危险，要求莱伊恩再多加几根柱子。

莱伊恩自信只要一根坚固的柱子足以保证大厅安全，他的"固执"惹恼了市政官员，险些被送上法庭。他非常苦恼，坚持自己原先的主张吧，市政官员肯定会另找人修改设计；不坚持吧，又有悖[2]自己为人[3]的准则。矛盾了很长一段时间，莱伊恩终于想出了一条妙计，他在大厅里增加了四根柱子，不过这些柱子并未与天花板接触，只不过是装装样子。

三百多年过去了，这个秘密始终没有被人发现。直到前两年，市政府准备修缮[4]大厅的天花板，才发现莱伊恩当年的"弄虚作假[5]"。消息[6]传出后，世界各国的建筑专家和游客云集，当地政府对此也不加掩饰，在新世纪到来之际，特意将大厅作为[7]一个旅游景点对外开放，旨[8]在引导人们崇尚和相信科学。

作为一名建筑师，莱伊恩并不是最出色的。但作为一个人，他无疑非常伟大，这种//伟大表现在他始终恪守[9]着自己的原则，给高贵的心灵一个美丽的住所：哪怕是遭遇到最大的阻力，也要想办法抵达胜利。

节选自游宇明《坚守你的高贵》

语音提示

1. 知识 zhī shi
2. 悖 bèi
3. 为人 wéi rén
4. 修缮 xiū shàn
5. 弄虚作假 nòng xū-zuò jiǎ
6. 消息 xiāo xi
7. 作为 zuò wéi
8. 旨 zhǐ
9. 恪守 kè shǒu

作品 20 号

自从传言有人在萨文河畔[1]散步[2]时无意发现了金子后,这里便常有来自四面八方的淘金者。他们都想成为[3]富翁,于是寻遍了整个河床,还在河床上挖出很多大坑,希望借助它们找到更多的金子。的确[4],有一些人找到了,但另外一些人因为[5]一无所得而只好扫兴[6]归去。

也有不甘心落空的,便驻扎[7]在这里,继续寻找。彼得·弗雷特就是其中一员。他在河床附近买了一块没人要的土地,一个人默默[8]地工作。他为了找金子,已把所有的钱都押在这块土地上。他埋头苦干了几个月,直到土地全变成了坑坑洼洼[9],他失望了——他翻遍了整块土地,但连一丁点儿金子都没看见。

六个月后,他连买面包的钱都没有了。于是他准备离开这儿到别处去谋生。

就在他即将[10]离去的前一个晚上,天下起了倾盆[11]大雨,并且一下就是三天三夜。雨终于停了,彼得走出小木屋,发现眼前的土地看上去好像和以前不一样:坑坑洼洼已被大水冲刷平整,松软的土地上长出一层绿茸茸的小草。

"这里没找到金子,"彼得忽有所悟地说,"但这土地很肥沃,我可以用来种花,并且拿到镇上去卖给那些富人,他们一定会买些花装扮他们华丽的客厅。//如果真是这样的话,那么我一定会赚许多钱,有朝[12]一日我也会成为富人……"

于是他留了下来。彼得花了不少精力培育花苗,不久田地里长满了美丽娇艳的各色鲜花。

五年以后,彼得终于实现了他的梦想——成了一个富翁。"我是唯一的一个找到真金的人!"他时常不无骄傲地告诉[13]别人,"别人在这儿找不到金子后便远远地离开,而我的'金子'是在这块土地里,只有诚实的人用勤劳才能采集到。"

节选自陶猛译《金子》

语音提示

1. 河畔 hé pàn
2. 散步 sàn bù
3. 成为 chéng wéi
4. 的确 dí què
5. 因为 yīn·wèi
6. 扫兴 sǎo xìng
7. 驻扎 zhù zhā
8. 默默 mò mò
9. 坑坑洼洼 kēng keng-wā wā
10. 即将 jí jiāng
11. 倾盆 qīng pén
12. 朝 zhāo
13. 告诉 gào su

作品 21 号

我在加拿大学习期间[1]遇到过两次募捐,那情景至今使我难以忘怀。

一天,我在渥太华[2]的街上被两个男孩子拦住去路。他们十来岁,穿得整整齐齐,每人头上戴着个做工精巧、色彩鲜艳的纸帽,上面写着"为帮助患小儿[3]麻痹[4]的伙伴募捐"。其中的一个,不由分说就坐在小凳上给我擦起皮鞋来,另一个则彬彬有礼地发问:"小姐,您是哪国人?喜欢渥太华吗?""小姐,在你们国家有没有小孩儿患小儿麻痹?谁给他们医疗费?"一连串的问题,使我这个有生以来头一次在众目睽睽[5]之下让别人擦鞋的异乡人,从近乎狼狈的窘态中解脱出来。我们像朋友[6]一样聊起天儿来……

几个月之后,也是在街上。一些十字路口处或车站坐着几位老人。他们满头银发[7],身穿各种老式军装,上面布满了大大小小形形色色的徽章、奖章,每人手捧一大束鲜花,有水仙、石竹、玫瑰及叫不出名字[8]的,一色[9]雪白。匆匆过往的行人纷纷止步,把钱投进这些老人身旁的白色木箱内,然后向他们微微鞠躬,从他们手中接过一朵花。我看了一会儿[10],有人投一两元,有人投几百元,还有人掏出支票填好后投进木箱。那些老军人毫不注意人们捐多少钱,一直//停地向人们低声道谢。同行[11]的朋友告诉[12]我,这是为纪念二次大战中参战的勇士,募捐救济残废军人和烈士遗孀,每年一次;认捐的人可谓踊跃,而且秩序井然,气氛庄严。有些地方[13],人们还耐心地排着队。我想,这是因为[14]他们都知道:正是这些老人们的流血[15]牺牲换来了包括他们信仰自由在内的许许多多。

我两次把那微不足道的一点儿钱捧给他们,只想对他们说声"谢谢"。

节选自青白《捐诚》

语 音 提 示

1. 期间 qī jiān
2. 渥太华 Wò tài huá
3. 小儿 xiǎo'ér
4. 麻痹 má bì
5. 众目睽睽 zhòng mù-kuí kuí
6. 朋友 péng you
7. 银发 yín fà
8. 名字 míng zi
9. 一色 yī sè
10. 一会儿 yī huìr
11. 同行 tóng xíng
12. 告诉 gào su
13. 地方 dì fang
14. 因为 yīn·wèi
15. 流血 liú xuè

作品 22 号

没有一片绿叶,没有一缕炊烟,没有一粒泥土,没有一丝花香,只有水的世界,云的海洋。

一阵台风袭过,一只孤单的小鸟无家可归,落到被卷到洋里的木板上,乘[1]流而下,姗姗而来,近了,近了!……

忽然,小鸟张开翅膀,在人们头顶盘旋了几圈儿,"噗啦[2]"一声落到了船上。许是累了?还是发现了"新大陆"?水手撵[3]它它不走,抓它,它乖乖地落在掌心。可爱的小鸟和善良的水手结成[4]了朋友[5]。

瞧,它多美丽,娇巧的小嘴,啄理[6]着绿色的羽毛,鸭子样的扁脚,呈现出春草的鹅黄。水手们把它带到舱里,给它"搭铺[7]",让它在船上安家落户,每天,把分到的一塑料筒淡水匀给它喝,把从祖国带来的鲜美的鱼肉分给它吃,天长日久,小鸟和水手的感情日趋笃厚[8]。清晨,当第一束阳光射进舷窗[9]时,它便敞开美丽的歌喉,唱啊[10]唱,嘤嘤有韵,宛如春水淙淙[11]。人类给它以生命,它毫不悭吝[12]地把自己的艺术青春奉献给了哺育[13]它的人。可能都是这样?艺术家们的青春只会献给尊敬他们的人。

小鸟给远航生活蒙上了一层浪漫色调[14]。返航时,人们爱不释手,恋恋不舍地想把它带到异乡。可小鸟憔悴15了,给水,不喝!喂肉,不吃!油亮的羽毛失去了光泽。是啊16,我//们有自己的祖国,小鸟也有它的归宿,人和动物都是一样啊17,哪儿也不如故乡好!

慈爱的水手们决定放开它,让它回到大海的摇篮去,回到蓝色的故乡去。离别前,这个大自然的朋友与水手们留影纪念。它站在许多人的头上、肩上、掌上、胳膊18上,与19喂养过它的人们,一起融进那蓝色的画面……

节选自王文杰《可爱的小鸟》

语 音 提 示

1. 乘 chéng
2. 噗啦 pū lā
3. 撵 niǎn
4. 结成 jié chéng
5. 朋友 péng you
6. 啄理 zhuó lǐ
7. 搭铺 dā pù
8. 笃厚 dǔ hòu
9. 舷窗 xián chuāng
10. 啊 nga
11. 淙淙 cóng cóng
12. 悭吝 qiān lìn
13. 哺育 bǔ yù
14. 色调 sè diào
15. 憔悴 qiáo cuì
16. 啊 ra
17. 啊 nga
18. 胳膊 gē bo
19. 与 yǔ

作 品 23 号

纽约的冬天常有大风雪,扑面的雪花不但令人难以睁开眼睛1,甚至呼吸都会吸入冰冷的雪花。有时前一天晚上还是一片晴朗,第二天拉开窗帘,却已经积雪盈2尺,连门都推不开了。

遇到这样的情况,公司、商店常会停止上班,学校也通过广播,宣布停课。但令人不解的是,惟有公立小学,仍然开放。只见黄色的校车,艰难地在路边接孩子,老师则一大早就口中喷3着热气,铲去车子前后的积雪,小心翼翼地开车去学校。

据统计,十年来纽约的公立小学只因为4超级暴风雪停过七次课。这是多么令人惊讶5的事。犯得着6在大人都无须上班的时候7让孩子去学校吗?小学的老师也太倒霉了吧?

于是,每逢大雪而小学不停课时,都有家长打电话去骂。妙的是,每个打电话的人,反应8全一样——先是怒气冲冲9地责问,然后满口道歉,最后笑容满面地挂上电话。原因是,学校告诉10家长:

在纽约有许多百万富翁,但也有不少贫困的家庭。后者白天开不起暖气,供11不起午餐,孩子的营养全靠学校里免费的中饭,甚至可以多拿些回家当12晚餐。学校停课一天,穷孩子就受一天冻,挨13一天饿,所以老师们宁愿14自己苦一点儿,也不能停//课。

或许有家长会说:何不让富裕的孩子在家里,让贫穷的孩子去学校享受暖气和营养午餐呢?

学校的答复是:我们不愿让那些穷苦的孩子感到他们是在接受救济,因为施舍15的最高原则是保持受施者的尊严。

节选自刘墉《课不能停》

语 音 提 示

1. 眼睛 yǎn jing
2. 盈 yíng
3. 喷 pēn
4. 因为 yīn·wèi
5. 惊讶 jīng yà
6. 犯得着 fàn de zháo
7. 时候 shí hou
8. 反应 fǎn yìng
9. 怒气冲冲 nù qì-chōng chōng
10. 告诉 gào su
11. 供 gōng
12. 当 dàng
13. 挨 ái
14. 宁愿 nìng yuàn
15. 施舍 shī shě

作 品 24 号

十年，在历史上不过是一瞬间[1]。只要稍加注意，人们就会发现：在这一瞬间里，各种事物都悄悄经历了自己的千变万化。

这次重新访日，我处处[2]感到亲切和熟悉[3]，也在许多方面发觉[4]了日本的变化。就拿奈良[5]的一个角落[6]来说吧，我重游了为之[7]感受很深的唐招提寺，在寺内各处匆匆走了一遍，庭院依旧，但意想不到还看到了一些新的东西[8]。其中之一，就是近几年从中国移植来的"友谊[9]之莲"。

在存放鉴真遗像的那个院子里，几株中国莲昂然挺立，翠绿的宽大荷叶正迎风而舞，显得十分愉快。开花的季节已过，荷花朵朵已变为莲蓬累累。莲子[10]的颜色正在由青转紫，看来已经成熟[11]了。

我禁不住[12]想："因"已转化为[13]"果"。

中国的莲花开在日本，日本的樱花开在中国，这不是偶然。我希望这样一种盛况延续不衰。可能有人不欣赏花，但决不会有人欣赏落在自己面前的炮弹。

在这些日子里，我看到了不少多年不见的老朋友[14]，又结识[15]了一些新朋友。大家喜欢涉及的话题之一，就是古长安和古奈良。那还用得着[16]问吗，朋友们缅怀[17]过去，正是瞩望[18]未来。瞩目于未来的人们必将获得[19]未来。

我不例外，也希望一个美好的未来。

为[20]//了中日人民之间的友谊，我将不浪费今后生命的每一瞬间。

节选自严文井《莲花和樱花》

语 音 提 示

1. 瞬间 shùn jiān
2. 处处 chù chù
3. 熟悉 shú·xi
4. 发觉 fā jué
5. 奈良 Nài liáng
6. 角落 jiǎo luò
7. 为之 wèi zhī
8. 东西 dōng xi
9. 友谊 yǒu yì
10. 莲子 lián zǐ
11. 成熟 chéng shú
12. 禁不住 jīn·bú zhù
13. 为 wéi
14. 朋友 péng you

15. 结识 jié shí
16. 用得着 yòng de zháo
17. 缅怀 miǎn huái
18. 瞩望 zhǔ wàng
19. 获得 huò dé
20. 为 wèi

作品 25 号

梅雨潭闪闪的绿色招引着我们，我们开始追捉她那离合的神光了。揪¹着草，攀着乱石，小心探身下去，又鞠躬过了一个石穹门²，便到了汪汪一碧的潭边了。

瀑布³在襟袖⁴之间，但是我的心中已没有瀑布了。我的心随潭水的绿而摇荡。那醉人的绿呀！仿佛⁵一张极大极大的荷叶铺⁶着，满是奇异的绿呀。我想张开两臂抱住她，但这是怎样一个妄想啊⁷。

站在水边，望到那面，居然觉着⁸有些远呢！这平铺着、厚积着的绿，着实⁹可爱。她松松地皱缬¹⁰着，像少妇拖着的裙幅；她滑滑的明亮着，像涂了"明油"一般，有鸡蛋清那样软，那样嫩；她又不杂些尘滓¹¹，宛然一块温润的碧玉，只清清的一色¹²——但你却看不透她！

我曾见过北京什刹海¹³拂地¹⁴的绿杨，脱不了鹅黄的底子，似乎¹⁵太淡了。我又曾见过杭州虎跑寺¹⁶近旁高峻而深密的"绿壁"，丛叠着无穷的碧草与绿叶的，那又似乎太浓了。其余呢，西湖的波太明了，秦淮河的也太暗了。可爱的，我将什么来比拟¹⁷你呢？我怎么比拟得出呢？大约潭是很深的，故能蕴蓄¹⁸着这样奇异的绿；仿佛蔚蓝的天融了一块在里面似的¹⁹，这才这般的鲜润啊²⁰。

那醉人的绿呀！我若能裁你以为²¹带，我将赠给那轻盈的//舞女，她必能临风飘举了。我若能挹²²你以为眼，我将赠给那善歌的盲妹，她必明眸善睐²³了。我舍不得²⁴你，我怎舍得你呢？我用手拍着你，抚摩着你，如同一个十二三岁的小姑娘²⁵。我又掬²⁶你入口，便是吻着她了。我送你一个名字²⁷，我从此叫你"女儿²⁸绿"，好吗？

第二次到仙岩的时候，我不禁²⁹惊诧于梅雨潭的绿了。

节选自朱自清《绿》

语 音 提 示

1. 揪 jiū
2. 石穹门 shí qióng mén
3. 瀑布 pù bù
4. 襟袖 jīn xiù
5. 仿佛 fǎng fú
6. 铺 pū
7. 啊 nga
8. 觉着 jué zhe
9. 着实 zhuó shí
10. 皱缬 zhòu xié
11. 尘滓 chén zǐ
12. 一色 yī sè
13. 什刹海 Shí chà hǎi
14. 拂地 fú dì
15. 似乎 sì hū
16. 虎跑寺 Hǔ páo sì
17. 比拟 bǐ nǐ
18. 蕴蓄 yùn xù
19. 似的 shì de
20. 啊 na
21. 以为 yǐ wéi
22. 挹 yì
23. 明眸善睐 míng móu-shàn lài
24. 舍不得 shě·bù·dé
25. 姑娘 gū niang
26. 掬 jū

27. 名字 míng zi
28. 女儿 nǚ'ér
29. 不禁 bù jīn

作品 26 号

我们家的后园有半亩¹空地²,母亲说:"让它荒着怪可惜的,你们那么爱吃花生,就开辟出来种³花生吧。"我们姐弟几个都很高兴⁴,买种⁵,翻地,播种⁶,浇水,没过几个月,居然收获了。

母亲说:"今晚我们过一个收获节,请你们父亲也来尝尝我们的新花生,好不好?"我们都说好。母亲把花生做成了好几样食品,还吩咐就在后园的茅亭里过这个节。

晚上天色不太好,可是父亲也来了,实在很难得⁷。

父亲说:"你们爱吃花生吗?"

我们争着答应⁸:"爱!"

"谁能把花生的好处⁹说出来?"

姐姐说:"花生的味美。"

哥哥说:"花生可以榨油。"

我说:"花生的价钱便宜¹⁰,谁都可以买来吃,都喜欢¹¹吃。这就是它的好处。"

父亲说:"花生的好处很多,有一样最可贵:它的果实埋在地里,不像桃子、石榴¹²、苹果那样,把鲜红嫩绿的果实高高地挂在枝头上,使人一见就生爱慕之心。你们看它矮矮地长¹³在地上,等到成熟¹⁴了,也不能立刻分辨¹⁵出来它有没有果实,必须挖出来才知道。"

我们都说是,母亲也点点头。

父亲接下去说:"所以你们要像花生,它虽然不好看,可是很有用,不是外表好看而没有实用的东西¹⁶。"

我说:"那么,人要做有用的人,不要做只讲体面,而对别人没有好处的人了。"//

父亲说:"对。这是我对你们的希望。"

我们谈到夜深才散。花生做的食品都吃完了,父亲的话却深深地印在我的心上。

节选自许地山《落花生》

语 音 提 示

1. 亩 mǔ
2. 空地 kòng dì
3. 种 zhòng
4. 高兴 gāo xìng
5. 买种 mǎi zhǒng
6. 播种 bō zhǒng
7. 难得 nán dé
8. 答应 dā ying
9. 好处 hǎo·chù
10. 便宜 pián yi
11. 喜欢 xǐ huan
12. 石榴 shí liu
13. 长 zhǎng
14. 成熟 chéng shú
15. 分辨 fēn biàn
16. 东西 dōng xi

作品 27 号

我打猎归来,沿着花园的林荫路走着。狗跑在我前边。

突然，狗放慢脚步，蹑足潜行¹，好像嗅²到了前边有什么野物。

我顺着林荫路望去，看见了一只嘴边还带黄色、头上生着柔毛的小麻雀。风猛烈地吹打着林荫路上的白桦³树，麻雀从巢⁴里跌落下来，呆呆地伏在地上，孤立无援地张开两只羽毛还未丰满的小翅膀。

我的狗慢慢向它靠近。忽然，从附近一棵树上飞下一只黑胸脯⁵的老麻雀，像一颗石子⁶似的⁷落到狗的跟前。老麻雀全身倒竖⁸着羽毛，惊恐万状，发出绝望、凄惨的叫声，接着向露出⁹牙齿、大张着的狗嘴扑去。

老麻雀是猛扑下来救护幼雀的。它用身体掩护着自己的幼儿……但它整个小小的身体因恐怖而战栗¹⁰着，它小小的声音也变得粗暴嘶哑，它在牺牲自己！

在它看来，狗该是多么庞大¹¹的怪物¹²啊¹³！然而，它还是不能站在自己高高的、安全的树枝上……一种比它的理智更强烈的力量，使它从那儿扑下身来。

我的狗站住了，向后退了退……看来，它也感到了这种力量。

我赶紧唤住惊慌失措的狗，然后我怀着崇敬的心情，走开了。

是啊¹⁴，请不要见笑。我崇敬那只小小的、英勇的鸟儿，我崇敬它那种爱的冲动和力量。

爱，我//想，比死和死的恐惧更强大。只有依靠它，依靠这种爱，生命才能维持下去，发展下去。

节选自［俄］屠格涅夫《麻雀》，巴金译

语 音 提 示

1. 蹑足潜行 niè zú-qián xíng
2. 嗅 xiù
3. 桦 huà
4. 巢 cháo
5. 胸脯 xiōng pú
6. 石子 shí zǐr
7. 似的 shì de
8. 倒竖 dào shù
9. 露出 lòu chū
10. 战栗 zhàn lì
11. 庞大 páng dà
12. 怪物 guài wu
13. 啊 wa
14. 啊 ra

作 品 28 号

那年我六岁。离我家仅一箭之遥的小山坡旁，有一个早已被废弃的采石场¹，双亲从来不准我去那儿，其实那儿风景十分迷人。

一个夏季的下午，我随着一群小伙伴偷偷上那儿去了。就在我们穿越了一条孤寂²的小路后，他们却把我一个人留在原地，然后奔³向"更危险的地带"了。

等他们走后，我惊慌失措地发现，再也找不到要回家的那条孤寂的小道。像只无头的苍蝇⁴，我到处乱钻⁵，衣裤上挂满了芒刺。太阳已经落山，而此时此刻，家里一定开始吃晚餐了，双亲正盼着我回家……想着想着，我不由得背靠着一棵树，伤心地呜呜大哭起来……

突然，不远处传来了声声柳笛。我像找到了救星，急忙循⁶声走去。一条小道边的树桩上坐着一位吹笛人，手里还正削⁷着什么。走近细看，他不就是被大家称为⁸"乡巴佬儿⁹"的卡廷¹⁰吗？

"你好，小家伙儿[11]。"卡廷说："看天气多美，你是出来散步[12]的吧？"

我怯生生[13]地点点头，答[14]道："我要回家了。"

"请耐心等上几分钟。"卡廷说："瞧，我正在削一支柳笛，差不多[15]就要做好了，完工后就送给你吧！"

卡廷边削边不时把尚未成形的柳笛放在嘴里试吹一下。没过多久，一支柳笛便递到我手中。我俩[16]在一阵阵清脆悦耳的笛音//中，踏上了归途……

当时，我心中只充满感激，而今天，当[17]我自己也成了祖父时，却突然领悟到他用心之良苦！那天当他听到我的哭声时，便判定我一定迷了路，但他并不想在孩子面前扮演"救星"的角色[18]，于是吹响柳笛以便让我能发现他，并跟着他走出困境！就这样，卡廷先生[19]以乡下[20]人的纯朴，保护了一个小男孩儿强烈的自尊。

节选自唐若水译《迷途笛音》

语 音 提 示

1. 采石场 cǎi shí chǎng
2. 孤寂 gū jì
3. 奔 bēn
4. 苍蝇 cāng ying
5. 钻 zuān
6. 循 xún
7. 削 xiāo
8. 称为 chēng wéi
9. 乡巴佬儿 xiāng ba lǎor
10. 卡廷 Kǎ tíng
11. 小家伙儿 xiǎo jiā huor
12. 散步 sàn bù
13. 怯生生 qiè shēng shēng
14. 答 dá
15. 差不多 chà·bù duō
16. 俩 liǎ
17. 当 dāng
18. 角色 jué sè
19. 先生 xiān sheng
20. 乡下 xiāng xia

作 品 29 号

在浩瀚无垠[1]的沙漠里，有一片美丽的绿洲，绿洲里藏着一颗闪光的珍珠。这颗珍珠就是敦煌[2]莫高窟[3]。它坐落在我国甘肃省敦煌市三危山和鸣沙山的怀抱中。

鸣沙山东麓[4]是平均高度为[5]十七米的崖壁。在一千六百多米长的崖壁上，凿[6]有大小洞窟七百余个，形成了规模宏伟的石窟群。其中四百九十二个洞窟中，共有彩色塑像两千一百余尊，各种壁画共四万五千多平方米。莫高窟是我国古代无数艺术匠师留给人类的珍贵文化遗产。

莫高窟的彩塑，每一尊都是一件精美的艺术品。最大的有九层楼那么高，最小的还不如一个手掌大。这些彩塑个性鲜明，神态各异。有慈眉善目的菩萨[7]，有威风凛凛[8]的天王，还有强壮勇猛的力士……

莫高窟壁画的内容丰富多彩，有的是描绘古代劳动人民打猎、捕鱼、耕田、收割的情景，有的是描绘人们奏乐、舞蹈、演杂技的场面[9]，还有的是描绘大自然的美丽风光。其中最引人注目的是飞天。壁画上的飞天，有的臂挎[10]花篮，采摘鲜花；有的反弹[11]琵琶[12]，轻拨银弦[13]；有的倒悬[14]身子，自天而降；有的彩带飘拂[15]，漫天遨游[16]；有的舒展着双臂，翩翩起舞。看着这些精美动人的壁画，就像走进了//灿烂辉煌的艺术殿堂。

莫高窟里还有一个面积不大的洞窟——藏经洞。洞里曾藏有我国古代的各种经卷[17]、文书、帛画[18]、刺绣、铜像等共六万多件。由于清朝政府腐败无能，大量珍贵的文物被外国强盗掠[19]走。仅存的部分经卷，现在陈列于北京故宫等处。

莫高窟是举世闻名的艺术宝库。这里的每一尊彩塑、每一幅[20]壁画、每一件文物，都是中国古代人民智慧的结晶。

节选自小学《语文》第六册中《莫高窟》

语 音 提 示

1. 浩瀚无垠 hào hàn wú yín
2. 敦煌 Dūn huáng
3. 窟 kū
4. 麓 lù
5. 为 wéi
6. 凿 záo
7. 菩萨 pú·sà
8. 威风凛凛 wēi fēng-lǐn lǐn
9. 场面 chǎng miàn
10. 挎 kuà
11. 弹 tán
12. 琵琶 pí·pá
13. 弦 xián
14. 倒悬 dào xuán
15. 飘拂 piāo fú
16. 遨游 áo yóu
17. 经卷 jīng juàn
18. 帛画 bó huà
19. 掠 lüè
20. 幅 fú

作 品 30 号

其实你在很久以前并不喜欢牡丹[1]，因为它总被人作为富贵膜拜[2]。后来你目睹了一次牡丹的落花，你相信所有的人都会为[3]之感动：一阵清风徐来，娇艳鲜嫩的盛期牡丹忽然整朵整朵地坠落，铺撒[4]一地绚丽的花瓣。那花瓣落地时依然鲜艳夺目，如同一只奉上祭坛的大鸟脱落的羽毛，低吟着壮烈的悲歌离去。

牡丹没有花谢花败之时，要么烁于枝头[5]，要么归于泥土，它跨越委顿[6]和衰老，由青春而死亡，由美丽而消遁[7]。它虽美却不吝惜[8]生命，即使[9]告别也要展示给人最后一次的惊心动魄。

所以在这阴冷的四月里，奇迹[10]不会发生。任凭游人扫兴[11]和诅咒，牡丹依然安之若素。它不苟且[12]、不俯就、不妥协、不媚俗，甘愿自己冷落自己。它遵循自己的花期[13]自己的规律，它有权利为自己选择每年一度的盛大节日。它为什么不拒绝寒冷？

天南海北的看花人，依然络绎不绝[14]地涌入洛阳城。人们不会因牡丹的拒绝而拒绝它的美。如果它再被贬谪[15]十次，也许它就会繁衍出十个洛阳牡丹城。

于是你在无言的遗憾中感悟到，富贵与高贵只是一字之差[16]。同人一样，花儿[17]也是有灵性的，更有品位之高低。品位这东西[18]为[19]气为魂为//筋骨为神韵，只可意会。你叹服牡丹卓尔不群[20]之姿，方知品位是多么容易被世人忽略或是漠视的美。

节选自张抗抗《牡丹的拒绝》

语 音 提 示

1. 牡丹 mǔ·dān
2. 膜拜 mó bài

3. 为 wéi
4. 铺撒 pū sǎ
5. 枝头 zhī tóu
6. 委顿 wěi dùn
7. 消遁 xiāo dùn
8. 吝惜 lìn xī
9. 即使 jí shǐ
10. 奇迹 qí jì
11. 扫兴 sǎo xìng
12. 苟且 gǒu qiě
13. 花期 huā qī
14. 络绎不绝 luò yì-bù jué
15. 贬谪 biǎn zhé
16. 差 chā
17. 花儿 huā'ér
18. 东西 dōng xi
19. 为 wéi
20. 卓尔不群 zhuó'ěr-bù qún

作 品 31 号

　　森林涵养[1]水源，保持水土，防止水旱灾害的作用非常大。据专家测算，一片十万亩[2]面积的森林，相当于一个两百万立方米的水库，这正如农谚[3]所说的："山上多栽树，等于修水库。雨多它能吞，雨少它能吐[4]。"

　　说起森林的功劳，那还多得很。它除了为人类提供[5]木材及许多种生产、生活的原料之外，在维护生态环境方面也是功劳卓著[6]，它用另一种"能吞能吐"的特殊功能孕育了人类。因为[7]地球在形成之初，大气中的二氧化碳含量很高，氧气很少，气温也高，生物是难以生存的。大约在四亿年之前，陆地才产生了森林。森林慢慢将大气中的二氧化碳吸收，同时吐[8]出新鲜氧气，调节气温：这才具备了人类生存的条件，地球上才最终有了人类。

　　森林，是地球生态系统的主体，是大自然的总调度[9]室，是地球的绿色之肺。森林维护地球生态环境的这种"能吞能吐"的特殊功能是其他任何物体都不能取代的。然而，由于地球上的燃烧物增多，二氧化碳的排放量急剧增加，使得地球生态环境急剧恶化，主要表现为全球气候变暖，水分[10]蒸发加快，改变了气流的循环[11]，使气候变化加剧，从而引发热浪、飓风[12]、暴雨、洪涝[13]及干旱。

　　为了//使地球的这个"能吞能吐"的绿色之肺恢复健壮，以改善生态环境，抑制[14]全球变暖，减少水旱等自然灾害，我们应该大力造林、护林，使每一座荒山都绿起来。

节选自《中考语文课外阅读试题精选》中《"能吞能吐"的森林》

语 音 提 示

1. 涵养 hán yǎng
2. 亩 mǔ
3. 农谚 nóng yàn
4. 吐 tǔ
5. 提供 tí gōng
6. 卓著 zhuó zhù
7. 因为 yīn·wèi
8. 吐 tǔ
9. 调度 diào dù
10. 水分 shuǐ fèn
11. 循环 xún huán
12. 飓风 jù fēng
13. 洪涝 hóng lào
14. 抑制 yì zhì

作 品 32 号

　　朋友[1]即将[2]远行。

附 录

暮春时节，又邀了几位朋友在家小聚。虽然都是极熟[3]的朋友，却是终年难得[4]一见，偶尔电话里相遇，也无非是几句寻常话。一锅小米稀饭，一碟大头菜，一盘自家酿制[5]的泡菜，一只巷口买回的烤鸭，简简单单，不像请客，倒[6]像家人团聚。

其实，友情也好，爱情也好，久而久之都会转化[7]为亲情。

说也奇怪，和新朋友会谈文学、谈哲学、谈人生道理等等，和老朋友却只话家常，柴米油盐，细细碎碎，种种琐事。很多时候[8]，心灵的契合[9]已经不需要太多的言语来表达。

朋友新烫了个头，不敢回家见母亲，恐怕惊骇[10]了老人家，却欢天喜地来见我们，老朋友颇能以一种趣味性的眼光欣赏这个改变。

年少[11]的时候，我们差不多都在为别人而活，为苦口婆心的父母活，为循循善诱的师长活，为许多观念、许多传统的约束力而活。年岁逐增，渐渐挣脱[12]外在的限制与束缚[13]，开始懂得为自己活，照自己的方式做一些自己喜欢[14]的事，不在乎[15]别人的批评意见，不在乎别人的诋毁[16]流言，只在乎那一份随心所欲的舒坦[17]自然。偶尔，也能够纵容自己放浪一下，并且有一种恶作剧的窃喜。

就让生命顺其自然，水到渠成吧，犹如窗前的//乌桕[18]，自生自落之间，自有一份圆融丰满的喜悦。春雨轻轻落着，没有诗，没有酒，有的只是一份相知相属[19]的自在自得。

夜色在笑语中渐渐沉落，朋友起身告辞，没有挽留，没有送别，甚至也没有问归期[20]。

已经过[21]了大喜大悲的岁月，已经过了伤感流泪的年华，知道了聚散[22]原来是这样的自然和顺理成章，懂得这点，便懂得珍惜每一次相聚的温馨[23]，离别便也欢喜。

节选自杏林子《朋友和其他》

语 音 提 示

1. 朋友 péng you
2. 即将 jí jiāng
3. 熟 shú
4. 难得 nán dé
5. 酿制 niàng zhì
6. 倒 dào
7. 转化 zhuǎn huà
8. 时候 shí hou
9. 契合 qì hé
10. 惊骇 jīng hài
11. 年少 nián shào
12. 挣脱 zhèng tuō
13. 束缚 shù fù
14. 喜欢 xǐ huan
15. 在乎 zài hu
16. 诋毁 dǐ huǐ
17. 舒坦 shū tan
18. 乌桕 wū jiù
19. 相属 xiāng zhǔ
20. 归期 guī qī
21. 过 guò
22. 聚散 jù sàn
23. 温馨 wēn xīn

作品 33 号

我们在田野散步[1]：我，我的母亲，我的妻子和儿子。

母亲本不愿出来的。她老了，身体不好，走远一点儿就觉得[2]很累。我说，正因为[3]如此，才应该多走走。母亲信服地点点头，便去拿外套。她现在很听我的话，就像我小时候[4]很听她的话一样。

这南方初春的田野，大块小块的新绿随意地铺5着，有的浓，有的淡，树上的嫩芽也密了，田里的冬水也咕咕6地起着水泡。这一切都使人想着一样东西7——生命。

我和母亲走在前面，我的妻子和儿子走在后面。小家伙8突然叫起来："前面是妈妈和儿子，后面也是妈妈和儿子。"我们都笑了。

后来发生了分歧9：母亲要走大路，大路平顺；我的儿子要走小路，小路有意思10。不过，一切都取决于我。我的母亲老了，她早已习惯听从她强壮的儿子；我的儿子还小，他还习惯听从他高大的父亲；妻子呢，在外面，她总是听我的。一霎时11我感到了责任的重大。我想找一个两全的办法，找不出；我想拆散12一家人，分成两路，各得其所，终不愿意。我决定委屈13儿子，因为我伴同他的时日还长。我说："走大路。"

但是母亲摸摸孙儿的小脑瓜，变了主意14："还是走小路吧。"她的眼随小路望去：那里有金色的菜花，两行15整齐的桑树，∥尽头16一口水波粼粼17的鱼塘。"我走不过去的地方，你就背18着我。"母亲对我说。

这样，我们在阳光下，向着那菜花、桑树和鱼塘走去。到了一处，我蹲下来，背起了母亲；妻子也蹲下来，背起了儿子。我和妻子都是慢慢地，稳稳地，走得很仔细，好像我背19上的同她背上的加起来，就是整个世界。

节选自莫怀戚《散步》

语 音 提 示

1. 散步 sàn bù
2. 觉得 jué·dé
3. 因为 yīn·wèi
4. 时候 shí hou
5. 铺 pū
6. 咕咕 gū gū
7. 东西 dōng xi
8. 小家伙 xiǎo jiā huo
9. 分歧 fēn qí
10. 意思 yì si
11. 霎时 shà shí
12. 拆散 chāi sàn
13. 委屈 wěi qu
14. 主意 zhǔ yi
15. 行 háng
16. 尽头 jìn tóu
17. 粼粼 lín lín
18. 背 bēi
19. 背 bèi

作品 34 号

地球上是否真的存在"无底洞"？按说地球是圆的，由地壳1、地幔2和地核三层组成，真正的"无底洞"是不应存在的。我们所看到的各种山洞、裂口、裂缝，甚至火山口也都只是地壳浅部的一种现象。然而中国一些古籍却多次提到海外有个深奥莫测的无底洞。事实上地球上确实有这样一个"无底洞"。

它位于希腊亚各斯古城的海滨。由于濒临3大海，大涨潮4时，汹涌5的海水便会排山倒海6般地涌入洞中，形成一股湍湍7的急流。据测，每天流入洞内的海水量达三万多吨。奇怪的是，如此大量的海水灌入洞中，却从来没有把洞灌满。曾有人怀疑，这个"无底洞"，会不会就像石灰岩地区的漏斗8、竖井、落水洞一类的地形。然而从二十世纪三十年代以来，人们就做了多种努力企图寻找它的出口，却都是枉费心机9。

为了揭开这个秘密，一九五八年美国地理学会派出一支考察队，他们把一种经久不变的带色染料溶解在海水中，观察染料是如何随着海水一起沉下去。接着又察看了附近海面以及岛上的各条河、湖，满怀希望地寻找这种带颜色的水，结果[10]令人失望。难道是海水量太大把有色水稀释得太淡，以致无法发现？//

至今谁也不知道为什么这里的海水会没完没了[11]地"漏"下去，这个"无底洞"的出口又在哪里，每天大量的海水究竟都流到哪里去了？

节选自罗伯特·罗威尔《神秘的"无底洞"》

语 音 提 示

1. 地壳 dì qiào
2. 地幔 dì màn
3. 濒临 bīn lín
4. 涨潮 zhǎng cháo
5. 汹涌 xiōng yǒng
6. 排山倒海 pái shān-dǎo hǎi
7. 湍湍 tuān tuān
8. 漏斗 lòu dǒu
9. 枉费心机 wǎng fèi-xīn jī
10. 结果 jié guǒ
11. 没完没了 méi wán-méi liǎo

作 品 35 号

我在俄国见到的景物再没有比托尔斯泰墓更宏伟、更感人的。

完全按照[1]托尔斯泰的愿望，他的坟墓成了世间最美的，给人印象最深刻的坟墓。它只是树林中的一个小小的长方形土丘，上面开满鲜花——没有十字架，没有墓碑，没有墓志铭，连托尔斯泰这个名字[2]也没有。

这位比谁都感到受自己的声名所累[3]的伟人，却像偶尔[4]被发现的流浪汉，不为[5]人知的士兵，不留名姓地被人埋葬了。谁都可以踏进他最后的安息地，围在四周稀疏的木栅栏[6]是不关闭的——保护列夫·托尔斯泰得以[7]安息的没有任何别的东西[8]，唯有人们的敬意；而通常，人们却总是怀着好奇[9]，去破坏伟人墓地的宁静。

这里，逼人的朴素禁锢[10]住任何一种观赏的闲情，并且不容许你大声说话。风儿[11]俯临，在这座无名者之墓的树木之间飒飒[12]响着，和暖[13]的阳光在坟头[14]嬉戏[15]；冬天，白雪温柔地覆盖这片幽暗的土地。无论你在夏天或冬天经过这儿，你都想象不到，这个小小的、隆起的长方体里安放着一位当代最伟大的人物。

然而，恰恰是这座不留姓名的坟墓，比所有挖空心思[16]用大理石和奢华[17]装饰建造的坟墓更扣人心弦[18]。在今天这个特殊的日子里，//到他的安息地[19]来的成百上千人中间，没有一个有勇气，哪怕仅仅从这幽暗的土丘上摘下一朵花留作纪念。人们重新感到，世界上再没有比托尔斯泰最后留下的、这座纪念碑式的朴素坟墓，更打动人心的了。

节选自［奥］茨威格《世间最美的坟墓》，张厚仁译

语 音 提 示

1. 按照 àn zhào
2. 名字 míng zi
3. 累 lěi
4. 偶尔 ǒu'ěr
5. 为 wéi
6. 栅栏 zhà lan

7. 得以 dé yǐ
8. 东西 dōng xi
9. 好奇 hào qí
10. 禁锢 jìn gù
11. 风儿 fēng'·ér
12. 飒飒 sà sà
13. 和暖 hé nuǎn
14. 坟头 fén tóur
15. 嬉戏 xī xì
16. 心思 xīn si
17. 奢华 shē huá
18. 心弦 xīn xián
19. 安息地 ān xī dì

作 品 36 号

我国的建筑，从古代的宫殿到近代的一般住房，绝大部分是对称[1]的，左边怎么样，右边也怎么样。苏州园林可绝不讲究对称，好像故意避免似的[2]。东边有了一个亭子或者一道回廊，西边决不会来一个同样的亭子或者一道同样的回廊。这是为什么？我想，用图画来比方[3]，对称的建筑是图案画，不是美术画，而园林是美术画，美术画要求[4]自然之趣，是不讲究对称的。

苏州园林里都有假山[5]和池沼[6]。

假山的堆叠，可以说是一项艺术而不仅是技术。或者是重峦叠嶂[7]，或者是几座小山配合着竹子花木，全在乎[8]设计者和匠师们生平多阅历，胸中有丘壑[9]，才能使游览者攀登的时候[10]忘却苏州城市，只觉得[11]身在山间。

至于池沼，大多引用活水。有些园林池沼宽敞，就把池沼作为[12]全园的中心，其他景物配合着布置。水面假如[13]成河道模样[14]，往往安排桥梁。假如安排两座以上的桥梁，那就一座一个样，决不雷同。

池沼或河道的边沿很少砌齐整的石岸，总是高低屈曲[15]任[16]其自然。还在那儿布置几块玲珑的石头，或者种些花草。这也是为了取得[17]从各个角度看都成一幅[18]画的效果。池沼里养着金鱼或各色鲤鱼，夏秋季节荷花或睡莲开//放，游览者看"鱼戏莲叶间"，又是入画的一景。

节选自叶圣陶《苏州园林》

语 音 提 示

1. 对称 duì chèn
2. 似的 shì de
3. 比方 bǐ fang
4. 要求 yāo qiú
5. 假山 jiǎ shān
6. 池沼 chí zhǎo
7. 重峦叠嶂 chóng luán-dié zhàng
8. 在乎 zài hu
9. 丘壑 qiū hè
10. 时候 shí hou
11. 觉得 jué·dé
12. 作为 zuò wéi
13. 假如 jiǎ rú
14. 模样 mú yàng
15. 屈曲 qū qū
16. 任 rèn
17. 取得 qǔ dé
18. 幅 fú

作 品 37 号

一位访美中国女作家，在纽约遇到一位卖花的老太太。老太太穿着[1]破旧，身体虚弱，但脸上的神情却是那样祥和²兴奋³。女作家挑⁴了一朵花说:"看起来,你很高兴⁵。"老太太面带微笑地说:"是的,一切都这么美好,我为什么不高兴呢?""对烦恼,你倒⁶真能看得开。"女作家又说了一句。没料到,老太太的回答更令女作家大吃一惊:"耶稣在星期五被钉⁷上十字架时,是全世界最糟糕的一天,可三天后就是复活节。所以,当我遇到不幸时,就会等待三天,这样一切就恢复正常了。"

"等待三天",多么富于哲理的话语,多么乐观⁸的生活方式。它把烦恼和痛苦抛下,全力去收获快乐⁹。

沈从文在"文革"期间¹⁰,陷入了非人的境地。可他毫不在意,他在咸宁时给他的表侄、画家黄永玉写信说:"这里的荷花真好,你若来……"身陷苦难却仍为¹¹荷花的盛开¹²欣喜赞叹不已,这是一种趋于澄明¹³的境界,一种旷达洒脱的胸襟¹⁴,一种面临磨难¹⁵坦荡从容¹⁶的气度,一种对生活童子¹⁷般的热爱和对美好事物无限向往的生命情感。

由此可见,影响一个人快乐的,有时并不是困境及磨难,而是一个人的心态。如果把自己浸泡在积极、乐观、向上的心态中,快乐必然会//占据¹⁸你的每一天。

节选自《态度创造快乐》

语 音 提 示

1. 穿着 chuān zhuó
2. 祥和 xiáng hé
3. 兴奋 xīng fèn
4. 挑 tiāo
5. 高兴 gāo xìng
6. 倒 dào
7. 钉 dìng
8. 乐观 lè guān
9. 快乐 kuài lè

10. 期间 qī jiān
11. 为 wèi
12. 盛开 shèng kāi
13. 澄明 chéng míng
14. 胸襟 xiōng jīn
15. 磨难 mó nàn
16. 从容 cóng róng
17. 童子 tóng zǐ
18. 占据 zhàn jù

作 品 38 号

泰山极顶看日出,历来被描绘成十分壮观的奇景¹。有人说:登泰山而看不到日出,就像一出大戏没有戏眼,味儿终究有点寡淡。

我去爬山那天,正赶上个难得²的好天,万里长空,云彩丝儿都不见。素常,烟雾腾腾的山头³,显得眉目分明。同伴们都欣喜地说:"明天早晨准可以看见日出了。"我也是抱着这种想头⁴,爬上山去。

一路从山脚往上爬,细看山景,我觉得挂在眼前的不是五岳独尊的泰山,却像一幅⁵规模惊人的青绿山水画,从下面倒⁶展开来。在画卷⁷中最先露出⁸的是山根⁹底那座明朝建筑岱宗坊¹⁰,慢慢地便现出王母池、斗母宫¹¹、经石峪¹²。山是一层比一层深,一叠比一叠奇,层层叠叠,不知还会有多深多奇。万山丛中,时而点染着极其工细的人物。王母池旁的吕祖殿里有不少尊明塑,塑着吕洞宾等一些人,姿态神情是那样有生气,你看了,不禁¹³会脱口赞叹说:"活啦。"

画卷继续展开,绿阴森森的柏洞¹⁴露面¹⁵不太久,便来到对松山。两面奇峰对峙¹⁶着,满山峰都是奇形怪状的老松,年纪怕都有上千岁了,颜色竟那么浓,浓得好像要流下来似的[17]。来到这儿，你不妨[18]权当[19]一次画里的写意人物，坐在路旁的对松亭里，看看山色，听听流//水和松涛。

一时间，我又觉得[20]自己不仅是在看画卷，却又像是在零零乱乱翻着一卷[21]历史稿本。

节选自杨朔《泰山极顶》

语 音 提 示

1. 奇景 qí jǐng
2. 难得 nán dé
3. 山头 shān tóu
4. 想头 xiǎng tou
5. 幅 fú
6. 倒 dào
7. 画卷 huà juàn
8. 露出 lòu chū
9. 山根 shān gēnr
10. 岱宗坊 Dài zōng fāng
11. 斗 dǒu
12. 峪 yù
13. 不禁 bù jīn
14. 柏洞 bǎi dòng
15. 露面 lòu miàn
16. 对峙 duì zhì
17. 似的 shì de
18. 不妨 bù fáng
19. 权当 quán dàng
20. 觉得 jué·dé
21. 卷 juàn

作 品 39 号

育才小学校长陶行知[1]在校园看到学生[2]王友用泥块砸自己班上的同学，陶行知当即[3]喝止[4]了他，并令他放学后到校长室去。无疑，陶行知是要好好教育这个"顽皮"的学生。那么[5]他是如何教育的呢？

放学后，陶行知来到校长室，王友已经等在门口准备挨[6]训了。可一见面，陶行知却掏出一块糖果送给王友，并说："这是奖给你的，因为[7]你按时[8]来到这里，而我却迟到了。"王友惊疑地接过糖果。

随后，陶行知又掏出一块糖果放到他手里，说："这第二块糖果也是奖给你的，因为当[9]我不让你再打人时，你立即就住手了，这说明你很尊重我，我应该奖你。"王友更惊疑了，他眼睛[10]睁得大大的。

陶行知又掏出第三块糖果塞[11]到王友手里，说："我调查[12]过了，你用泥块砸那些男生，是因为他们不守游戏规则，欺负[13]女生；你砸他们，说明你很正直善良，且有批评不良行为的勇气，应该奖励你啊[14]！"王友感动极了，他流着眼泪后悔地喊道："陶……陶校长你打我两下吧！我砸的不是坏人，而是自己的同学啊[15]……"

陶行知满意地笑了，他随即掏出第四块糖果递给王友，说："为[16]你正确地认识[17]错误，我再奖给你一块糖果，只可惜我只有这一块糖果了。我的糖果//没有了，我看我们的谈话也该结束[18]了吧！"说完，就走出了校长室。

节选自《教师博览·百期精华》中《陶行知的"四块糖果"》

语 音 提 示

1. 陶行知 Táo Xíng zhī
2. 学生 xué sheng

3. 当即 dāng jí
4. 喝止 hè zhǐ
5. 那么 nà me
6. 挨 ái
7. 因为 yīn·wèi
8. 按时 àn shí
9. 当 dāng
10. 眼睛 yǎn jing
11. 塞 sāi
12. 调查 diào chá
13. 欺负 qī fu
14. 啊 ya
15. 啊 ya
16. 为 wèi
17. 认识 rèn shi
18. 结束 jié shù

作品 40 号

享受幸福是需要学习的，当它即将[1]来临的时刻需要提醒。人可以自然而然地学会感官的享乐，却无法天生地掌握幸福的韵律。灵魂的快意同器官的舒适像一对孪生兄弟[2]，时而相傍[3]相依，时而南辕北辙[4]。

幸福是一种心灵的震颤[5]。它像会倾听音乐的耳朵[6]一样，需要不断地训练。

简而言之，幸福就是没有痛苦的时刻。它出现的频率并不像我们想象的那样少。人们常常只是在幸福的金马车已经驶过去很远时，才拣起地上的金鬃毛说，原来我见过它。

人们喜爱回味幸福的标本，却忽略它披着露水[7]散发[8]清香的时刻。那时候[9]我们往往步履匆匆，瞻前顾后不知在忙着什么。

世上有预报台风的，有预报蝗灾的，有预报瘟疫[10]的，有预报地震的，没有人预报幸福。

其实幸福和世界万物一样，有它的征兆。

幸福常常是朦胧的，很有节制地向我们喷洒甘霖。你不要总希望轰轰烈烈的幸福，它多半只是悄悄地扑面而来。你也不要企图把水龙头[11]拧[12]得更大，那样它会很快地流失。你需要静静地以平和之心，体验它的真谛。

幸福绝大多数是朴素的。它不会像信号弹似的[13]，在很高的天际闪烁红色的光芒。它披着本色的外//衣，亲切温暖地包裹起我们。

幸福不喜欢喧嚣[14]浮华，它常常在暗淡中降临。贫困中相濡以沫[15]的一块糕饼，患难[16]中心心相印[17]的一个眼神，父亲一次粗糙[18]的抚摸，女友一张温馨的字条……这都是千金难[19]买的幸福啊[20]。像一粒粒缀在旧绸子上的红宝石，在凄凉中愈发熠熠夺目。

节选自毕淑敏《提醒幸福》

语 音 提 示

1. 即将 jí jiāng
2. 兄弟 xiōng dì
3. 相傍 xiāng bàng
4. 南辕北辙 nán yuán-běi zhé
5. 震颤 zhèn chàn
6. 耳朵 ěr duo
7. 露水 lù·shuǐ
8. 散发 sàn fā
9. 时候 shí hou
10. 瘟疫 wēn yì
11. 龙头 lóng tóu
12. 拧 nǐng
13. 似的 shì de
14. 喧嚣 xuān xiāo

15. 相濡以沫 xiāng rú yǐ mò
16. 患难 huàn nàn
17. 相印 xiāng yìn
18. 粗糙 cū cāo
19. 难 nán
20. 啊 wa

作品 41 号

在里约热内卢的一个贫民窟里[1]，有一个男孩子，他非常喜欢足球，可是又买不起，于是就踢塑料盒，踢汽水瓶，踢从垃圾箱里拣来的椰子壳[2]。他在胡同[3]里踢，在能找到的任何一片空地[4]上踢。

有一天，当他在一处干涸[5]的水塘里猛踢一个猪膀胱[6]时，被一位足球教练看见了。他发现这个男孩儿踢得很像是那么回事，就主动提出要送给他一个足球。小男孩儿得到足球后踢得更卖劲[7]了。不久，他就能准确地把球踢进远处随意摆放的一个水桶里。

圣诞节到了，孩子的妈妈说："我们没有钱买圣诞礼物送给我们的恩人，就让我们为他祈祷[8]吧。"

小男孩儿跟随妈妈祈祷完毕，向妈妈要了一把铲子便跑了出去。他来到一座别墅[9]前的花园里，开始挖坑。

就在他快要挖好坑的时候，从别墅里走出一个人来，问小孩儿在干什么，孩子抬起满是汗珠的脸蛋儿，说："教练，圣诞节到了，我没有礼物送给您，我愿给您的圣诞树挖一个树坑。"

教练把小男孩儿从树坑里拉上来，说："我今天得到了世界上最好的礼物。明天你就到我的训练场去吧。"

三年后，这位十七岁的男孩儿在第六届足球锦标赛上独进二十一球，为巴西第一次捧回了金杯。一个原//来不为[10]世人所知的名字[11]——贝利，随之传遍世界。

节选自刘燕敏《天才的造就》

语 音 提 示

1. 窟 kū
2. 壳 kér
3. 胡同 hú tòngr
4. 空地 kòng dì
5. 干涸 gān hé
6. 膀胱 páng guāng
7. 卖劲 mài jìnr
8. 祈祷 qí dǎo
9. 别墅 bié shù
10. 为 wéi
11. 名字 míng zi

作品 42 号

记得我十三岁时，和母亲住在法国东南部的耐斯城。母亲没有丈夫[1]，也没有亲戚[2]，够清苦的，但她经常能拿出令人吃惊的东西[3]，摆在我面前。她从来不吃肉，一再说自己是素食者。然而有一天，我发现母亲正仔细地用一小块碎面包擦那给我煎牛排用的油锅。我明白[4]了她称[5]自己为[6]素食者的真正原因。

我十六岁时，母亲成了耐斯市美蒙旅馆的女经理。这时，她更忙碌了。一天，她瘫在椅子上，脸色苍白，嘴唇发灰。马上找来医生，做出诊断：她摄取了过多的胰岛素。直到这时我才知道母亲多年一直对我隐瞒的疾痛⁷——糖尿病。

她的头歪向枕头一边，痛苦地用手抓挠⁸胸口。床架上方，则挂着一枚我一九三二年赢得⁹耐斯市少年乒乓球冠军的银质奖章。

啊，是对我的美好前途的憧憬¹⁰支撑着她活下去，为了给她那荒唐的梦至少加一点真实的色彩，我只能继续努力，与时间竞争，直至一九三八年我被征入空军。巴黎很快失陷，我辗转¹¹调¹²到英国皇家空军。刚到英国就接到了母亲的来信。这些信是由在瑞士的一个朋友¹³秘密地转¹⁴到伦敦，送到我手中的。

现在我要回家了，胸前佩戴着醒目的绿黑两色的解放十字绶//带¹⁵，上面挂着五六枚我终生难忘的勋章，肩上还佩戴着军官肩章。到达旅馆时，没有一个人跟我打招呼¹⁶。原来，我母亲在三年半以前就已经离开人间了。

在她死前的几天中，她写了近二百五十封信，把这些信交给她在瑞士的朋友，请这个朋友定时寄给我。就这样，在母亲死后的三年半的时间里，我一直从她身上吸取着力量和勇气——这使我能够继续战斗到胜利那一天。

节选自［法］罗曼·加里《我的母亲独一无二》

语 音 提 示

1. 丈夫 zhàng fu
2. 亲戚 qīn qi
3. 东西 dōng xi
4. 明白 míng bai
5. 称 chēng
6. 为 wéi
7. 疾痛 jí tòng
8. 抓挠 zhuā nao

9. 赢得 yíng dé
10. 憧憬 chōng jǐng
11. 辗转 zhǎn zhuǎn
12. 调 diào
13. 朋友 péng you
14. 转 zhuǎn
15. 绶带 shòu dài
16. 招呼 zhāo hu

作 品 43 号

生活对于任何人都非易事，我们必须有坚韧不拔的精神。最要紧的，还是我们自己要有信心。我们必须相信，我们对每一件事情¹都具有天赋²的才能，并且，无论付出任何代价，都要把这件事完成。当³事情结束⁴的时候⁵，你要能问心无愧地说："我已经尽⁶我所能了。"

有一年的春天，我因病被迫在家里休息⁷数⁸周。我注视着我的女儿们所养的蚕正在结茧¹⁰，这使我很感兴趣。望着这些蚕执著¹¹地、勤奋地工作，我感到我和它们非常相似¹²。像它们一样，我总是耐心地把自己的努力集中在一个目标上。我之所以如此，或许是因为¹³有某种力量在鞭策着我——正如蚕被鞭策着去结茧一般。

近五十年来，我致力于科学研究，而研究，就是对真理的探讨。我有许多美好快乐¹⁴的记忆。少女时期我在巴黎大学，孤独地过着求学的岁月；在后来献身科学的整个¹⁵时期，我丈夫¹⁶和我专心致志，像在梦幻中一般，坐在简陋的书房里艰辛地研究，后来我们就在那里发现了镭¹⁷。

我永远追求安静的工作和简单的家庭生活。为了实现这个理想，我竭力保持宁静的环境，以免受人事的干扰和盛名[18]的拖累[19]。

我深信，在科学方面我们有对事业而不//是对财富的兴趣。我的唯一奢望[20]是在一个自由国家中，以一个自由学者的身份从事研究工作。

我一直沉醉于世界的优美之中，我所热爱的科学也不断增加它崭新的远景。我认定科学本身就具有伟大的美。

节选自［波兰］玛丽·居里《我的信念》，剑捷译

语 音 提 示

1. 事情 shì qing
2. 天赋 tiān fù
3. 当 dāng
4. 结束 jié shù
5. 时候 shí hou
6. 尽 jìn
7. 休息 xiū xi
8. 数 shù
9. 结 jié
10. 茧 jiǎn
11. 执著 zhí zhuó
12. 相似 xiāng sì
13. 因为 yīn·wèi
14. 快乐 kuài lè
15. 整个 zhěng gè
16. 丈夫 zhàng fu
17. 镭 léi
18. 盛名 shèng míng
19. 拖累 tuō lěi
20. 奢望 shē wàng

作品 44 号

我为什么非要教书[1]不可？是因为[2]我喜欢[3]当[4]教师[5]的时间安排表和生活节奏。七、八、九三个月给我提供[6]了进行回顾、研究、写作的良机，并将三者有机融合，而善于回顾、研究和总结正是优秀教师素质中不可缺少的成分。

干这行[7]给了我多种多样的"甘泉"去品尝，找优秀的书籍去研读，到"象牙塔"和实际世界里去发现。教学[8]工作给我提供了继续学习的时间保证，以及多种途径、机遇和挑战。

然而，我爱这一行的真正原因，是爱我的学生[9]。学生们在我的眼前成长、变化。当教师意味着亲历"创造"过程的发生——恰似[10]亲手赋予[11]一团泥土以生命，没有什么比目睹它开始呼吸更激动人心的了。

权利我也有了：我有权利去启发诱导[12]，去激发智慧的火花，去问费心思考的问题，去赞扬回答的尝试，去推荐书籍，去指点迷津。还有什么别的权利能与之相比[13]呢？

而且，教书还给我金钱和权利之外的东西[14]，那就是爱心。不仅有对学生的爱，对书籍的爱，对知识[15]的爱，还有教师才能感受到的对"特别"学生的爱。这些学生，有如冥顽不灵[16]的泥块，由于接受了老师的炽爱[17]才勃发了生机。

所以，我爱教书，还因为，在那些勃发生机的"特别"学//生身上，我有时发现自己和他们呼吸相通，忧乐[18]与[19]共。

节选自［美］彼得·基·贝得勒《我为什么当教师》

语 音 提 示

1. 教书 jiāo shū
2. 因为 yīn·wèi

3. 喜欢 xǐ huan
4. 当 dāng
5. 教师 jiào shī
6. 提供 tí gōng
7. 行 háng
8. 教学 jiào xué
9. 学生 xué sheng
10. 恰似 qià sì
11. 赋予 fù yǔ
12. 诱导 yòu dǎo
13. 相比 xiāng bǐ
14. 东西 dōng xi
15. 知识 zhī shi
16. 冥顽不灵 míng wán-bù líng
17. 炽爱 chì'ài
18. 忧乐 yōu lè
19. 与 yǔ

作品 45 号

中国西部我们通常是指黄河与¹秦岭相连一线以西，包括西北和西南的十二个省²、市、自治区。这块广袤³的土地面积为五百四十六万平方公里，占国土总面积的百分之五十七；人口二点八亿，占全国总人口的百分之二十三。

西部是华夏文明的源头⁴。华夏祖先的脚步是顺着水边走的：长江上游出土过元谋人牙齿化石，距今约一百七十万年；黄河中游出土过蓝田人头盖骨，距今约七十万年。这两处古人类都比距今约五十万年的北京猿人资格更老。

西部地区是华夏文明的重要发源地，秦皇汉武以后，东西方文化在这里交汇融合，从而有了丝绸之路的驼铃声声，佛⁵院深寺的暮鼓晨钟。敦煌莫高窟⁶是世界文化史上的一个奇迹⁷，它在继承汉晋艺术传统的基础上，形成了自己兼收并蓄⁸的恢宏气度，展现出精美绝伦的艺术形式和博大精深的文化内涵⁹。秦始皇兵马俑、西夏王陵、楼兰古国、布达拉宫、三星堆、大足石刻等历史文化遗产，同样为¹⁰世界所瞩目，成为¹¹中华文化重要的象征。

西部地区又是少数民族及其文化的集萃地¹²，几乎¹³包括了我国所有的少数民族。在一些偏远的少数民族地区，仍保留//了一些久远时代的艺术品种，成为珍贵的"活化石"，如纳西古乐、戏曲、剪纸、刺绣、岩画等民间艺术和宗教艺术。特色鲜明、丰富多彩，犹如一个巨大的民族民间文化艺术宝库。

我们要充分重视和利用这些得天独厚的资源优势，建立良好的民族民间文化生态环境，为¹⁴西部大开发做出贡献。

节选自《中考语文课外阅读试题精选》中《西部文化和西部开发》

语音提示

1. 与 yǔ
2. 省 shěng
3. 广袤 guǎng mào
4. 源头 yuán tóu
5. 佛 fó
6. 窟 kū
7. 奇迹 qí jì
8. 兼收并蓄 jiān shōu-bìng xù
9. 内涵 nèi hán
10. 为 wéi
11. 成为 chéng wéi
12. 集萃地 jí cuì dì
13. 几乎 jī hū
14. 为 wèi

作品 46 号

高兴¹，这是一种具体的被看得到摸得着²的事物所唤起的情绪。它是心理的，更是生理的。它容易来也容易去，谁也不应该³对它视而不见失之交臂，谁也不应该总是做那些使自己不高兴也使旁人不高兴的事。让我们说一件最容易做也最令人高兴的事吧，尊重你自己，也尊重别人，这是每一个人的权利，我还要说这是每一个人的义务。

快乐⁴，它是一种富有概括性的生存状态、工作状态。它几乎⁵是先验的，它来自生命本身的活力，来自宇宙、地球和人间的吸引，它是世界的丰富、绚丽⁶、阔大、悠久的体现。快乐还是一种力量，是埋在地下的根脉⁷。消灭一个人的快乐比挖掘掉一棵大树的根要难得多。

欢欣，这是一种青春的、诗意的情感。它来自面向着未来伸开双臂奔跑⁸的冲力，它来自一种轻松而又神秘、朦胧而又隐秘的激动，它是激情即将⁹到来的预兆，它又是大雨过后的比下雨还要美妙得多也久远得多的回味……

喜悦，它是一种带有形而上色彩的修养和境界。与其¹⁰说它是一种情绪，不如说它是一种智慧、一种超拔、一种悲天悯人¹¹的宽容和理解，一种饱经沧桑的充实和自信，一种光明的理性、一种坚定//的成熟，一种战胜了烦恼和庸俗的清明澄澈¹²。它是一潭清水，它是一抹朝霞，它是无边的平原，它是沉默的地平线，多一点儿、再多一点儿喜悦吧，它是翅膀，也是归巢。它是一杯美酒，也是一朵永远开不败的莲花。

节选自王蒙《喜悦》

语 音 提 示

1. 高兴 gāo xìng
2. 摸得着 mō de zháo
3. 应该 yīng gāi
4. 快乐 kuài lè
5. 几乎 jī hū
6. 绚丽 xuàn lì
7. 根脉 gēn mài
8. 奔跑 bēn pǎo
9. 即将 jí jiāng
10. 与其 yǔ qí
11. 悲天悯人 bēi tiān-mǐn rén
12. 澄澈 chéng chè

作品 47 号

在湾仔¹，香港最热闹²的地方³，有一棵榕树，它是最贵的一棵树，不光在香港，在全世界，都⁴是最贵的。

树，活的树，又不卖何言其贵？只因它老，它粗，是香港百年沧桑的活见证，香港人不忍看着它被砍伐，或者被移走，便跟要占用⁵这片山坡的建筑者谈条件：可以在这儿建大楼盖商厦，但一不准砍树，二不准挪树，必须把它原地精心养起来，成为⁶香港闹市中的一景。太古大厦的建设者最后签了合同⁷，占用这个大山坡建豪华商厦的先决条件是同意保护这棵老树。

树长⁸在半山坡上，计划将⁹树下面的成千上万吨山石全部掏空¹⁰取走，腾出地方来盖楼，把树架在大楼上面，仿佛¹¹它原本是长在楼顶上似的¹²。建设者就地造了一个直径十八米、深十米的大花盆，先固定好这棵老树，再在大花盆底下盖楼。光这一项就花了两千三百八十九万港币,堪称[13]是最昂贵的保护措施了。

太古大厦落成之后,人们可以乘[14]滚动扶梯一次到位,来到太古大厦的顶层,出后门,那儿是一片自然景色。一棵大树出现在人们面前,树干[15]有一米半粗,树冠[16]直径足有二十多米,独木成林,非常壮观,形成一座以它为中心的小公园,取名叫"榕圃[17]"。树前面//插着铜牌,说明缘由。此情此景,如不看铜牌的说明,绝对想不到巨树根底下还有一座宏伟的现代大楼。

节选自舒乙《香港:最贵的一棵树》

语音提示

1. 湾仔 Wān zǎi
2. 热闹 rè nao
3. 地方 dì fang
4. 都 dōu
5. 占用 zhàn yòng
6. 成为 chéng wéi
7. 合同 hé tong
8. 长 zhǎng
9. 将 jiāng
10. 掏空 tāo kōng
11. 仿佛 fǎng fú
12. 似的 shì de
13. 堪称 kān chēng
14. 乘 chéng
15. 树干 shù gàn
16. 树冠 shù guān
17. 榕圃 róng pǔ

作品 48 号

我们的船渐渐地逼近榕树了:我有机会看清它的真面目:是一棵大树,有数不清[1]的丫枝[2],枝上又生根,有许多根一直垂到地上,伸进泥土里。一部分[3]树枝垂到水面,从远处看,就像一棵大树斜躺在水面上一样。

现在正是枝繁叶茂的时节。这棵榕树好像在把它的全部生命力展示给我们看。那么多的绿叶,一簇[4]堆在另一簇的上面,不留一点儿缝隙[5]。翠绿的颜色明亮地在我们的眼前闪耀,似乎[6]每一片树叶上都有一个新的生命在颤动[7],这美丽的南国的树!

船在树下泊[8]了片刻,岸上很湿,我们没有上去。朋友[9]说这里是"鸟的天堂",有许多鸟在这棵树上做窝,农民不许人去捉它们。我仿佛[10]听见几只鸟扑翅的声音,但是等到我的眼睛[11]注意地看那里时,我却看不见一只鸟的影子,只有无数[12]的树根立在地上,像许多根木桩。地是湿的,大概涨潮[13]时河水常常冲[14]上岸去。"鸟的天堂"里没有一只鸟,我这样想到。船开了,一个朋友拨着船,缓缓地流到河中间去。

第二天,我们划[15]着船到一个朋友的家乡去,就是那个有山有塔的地方[16]。从学校出发,我们又经过那"鸟的天堂"。

这一次是在早晨,阳光照在水面上,也照在树梢上。一切都//显得非常光明。我们的船也在树下泊了片刻。

起初四周围非常清静。后来忽然起了一声鸟叫。我们把手一拍,便看见一只大鸟飞了起来,接着又看见第二只,第三只。我们继续拍掌,很快地这个树林就变得很热闹[17]了。到处都是鸟声,到处都是鸟影。大的,小的,花的,黑的,有站在枝上叫,有的飞起来,在扑翅膀。

节选自巴金《小鸟的天堂》

语 音 提 示

1. 数不清 shǔ·bù qīng
2. 丫枝 yā zhī
3. 部分 bù fen
4. 簇 cù
5. 缝隙 fèng xì
6. 似乎 sì hū
7. 颤动 chàn dòng
8. 泊 bó
9. 朋友 péng you
10. 仿佛 fǎng fú
11. 眼睛 yǎn jing
12. 无数 wú shù
13. 涨潮 zhǎng cháo
14. 冲 chōng
15. 划 huá
16. 地方 dì fang
17. 热闹 rè nao

作品 49 号

有这样一个故事[1]。

有人问：世界上什么东西[2]的气力最大？回答纷纭得很，有的说"象"，有的说"狮"，有人开玩笑似的[3]说：是"金刚"，金刚有多少气力，当然大家全不知道。

结果[4]，这一切答案完全不对，世界上气力最大的，是植物的种子[5]。一粒种子所可以显现出来的力，简直是超越一切。

人的头盖骨，结合[6]得非常致密与[7]坚固，生理学家和解剖[8]学者用尽[9]了一切的方法，要把它完整地分出来，都没有这种力气[10]。后来忽然有人发明了一个方法，就是把一些植物的种子放在要剖析的头盖骨里，给它以温度与湿度，使它发芽。一发芽，这些种子便以可怕的力量，将一切机械力所不能分开的骨骼[11]，完整地分开了。植物种子的力量之大，如此如此。

这，也许特殊了一点儿，常人不容易理解。那么，你看见过笋的成长吗？你看见过被压在瓦砾[12]和石块下面的一棵小草的生长吗？它为[13]着向往阳光，为着达成它的生之意志，不管上面的石块如何重，石与石之间如何狭，它必定要曲曲折折[14]地，但是顽强不屈地透到地面上来。它的根往土壤钻[15]，它的芽往地面挺，这是一种不可抗拒的力，阻止它的石块，结果也被它掀翻[16]，一粒种子的力量之大，如//此如此。

没有一个人将小草叫做"大力士"，但是它的力量之大，的确[17]是世界无比。这种力是一般人看不见的生命力。只要生命存在，这种力就要显现。上面的石块，丝毫不足以阻挡。因为[18]它是一种"长期抗战"的力；有弹性，能屈能伸的力；有韧性，不达目的[19]不止的力。

节选自夏衍《野草》

语 音 提 示

1. 故事 gù shi
2. 东西 dōng xi
3. 似的 shì de
4. 结果 jié guǒ
5. 种子 zhǒng zi
6. 结合 jié hé

7. 与 yǔ
8. 解剖 jiě pōu
9. 用尽 yòng jìn
10. 力气 lì qi
11. 骨骼 gǔ gé
12. 瓦砾 wǎ lì
13. 为 wèi

14. 曲曲折折 qū qū-zhé zhé
15. 钻 zuān
16. 掀翻 xiān fān
17. 的确 dí què
18. 因为 yīn·wèi
19. 目的 mù dì

作品50号

　　燕子去了，有再来的时候；杨柳枯了，有再青的时候；桃花谢了，有再开的时候[1]。但是，聪明[2]的，你告诉我，我们的日子为什么[3]一去不复返呢？——是有人偷了他们罢[4]：那是谁？又藏在何处呢？是他们自己逃走了罢——现在又到了哪里呢？

　　我不知道他们给了我多少日子，但我的手确乎是渐渐空虚了。在默默里算着，八千多日子已经从我手中溜去，像针尖上一滴水滴在大海里，我的日子滴在时间的流里，没有声音，也没有影子。我不禁头涔涔[5]而泪潸潸[6]了。

　　去的尽管去了，来的尽管来着；去来的中间，又怎样地匆匆呢？早上我起来的时候，小屋里射进两三方斜斜的太阳。太阳他有脚啊，轻轻悄悄地挪移[7]了；我也茫茫然跟着旋转[8]。于是——洗手的时候，日子从水盆里过去；吃饭的时候，日子从饭碗里过去；默默时，便从凝然的双眼前过去。我觉察他去的匆匆了，伸出手遮挽时，他又从遮挽着的手边过去，天黑时，我躺在床上，他便伶伶俐俐[9]地从我身上跨过，从我脚边飞去了。等我睁开眼和太阳再见，这//算又溜走了一日。我掩着面叹息。但是新来的日子的影儿[10]又开始在叹息里闪过了。

　　在逃去如飞的日子里，在千门万户的世界里的我能做些什么呢？只有徘徊[11]罢了[12]，只有匆匆罢了；在八千多日的匆匆里，除徘徊外，又剩些什么呢？过去的日子如轻烟，被微风吹散了，如薄雾，被初阳蒸融了；我留着些什么痕迹呢？我何曾留着像游丝样的痕迹呢？我赤裸裸来到这世界，转眼间也将赤裸裸的回去罢？但不能平的，为什么偏要白白走这一遭啊？

　　你聪明的，告诉我，我们的日子为什么一去不复返呢？

节选自朱自清《匆匆》

语音提示

1. 时候 shí hou
2. 聪明 cōng ming
3. 为什么 wèi shén me
4. 罢 ba
5. 头涔涔 tóu cén cén
6. 泪潸潸 lèi shān shān

7. 挪移 nuó yí
8. 旋转 xuán zhuǎn
9. 伶伶俐俐 líng líng lì lì
10. 影儿 yǐng ér
11. 徘徊 pái huái
12. 罢了 bà le

作品 51 号

有个塌鼻子的小男孩儿,因为¹两岁时得过脑炎,智力受损,学习起来很吃力。打个比方²,别人写作文³能写二三百字,他却只能写三五行。但即便⁴这样的作文,他同样能写得很动人。

那是一次作文课,题目是《愿望》。他极其认真地想了半天,然后极认真地写,那作文极短。只有三句话:我有两个愿望,第一个是,妈妈天天笑眯眯地看着我说:"你真聪明。"第二个是,老师天天笑眯眯地看着我说:"你一点儿也不笨。"

于是,就是这篇作文,深深地打动了他的老师,那位妈妈式的老师不仅给了他最高分,在班上带感情地朗读了这篇作文,还一笔一画地批道:你很聪明,你的作文写得非常感人,请放心,妈妈肯定会格外喜欢⁵你的,老师肯定会格外喜欢你的,大家肯定会格外喜欢你的。

捧着作文本,他笑了,蹦蹦跳跳地回家了,像只喜鹊。但他并没有把作文本拿给妈妈看,他是在等待,等待着一个美好的时刻。

那个时刻终于到了,是妈妈的生日——一个阳光灿烂的星期天⁶:那天,他起得特别早,把作文本装在一个亲手做的美丽的大信封里,等着妈妈醒来。妈妈刚刚睁眼醒来,他就笑眯眯地走到妈妈跟前说:"妈妈,今天是您的生日,我要//送给您一件礼物。"

果然,看着这篇作文,妈妈甜甜地涌⁷出了两行⁸热泪,一把搂住小男孩儿,搂得很紧很紧。

是的,智力可以受损,但爱永远不会。

节选自张玉庭《一个美丽的故事》

语 音 提 示

1. 因为 yīn·wèi
2. 比方 bǐ fang
3. 作文 zuò wén
4. 即便 jí biàn
5. 喜欢 xǐ huan
6. 星期天 xīng qī tiān
7. 涌 yǒng
8. 行 háng

作品 52 号

小学的时候¹,有一次我们去海边远足,妈妈没有做便饭²,给了我十块钱买午餐。好像走了很久、很久,终于到海边了,大家坐下来便吃饭,荒凉的海边没有商店,我一个人跑到防风林外面去,级任老师要大家把吃剩的饭菜分³给我一点儿。有两三个男生留下一点儿给我,还有一个女生,她的米饭拌了酱油,很香。我吃完的时候,她笑眯眯地看着我,短头发⁴,脸圆圆的。

她的名字⁵叫翁香玉。

每天放学的时候,她走的是经过我们家的一条小路,带着一位比她小的男孩儿,可能是弟弟。小路边是一条清澈⁶见底的小溪,两旁竹阴覆盖,我总是远远地跟在她后面,夏日的午后特别炎热,走到半路她会停下来,拿手帕⁷在溪水里浸湿,为小男孩儿擦脸。我也在后面停下来,把肮脏⁸的手帕弄⁹湿了擦脸,再一路远远跟着她回家。

后来我们家搬到镇上去了，过几年我也上了中学。有一天放学回家，在火车上，看见斜对面一位短头发、圆圆脸的女孩儿，一身素净¹⁰的白衣黑裙。我想她一定不认识¹¹我了。火车很快到站了，我随着人群挤向门口，她也走近了，叫我的名字。这是她第一次和我说话。她笑眯眯的，和我一起走过月台。以后就没有再见过//她了。

这篇文章收在我出版的《少年心事》这本书里。

书出版后半年，有一天我忽然收到出版社转来的一封信，信封上是陌生的字迹，但清楚¹²地写着我的本名。

信里面说她看到了这篇文章心里非常激动，没想到在离开家乡，漂泊¹³异地这么久之后，会看见自己仍然在一个人的记忆里，她自己也深深记得这其中的每一幕，只是没想到越过遥远的时空¹⁴，竟然另一个人也深深记得。

节选自苦伶《永远的记忆》

语 音 提 示

1. 时候 shí hou
2. 便饭 biàn fàn
3. 分 fēn
4. 头发 tóu fa
5. 名字 míng zi
6. 清澈 qīng chè
7. 手帕 shǒu pà
8. 肮脏 āng zāng
9. 弄 nòng
10. 素净 sù jing
11. 认识 rèn shi
12. 清楚 qīng chu
13. 漂泊 piāo bó
14. 时空 shí kōng

作 品 53 号

在繁华的巴黎大街的路旁，站着一个衣衫褴褛¹、头发²斑白、双目失明的老人。他不像其他乞丐³那样伸手向过路行人⁴乞讨，而是在身旁立一块木牌，上面写着："我什么也看不见！"街上过往的行人很多，看了木牌上的字都无动于衷，有的还淡淡一笑，便⁵姗姗而去了。

这天中午，法国著名诗人让·彼浩勒也经过这里。他看看木牌上的字，问盲老人："老人家，今天上午有人给你钱吗？"

盲老人叹息着回答："我，我什么也没有得到。"说着，脸上的神情非常悲伤。

让·彼浩勒听了，拿起笔悄悄地在那行⁶字的前面添上了"春天到了，可是"几个字，就匆匆地离开了。

晚上，让·彼浩勒又经过这里，问那个盲老人下午的情况。盲老人笑着回答说："先生⁷，不知为什么，下午给我钱的人多极了！"让·彼浩勒听了，摸着胡子满意地笑了。

"春天到了，可是我什么也看不见！"这富有诗意的语言，产生这么大的作用，就在于它有非常浓厚的感情色彩。是的，春天是美好的，那蓝天白云，那绿树红花，那莺歌燕舞，那流水人家⁸，怎么不叫人陶醉呢？但这良辰美景，对于一个双目失明的人来说，只是一片漆黑。当人们想到这个盲老人，一生中竟连万紫千红的春天//都不曾⁹看到，怎能不对他产生同情之心呢？

节选自小学《语文》第六册中《语言的魅力》

语 音 提 示

1. 褴褛 lán lǚ
2. 头发 tóu fa
3. 乞丐 qǐ gài
4. 行人 xíng rén
5. 便 biàn
6. 行 háng
7. 先生 xiān sheng
8. 人家 rén jiā
9. 曾 céng

作 品 54 号

有一次，苏东坡的朋友[1]张鹗[2]拿着一张宣纸来求他写一幅[3]字，而且希望他写一点儿关于养生方面的内容。苏东坡思索了一会儿，点点头说："我得到了一个养生长寿古方，药只有四味，今天就赠给[4]你吧。"于是，东坡的狼毫在纸上挥洒起来，上面写着："一曰[5]无事以当[6]贵，二曰早寝[7]以当富，三曰安步以当车，四曰晚食以当肉。"

这哪里有药？张鹗一脸茫然地问。苏东坡笑着解释说，养生长寿的要诀[8]，全在这四句里面。

所谓"无事以当贵"，是指人不要把功名利禄、荣辱过失考虑得太多，如能在情志上潇洒大度，随遇而安，无事以求，这比富贵更能使人终其天年。

"早寝以当富"，指吃好穿好、财货充足，并非就能使你长寿。对老年人来说，养成良好的起居习惯，尤其是早睡早起，比获得[9]任何财富更加宝贵。

"安步以当车"，指人不要过于讲求安逸[10]、肢体不劳，而应多以步行[11]来替代骑马乘[12]车，多运动才可以强健体魄，通畅气血[13]。

"晚食以当肉"，意思是人应该用已饥方食、未饱先止代替对美味佳肴[14]的贪吃无厌。他进一步解释，饿了以后才进食，虽然是粗茶淡饭，但其香甜可口会胜过山珍；如果饱了还要勉强[15]吃，即使[16]美味佳肴摆在眼前也难以//下咽[17]。

苏东坡的四味"长寿药"，实际上是强调了情志、睡眠、运动、饮食四个方面对养生长寿的重要性，这种养生观点即使在今天仍然值得借鉴。

节选自蒲昭和《赠你四味长寿药》

语 音 提 示

1. 朋友 péng you
2. 鹗 È
3. 幅 fú
4. 赠给 zèng gěi
5. 曰 yuē
6. 当 dàng
7. 寝 qǐn
8. 要诀 yào jué
9. 获得 huò dé
10. 安逸 ān yì
11. 步行 bù xíng
12. 乘 chéng
13. 气血 qì xuè
14. 肴 yáo
15. 勉强 miǎn qiǎng
16. 即使 jí shǐ
17. 下咽 xià yàn

作品 55 号

人活着，最要紧¹的是寻觅²到那片代表着生命绿色和人类希望的丛林，然后选一高高的枝头³站在那里观览人生，消化痛苦，孕育歌声，愉悦世界！

这可真是一种潇洒的人生态度，这可真是一种心境爽朗的情感风貌。

站在历史的枝头微笑，可以减免许多烦恼。在那里，你可以从众生相⁴所包含的甜酸苦辣、百味人生中寻找你自己；你境遇中的那点儿苦痛，也许相比⁵之下，再也难以占据⁶一席之地；你会较⁷容易地获得⁸从不悦中解脱灵魂的力量，使之不致变得灰色。

人站得高些，不但能有幸早些领略到希望的曙光，还能有幸发现生命的立体的诗篇。每一个人的人生，都是这诗篇中的一个词、一个句子或者一个标点。你可能没有成为一个美丽的词，一个引人注目的句子，一个惊叹号，但你依然是这生命的立体诗篇中的一个音节、一个停顿、一个必不可少的组成部分⁹。这足以使你放弃前嫌，萌生为¹⁰人类孕育新的歌声的兴致，为世界带来更多的诗意。

最可怕的人生见解，是把多维的生存图景看成平面。因为¹¹那平面上刻下的大多是凝固¹²了的历史——过去的遗迹；但活着的人们，活得却是充满着新生智慧的，由∥不断逝去的"现在"组成的未来。人生不能像某些鱼类躺着游，人生也不能像某些兽类爬着走，而应该¹³站着向前行¹⁴，这才是人类应有的生存姿态。

节选自〔美〕本杰明·拉什《站在历史的枝头微笑》

语音提示

1. 要紧 yào jǐn
2. 寻觅 xún mì
3. 枝头 zhī tóu
4. 众生相 zhòng shēng xiàng
5. 相比 xiāng bǐ
6. 占据 zhàn jù
7. 较 jiào
8. 获得 huò dé
9. 部分 bù fen
10. 为 wèi
11. 因为 yīn·wèi
12. 凝固 níng gù
13. 应该 yīng gāi
14. 行 xíng

作品 56 号

中国的第一大岛、台湾省的主岛台湾，位于中国大陆架的东南方，地处¹东海和南海之间²，隔着台湾海峡和大陆相望³。天气晴朗的时候⁴，站在福建沿海较⁵高的地方⁶，就可以隐隐约约地望见岛上的高山和云朵。

台湾岛形状狭长⁷，从东到西，最宽处⁸只有一百四十多公里；由南至北，最长的地方约有三百九十多公里。地形像一个纺织用的梭子⁹。

台湾岛上的山脉¹⁰纵贯¹¹南北，中间的中央山脉犹如全岛的脊梁¹²。西部为海拔近四千米的玉山山脉，是中国东部的最高峰。全岛约有三分之一的地方是平地，其余为¹³山地。岛内有缎带般的瀑布¹⁴，蓝宝石似的¹⁵湖泊¹⁶，四季常青的森林和果园，自然景色十分优美。西南部的阿里山和日月潭，台北市郊的大屯山风景区，都是闻名世界的游览胜地。

台湾岛地处热带和温带之间，四面环海，雨水充足，气温受到海洋的调剂¹⁷，冬暖夏凉，四季如春，这给水稻和果木生长提供[18]了优越的条件。水稻、甘蔗[19]、樟脑是台湾的"三宝"。岛上还盛产[20]鲜果和鱼虾。

台湾岛还是一个闻名世界的"蝴蝶王国"。岛上的蝴蝶共有四百多个品种，其中有不少是世界稀有的珍贵品种。岛上还有不少鸟语花香的蝴//蝶谷，岛上居民利用蝴蝶制作的标本和艺术品，远销许多国家。

节选自《中国的宝岛——台湾》

语 音 提 示

1. 地处 dì chǔ
2. 之间 zhī jiān
3. 相望 xiāng wàng
4. 时候 shí hou
5. 较 jiào
6. 地方 dì fang
7. 狭长 xiá cháng
8. 处 chù
9. 梭子 suō zi
10. 山脉 shān mài
11. 纵贯 zòng guàn
12. 脊梁 jǐ liang
13. 为 wéi
14. 瀑布 pù bù
15. 似的 shì de
16. 湖泊 hú pō
17. 调剂 tiáo jì
18. 提供 tí gōng
19. 甘蔗 gān zhe
20. 盛产 shèng chǎn

作 品 57 号

对于中国的牛，我有着一种特别尊敬的感情。

留给我印象最深的，要算在田垄上的一次"相遇[1]"。

一群朋友[2]郊游，我领头在狭窄的阡陌[3]上走，怎料迎面来了几头耕牛，狭道容不下人和牛，终有一方要让路。它们还没有走近，我们已经预计斗[4]不过畜牲[5]，恐怕难免踩到田地泥水里，弄[6]得鞋袜又泥又湿了。正踟蹰[7]的时候[8]，带头的一头牛，在离我们不远的地方[9]停下来，抬起头看看，稍迟疑一下，就自动走下田去。一队耕牛，全跟着它离开阡陌，从我们身边经过。

我们都呆了，回过头来，看着深褐色的牛队，在路的尽头[10]消失，忽然觉得[11]自己受了很大的恩惠。

中国的牛，永远沉默地为[12]人做着沉重的工作。在大地上，在晨光或烈日下，它拖着沉重的犁，低头一步又一步，拖出了身后一列又一列松土，好让人们下种[13]。等到满地金黄或农闲时候，它可能还得[14]担当搬运负重的工作；或终日绕着石磨[15]，朝同一方向，走不计程的路。

在它沉默的劳动中，人便[16]得到应得[17]的收成[18]。

那时候，也许，它可以松一肩重担[19]，站在树下，吃几口嫩草。偶尔摇摇尾巴[20]，摆摆耳朵[21]，赶走飞附身上的苍蝇[22]，已经算是它最闲适的生活了。

中国的牛，没有成群奔跑[23]的习//惯，永远沉沉实实的，默默地工作，平心静气。这就是中国的牛！

节选自小思《中国的牛》

语 音 提 示

1. 相遇 xiāng yù
2. 朋友 péng you
3. 阡陌 qiān mò
4. 斗 dòu
5. 畜牲 chù sheng
6. 弄 nòng
7. 踟蹰 chí chú
8. 时候 shí hou
9. 地方 dì fang
10. 尽头 jìn tóu
11. 觉得 jué·dé
12. 为 wèi
13. 下种 xià zhǒng
14. 得 děi
15. 石磨 shí mò
16. 便 biàn
17. 应得 yīng dé
18. 收成 shōu cheng
19. 重担 zhòng dàn
20. 尾巴 wěi ba
21. 耳朵 ěr duo
22. 苍蝇 cāng ying
23. 奔跑 bēn pǎo

作 品 58 号

不管我的梦想能否[1]成为[2]事实，说出来总是好玩儿的：

春天，我将要住在杭州。二十年前，旧历的二月初，在西湖我看见了嫩柳与菜花，碧浪与翠竹。由我看到的那点儿春光，已经可以断定，杭州的春天必定会教[3]人整天生活在诗与图画之中。所以，春天我的家应当[4]是在杭州。

夏天，我想青城山应当算作最理想的地方[5]。在那里，我虽然只住过十天，可是它的幽静已拴住了我的心灵。在我所看见过的山水中，只有这里没有使我失望。到处[6]都是绿，目之所及，那片淡而光润的绿色都在轻轻地颤动，仿佛[7]要流入空中与心中似的[8]。这个绿色会像音乐，涤[9]清了心中的万虑。

秋天一定要住北平。天堂是什么样子，我不知道，但是从我的生活经验去判断，北平之秋便是天堂。论天气，不冷不热。论吃的，苹果、梨、柿子、枣儿、葡萄，每样都有若干[10]种[11]。论花草，菊花种类之多，花式之奇[12]，可以甲天下。西山有红叶可见，北海可以划船[13]——虽然荷花已残，荷叶可还有一片清香。衣食住行[14]，在北平的秋天，是没有一项不使人满意的。

冬天，我还没有打好主意[15]，成都[16]或者相当的合适，虽然并不怎样和暖[17]，可是为[18]了水仙，素心腊梅，各色的茶花，仿佛就受一点儿寒//冷，也颇值得去了。昆明的花也多，而且天气比成都好，可是旧书铺[19]与精美而便宜[20]的小吃远不及成都那么多。好吧，就暂这么规定：冬天不住成都便[21]住昆明吧。

在抗战中，我没能发[22]国难[23]财。我想，抗战胜利以后，我必能阔起来。那时候[24]，假若[25]飞机减价，一二百元就能买一架的话，我就自备一架，择黄道吉日慢慢地飞行。

节选自老舍《住的梦》

语 音 提 示

1. 能否 néng fǒu
2. 成为 chéng wéi

3. 教 jiào
4. 应当 yīng dāng
5. 地方 dì fang
6. 到处 dào chù
7. 仿佛 fǎng fú
8. 似的 shì de
9. 涤 dí
10. 若干 ruò gān
11. 种 zhǒng
12. 奇 qí
13. 划船 huá chuán
14. 行 xíng
15. 主意 zhǔ yi
16. 成都 Chéng dū
17. 和暖 hé nuǎn
18. 为 wèi
19. 书铺 shū pù
20. 便宜 pián yi
21. 便 biàn
22. 发 fā
23. 国难 guó nàn
24. 时候 shí hou
25. 假若 jiǎ ruò

作品 59 号

我不由得[1]停住了脚步。

从未见过开得这样盛[2]的藤萝，只见一片辉煌的淡紫色，像一条瀑布[3]，从空[4]中垂下，不见其发端[5]，也不见其终极，只是深深浅浅的紫，仿佛[6]在流动，在欢笑，在不停地生长。紫色的大条幅上，泛着点点银光，就像迸溅[7]的水花。仔细看时，才知那是每一朵紫花中的最浅淡的部分[8]，在和阳光互相[9]挑逗[10]。

这里除了光彩，还有淡淡的芳香。香气似乎[11]也是浅紫色的，梦幻一般轻轻地笼罩[12]着我。忽然记起十多年前，家门外也曾[13]有过一大株紫藤萝，它依傍一株枯槐爬得很高，但花朵从来都稀落，东一穗[14]西一串伶仃地挂在树梢，好像在察言观色，试探什么。后来索性连那稀零的花串也没有了。园中别的紫藤花架也都拆掉，改成[15]了果树。那时的说法是，花和生活腐化有什么必然关系。我曾遗憾地想：这里再看不见藤萝花了。

过了这么多年，藤萝又开花了，而且开得这样盛，这样密，紫色的瀑布遮住了粗壮的盘虬[16]卧龙般的枝干[17]，不断地流着，流着，流向人的心底。

花和人都会遇到各种[18]各样的不幸，但是生命的长河是无止境的。我抚摸了一下那小小的紫色的花舱，那里满装了生命的酒酿，它张满了帆，在这//闪光的花的河流上航行[19]。它是万花中的一朵，也正是由每一个一朵，组成了万花灿烂的流动的瀑布。

在这浅紫色的光辉和浅紫色的芳香中，我不觉[20]加快了脚步。

节选自宗璞《紫藤萝瀑布》

语音提示

1. 不由得 bù yóu de
2. 盛 shèng
3. 瀑布 pù bù
4. 空 kōng
5. 发端 fā duān
6. 仿佛 fǎng fú
7. 迸溅 bèng jiàn
8. 部分 bù fen
9. 互相 hù xiāng
10. 挑逗 tiǎo dòu
11. 似乎 sì hū
12. 笼罩 lǒng zhào

13. 曾 céng
14. 穗 suì
15. 种 zhòng
16. 盘虬 pán qiú

17. 枝干 zhī gàn
18. 种 zhǒng
19. 航行 háng xíng
20. 不觉 bù jué

作品 60 号

在一次名人访问中，被问及上个世纪最重要的发明是什么时，有人说是电脑，有人说是汽车，等等。但新加坡的一位知名人士却说是冷气机。他解释，如果没有冷气，热带地区如东南亚国家，就不可能有很高的生产力，就不可能达到今天的生活水准。他的回答实事求是，有理有据。

看了上述报道，我突发奇¹想：为什么没有记者问："二十世纪最糟糕的发明是什么?"其实二〇〇二年十月中旬²，英国的一家报纸就评出了"人类最糟糕的发明"。获此"殊荣"的，就是人们每天大量使用的塑料袋。

诞生于上个世纪三十年代的塑料袋，其家族包括用塑料制成的快餐饭盒、包装纸、餐用杯盘、饮料瓶、酸奶杯、雪糕杯等等。这些废弃物形成的垃圾，数量³多、体积大、重量轻、不降解⁴，给治理工作带来很多技术难题⁵和社会问题。

比如，散落⁶在田间、路边及草丛中的塑料餐盒，一旦被牲畜⁷吞食，就会危及健康甚至导致死亡。填埋废弃塑料袋、塑料餐盒的土地，不能生长庄稼⁸和树木，造成土地板结⁹，而焚烧¹⁰处理¹¹这些塑料垃圾，则会释放出多种化学有毒气体，其中一种称为¹²二噁英¹³的化合物，毒性极大。

此外，在生产塑料袋、塑料餐盒的//过程中使用的氟利昂¹⁴，对人体免疫¹⁵系统和生态环境造成的破坏也极为严重。

节选自林光如《最糟糕的发明》

语音提示

1. 奇 qí
2. 中旬 zhōng xún
3. 数量 shù liàng
4. 降解 jiàng jiě
5. 难题 nán tí
6. 散落 sàn luò
7. 牲畜 shēng chù
8. 庄稼 zhuāng jia

9. 板结 bǎn jié
10. 焚烧 fén shāo
11. 处理 chǔ lǐ
12. 称为 chēng wéi
13. 二噁英 èr'è yīng
14. 氟利昂 fú lì áng
15. 免疫 miǎn yi

附录 G

汉语拼音方案

（1957 年 11 月 1 日国务院全体会议第 60 次会议通过）
（1958 年 2 月 11 日第一届全国人民代表大会第五次会议批准）

一、字母表

字母：	Aa	Bb	Cc	Dd	Ee	Ff	Gg
名称：	ㄚ	ㄅㄝ	ㄘㄝ	ㄉㄝ	ㄜ	ㄝㄈ	ㄍㄝ
	Hh	Ii	Jj	Kk	Ll	Mm	Nn
	ㄏㄚ	ㄧ	ㄐㄧㄝ	ㄎㄝ	ㄝㄌ	ㄝㄇ	ㄋㄝ
	Oo	Pp	Qq	Rr	Ss	Tt	
	ㄛ	ㄆㄝ	ㄑㄧㄡ	ㄚㄦ	ㄝㄙ	ㄊㄝ	
	Uu	Vv	Ww	Xx	Yy	Zz	
	ㄨ	ㄪㄝ	ㄨㄚ	ㄒㄧ	ㄧㄚ	ㄗㄝ	

v 只用来拼写外来语、少数民族语言和方言。

字母的手写体依照拉丁字母的一般书写习惯。

二、声母表

b	p	m	f	d	t	n	l
ㄅ玻	ㄆ坡	ㄇ摸	ㄈ佛	ㄉ得	ㄊ特	ㄋ讷	ㄌ勒
g	k	h	j	q	x		
ㄍ哥	ㄎ科	ㄏ喝	ㄐ基	ㄑ欺	ㄒ希		
zh	ch	sh	r	z	c	s	
ㄓ知	ㄔ蚩	ㄕ诗	ㄖ日	ㄗ资	ㄘ雌	ㄙ思	

在给汉字注音的时候，为了使拼式简短，zh ch sh 可以省作 ẑ ĉ ŝ。

三、韵母表

	i ㄧ衣	u ㄨ乌	ü ㄩ迂
a ㄚ啊	ia ㄧㄚ呀	ua ㄨㄚ蛙	
o ㄛ喔		uo ㄨㄛ窝	
e ㄜ鹅	ie ㄧㄝ耶		üe ㄩㄝ约
ai ㄞ哀		uai ㄨㄞ歪	

续表

ei ㄟ 欸		uei ㄨㄟ 威	
ao ㄠ 熬	iao ㄧㄠ 腰		
ou ㄡ 欧	iou ㄧㄡ 忧		
an ㄢ 安	ian ㄧㄢ 烟	uan ㄨㄢ 弯	üan ㄩㄢ 冤
en ㄣ 恩	in ㄧㄣ 因	uen ㄨㄣ 温	ün ㄩㄣ 晕
ang ㄤ 昂	iang ㄧㄤ 央	uang ㄨㄤ 汪	
eng ㄥ 亨的韵母	ing ㄧㄥ 英	ueng ㄨㄥ 翁	
ong （ㄨㄥ）轰的韵母	iong ㄩㄥ 雍		

（1）"知、蚩、诗、日、资、雌、思"等字的韵母用i，即：知、蚩、诗、日、资、雌、思等字拼作zhi，chi，shi，ri，zi，ci，si。

（2）韵母ㄦ写成er，用做韵尾的时候写成r。例如："儿童"拼作ertong，"花儿"拼作huar。

（3）韵母ㄝ单用的时候写成ê。

（4）i行的韵母，前面没有声母的时候，写成yi（衣），ya（呀），ye（耶），yao（腰），you（忧），yan（烟），yin（因），yang（央），ying（英），yong（雍）。

u行的韵母，前面没有声母的时候，写成wu（乌），wa（蛙），wo（窝），wai（歪），wei（威），wan（弯），wen（温），wang（汪），weng（翁）。

ü行的韵母，前面没有声母的时候，写成yu（迂），yue（约），yuan（冤），yun（晕）；ü上两点省略。

ü行的韵母跟声母j，q，x拼的时候，写成ju（居），qu（区），xu（虚），ü上两点也省略；但是跟声母n，l拼的时候，仍然写成nü（女），lü（吕）。

（5）iou，uei，uen前面加声母的时候，写成iu，ui，un，例如niu（牛），gui（归），lun（论）。

（6）在给汉字注音的时候，为了使拼式简短，ng可以省作ŋ。

四、声调符号

声调符号标在音节的主要母音上。轻声不标。

例如：

妈 mā　　麻 má　　马 mǎ　　骂 mà　　吗 ma
（阴平）（阳平）（上声）（去声）（轻声）

五、隔音符号

a，o，e 开头的音节连接在其他音节后面的时候，如果音节的界限发生混淆，用隔音符号（'）隔开，如 pi'ao（皮袄）。

附录 H

普通话异读词审音表

中国文字改革委员会普通话审音委员会，于 1957 年、1959 至 1962 年先后发表了《普通话异读词审音表初稿》正编、续编和三编，1963 年公布《普通话异读词三次审音总表初稿》。经过二十多年的实际应用，普通话审音委员会在总结经验的基础上，于 1982 年至 1985 年组织专家学者进行审核修订，制定了《普通话异读词审音表》，这个审音标经过国家语言文字工作委员会、国家教育委员会、广播电视部（现为广播电影电视部）审查通过，于 1985 年 12 月联合发布。

说　　明

一、本表所审，主要是普通话有异读的词和有异读的作为"语素"的字。不列出多音多义字的全部读音和全部义项，与字典、词典形式不同，例如："和"字有多种义项和读音，而本表仅列出原有异读的八条词语，分列于 hè 和 huo 两种读音之下（有多种读音，较常见的在前，下同）；其余无异读的音、义均不涉及。

二、在字后注明"统读"的，表示此字不论用于任何词语中只读一音（轻声变读不受此限），本表不再举出词例。例如："阀"字注明"fá（统读）"，原表"军阀"、"学阀"、"财阀"条和原表所无的"阀门"等词均不再列举。

三、在字后不注"统读"的，表示此字有几种读音，本表只审订其中有异读的词语的读音。例如"艾"字本有 ài 和 yì 两音，本表只举"自怨自艾"一词，注明此处读 yì 音；至于 ài 音及其义项，并无异读，不再赘列。

四、有些字有文白二读，本表以"文"和"语"作注。前者一般用于书面语言，用于复音词和文言成语中；后者多用于口语中的单音词及少数日常生活事物的复音词中。这种情况在必要时各举词语为例。例如："杉"字下注"（一）shān（文）：紫～、红～、水～；（二）shā（语）：～篙、～木"。

五、有些字除附举词例之外，酌加简单说明，以便读者分辨。说明或按具体字义，或按"动作义"、"名物义"等区分，例如："畜"字下注"（一）chù（名物义）：～力、家～、牲～、幼～；（二）xù（动作义）：～产、～牧、～养"。

六、有些字的几种读音中某音用处较窄，另音用处甚宽，则注"除 ×× （较少的词）念乙音外，其他都念甲音"，以避免列举词条繁而未尽、挂一漏万的缺点。例如："结"字下注"除'～了个果子'、'开花～果'、'～巴'、'～实'念 jiē 之外，其他都念 jié"。

七、由于轻声问题比较复杂，除《普通话异读词三次审音总表初稿》涉及的部分轻声词之外，本表一般不予审订，并删去部分原审的轻声词，例如"麻刀（dao）""容易（yi）"等。

八、本表酌增少量有异读的字或词，作了审订。

九、除因第二、六、七各条说明中所举原因而删略的词条之外，本表又删汰了部分词条。主要原因是：1. 现已无异读（如"队伍"、"理会"）；2. 罕用词语（如"俵分"、"仔密"）；3. 方言土音（如"归里包堆〔zuī〕"、"告送〔song〕"）；4. 不常用的文言词语（如"刍荛"、"氆氇"）；5. 音变现象（如"胡里八涂〔tū〕"、"毛毛腾腾〔tēngtēng〕"）；6. 重复累赘（如原表"色"字的有关词语分列达23条之多）。删汰条目不再编入。

十、人名、地名的异读审订，除原表已涉及的少量词条外，留待以后再审。

A

阿（一）ā
　～訇　　～罗汉
　～木林　　～姨
（二）ē
　～谀　　～附
　～胶　　～弥陀佛
挨（一）āi
　～个　　～近
（二）ái
　～打　　～说
癌 ái(统读)
霭 ǎi(统读)
蔼 ǎi(统读)
隘 ài(统读)
谙 ān(统读)
埯 ǎn(统读)
昂 áng(统读)
凹 āo(统读)
拗（一）ào
　～口
（二）niù
　执～　脾气很～
坳 ào(统读)

B

拔 bá(统读)
把 bà
　印～子
白 bái(统读)
膀 bǎng
　翅～
蚌（一）bàng
　蛤～
（二）bèng
　～埠
傍 bàng(统读)
磅 bàng
　过～
鲍 bāo(统读)
胞 bāo(统读)
薄（一）báo(语)
　常单用，如"纸很～"。
（二）bó(文)多用于复音词。
　～弱　稀～　淡～
　尖嘴～舌　单～
　厚～
堡（一）bǎo
　碉～　　～垒
（二）bǔ
　～子　吴～
　瓦窑～　柴沟～
（三）pù
　十里～
暴（一）bào
　～露
（二）pù
　一～（曝）十寒
爆 bào(统读)
焙 bèi(统读)
惫 bèi(统读)
背 bèi
　～脊　～静
鄙 bǐ(统读)
俾 bǐ(统读)
笔 bǐ(统读)
比 bǐ(统读)
臂（一）bì
　手～　～膀

（二）bei
　胳～
庇 bì(统读)
髀 bì(统读)
避 bì(统读)
辟 bì
　复～
　～补　～益
裨 bì
　～补　～益
痹 bì(统读)
壁 bì(统读)
蝙 biān(统读)
遍 biàn(统读)
骠（一）biāo
　黄～马
（二）piào
　～骑　～勇
傧 bīn(统读)
缤 bīn(统读)
濒 bīn(统读)
髌 bìn(统读)
屏（一）bǐng
　～除　～弃
　～气　～息
（二）píng
　～藩　～风
柄 bǐng(统读)
波 bō(统读)
播 bō(统读)
菠 bō(统读)
剥（一）bō(文)
　～削
（二）bāo(语)
泊（一）bó
　淡～　飘～　停～

（二）pō
　湖～　血～
帛 bó(统读)
勃 bó(统读)
铍 bó(统读)
伯（一）bó
　～～（bo）老～
（二）bǎi
　大～子（丈夫的哥哥）
箔 bó(统读)
簸（一）bǒ
　颠～
（二）bò
　～箕
膊 bo
　胳～
卜 bo
　萝～
醭 bú(统读)
哺 bǔ(统读)
捕 bǔ(统读)
鹁 bǔ(统读)
埠 bù(统读)

C

残 cán(统读)
惭 cán(统读)
灿 càn(统读)
藏（一）cáng
　矿～
（二）zàng
　宝～
糙 cāo(统读)
嘈 cáo(统读)
螬 cáo(统读)

附 录

厕 cè(统读)
岑 cén(统读)
差(一)chā(文)
　不~ 累黍 不~什么
　偏~ 色~ ~别
　视~ 误~ 电势~
　一念之~ ~池
　~错 言~语错
　一~二错 阴错阳~
　~等 ~额 ~价
　~强人意 ~数
　~异
(二)chà(语)
　~不多 ~不离
　~点儿
(三)cī
　参~
猹 chá(统读)
搽 chá(统读)
阐 chǎn(统读)
羼 chàn(统读)
颤(一)chàn
　~动 发~
(二)zhàn
　~栗(战栗)
　打~(打战)
韂 chàn(统读)
伥 chāng(统读)
场(一)chǎng
　~合 ~所 冷~
　捧~
(二)cháng
　外~ 圩~ ~院
　一~雨
(三)chang
　排~
钞 chāo(统读)
巢 cháo(统读)
嘲 cháo(统读)
　~讽 ~骂 ~笑
耖 chào(统读)
车(一)chē
　安步当~ 杯水~薪

闭门造~ 螳臂当~
(二)jū
(象棋棋子名称)
晨 chén(统读)
称 chèn
　~心 ~意 ~职
　对~ 相~
撑 chēng(统读)
乘(动作义,念 chéng)
　包~制 ~便
　~风破浪 ~客
　~势 ~兴
橙 chéng(统读)
惩 chéng(统读)
澄(一)chéng(文)
　~清(如"~清混
　乱"、"~清问题")
(二)dèng(语)
　单用,如"把水~清
　了"。
痴 chī(统读)
吃 chī(统读)
弛 chí(统读)
褫 chǐ(统读)
尺 chǐ
　~寸 ~头
豉 chǐ(统读)
侈 chǐ(统读)
炽 chì(统读)
春 chōng(统读)
冲 chòng
　~床 ~模
臭(一)chòu
　遗~万年
(二)xiù
　乳~ 铜~

储 chǔ(统读)
处 chǔ(动作义)
　~罚 ~分 ~决
　~理 ~女 ~置
畜(一)chù(名物义)
　~力 家~ 牲
　幼~

(二)xù(动作义)
　~产 ~牧 ~养
触 chù(统读)
搐 chù(统读)
绌 chù(统读)
黜 chù(统读)
闯 chuǎng(统读)
创(一)chuàng
　草~ ~举 ~首
　~造 ~作
(二)chuāng
　~伤 重~
绰(一)chuò
　~~有余
(二)chuo
　宽~
疵 cī(统读)
雌 cí(统读)
赐 cì(统读)
伺 cì
　~候
枞(一)cōng
　~树
(二)zōng
　~阳[地名]
从 cóng(统读)
丛 cóng(统读)
攒 cuán
　万头~动 万箭~心
脆 cuì(统读)
撮(一)cuō
　~儿 一~儿盐
(二)zuǒ
　一~儿毛
措 cuò(统读)

D

搭 dā(统读)
答(一)dá
　报~ ~复
(二)dā
　~理 ~应

打 dá
　苏~ 一~(十二个)
大(一)dà
　~夫(古官名)
　~王(如爆破~王、钢
　铁~王)
(二)dài
　~夫(医生) ~黄
　~王(如山~王)
　~城[地名]
呆 dāi(统读)
傣 dǎi(统读)
逮(一)dài(文)
　如"~捕"。
(二)dǎi(语)
　单用,如"~蚊子"、
　"~特务"。
当(一)dāng
　~地 ~间儿
　~年(指过去)
　~日(指过去)
　~天(指过去)
　~时(指过去)
　螳臂~车
(二)dàng
　一个~俩 安步~车
　适~ ~年(同一年)
　~日(同一时候)
　~天(同一天)
档 dàng(统读)
蹈 dǎo(统读)
导 dǎo(统读)
倒(一)dǎo
　颠~ 颠~是非
　颠~黑白 颠三~四
　倾箱~箧 排山~海
　~板 ~嚼 ~仓
　~嗓 ~戈 ~潦~
(二)dào
　~粪(把粪弄碎)
悼 dào(统读)
纛 dào(统读)
凳 dèng(统读)

·243·

氐 dī(统读)
氐 dī〔古民族名〕
堤 dī(统读)
提 dī
　~防的 dí
　~当　~确
抵 dǐ(统读)
蒂 dì(统读)
缔 dì(统读)
谛 dì(统读)
点 dian
　打~(收拾、贿赂)
跌 diē(统读)
蝶 dié(统读)
订 dìng(统读)
都(一)dōu
　~来了
　(二)dū
　~市　首~
　大~(大多)
堆 duī(统读)
吨 dūn(统读)
盾 dùn(统读)
多 duō(统读)
咄 duō(统读)
掇(一)duō
　("拾取、采取"义)
　(二)duo
　撺~　掇~
裰 duō(统读)
踱 duó(统读)
度 duó(统读)
　忖~　~德量力

E

婀 ē(统读)

F

伐 fá(统读)
阀 fá(统读)
砝 fǎ(统读)
法 fǎ(统读)

发 fà
　理~　脱~　结~
帆 fān(统读)
藩 fān(统读)
梵 fàn(统读)
坊(一)fāng
　牌~　~巷
　(二)fáng
　粉~　磨~　碾~
染~　油~　谷~
妨 fáng(统读)
防 fáng(统读)
肪 fáng(统读)
沸 fèi(统读)
汾 fén(统读)
讽 fěng(统读)
肤 fū(统读)
敷 fū(统读)
俘 fú(统读)
浮 fú(统读)
服 fú
　~毒　~药
拂 fú(统读)
辐 fú(统读)
幅 fú(统读)
甫 fǔ(统读)
复 fù(统读)
缚 fù(统读)

G

噶 gá(统读)
冈 gāng(统读)
刚 gāng(统读)
岗 gǎng
　~楼　~哨　~子
　门~　站~　山~子
港 gǎng(统读)
葛(一)gé
　~藤　~布　瓜~
　(二)gě〔姓〕
　(包括单、复姓)
隔 gé(统读)
革 gé

~命　~新　改~
合 gě
　(一升的十分之一)
给(一)gěi(语)单用。
　(二)jǐ(文)
　补~　供~　供~
　制~　~予　配~
　自~自足
亘 gèn(统读)
更 gēng
　五~　~生
颈 gěng
　脖~子
供(一)gōng
　~给　提~　~销
　(二)gòng
　口~　翻~　上~
佝 gōu(统读)
枸 gǒu
　~杞
勾 gòu
　~当
估(除"~衣"读 gù 外，
　都读 gū)
骨(除"~碌"、"~朵"
　读 gū 外，都读 gǔ)
谷 gǔ
　~雨
锢 gù(统读)
冠(一)guān(名物义)
　~心病
　(二)guàn(动作义)
　沐猴而~　~军
犷 guǎng(统读)
皈 guī(统读)
桧(一)guì〔树名〕
　(二)huì〔人名〕
　"秦~"。
刽 guì(统读)
聒 guō(统读)
蝈 guō(统读)
过(除姓氏读 guō 外，
　都读 guò)

H

虾 há
　~蟆
哈(一)hǎ
　~达
　(二)hà
　~什蚂
汗 hán
　可~
巷 hàng
　~道
号 háo
　寒~虫
和(一)hè
　唱~　附~
　曲高~寡
　(二)huo
　搀~　搅~　暖~
　热~　软~
貉(一)hé(文)
　一丘之~
　(二)háo(语)
　~绒　~子
壑 hè(统读)
褐 hè(统读)
喝 hè
　~采　~道　~令
　~止　呼幺~六
鹤 hè(统读)
黑 hēi(统读)
亨 hēng(统读)
横(一)héng
　~肉　~行霸道
　(二)hèng
　蛮~　~财
訇 hōng(统读)
虹(一)hóng(文)
　~彩　~吸
　(二)jiàng(语)单说。
讧 hòng(统读)
囫 hú(统读)
瑚 hú(统读)

附 录

蝴 hú(统读)
桦 huà(统读)
徊 huái(统读)
踝 huái(统读)
浣 huàn(统读)
黄 huáng(统读)
荒 huang
　饥～(指经济困难)
诲 huì(统读)
贿 huì(统读)
会 huì
　一～儿　多～儿
　～厌(生理名词)
混 hùn
　～合　～乱　～凝土
　～淆　～血儿　～杂
蠖 huò(统读)
霍 huò(统读)
豁 huò
　～亮
获 huò(统读)

J

羁 jī(统读)
击 jī(统读)
奇 jī
　～数
赍 jī(统读)
缉(一)jī
　通～　侦～
　(二)qī
　～鞋口
几 jī
　茶～　条～
圾 jī(统读)
戢 jí(统读)
疾 jí(统读)
汲 jí(统读)
棘 jí(统读)
藉 jí
　狼～(籍)
嫉 jí(统读)
脊 jí(统读)

纪(一)jǐ〔姓〕
　(二)jì
　～念　～律　纲～
　～元
偈 jì
　～语
绩 jì(统读)
迹 jì(统读)
寂 jì(统读)
箕 ji
　簸～
辑 ji
　逻～
茄 jiā
　雪～
夹 jiā
　～带藏掖　～道儿
　～攻　～棍　～生
　～杂　～竹桃　～注
浃 jiā(统读)
甲 jiǎ(统读)
歼 jiān(统读)
鞯 jiān(统读)
间(一)jiān
　～不容发　中～
　(二)jiàn
　中～儿　～道　～谍
　～断　～或　～接
　～距　～隙　～续
　～阻　～作　挑拨
　离～
趼 jiǎn(统读)
俭 jiǎn(统读)
缰 jiāng(统读)
膙 jiǎng(统读)
嚼(一)jiáo(语)
　味同～蜡　咬文～字
　(二)jué(文)
　咀～　过屠门而大～
　(三)jiào
　倒～(倒嚼)
侥 jiāo
　～幸

角(一)jiǎo
　八～(大茴香)
　～落
　独～戏　～膜　～度
　～儿(犄～)　～楼
　号　勾心斗～
　口～(嘴～)
　鹿～菜　头～
　(二)jué
　～斗　～儿(脚色)
　口～(吵嘴)
　主～儿
　配～儿　～力捧～儿
脚(一)jiǎo
　根～
　(二)jué
　～儿(也作"角儿",
　　脚色)
剿(一)jiǎo
　围～
　(二)chāo
　～说　～袭
校 jiào
　～勘　～样　～正
较 jiào(统读)
酵 jiào(统读)
嗟 jiē(统读)
疖 jiē(统读)
结(除"～了个果子"、
　"开花～果"、"～
　巴"、"～实"念 jiē 之
　外,其他都念 jié)
睫 jié(统读)
芥(一)jiè
　～菜(一般的芥菜)
　～末
　(二)gài
　～菜(也作"盖菜")
　～蓝菜
矜 jīn
　～持自～　～怜
仅 jǐn
　～～　绝无～有

谨 jǐn(统读)
觐 jìn(统读)
浸 jìn(统读)
斤 jin
　千～顶(起重的工具)
茎 jīng(统读)
粳 jīng(统读)
鲸 jīng(统读)
境 jìng(统读)
痉 jìng(统读)
劲 jìng
　刚～
窘 jiǒng(统读)
究 jiū(统读)
纠 jiū(统读)
鞠 jū(统读)
鞫 jū(统读)
苴 jū(统读)
咀 jǔ
　～嚼
矩(一)jǔ
　～形
　(二)ju
　规～
俱 jù(统读)
龟 jūn
　～裂(也作"皲裂")
菌(一)jūn
　细～　病～　杆～
　霉～
　(二)jùn
　香～　～子
俊 jùn(统读)

K

卡(一)kǎ
　～宾枪　～车
　～介苗　～片
　～通
　(二)qiǎ
　～子　关～
揩 kāi(统读)

245

慨 kǎi(统读)
忾 kài(统读)
勘 kān(统读)
看 kān
　~管　~护　~守
慷 kāng(统读)
拷 kǎo(统读)
坷 kē
　~拉(垃)
疴 kē(统读)
壳(一)ké(语)
　~儿　贝~儿
　脑~　驳~枪
　(二)qiào(文)
　地~　甲~　躯~
可(一)kě
　~　~儿的
　(二)kè
　~汗
恪 kè(统读)
刻 kè(统读)
克 kè
　~扣
空(一)kōng
　~心砖　~城计
　(二)kòng
　~心吃药
抠 kōu
矻 kū(统读)
酷 kù(统读)
框 kuàng(统读)
矿 kuàng(统读)
傀 kuǐ(统读)
溃(一)kuì
　~烂
　(二)huì
　~脓
篑 kuì(统读)
括 kuò(统读)

L

垃 lā(统读)
邋 lā(统读)

罱 lǎn(统读)
缆 lǎn(统读)
蓝 lan
　苤~
琅 láng(统读)
捞 lāo(统读)
劳 láo(统读)
醪 láo(统读)
烙(一)lào
　~印　~铁　~饼
　(二)luò
　炮~　(古酷刑)
勒(一)lè(文)
　~逼　~令　~派
　~索　悬崖~马
　(二)lēi(语)
　多单用。
擂(除"~台"、"打~"
　读 lèi 外,都读 léi)
礌 léi(统读)
羸 léi(统读)
蕾 lěi(统读)
累(一)lèi
　(辛劳义,如"受~"
　〔受劳~〕)
　(二)léi
　(如"~赘")
　(三)lěi
　(牵连义,如"带~"、
　"~及"、"连~"、"赔
　~"、"牵~"、"受~"
　〔受牵~〕)
蠡(一)lí 管窥~测
　(二)lǐ
　~县　范~
喱 lí(统读)
连 lián(统读)
敛 liǎn(统读)
恋 liàn(统读)
量(一)liàng
　~入为出　忖~
　(二)liang
　打~　掂~

踉 liàng
　~跄
潦 liáo
　~草　~倒
劣 liè(统读)
捩 liè(统读)
趔 liè(统读)
拎 līn(统读)
遴 lín(统读)
淋(一)lín
　~浴　~漓　~巴
　(二)lìn
　~硝　~盐　~病
蛉 líng(统读)
榴 liú(统读)
馏(一)liú(文)
　如"干~"、"蒸~"。
　(二)liù(语)
　如"~馒头"。
熘 liū
　~金
碌 liù
　~碡
笼(一)lóng(名物义)
　~子　牢~
　(二)lǒng(动作义)
　~络　~括　~统
　~罩
偻(一)lóu
　佝~
　(二)lǚ
　伛~
瞜 lou
　眍~
氇 lǔ(统读)
掳 lǔ(统读)
露(一)lù(文)
　赤身~体　~天
　~骨　~头角
　藏头~尾　抛头~面
　~头(矿)
　(二)lòu(语)
　~富　~苗　~光

~相　~马脚
~头
橹 lǔ(统读)
撸(一)lǔ
　~胡子
　(二)luō
　~袖子
绿(一)lǜ(语)
　(二)lù(文)
　~林　鸭~江
峦 luán(统读)
挛 luán(统读)
掠 lüè(统读)
囵 lún(统读)
络 luò
　~腮胡子
落(一)luò(文)
　~膘　花生~　~魄
　涨~　~槽　~着
　(二)lào(语)
　~架　~色　~炕
　~枕　~儿
　~子(一种曲艺)
　(三)là(语) 遗落义。
　丢三~四　~在后面

M

脉(除"~~"念 mòmò
　外,一律念 mài)
漫 màn(统读)
蔓(一)màn(文)
　~延　不~不支
　(二)wàn(语)
　瓜~　压~
牤 māng(统读)
氓 máng
　流~
芒 máng(统读)
铆 mǎo(统读)
瑁 mào(统读)
虻 méng(统读)
盟 méng(统读)
祢 mí(统读)

眯(一)mí
　~了眼(灰尘等入目,也作"迷")
(二)mī
　~了一会儿(小睡)
　~缝着眼(微微合目)
靡(一)mí
　~费
(二)mǐ
　风~　委~　披~
秘(除"~鲁"读bì外,都读mì)
泌(一)mì(语)
　分~
(二)bì(文)
　~阳〔地名〕
娩 miǎn(统读)
缈 miǎo(统读)
皿 mǐn(统读)
闽 mǐn(统读)
茗 míng(统读)
酩 mǐng(统读)
谬 miù(统读)
摸 mō(统读)
模(一)mó
　~范　~式　~型
　~糊　~特儿
　~棱两可
(二)mú
　~子　~具　~样
膜 mó(统读)
摩 mó
　按~　抚~
嬷 mó(统读)
墨 mò(统读)
糢 mò(统读)
沫 mò(统读)
缪 móu
　绸~

N

难(一)nán

困~(或变轻声)
　~兄~弟(难得的兄弟,现多用作贬义)
(二)nàn
　排~解纷　发~
　刁~　责~　~兄~弟(共患难或同受苦难的人)
蝻 nǎn(统读)
蛲 náo(统读)
讷 nè(统读)
馁 něi(统读)
嫩 nèn(统读)
恁 nèn(统读)
妮 nī(统读)
拈 niān(统读)
鲇 nián(统读)
酿 niàng(统读)
尿(一)niào
　糖~病
(二)suī(只用于口语名词)
　~脬
嗫 niè(统读)
宁(一)níng
　安~
(二)nìng
　~可　无~〔姓〕
忸 niǔ(统读)
脓 nóng(统读)
弄(一)nòng
　玩~
(二)lòng
　~堂
暖 nuǎn(统读)
衄 nǜ(统读)
疟(一)nüè(文)
　~疾
(二)yào(语)
　发~子
娜(一)nuó
　婀~　袅~
(二)nà
　(人名)

O

殴 ōu(统读)
呕 ǒu(统读)

P

杷 pá(统读)
琶 pá(统读)
牌 pái(统读)
排 pái
　~子车
迫 pǎi
　~击炮
湃 pài(统读)
爿 pán(统读)
胖 pán
　心广体~(~为安舒貌)
蹒 pán(统读)
畔 pàn(统读)
乓 pāng(统读)
滂 pāng(统读)
脬 pāo(统读)
胚 pēi(统读)
喷(一)pēn
　~嚏
(二)pèn
　~香
(三)pen
　嚏~
澎 péng(统读)
坯 pī(统读)
披 pī(统读)
匹 pǐ(统读)
僻 pì(统读)
譬 pì(统读)
片(一)piàn
　~子　唱~　画~
　相~　影~　~儿会
(二)piān(口语一部分词)
　~子　~儿　唱~儿

画~儿　相~儿
　影~儿
剽 piāo(统读)
缥 piāo
　~缈(飘渺)
撇 piē(统读)
　~弃
聘 pìn(统读)
乒 pīng(统读)
颇 pō(统读)
剖 pōu(统读)
仆(一)pū
　前~后继
(二)pú
　~从
扑 pū(统读)
朴(一)pǔ
　俭~　~素　~质
(二)pō
　~刀
(三)pò
　~硝　厚~
璞 pǔ(统读)
瀑 pù
　~布
曝(一)pù
　一~十寒
(二)bào
　~光(摄影术语)

Q

栖 qī
　两~
戚 qī(统读)
漆 qī(统读)
期 qī(统读)
蹊 qī
　~跷
蛴 qí(统读)
畦 qí(统读)
萁 qí(统读)
骑 qí(统读)
企 qǐ(统读)

绮 qǐ(统读)
杞 qǐ(统读)
槭 qì(统读)
洽 qià(统读)
签 qiān(统读)
潜 qián(统读)
荨(一)qián(文)
　~麻
　(二)xún(语)
　~麻疹
嵌 qiàn(统读)
欠 qian
　打哈~
戕 qiāng(统读)
锵 qiāng
　~水
强(一)qiáng
　~渡　~取豪夺
　~制　博闻~识
　(二)qiǎng
　勉~　牵~　~词夺
　理　~迫　~颜为笑
　(三)jiàng
　倔~
襁 qiǎng(统读)
跄 qiàng(统读)
悄(一)qiāo
　~~儿的
　(二)qiǎo
　~默声儿的
橇 qiāo(统读)
翘(一)qiào(语)
　~尾巴
　(二)qiáo(文)
　~首　~楚　连~
怯 qiè(统读)
挈 qiè(统读)
趄 qie
　趔~
侵 qīn(统读)
衾 qīn(统读)
嗪 qín(统读)
倾 qīng(统读)

亲 qīng
　~家
穹 qióng(统读)
黢 qū(统读)
曲(麯)qū
　大~　红~　神~
渠 qú(统读)
瞿 qú(统读)
蠼 qú(统读)
苣 qǔ
　~荬菜
龋 qǔ(统读)
趣 qù(统读)
雀 què
　~斑　~盲症

R

髯 rán(统读)
攘 rǎng(统读)
桡 ráo(统读)
绕 rào(统读)
任 rén
　〔姓,地名〕
妊 rèn(统读)
扔 rēng(统读)
容 róng(统读)
糅 róu(统读)
茹 rú(统读)
嚅 rú(统读)
蠕 rú(统读)
辱 rǔ(统读)
挼 ruó(统读)

S

靸 sǎ(统读)
噻 sāi(统读)
散(一)sǎn
　懒~　零零~~
　~漫
　(二)san
　零~
丧 sang

哭~着脸
扫(一)sǎo
　~兴
　(二)sào
　~帚
埽 sào(统读)
色(一)sè(文)
　(二)shǎi(语)
塞(一)sè(文)
　(二)sāi(语)名物
　义,如："活~"、"瓶
　~";动作义,如："把
　洞~住"。
森 sēn(统读)
煞(一)shā
　~尾　收~
　(二)shà
　~白
啥 shá(统读)
厦(一)shà(语)
　(二)xià(文)
　~门　噶~
杉(一)shān(文)紫~
　红~　水~
　(二)shā(语)
　~篙　~木
衫 shān(统读)
姗 shān(统读)
苫(一)shàn(动作义,
　如"~布")
　(二)shān(名物义,
　如"草~子")
墒 shāng(统读)
猞 shē(统读)
舍 shè
　宿~
慑 shè(统读)
摄 shè(统读)
射 shè(统读)
谁 shéi,又音 shuí
娠 shēn(统读)
什(甚)shén
　~么

蜃 shèn(统读)
葚(一)shèn(文)
　桑~
　(二)rèn(语)
　桑~儿
胜 shèng(统读)
识 shí
　常~　~货　~字
似 shì
　~的
室 shì(统读)
螫(一)shì(文)
　(二)zhē(语)
匙 shi
　钥~
殊 shū(统读)
蔬 shū(统读)
疏 shū(统读)
叔 shū(统读)
淑 shū(统读)
莰 shū(统读)
熟(一)shú(文)
　(二)shóu(语)
署 shǔ(统读)
曙 shǔ(统读)
漱 shù(统读)
戍 shù(统读)
蟀 shuài(统读)
孀 shuāng(统读)
说 shuì
　游~
数 shuò
　~见不鲜
硕 shuò(统读)
蒴 shuò(统读)
艘 sōu(统读)
嗾 sǒu(统读)
速 sù(统读)
塑 sù(统读)
虽 suī(统读)
绥 suí(统读)
髓 suǐ(统读)
遂(一)suì

附 录

不~ 毛~自荐
（二）suí
半身不~
隧 suì(统读)
隼 sǔn(统读)
莎 suō
　~草
缩（一）suō
　收~
（二）sù
　~砂密（一种植物）
嗍 suō(统读)
索 suǒ(统读)

T

趿 tā(统读)
鳎 tǎ(统读)
獭 tǎ(统读)
沓（一）tà
　重~
（二）ta
　疲~
（三）dá
　一~纸
苔（一）tái(文)
（二）tāi(语)
探 tàn(统读)
涛 tāo(统读)
悌 tì(统读)
佻 tiāo(统读)
调 tiáo
　~皮
帖（一）tiē
　妥~　伏伏~~
　俯首~耳
（二）tiě
　请~　字~儿
（三）tiè
　字~　碑~
听 tīng(统读)
庭 tíng(统读)
骰 tóu(统读)
凸 tū(统读)

突 tū(统读)
颓 tuí(统读)
蜕 tuì(统读)
臀 tún(统读)
唾 tuò(统读)

W

娲 wā(统读)
挖 wā(统读)
瓦 wà
　~刀
喎 wāi(统读)
蜿 wān(统读)
玩 wán(统读)
惋 wǎn(统读)
脘 wǎn(统读)
往 wǎng(统读)
忘 wàng(统读)
微 wēi(统读)
巍 wēi(统读)
薇 wēi(统读)
危 wēi(统读)
韦 wéi(统读)
违 wéi(统读)
唯 wéi(统读)
圩（一）wéi
　~子
（二）xū
　~(墟)场
纬 wěi(统读)
委 wěi
　~靡
伪 wěi(统读)
萎 wěi(统读)
尾（一）wěi
　~巴
（二）yǐ
　马~儿
尉 wèi
　~官
文 wén(统读)
闻 wén(统读)
紊 wěn(统读)

喔 wō(统读)
蜗 wō(统读)
硪 wò(统读)
诬 wū(统读)
梧 wú(统读)
牾 wǔ(统读)
乌 wù
　~拉（也作"靰鞡"）
　~拉草
杌 wù(统读)
鹜 wù(统读)

X

夕 xī(统读)
汐 xī(统读)
晰 xī(统读)
析 xī(统读)
皙 xī(统读)
昔 xī(统读)
溪 xī(统读)
悉 xī(统读)
熄 xī(统读)
蜥 xī(统读)
螅 xī(统读)
惜 xī(统读)
锡 xī(统读)
樨 xī(统读)
袭 xí(统读)
檄 xí(统读)
峡 xiá(统读)
暇 xiá(统读)
吓 xià
　杀鸡~猴
鲜 xiān
　屡见不~　数见不~
锨 xiān(统读)
纤 xiān
　~维
涎 xián(统读)
弦 xián(统读)
陷 xiàn(统读)
霰 xiàn(统读)
向 xiàng(统读)

相 xiàng
　~机行事
淆 xiáo(统读)
哮 xiào(统读)
些 xiē(统读)
颉 xié
　~颃
携 xié(统读)
偕 xié(统读)
挟 xié(统读)
械 xiè(统读)
馨 xīn(统读)
囟 xìn(统读)
行 xíng
　操~　德~　发~
　品~
省 xǐng
　内~　反~　~亲
　不~人事
芎 xiōng(统读)
朽 xiǔ(统读)
宿 xiù
　星~　二十八~
煦 xù(统读)
蓿 xu
　苜~
癣 xuǎn(统读)
削（一）xuē(文)
　剥~　~减　瘦~
（二）xiāo(语)
　切~　~铅笔
　~球
穴 xué(统读)
学 xué(统读)
雪 xuě(统读)
血（一）xuè(文)用于复音词及成语，如"贫~"、"心~"、"呕心沥~"、"~泪史"、"狗~喷头"等。
（二）xiě(语)口语多单用，如"流了点儿

~"及几个口语常用词,如:"鸡~"、"~晕"、"~块子"等。
谑 xuè(统读)
寻 xún(统读)
驯 xùn(统读)
逊 xùn(统读)
熏 xùn
　煤气~着了
徇 xùn(统读)
殉 xùn(统读)
蕈 xùn(统读)

Y

押 yā(统读)
崖 yá(统读)
哑 yǎ
　~然失笑
亚 yà(统读)
殷 yān
　~红
芫 yán
　~荽
筵 yán(统读)
沿 yán(统读)
焰 yàn(统读)
夭 yāo(统读)
肴 yáo(统读)
杳 yǎo(统读)
舀 yǎo(统读)
钥(一)yào(语)
　~匙
　(二)yuè(文)
　锁~
曜 yào(统读)
耀 yào(统读)
椰 yē(统读)
噎 yē(统读)
叶 yè
　~公好龙
曳 yè
　弃甲~兵　摇~
　~光弹

屹 yì(统读)
轶 yì(统读)
谊 yì(统读)
懿 yì(统读)
诣 yì(统读)
艾 yì
　自怨自~
荫 yìn(统读)
("树~"、"林~道"应作"树阴"、"林荫道")
应(一)yīng
　~届　~名儿　~许
　提出的条件他都~了
　是我~下来的任务
　(二)yìng
　~承　~付　~声
　~时　~验　~邀
　~用　~运　~征
　里~外合
萦 yíng(统读)
映 yìng(统读)
佣 yōng
　~工
庸 yōng(统读)
臃 yōng(统读)
壅 yōng(统读)
拥 yōng(统读)
踊 yǒng(统读)
咏 yǒng(统读)
泳 yǒng(统读)
莠 yǒu(统读)
愚 yú(统读)
娱 yú(统读)
愉 yú(统读)
伛 yǔ(统读)
屿 yǔ(统读)
吁 yù
　呼~
跃 yuè(统读)
晕(一)yūn
　~倒　头~
　(二)yùn

　月~　血~　~车
酝 yùn(统读)

Z

匝 zā(统读)
杂 zá(统读)
载(一)zǎi
　登~　记~
　(二)zài
　搭~　怨声~道
　重~　装~
　~歌~舞
簪 zān(统读)
咱 zán(统读)
暂 zàn(统读)
凿 záo(统读)
择(一)zé
　选~
　(二)zhái
　~不开　~菜　~席
贼 zéi(统读)
憎 zēng(统读)
甑 zèng(统读)
喳 zhā
　唧唧~~
轧(除"~钢"、"~辊"念zhá外,其他都念yà)
(gá为方言,不审)
摘 zhāi(统读)
粘 zhān
　~贴
涨 zhǎng
　~落　高~
着(一)zháo
　~慌　~急　~家
　~凉　~忙　~迷
　~水　~雨
　(二)zhuó
　~落　~手　~眼
　~意　~重
　不~边际
　(三)zhāo
　失~

沼 zhǎo(统读)
召 zhào(统读)
遮 zhē(统读)
蛰 zhé(统读)
辙 zhé(统读)
贞 zhēn(统读)
侦 zhēn(统读)
帧 zhēn(统读)
胗 zhēn(统读)
枕 zhěn(统读)
诊 zhěn(统读)
振 zhèn(统读)
知 zhī(统读)
织 zhī(统读)
脂 zhī(统读)
植 zhí(统读)
殖(一)zhí
　繁~　生~　~民
　(二)shi
　骨~
指 zhǐ(统读)
掷 zhì(统读)
质 zhì(统读)
蛭 zhì(统读)
秩 zhì(统读)
栉 zhì(统读)
炙 zhì(统读)
中 zhōng
　人~(人口上唇当中处)
种 zhòng
　点~(义同"点播"。动宾结构念diǎnzhǒng,义为点播种子)
诌 zhōu(统读)
骤 zhòu(统读)
轴 zhòu
　大~子戏　压~子
碡 zhou
　碌~
烛 zhú(统读)
逐 zhú(统读)

属 zhǔ
　~望
筑 zhù(统读)
著 zhù
　土~
转 zhuǎn
　运~
撞 zhuàng(统读)
幢(一)zhuàng
　一~楼房
　(二)chuáng
　经~(佛教所设刻有经咒的石柱)
拙 zhuō(统读)
茁 zhuó(统读)
灼 zhuó(统读)
卓 zhuó(统读)
综 zōng
　~合
纵 zòng(统读)
粽 zòng(统读)
镞 zú(统读)
组 zǔ(统读)
钻(一)zuān
　~探　~孔
　(二)zuàn
　~床　~杆　~具
佐 zuǒ(统读)
唑 zuò(统读)
柞(一)zuò
　~蚕　~绸
　(二)zhà
　~水(在陕西)
做 zuò(统读)
作(除"~坊"读 zuō 外,其余都读 zuò)

附录 I

常见多音字表

(按第①音汉语拼音字母顺序排列)

A

阿①ā　阿姨　阿拉伯
　②ē　阿谀　阿胶
挨①āi　挨次　挨近
　②ái　挨打　挨时间
艾①ài　方兴未艾　艾绒
　②yì　自怨自艾
拗①ào　拗口
　②niù　执拗
熬①āo　熬白菜　熬豆腐
　②áo　熬药　熬夜

B

扒①bā　扒开　扒皮
　②pá　扒手　扒鸡
把①bǎ　把握　把持　把柄
　②bà　刀把儿　话把儿
耙①bà　耙地　钉齿耙
　②pá　耙子　耙开
百①bǎi　百货　百花齐放
　②bó　百色(地名)
柏①bǎi　柏树　柏油　姓柏
　②bó　柏林(地名)
膀①bǎng　肩膀　翅膀
　②bàng　吊膀
　③pāng　膀肿
　④páng　膀胱
蚌①bàng　河蚌　鹬蚌相争
　②bèng　蚌埠(地名)
磅①bàng　过磅　磅秤
　②páng　磅礴
薄①báo　薄冰　薄云　薄地
　②bó　淡薄　刻薄
　③bò　薄荷
堡①bǎo　碉堡　堡垒

　②bǔ　堡子　瓦窑堡
　③pù　十里堡(地名)
暴①bào　暴露　暴躁
　②pù　一暴十寒
背①bēi　背包　背枪
　②bèi　脊背　背诵
奔①bēn　奔跑　奔波
　②bèn　投奔　奔头儿
绷①bēng　绷带　绷紧
　②běng　绷着个脸
　③bèng　绷硬　绷直
辟①bì　复辟　辟邪
　②pī　辟头
　③pì　开辟　辟谣
臂①bì　手臂　臂膀
　②bei　胳臂
扁①biǎn　扁担　扁豆
　②piān　扁舟
便①biàn　方便　便利
　②pián　便宜　大腹便便
别①bié　分别　类别
　②biè　别扭
瘪①biē　瘪三
　②biě　干瘪　瘪嘴
剥①bō　剥削
　②bāo　剥皮　剥花生
伯①bó　老伯　伯父
　②bǎi　大伯子(夫兄)
卜①bo　萝卜
　②bǔ　占卜　预卜

C

采①cǎi　采用　采购
　②cài　采地　采邑
参①cān　参加　参考
　②cēn　参差不齐

　③shēn　人参　海参
藏①cáng　埋藏　藏书
　②zàng　西藏　宝藏
侧①cè　侧面　侧目
　②zhāi　侧歪　侧棱
　③zè　平侧(仄)
叉①chā　刀叉　交叉
　②chá　叉住
　③chǎ　叉着腿
　④chà　叉路
差①chā　偏差　差错
　②chà　差不多
　③chāi　出差　差遣
　④cī　参差不齐
拆①chāi　拆卸　拆信
　②cā　拆烂污
颤①chàn　颤动　颤抖
　②zhàn　颤栗　打颤
长①cháng　长短　特长
　②zhǎng　生长　长辈
场①cháng　场院　打场
　②chǎng　场合　冷场
朝①zhāo　朝阳　朝气
　②cháo　朝代　朝廷
吵①chāo　吵吵
　②chǎo　争吵　吵闹
车①chē　车马　车辆
　②jū　车(象棋棋子名)
称①chēng　称呼　称道
　②chèng　秤杆　秤钩
　③chèn　称心　对称
匙①chí　汤匙
　②shi　钥匙
仇①chóu　仇敌　报仇
　②qiú　仇(姓)
臭①chòu　臭气

附 录

②xiù 乳臭 铜臭
处①chǔ 处罚 处置
　②chù 处所 妙处
畜①chù 畜牲 畜力
　②xù 畜养 畜牧
揣①chuāi 揣在怀里
　②chuǎi 揣测 揣摩
　③chuài 挣揣
传①chuán 传递 宣传
　②zhuàn 小传 传记
幢①chuáng 人影幢幢
　②zhuàng 一幢楼
创①chuāng 重创 创伤
　②chuàng 创作 创造
刺①cī 刺溜
　②cì 刺杀 讽刺 鱼刺
攒①cuán 攒动 攒射
　②zǎn 积攒
撮①cuō 一撮儿盐
　②zuǒ 一撮毛

D

答①dā 答应 答理
　②dá 问答 报答
打①dá 一打铅笔
　②dǎ 打击 打扫
大①dà 大众 大约
　②dài 大夫(医生)
待①dāi 待一会儿
　②dài 等待 待遇
逮①dǎi 逮老鼠
　②dài 逮捕
担①dān 担负 担任
　②dàn 担子 重担
单①dān 单独 简单
　②chán 单于
　③shàn 单(姓)
弹①dàn 子弹 炸弹
　②tán 弹琴 弹性
当①dāng 当天 当时
　②dàng 妥当 当真
挡①dǎng 阻挡 遮挡
　②dàng 摒挡

倒①dǎo 倒下 倒闭
　②dào 倒退 倒茶
提①dī 提防 提溜
　②tí 提高 提取
得①dé 得意 得当
　②de 好得很 看得见
　③děi 可得注意
的①dí 的确
　②dì 目的 有的放矢
　③de 我的书 红的花
翟①dí 墨翟(墨子)
　②zhái 翟(姓)
地①dì 地球 土地
　②de 好好地学习
佃①diàn 佃户 佃农
　②tián 佃作
调①diào 调查 调动
　②tiáo 调和 调皮
钉①dīng 钉子 钉耙
　②dìng 钉扣子
都①dū 首都 都市
　②dōu 都是 都要
读①dú 读书 朗读
　②dòu 句读
肚①dǔ 猪肚子 羊肚子
　②dù 肚子 肚量
度①dù 程度 度量
　②duó 忖度 揣度
囤①dùn 粮囤 花生囤
　②tún 囤积 囤粮

E

恶①ě 恶心
　②è 恶劣 凶恶 恶化
　③wū (叹词,表示惊讶)
　④wù 可恶 厌恶

F

发①fā 发生 发言
　②fà 头发 发动
番①fān 番茄 三番五次
　②pān 番禺(地名)

坊①fāng 牌坊 坊巷
　②fáng 作坊 染坊
菲①fēi 芳菲 菲律宾
　②fěi 菲薄 菲仪
分①fēn 区分 分数
　②fèn 成分 充分
缝①féng 缝合 缝纫
　②fèng 缝隙 裂缝
　③feng 裁缝 缝纫工
佛①fó 佛教 佛山(地名)
　②fú 仿佛
服①fú 服装 服务
　②fù 一服药
脯①fǔ 肉脯 果脯
　②pú 胸脯

G

盖①gài 盖子 覆盖
　②gě 盖(姓)
干①gān 干燥 干涉
　②gàn 干活 才干
杆①gān 旗杆 栏杆
　②gǎn 枪杆 笔杆
岗①gāng 山岗 花岗石
　②gǎng 岗位 岗楼
膏①gāo 牙膏 膏药
　②gào 膏油 膏墨
搁①gē 搁笔 搁浅
　②gé 搁不住
蛤①gé 蛤蜊 蛤蚧
　②há 蛤蟆
葛①gé 葛巾 瓜葛
　②gě 葛(姓)
个①gě 自个儿
　②gè 个别 个人
给①gěi 送给
　②jǐ 供给 给予
更①gēng 更换 更改
　②gèng 更加 更好
颈①gěng 脖颈子
　②jǐng 颈椎 长颈鹿
供①gōng 供给 供销
　②gòng 口供 供职

·253·

估①gū　估计　估量
　②gù　估衣
骨①gū　骨碌　骨朵儿
　②gǔ　骨肉　骨干
谷①gǔ　谷子　山谷
　②yù　吐谷浑(族名)
观①guān　观看　乐观
　②guàn　姓观　白云观(道教的庙宇)
冠①guān　加冠　衣冠
　②guàn　冠军　姓冠
龟①guī　乌龟　龟甲
　②jūn　龟裂
　③qiū　龟兹(地名)
过①guō　过费　过(姓)
　②guò　经过　过分
　③guo　吃过　去过

H

哈①hā　哈萨克　哈腰
　②hǎ　哈达　姓哈
　③hà　哈巴
汗①hán　可汗
　②hàn　汗水　汗颜
巷①hàng　巷道
　②xiàng　街巷
吭①háng　引吭高歌
　②kēng　吭声
好①hǎo　好人　友好
　②hào　爱好　好高骛远
号①háo　呼号　号叫
　②hào　称号　号召
喝①hē　喝水
　②hè　喝采　喝令
和①hé　和睦　和谐
　②hè　应和　附和
　③hú　和了(麻将牌戏用语，意为赢)
　④huó　和面　和泥
　⑤huò　和药
　⑥huo　搅和　搅和
合①hé　合眼　合作
　②gě　一合米

荷①hé　荷花　荷包
　②hè　负荷　感荷
核①hé　杏核　核对
　②hú　桃核儿
貉①hé　一丘之貉
　②háo　貉绒　貉子
横①héng　横行　纵横
　②hèng　蛮横　横财
哄①hōng　哄动　哄堂大笑
　②hǒng　哄骗
　③hòng　起哄　一哄而散
红①hóng　红色　红旗
　②gōng　女红
虹①hóng　彩虹　虹吸
　②jiàng　出虹了
糊①hū　用泥把墙缝糊上
　②hú　糊涂　糊口
　③hù　糊弄　辣椒糊
华①huá　中华　华丽
　②huà　华(姓)　华山
划①huá　划船　划算
　②huà　划分　计划
还①hái　还是　还要
　②huán　还原　归还
晃①huǎng　明晃晃　晃眼
　②huàng　摇晃　晃动
会①huì　会合　会议
　②kuài　会计　财会
混①hún　混蛋　混水摸鱼
　②hùn　混合　混沌
豁①huō　豁口　豁出命
　②huò　豁亮　豁达
　③huá　豁拳

J

缉①jī　通缉　缉拿
　②qī　缉鞋口
几①jī　茶几　几案
　②jǐ　几何　几个
纪①jǐ　纪(姓)
　②jì　纪念　纪律
济①jǐ　济南(地名)　济济
　②jì　救济　经济

茄①jiā　雪茄
　②qié　茄子
夹①jiā　夹道　夹子
　②jiá　夹袄　夹被
　③gā　夹肢窝
贾①jiǎ　姓贾
　②gǔ　商贾
假①jiǎ　真假　假借
　②jià　假期　假日
间①jiān　中间　晚间
　②jiàn　间断　间谍
监①jiān　监察　监考
　②jiàn　监利(地名)　监生　姓监
槛①jiàn　兽槛　槛车
　②kǎn　门槛
将①jiāng　将军　将来
　②jiàng　将领　将官
浆①jiāng　豆浆　泥浆
　②jiàng　浆糊
降①jiàng　降低　姓降
　②xiáng　投降　降伏
嚼①jiáo　嚼碎　嚼舌
　②jiào　倒嚼
　③jué　咀嚼
侥①jiǎo　侥幸
　②yáo　僬侥(传说中的矮人)
角①jiǎo　角落　号角
　②jué　角色　角斗
脚①jiǎo　根脚　脚本
　②jué　脚(角)色
教①jiāo　教书　教给
　②jiào　教师　教育
校①jiào　校场　校改
　②xiào　学校　院校
节①jiē　节子　节骨眼
　②jié　节目　节省
结①jiē　结果　结实
　②jié　团结　结合
解①jiě　解除　解渴
　②jiè　解元　押解
　③xiè　解县　解(姓)
芥①jiè　芥菜　芥末

②gài 芥蓝菜
藉①jiè 枕藉 慰藉
　②jí 狼藉
尽①jǐn 尽管 尽可能
　②jìn 尽力 尽职
禁①jīn 禁受 不禁
　②jìn 禁止 禁锢
劲①jìn 干劲 劲头
　②jìng 强劲 劲草
据①jū 拮据
　②jù 据点 根据
矩①jǔ 矩形
　②ju 规矩
卷①juǎn 卷尺 卷烟
　②juàn 卷宗 试卷
觉①jué 感觉 觉悟
　②jiào 睡觉
倔①jué 倔强
　②juè 倔头倔脑
菌①jūn 细菌 霉菌
　②jùn 香菌 菌子
浚①jùn 浚河 疏浚
　②xùn 浚县(地名)

K

咖①kā 咖啡
　②gā 咖喱
卡①kǎ 卡车 卡片
　②qiǎ 关卡 卡子
看①kān 看守 看管
　②kàn 看待 看病
扛①káng 扛活 扛长工
　②gāng 力能扛鼎
坷①kē 坷垃
　②kě 坎坷
壳①ké 贝壳 脑壳
　②qiào 地壳 甲壳
可①kě 可恨 可以
　②kè 可汗
吭①kēng 一声不吭
　②háng 引吭高歌
空①kōng 天空 空想
　②kòng 空白 空闲

溃①kuì 溃决 溃败
　②huì 溃脓

L

拉①lā 拉车 拉倒
　②lá 手上拉了个口子
　③lǎ 半拉西瓜
　④là 拉拉蛄
烙①lào 烙印 烙铁
　②luò 炮(páo)烙
勒①lè 勒令 勒索
　②lēi 勒紧点儿
乐①lè 快乐 乐观
　　乐(姓)
　②yuè 音乐
　　乐(姓)
　　(与lè不同姓)
擂①léi 擂鼓
　②lèi 擂台 打擂
累①léi 累赘
　②lěi 积累
　③lèi 劳累
俩①liǎ 咱俩 俩人
　②liǎng 伎俩
量①liáng 丈量 计量
　②liàng 数量 力量
　③liang 打量 掂量
撩①liāo 撩起来
　②liáo 撩拨
燎①liáo 燎原
　②liǎo 把头发燎起来
淋①lín 淋浴 淋漓
　②lìn 淋病 淋盐
令①líng 姓令
　②lǐng 一令纸
　③lìng 命令 令箭
溜①liū 溜走 溜须拍马
　②liù 一溜烟儿跑了
馏①liú 蒸馏
　②liù 馏饭
陆①liù 第六
　②lù 六安(地名)
笼①lóng 笼子 牢笼

②lǒng 笼络 笼统
偻①lóu 佝偻
　②lǚ 伛偻
搂①lōu 搂柴火
　②lǒu 搂抱
陆①lù 陆地 姓陆
　②liù "六"的大写
露①lù 露天 露骨
　②lòu 露面 露马脚
绿①lǜ 绿林 鸭绿江
　②lù 绿地 绿茵
捋①lǚ 捋胡子
　②luō 捋袖子
络①luò 络绎 经络
　②lào 络子
率①lǜ 效率 比率
　②shuài 率领 轻率
论①lún 《论语》
　②lùn 评论 讨论
落①luò 落魄 着落
　②lào 落枕 落色
　③là 丢三落四 落下

M

蚂①mā 蚂螂
　②mǎ 蚂蚁 蚂蟥
　③mà 蚂蚱
埋①mái 埋伏 埋藏
　②mán 埋怨
脉①mài 脉络 山脉
　②mò 脉脉含情
蔓①mán 蔓青
　②màn 蔓延 枝蔓
　③wàn 瓜蔓 压蔓
氓①máng 流氓
　②méng 古指百姓
没①méi 没有
　②mò 沉没 没收
闷①mēn 闷热 闷饭
　②mèn 闷气 苦闷
蒙①mēng 蒙骗 打蒙了
　②méng 启蒙 蒙蔽
　③měng 蒙古族

眯①mī 眯缝 笑眯眯
　②mí 沙子眯了眼
靡①mí 靡费 奢靡
　②mǐ 风靡 委靡
秘①mì 秘密 秘诀
　②bì 秘鲁 秘(姓)
泌①mì 分泌
　②bì 泌阳(地名)
模①mó 模范 模糊
　②mú 模具 模样
磨①mó 磨练 折磨
　②mò 磨坊 磨豆腐
缪①móu 绸缪
　②miù 纰缪
　③miào 缪(姓)
抹①mǒ 涂抹 抹眼泪
　②mò 抹墙 转弯抹角
　③mā 抹布 抹不下脸

N

哪①na 干哪
　②nǎ 哪里
　③né 哪吒
　④něi 哪年
那①nà 那里
　②nèi 那个(那一个)
　③nā 那(姓)
难①nán 艰难 困难
　②nàn 责难 灾难
呢①ne 怎么办呢
　②ní 呢喃 毛呢
泥①ní 泥土 印泥
　②nì 泥墙 拘泥
尿①niào 尿素 尿布
　②suī 尿泡
宁①níng 安宁 宁静
　②nìng 宁可 宁(姓)
拧①níng 拧毛巾
　②nǐng 拧螺丝 弄拧了
　③nìng 拧脾气
弄①nòng 玩弄 弄饭
　②lòng 弄堂
疟①nüè 疟疾

　②yào 发疟子
娜①nuó 袅娜 婀娜
　②nà （用于人名）安娜

O

哦①ó 哦,是这么回事
　②ò 哦,我明白了
　③é 吟哦

P

排①pái 排除 排行
　②pǎi 排子车
迫①pǎi 迫击炮
　②pò 逼迫
胖①pán 心广体胖
　②pàng 肥胖
刨①páo 刨除 刨土
　②bào 刨床 刨冰
炮①páo 炮制
　②pào 火炮 高炮
　③bāo 炮羊肉
跑①páo 虎跑泉(在杭州)
　②pǎo 跑步 逃跑
泡①pāo 泡桐 眼泡
　②pào 泡沫 泡影
喷①pēn 喷射 喷嚏
　②pèn 喷香
　③bāo 噗噗
劈①pī 劈木头 劈面
　②pǐ 劈柴 劈麻
片①piān 影片儿 相片儿
　②piàn 片面 一片
缥①piāo 缥缈
　②piǎo 缥—青白色(的丝织品)
漂①piāo 漂浮 漂流
　②piǎo 漂白 漂白粉
　③piào 漂亮
撇①piē 撇开 撇弃
　②piě 撇嘴 撇捺
屏①píng 屏风 荧光屏
　②bǐng 屏除 摒弃

　③bīng 屏营
迫①pò 压迫 被迫
　②pǎi 迫击炮
魄①pò 魄力 气魄
　②tuò 落魄
仆①pū 前仆后继
　②pú 仆人 公仆
铺①pū 铺垫 铺张
　②pù 床铺 铺面
朴①pǔ 俭朴 朴素
　②pō 朴刀
　③pò 厚朴 朴树
　④piáo 朴(姓)
瀑①pù 瀑布
　②bào 瀑河(水名)
曝①pù 一曝十寒
　②bào 曝光

Q

栖①qī 两栖 栖息
　②xī 栖栖
妻①qī 夫妻
　②qì （以女嫁人）
蹊①qī 蹊跷
　②xī 蹊径
奇①qí 奇怪 引以为奇
　②jī 奇数 奇偶
稽①qí 稽首
　②jī 滑稽
铅①qiān 铅矿 铅笔
　②yán 铅山(地名)
荨①qián 荨麻
　②xún 荨麻疹
欠①qiàn 欠缺 欠债
　②qian 呵欠
呛①qiāng 呛着了 吃呛了
　②qiàng 呛人 够呛
强①qiáng 强大 能力强
　②qiǎng 强迫 强词夺理
　③jiàng 倔强 脾气强
悄①qiāo 静悄悄
　②qiǎo 悄然 悄寂
翘①qiáo 翘首 连翘

附 录

②qiào 翘尾巴
切①qiē 切磋 切割
　②qiè 急切 切实
茄①qié 茄子 番茄
　②jiā 雪茄烟
亲①qīn 亲近 亲密
　②qìng 亲家
区①qū 区别 地区
　②ōu 区(姓)
曲①qū 大曲 弯曲
　②qǔ 歌曲 曲艺
圈①quān 圆圈 圈点
　②juàn 猪圈
　③juān 把鸭圈起来
雀①què 麻雀 雀斑
　②qiāo 雀子
　③qiǎo 雀盲眼

R

嚷①rāng 嚷嚷
　②rǎng 吵嚷 喧嚷
任①rén 任县(地名)
　　　任(姓)
　②rèn 任务 任命

S

撒①sā 撒网 撒谎
　②sǎ 撒种
塞①sāi 塞子 塞住
　②sài 要塞
　③sè 阻塞 塞音
散①sǎn 懒散 零散
　②sàn 散会 散布
丧①sāng 丧乱 丧事
　②sàng 丧失 丧权
扫①sǎo 扫地
　②sào 扫帚
色①sè 色彩 颜色
　②shǎi 落色 褪色
刹①shā 刹车
　②chà 古刹 刹那
煞①shā 煞尾 煞车

②shà 煞白 煞费苦心
杉①shā 杉篙 杉木
　②shān 杉树
厦①shà 广厦 大厦
　②xià 厦门(地名)
扇①shān 煽动 扇扇子
　②shàn 扇子 电风扇
上①shǎng 上声
　②shàng 山上 上班
少①shě 多少
　②shè 少年
蛇①shé 毒蛇
　②yí 委蛇
折①shé 折本
　②zhē 折腾
　③zhé 折合
舍①shě 舍弃 施舍
　②shè 校舍 退避三舍
甚①shén 甚(什)么
　②shèn 甚至
省①shěng 省会 节省
　②xǐng 反省 省亲
盛①shèng 茂盛 盛况
　②chéng 盛饭
什①shí 什物 什锦
　②shén 什么
石①shí 石头
　②dàn 一石米
识①shí 识别 识字
　②zhì 标识 博闻强识
熟①shú （文）
　②shóu （语）
属①shǔ 家属 属于
　②zhǔ 属文 属望
术①shù 技术 术语
　②zhú 白术(中药名)
数①shù 数字 数目
　②shǔ 数落 数不清
　③shuò 数见不鲜
刷①shuā 刷子 刷新
　②shuà 刷白
说①shuō 说话 说辞
　②shuì 游说 说客

③shuò 同(悦)
似①sì 相似 似乎
　②shì 似的
伺①sì 伺机 窥伺
　②cì 伺候
宿①sù 住宿 宿愿
　②xiǔ 一宿
　③xiù 星宿
遂①suí 半身不遂
　②suì 遂心 未遂

T

踏①tā 踏实
　②tà 踏步 践踏
苔①tāi 舌苔
　②tái 青苔 苔藓
提①tí 提倡 提成
　②dī 提防
体①tǐ 体己话
　②tǐ 身体 体验
调①tiáo 调皮 调制
　②diào 调换 调配
挑①tiāo 挑水 挑选
　②tiǎo 挑战 挑拨
帖①tiē 妥帖 伏帖
　②tiě 请帖 字帖儿
　③tiè 碑帖
通①tōng 通知 统称
　②tòng 说了一通
同①tóng 同样 同意
　②tòng 胡同
吐①tǔ 吐气 吐痰
　②tù 呕吐 吐沫
驮①tuó 驮运
　②duò 驮子
拓①tuò 开拓 落拓
　②tà 拓本 拓片

W

瓦①wǎ 瓦器 瓦房
　②wà 瓦刀
万①wàn 万一 万物

257

②mò 万俟(qí)
　　（复姓）
为①wéi 作为 成为
　②wèi 为了 因为
尾①wěi 尾巴 末尾
　②yǐ 马尾儿
委①wěi 委屈 委托
　②wēi 委蛇
尉①wèi 尉官 尉姓
　②yù 尉迟(姓)
　　尉犁(地名)
乌①wū 乌黑 乌鸦
　②wù 乌拉草
挝①wō 老挝(国名)
　②zhuā 挝鼓

X

铣①xǐ 铣床
　②xiǎn 铣铁
系①xì 系统 关系
　②jì 系带子
吓①xià 吓唬 吓人
　②hè 威吓 恐吓
厦①xià 厦门(地名)
　②shà 大厦
纤①xiān 纤维 纤细
　②qiàn 拉纤
鲜①xiān 鲜美 鲜明
　②xiǎn 鲜见 朝鲜
相①xiāng 互相 相信
　②xiàng 相貌 相声
巷①xiàng 大街小巷
　②hàng 巷道
削①xiāo 削皮
　②xuē 剥削 削弱
校①xiào 学校 校官
　②jiào 校正 校对
芯①xīn 灯芯
　②xìn 芯子
兴①xīng 兴旺 兴奋
　②xìng 高兴 兴趣
行①xíng 举行 发行
　②háng 行市 银行

③hàng 树行子
畜①xù 畜牧
　②chù 牲畜
旋①xuán 旋转 凯旋
　②xuàn 旋风
血①xuè 血液 心血
　②xiě 流血了
熏①xūn 熏染 熏陶
　②xùn 煤气熏人

Y

哑①yā 哑哑(象声词)的学语
　②yǎ 哑然 哑场
咽①yān 咽喉 咽头
　②yàn 吞咽 咽气
　③yè 呜咽 哽咽
燕①yān 燕山 姓燕
　②yàn 燕子 燕居
要①yāo 要求 要挟
　②yào 需要 紧要
叶①yè 树叶 荷叶
　②xié 叶韵
掖①yē 把被子掖好
　②yè 奖掖 扶掖
遗①yí 遗忘 遗失
　②wèi 遗赠
殷①yīn 殷实 殷切
　②yān 殷红
钥①yào 钥匙
　②yuè 锁钥
饮①yǐn 饮食 冷饮
　②yìn 饮马
应①yīng 应届 应该
　②yìng 应付 应承
佣①yōng 雇佣 佣工
　②yòng 佣金 佣钱
与①yǔ 与其 相与
　②yù 参与 与会
吁①yū 象声词、吆喝牲口的
　　　声音
　②yù 呼吁 吁求
　③xū 长吁短叹
员①yuán 学员 动员

②yún 伍员(古人名)
　③yùn 员(姓)
钥①yào 钥匙(语)
　②yuè 锁钥(文)
晕①yūn 晕倒 头晕
　②yùn 月晕 晕车

Z

载①zǎi 登载 一年半载
　②zài 装载 载歌载舞
攒①zǎn 积攒
　②cuán 攒凑 攒集
脏①zāng 肮脏
　②zàng 内脏
择①zé 选择 抉择
　②zhái 择菜 择席
曾①zēng 曾祖 曾(姓)
　②céng 曾经
咋①zhā 咋呼
　②zhà 咋舌
　③zǎ 咋办
扎①zhá 挣扎
　②zhā 扎根 扎实
　③zā 扎彩 一扎啤酒
轧①zhá 轧钢 轧辊
　②yà 倾轧 轧花
炸①zhá 炸糕 油炸
　②zhà 轰炸 爆炸
栅①zhà 栅栏
　②shān 栅极
粘①zhān 粘贴 粘连
　②nián 粘稠 粘土
占①zhān 占卜
　②zhàn 占领
涨①zhǎng 涨落 涨价
　②zhàng 涨红了脸
召①zhào 号召 召开
　②shào 姓召
折①zhē 折跟头 折腾
　②zhé 转折 折服
　③shé 折本 腿折了
挣①zhēng 挣扎
　②zhèng 挣脱 挣钱

正①zhēng　正月
　②zhèng　正面　正确
症①zhēng　症结
　②zhèng　急症　症候
殖①zhí　繁殖　殖民
　②shi　骨殖
只①zhī　船只　只身
　②zhǐ　只有　只要
峙①zhì　对峙
　②shì　繁峙(地名)
中①zhōng　中心　空中
　②zhòng　中肯　中毒
种①chóng　种(姓)
　②zhǒng　种类　种族
　③zhòng　耕种　种植

重①zhòng　重量　重视
　②chóng　重复　重阳
轴①zhóu　轴承　轮轴
　②zhòu　压轴戏
爪①zhǎo　爪牙　张牙舞爪
　②zhuǎ　爪子
拽①zhuāi　把球拽得老远
　②zhuài　生拉硬拽
属①zhǔ　属望　属文
　②shǔ　种属　亲属
转①zhuǎn　转运　转折
　②zhuàn　转动　转速
椎①zhuī　脊椎骨
　②chuí　铁椎　椎鼓
着①zhuó　着重　着手

　②zhāo　高着儿
　③zháo　着急　着迷
　④zhe　顺着　忙着
兹①zī　兹日　兹订于
　②cí　龟兹(地名)
仔①zī　仔肩
　②zǐ　仔细
　③zǎi　牛仔裤
钻①zuān　钻探　钻研
　②zuàn　钻头　钻石
作①zuō　作坊
　②zuò　工作　振作
柞①zuò　柞蚕　柞绸
　②zhà　柞水(地名)

参考文献

[1] 国家语言文字工作委员会普通话培训测试中心．普通话水平测试实施纲要［M］．北京：商务印书馆，2004．
[2] 宋欣桥．普通话语音训练教程［M］．北京：商务印书馆，2004．
[3] 宋欣桥．普通话水平测试员使用手册［M］．北京：商务印书馆，2005．
[4] 张可君，蒋同林．普通话口语交际［M］．北京：人民教育出版社，2006．
[5] 马显彬，赵越．普通话教程［M］．广州：暨南大学出版社，2005．
[6] 季森岭．普通话语音训练教程［M］．北京：北京大学出版社，2002．
[7] 周晓波．普通话与说话训练［M］．重庆：重庆大学出版社，2006．
[8] 白继忠．普通话水平测试培训教程［M］．兰州：甘肃教育出版社，2003．
[9] 胡习之．普通话学习与水平测试教程绕［M］．北京：清华大学出版社，2007．
[10] 熊伟，林志雄．普通话口语教程［M］．上海：同济大学出版社，2007．
[11] 吴洁敏．新编普通话语教程［M］．浙江：浙江大学出版社，2003．
[12] 罗长培，王均．普通语音学纲要［M］．北京：商务印书馆，2002．
[13] 龚竞异．普通话训练与测试［M］．北京：高等教育出版社，2004．
[14] 罗惜春．普通话训练测试与职场语言艺术［M］．北京：化学工业出版社，2007．
[15] 赵颖，朱建国，冯昀霞．普通话口语教程［M］．北京：中国传媒大学出版社，2009．
[16] 张慧．绕口令［M］．北京：中国广播电视出版社，2005．
[17] 崔瑞英．声乐与语言发声［M］．上海：中国戏剧出版社，2000．
[18] 上海市测试中心．普通话水平测试研究［M］．上海：上海教育出版社，2000．
[19] 余恩秀，冯昀霞．普通话强化培训实验研究报告［M］．北京：商务印书馆，2006．
[20] 徐世荣．普通话语音常识，语言文字规范化知识丛书［M］．北京：语文出版社，1990．
[21] 傅国通，殷作炎．普通话导学［M］．浙江：浙江教育出版社，1998．
[22] 颜逸明，范可育，毛世桢等．普通话水平测试指要［M］．上海：华东师范大学出版社，2001．
[23] 吕铭．播音发声卷［M］．长沙：湖南文艺出版社，2015．
[24] 赵琳，声声入心［M］．北京：中信出版集团，2019．